中世ヨーロッパの武術

The Martial Arts of Medieval Europe

R y u t a　O s a d a
長田龍太

新　紀　元　社

はじめに

中世ヨーロッパの武器防具を解説した本は様々な種類のものがありますが、それらの武器や防具をどのようにして使っていたのかということについての解説は、ほとんどありません。あったとしても大抵の場合つけ足し程度の扱いで、その内容も非常に抽象的なものです。これは欧米でも同じで、中世ヨーロッパの武術は、武器を力任せに振り回すだけのもので、日本や中国の武術に比べればはるかに劣ったものであるという誤解が長い間広まっていました。

しかし、ヨーロッパの武器防具や戦術などに見られるように、当時の人たちは非常に独創的な発想の持ち主でした。そういった人たちが、武術という自分の生死に直接関わる技術に関してはまったくの無能で、何の想像力も働かさなかったという事は果たしてありえるのでしょうか。答えは否です。当時のヨーロッパ武術は、論理的に組み上げられた非常に高度な技術体系でした。その理論や完成度は日本や中国などの武術と比べても決して劣るものではなかったのです。

本書は、そういった誤解を払拭するために、中世・ルネッサンス期のヨーロッパの武術を、図解で解説する日本で（おそらく）初めての本です。

本書の内容

中世・ルネッサンス期のヨーロッパの武術について、その理論と実際の技を図解で解説していきます。取り扱う武術の種類は、現在まで記録に残る流派4つを中心に、21種類の各種武器術を紹介しますが、なかには鎧を着た状態での戦い方や、馬上での戦闘法、さらには異なる武器同士での戦闘法も存在します。

また、この本で扱う武器についても、専門の武器防具事典と同等、もしくはそれ以上の質を目指しました。特に、多くの現存する実際の武器を、実測データつきで紹介しているのもこの本の強みです。

本書で取り扱っている時間軸

本書は、中世・ルネッサンス期の武術を取り上げていますが「中世」といわれても、西洋史を専門に勉強した人以外にはわかりにくいかもしれません。

一般には西暦476年、最後の西ローマ皇帝ロムルス・アウグストゥルスの退位の年に始まり、国によって違いますが大体1500年頃に終わる、約1000年間の期間を「中世」と呼んでいます。そして「ルネッサンス」と呼ばれる時期は、中世の末期から、その後の「近世」の初め頃を指す言葉です。

この本で取り上げる年代は、中世末期の1400年頃から1650年頃までの約200年間で、その中でも1450年代を中心にしています。この時代は、我々が「中世」と聞いた時に真っ先に思い浮かべるイメージの根本になった年代でもあります。

目次

第1部 概説

第2部 技紹介

付録

コラム

第1部　概説

General Information

第1章 中世から近世までの戦闘様式の変遷

戦いというものがある以上、自分の身を守り、勝利を得るための技術が生み出されるのは、洋の東西・時代を問わない必然といえるでしょう。しかしながら、かつて存在したヨーロッパの武術は、残念ながら跡形もなく失われてしまいました。現在の我々は、当時の絵画・文学そして後世に残された技術などから類推するしかありません。ここでは、こうした類推から想定されるものも含めながら、中世から近世までのヨーロッパにおける、戦闘形態の変遷について、簡単に解説していきます。

❶ バイキングの時代

西ローマ帝国崩壊後のヨーロッパでは、ゲルマン系やケルト系の武器から発展した武器が使われていることから、ローマ式の戦い方は廃れていき、替わりにこれらの部族の戦闘法が広まっていったと思われます。

バイキングの戦闘法は、スピードとフットワークに重点を置いたもので、ローマ時代のように巨大な盾の背後に隠れて、自身はあまり動かない戦闘法とは違うと推測されています。盾も敵の攻撃を受け止めるのではなく、敵の攻撃を受け流したり、また相手の動きを封じるように使われていたようです。そのためか、バイキングの時代の盾は軽量で、スピードを重視したつくりになっています。また、この時代の剣の棒鍔は非常に小さいので、もしも相手の剣を自分の剣で受け止めたら、滑ってきた相手の剣を鍔で止めることができないと思われます。よって、当時の剣は純粋な攻撃用で、敵の攻撃は避けるか、盾を使って防御していたと考えられます。

バイキング時代が終わりを告げる頃、前述の棒鍔が長くなり、現在の我々にもおなじみの剣の形が完成します。棒鍔が長くなったということは、戦闘技術に何らかの革新が起こり、剣は純粋な攻撃用ではなく、防御においても何らかの役割を担うことになったのです。また、盾の形状も円形から水滴型（カイト・シールドと呼ばれるもの）に変わり、それに応じて盾の持ち方も、それまでのグリップを手で握って保持するタイプから、ストラップで腕にくくりつけるタイプへと変わっていきます。この時期は、重装備の騎兵が主力になり始める頃なので、剣と盾の変化は、それに関係しているのでしょう。

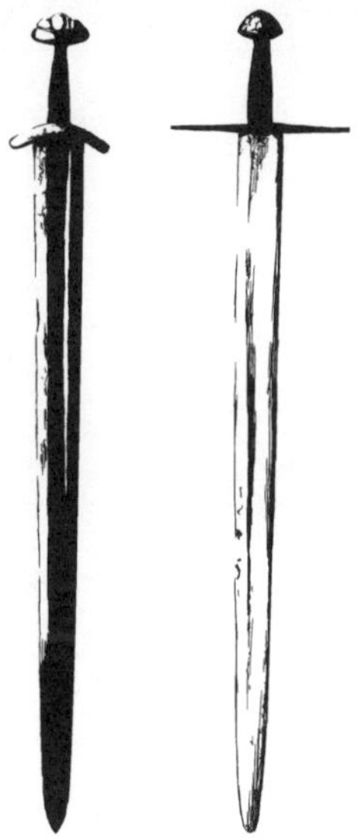

左：後期バイキングの剣。イギリス、900年頃。鍔が伸び始めている。右：末期バイキング時代の剣。950年頃。

2 中世中期

一般的に、中世は停滞の時代で、人々も低能であったという根強い偏見が今もあります。戦闘技術も同様で、巨大な人間が巨大な剣をむやみに振り回すだけだったと思われがちです。しかし、この時期の戦闘技術はかなり理論的に系統立てられていたものでした。最も初期の剣術教室に関する記録は、1180年頃に制定されたもので、「ソードとバックラーを教える学校」を治安上の理由から、ロンドン市内に置くことを禁ずる法律でした。教室（または道場）があるということは、当然ながらその技術を教える（おそらく専業の）教師がいて、効率的に技術を習得するためのカリキュラムや理論が整理されていたとみるのが自然でしょう。なお、この学校

世界最古のフェシトビュッフ、I.33。ドイツ。現ロンドン塔蔵

『高慢に打ち勝つ謙譲』。12世紀の細密画。著者が知る中で、最も正確かつ躍動的に戦闘の技法を描写している細密画のひとつ。

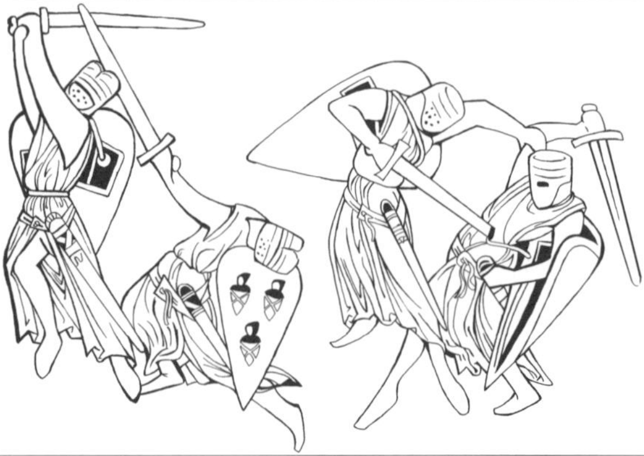

は平民向けのもので、騎士階級より上の階級に属する人たちは、ほかの騎士の下で修行することで戦闘法を学びました。そして一人前になってからは、トーナメントや戦争などの機会に集まった仲間から情報交換の形で技術を学んでいたと思われます。

この時代の戦闘法の特色としては、剣を握った右手を高く上げている姿が当時の絵画に描写されています。これは、盾の邪魔にならないようにしている・剣を振り下ろしたり、上方から突きを入れる時に剣の重量を利用している・または大勢の人間が固まった時に、周囲の人間に押しつけられることで、右腕の動きを封じられるのを防いでいると解釈できるでしょう。さらに、上方に掲げた剣の切っ先が、後ろを向いているものと、前方を向いているもののふたつのバージョンがあります。後者は、後のドイツ式の『憤怒』の構え、前者は『雄牛』の構えに該当するものでしょう。

この時代の剣は、剣の刃が大体平行に走っていて、後世の剣に比べてややトップヘビーでスピードが遅い傾向にあります。これは斬撃に適した形状で、バイキング時代と同様、剣を振りかぶって切りつけるのが基本的な戦闘法だったのでしょう。とはいっても、この時代の剣が刺突に向いていないわけではなく、軽装のターゲットに対しては充分な威力を発揮したと考えられています。

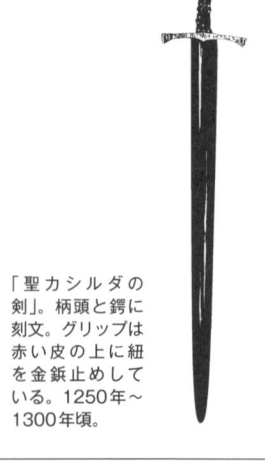

「聖カシルダの剣」。柄頭と鍔に刻文。グリップは赤い皮の上に紐を金鋲止めしている。1250年～1300年頃。

③武装革命

14世紀に入り、武装に大きな変化が現れます。それまではメイル（鎖帷子）とその下に着るパッド入りの服が主な鎧の形でした（その上に油で煮固めた皮製の追加装甲を結わえつけている例もあります）が、この世紀から、金属の板を使った鎧が一般的になります。初期のものはコート・オブ・プレートと呼ばれる、丈夫な布の内側に鉄板をリベットで固定したものでした。非常に単純なつくりながら、防御力は以前の鎧をはるかに上回り、それに対応して武器および武術は一大転換を迫られることになります。

簡単に説明すると、鎧だけで充分な防御力が得られるため、

1. 盾がその重要性を失っていき、ついにはほぼ使用されなくなったとこと
2. 鎧を打ち破るための両手用の武器が開発され、メイスなどの打撃武器が広く使われるようになったこと

などが挙げられます。14世紀終り頃には、騎士の体は文字通り頭の天辺からつま先までプレートに覆われることになり、それまでの剣による斬撃ではかすり傷ひとつつけられない状態になってしまったので、新しい戦闘法の確立と新たな武器の開発は急務だったのです。

のちの武術で重要な位置を占めることになる、ポールアックス、ロングソードといった武器は、この時代に登場します。14世紀半ばに確立したドイツ式武術ではロングソード術をすべての技術の基本に位置づけ、ポールアックスは戦場における騎士の必需品となりました。剣自体の形状も変化し、刃の部分が三角形に近い形状になり、斬撃力をある程度犠牲にして刺突力を高め、刃の断面も、それまであった樋がなくなって柔軟性を低下させることで、剣を突き入れた時に曲がりにくくなっています。

戦闘技術については、ハーフソードや殺撃という技法が、剣で鎧を打ち破るために開発されました。ハーフソードは、剣の柄を右手で、刃を左手で持って戦う技法で、鎧の隙間を正確に突くために1350年頃に考え出されました。殺撃は剣の刃を両手で握ってぶん殴ったり、鍔をフックのように使って相手の武器や体を引っ掛けて倒す技です。

さらに特筆すべき事項としては、この時代についにフェシトビュッフ（武術指南書）が登場し、当時

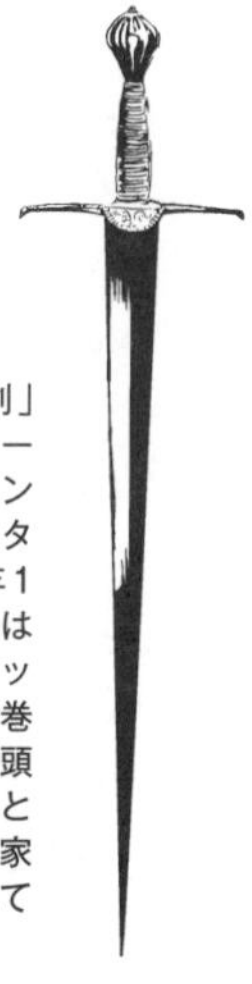

「モンツァの剣」または「エストーレ・ヴィスコンティの剣」。イタリア、1413年1月以前。雨覆いは銀製。柄は金メッキされた銅線が巻かれている。柄頭にはミラノ市とヴィスコンティ家の紋章が刻まれている。

の人々の言葉で、実際の武術の技法・論理の実際を知ることができるようになります。

この時代には、ヨハンネス・リーヒテナウアーがドイツ式武術を創始し、またフィオーレ・デイ・リベーリによる非常に有名なフェシトビュッフが記されています。

ここで注意すべきなのは、これらのフェシトビュッフは、一般的に決闘・護身・スポーツのために書かれたもので、（特に後期のものになるほど）戦場での技術とは違っている可能性があるのです。技術そのものが極端に違っていることはないはずですが、実際のところフェシトビュッフの戦闘法と戦場での戦闘法は同じものなのか、違うとしてもどれだけ違うのかということは不明です。

④ルネッサンスとレイピア

ルネッサンスの影響は芸術や建築だけにとどまらず、武術もまたルネッサンスの精神によって新たな展開を示していきます。では、武術にルネッサンスの影響とは何かといえば、「サイエンス」の導入です。サイエンスといっても現在の理系の科学のことではありません。当時の「サイエンス」とは、客観的な観察によって得られた情報を元に、論理的な結論を導き出す方法のことです。この「科学」の反語にあたるものが「アート」で、主観的に得られた情報を元に、感覚的に結論を導き出す手法です。

15世紀イタリアの武術家フィリッポ・ヴァーディは、武術とは「アート」ではなく「サイエンス」であると主張していますが、その中でも幾何学が最も武道に関係があると主張しています。つまり、幾何学の原理を利用して、自分と敵との位置関係・距離・武器の長さや軌道などの諸要素から、自分の身を守りつつ、相手を傷つける最適解を導き出そうという姿勢が、ルネッサンス期の武術の根幹を成す原理だといえます。この考え自体はそれ以前からあったのですが、それをここまではっきりと押し出したのは、ルネッサンスという時代の賜物でしょう。それを考えると、イタリア式ボローニャ派武術の創始者といわれるフィリッポ・ディ・バルトロメオ・ダルディが、ボローニャ

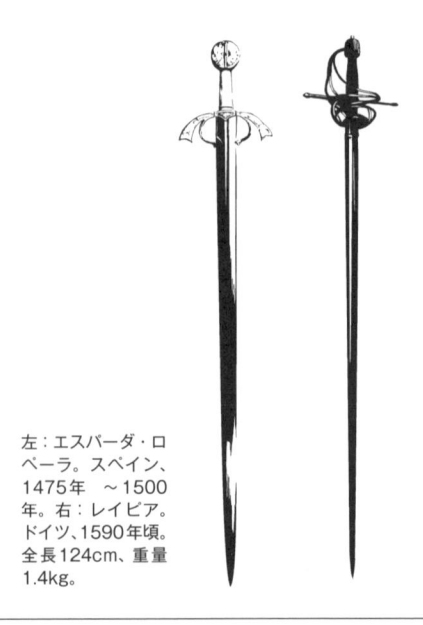

左：エスパーダ・ロペーラ。スペイン、1475年　～1500年。右：レイピア。ドイツ、1590年頃。全長124cm、重量1.4kg。

大学の数学者でもあったのはごく自然な成り行きだったといえます。この原理をさらに発展させたものが、カミーリョ・アグリッパで、彼の影響を受けて誕生したのが、のちにヨーロッパ最強と恐れられたスペイン式剣術です。

この時代を代表する武器といえば、やはりレイピアでしょう。レイピアは元々スペインで発展した武器と考えられていて、戦争での使用を考慮されていない、いわゆる「平時の剣」でした。レイピアは、ルネッサンス文化の広がりとともに、流行の最先端としてヨーロッパ全土に急速に広まっていきますが、このレイピアという平時の剣専用の技術の登場は、戦場での武術と平時の武術の乖離が進んできたということの象徴でもあります。このレイピアと、それを使用するための技術が爆発的な人気を得るなかで、それまでの武術は次第に廃れていき、ついには消滅してしまいます。

この時期の戦争は、銃火器の発達によって交戦時の距離が広がり、その結果、近接戦闘の機会が少なくなっていくという現象が見られます。戦場で重視される技術も、個々人の戦闘技術よりは部隊のフォーメーションの維持が重要視されていきます。このことは武術、特に剣術に影響を与え、武術は戦場での使用よりも、平時の決闘用の技術としての性格を強めていくのです。

⑤ 武術の消滅

銃器の重要性が増すにつれ、武術の重要性は薄くなっていきました。一般生活でも、かつてのように剣を持ち歩くという機会は減少し、剣はファッションの一部として、装飾品のような扱いになります。かつて隆盛を誇ったレイピアも、新たに登場したスモールソードに取って代わられ、その技法共々消滅しました。スモールソードは、レイピアを軽量小型化した剣で、長大なレイピアよりも邪魔にならず、高速かつ正確な攻防が可能で、そしてなんといっても、レイピアよりもエレガントで、当時の美意識に合っていました。

スモールソード術。1765年。

また、それまでの武術とスモールソード術の違いのひとつとしては「リポスト」という技術の導入に象徴されているといえるでしょう。リポストとは、攻撃を剣で受け流してから続けざまに攻撃する技術で、これまでは実用的ではないとされていた技です（リポスト自体は、防御の後に続けざまに行う攻撃のことを指しますが、ここでは簡略化のため「リポスト」という名称を使っています)。リポストは防御と攻撃というふたつの動きからなっていますが、(レイピアやロングソードのような) 従来の武器ではスピードが遅すぎて、効果的にリポストを行うことが不可能でした。この技術は、スモールソードという高速の武器をもってして初めて実用的なものになったのです。そして、スモールソードとその技術自体も、銃器が発達するにつれ、決闘用技術としての役目を終えてスポーツ化し、現代フェンシングへとつながっていくのです。

⑥ なぜ伝統的な武術が残らなかったか

以上、ヨーロッパの戦闘技術の推移をざっと見てみましたが、時代を通じて様々な武術が現れては消えていったのがわかると思います。これらの失われた技術は、記録に残っているものがすべてというわけではなく、無数の武術が記録も残さずに失われてしまったのは想像に難くありません。では、日本や中国では武術の伝統が途切れることなく続いていたのに、ヨーロッパではなぜこれらの武術が消滅してしまったのでしょうか。以下にその原因と思われる要素を挙げてみます。

1. ヨーロッパは継続的に戦争が続く地域であり、戦争の技術もまた止まることなく発展・改良されていきました。そのような状況では、時代遅れになった技術を保存しておく意味も余裕もなかったと考えられます。日本や中国では動乱期の後に比較的平和な時代が長く続き、軍事的技術が停滞したために、武術が実用的な技術として継承されていきました。もしも日本で戦国時代が終わることなく続いていたら、日本の武術の様相も相当様変わりしていたはずです。

2. 多くの武器はまた、ファッションの一部でもあったので、ファッションの移り変わりによって使われなくなった武器は、その使用法もまた廃れてしまいました。中世由来の剣はレイピアに、レイピアはスモールソードにそれぞれ取って代わられましたが、それは実用性よりもファッション性が主な理由といわれています。現代日本で「実用性と安全性のために、サラリーマンやOLはスーツをやめて作業服に安全帽を被ろう」といってみたところで、誰も同意しないのと同じように、「レイピアよりも実用的なサイドソードを持ち歩こう」といっても、当時の人たちは誰も同意しなかったのです。

第2章
フェシトビュッフとは？

フェシトビュッフは、ドイツ語で「戦いの本」という意味で、一般的に中世から近世にかけて書かれた、戦闘技術の解説・参照を主な目的とする書物です。現存する最古のフェシトビュッフは、ロンドン塔所蔵の『I.33』、または『タワー手稿』・『ワルプルギス手稿』と呼ばれる14世紀初めにドイツで書かれた本で、片手剣とバックラーの使用法が描かれています（それよりさらに古いものとしては、紀元2世紀のギリシア式レスリングの武術書や、エジプトの墓に描かれた紀元前2000年頃の壁画があります）。

このような本が書かれるようになったのは、武術を取り巻く状況が変わったということです。識字率の向上や技術の細分化・増加のほかに、貴族も含めた富裕層が、武術の師範を雇って教えを請う機会が増加したこともフェシトビュッフの成立に関係していると思われます。

そこで注意してほしいのは、初期のフェシトビュッフが、決して現代の我々が考えるような「ハウツー本」ではないということです。初期のフェシトビュッフが書かれた当時は、まだ活版印刷が発明されていないので、本は非常に高価なものでした。現代のように出版によって著者が利益を得ることなどできない（というよりも、著者がお金を出して本を作っていました）時代に、多大なコストと手間をかけて本を作る理由は何なのでしょうか。

◆フェシトビュッフのタイプ

1．参照・復習用

初期のフェシトビュッフの中で、最も一般的なタイプです。基本的に「パトロン」に雇われた剣士が、一種のプレゼントとして「パトロン」に贈与しました。また、複雑化した技術を復習するために書かれた本もあります。このタイプのフェシトビュッフは、「こんな高名な剣士に武術を教えてもらった」と、来客に誇らしげに見せつけたり、時々に引っ張り出してきて「ああ、こんな技もあったな」と記憶を新たにするためのものでした。

2.技術の消失・歪曲を防ぐため

世の東西を問わず、始祖や開祖というものは自分の理論を書物に残さないものです。必要なものは、自分の頭にすべてあるから、本など書く必要ないからですが、彼らの死後、弟子たちは開祖たちの思想を、どのようにして正確に残すかという課題がのしかかることになります。聖書や論語、様々な仏典などはこのような「開祖の考えを、いかに正確に後世に残すか」という課題をクリアするために書かれたものですが、それは武術でも変わらないのです。

いくつかのフェシトビュッフは、このような流れの中で、いかに師匠の武術を正確に伝え、偽物と本物を見分けるかという課題を解決するために書かれました。

3.教本

時代が下り、活版印刷の発明により、本はそれまでよりもはるかに安価になり、一般的になりました。そのような状況の中で、我々のイメージする「教本」ともいうべきマニュアルが登場することになります。後世のフェシトビュッフは、このタイプが一般的になります。

4. スケッチブック

特殊な例で、画家などが、人体のポーズの練習用、またはフェシトビュッフの挿絵の練習・下書き用に書き溜めたスケッチがまとめられたものがありました。このタイプのフェシトビュッフは、個々の人物の体勢・相対位置などが非常に正確に描かれています。

◆フェシトビュッフの中身

まず気をつけるべきは、本にすべての技術が書かれているわけではないということです。現在の本でもそうですが、一冊の本にすべての技術を書き記すことは不可能ですし、実用的でもありません。ドイツ式の武術が現在最も広く練習・研究されているのは、最も多くの文書が残っていて、様々な角度からの検証ができるからです。また、先に説明したように、フェシトビュッフの多くはいわゆる「ハウツー本」ではないと書きました。フェシトビュッフは、基本的にある程度の技術を習得した人向けのものなので、基本の技術はすでに知っていることとして、省略されていることが非常に多いのです。

そして日本の武術でもそうですが、ヨーロッパの武術でも、自分の手の内をできるだけ隠しておくことは重要でした。秘密を簡単にばらしたりしない人を生徒に選ぶようアドバイスしているフェシトビュッフもあります。そういう事情からすると、本という不特定多数の人間の目に触れる媒体というものは、秘匿性を保つという点で最も適さないといえます。それでも、何らかの事情で自分の技術を紙に残しておく必要があった時に、一般的にとられる方法は、暗号化することです。文章をわざとわかりにくくして、予備知識のない外部者には意味不明にし、心得のある人にはその意味するところがわかるという、日本でもおなじみの方法です。この技法の唯一の欠点は、いったん伝統が途絶えると、そこに伝えられている技術をサルベージすることが不可能になってしまうことです。例えば15世紀頃に書かれたイギリスのフェシトビュッフ2冊（両手剣について書かれているとみなされています）は、どれも解読不能の状態になっています。

たとえ文章を読めたとしても、今度は解釈の問題があります。挿絵のない文章のみのフェシトビュッフが混乱を招きやすいのはよくある話ですが、挿絵が描いてあったとしても、抽象的な挿絵をどう解釈するかで、結論が異なるという問題も発生してしまいます。当然のことながら、中世・近世には、現在では当たり前のように使われている、矢印で動きを表す技巧や、ステップ・バイ・ステップで動きを段階的に表現する考えもありませんでした。よって「この絵はどの様な動きの結果、こうなったのだろうか」「この絵は技を出す前の状態なのか。出している最中の絵なのだろうか。それとも技が完了した時なのだろうか」さらには「どちらの側の人間が技をかけているのだろうか」ということを注意する必要があります。

おまけに、誤字・誤記載・挿絵の描き間違いも問題となります。手書きの写本時代に、写本家や挿絵画家が、左右を取り違えたり、手の向きなどの細かいディテールを間違えたりすることはかなり頻繁にありました。当時の読者は基礎知識がありますので、そのような細かい間違いが問題になることはありません。しかし、予備知識のない現代人にとって、この「些細な」ミスは恐るべき誤解の元となってしまうのです。

かつて本が希少で、識字率も低かった中世で、知識を継承する最も一般的な方法は、頭に叩き込んで記憶してしまうことでした。その時、文章を詩や韻文にして、歌を歌うようにして覚えるのが古今東西、最も一般的な方法だったのです。武術についてもこれは同様でした。

以下に簡単な韻文の例を原文とともに載せておきます。

1. フィオーレ・デイ・リベーリの韻文

Io son posta de dona soprano e altera
Per far deffesa in zaschaduna mainera
E chi contra de mi uole contrastare
Piu longa spada de mi conuen trouare

(訳)
我は至高にして誇り高き貴婦人の構え
すべての攻撃を打ち破るもの
そして我が守りは汝を切り裂く
汝がすべきことは一つ、我よりも長き剣で戦うことのみ

2. リーヒテナウアーの韻文

Vier leger allain
da von halt vntt fleüch die gmain
ochß pflug alber
vom tag sy dir nitt vnmer

(訳)
ただ四つの構えあり
そして平民を嫌う
雄牛、鋤、愚者
屋根からを知らないはずはない

第3章
ヨーロッパ武術の基本理念

武術における技とは、単なる動作の集合体ではなく、文化・歴史的な背景の上に成り立った基本理念が含まれるものです。ただし、多くのフェシトビュッフにおいて、基本理念は説明されていないか、非常に簡潔に書かれているだけです。

この基本理念については、イギリス人ジョージ・シルバーが16世紀と17世紀に記した『パラドックス・オブ・ディフェンス』と、『パラドックス・オブ・ディフェンスの簡潔な手引き』が（時折矛盾しながらも）最も詳細に解説しています。

この本は、当時イギリス全土に広まりつつあった、レイピア主体のイタリア式武術に対し、イギリスの伝統武術がいかに理論的に優れているかを解き明かしたものですが、ヨーロッパ武術全体の基本理念を理解するために役立ちます。なぜなら、イギリス人は過去現在にかかわらず、常に“わが道を行く”国民性を持っていますが、その根底には他のヨーロッパの国と同じ文化的なベースが存在するからです。

◆シルバーの「4つの根本原理」

では、具体的に見ていきましょう。シルバーは、その著書の中で27の原則を挙げていて、その内4つの原則を“4つの根本原則”と定義しています。それらの原則は、“判断”“距離”“時間”そして“位置”です。シルバーによると、これら4つの原則は互いに影響しあっていて、これら4原則の正確な理解が勝利への道になるというのです。シルバー自身の言葉を借りると、「“判断”を知ることにより“距離”を保ち、“距離”が“時間”を決定する。“時間”を知ることにより、安全に敵の“位置”をとることができ」、そして“位置”と“時間”により自分の意図する行動を安全に達成しながら、一方で相手の意図を妨害するのです。

1. 判断（Judgement）

“判断”とは、状況を把握して、そこから取るべき最善の行動を導き出すことで、「戦闘の技術・戦術・戦略に対する深い知識」「様々な武器の長所と短所に関する理解」「判断を下すのに充分必要なだけの時間」の3つの要素から成り立っています。

2. 距離（Distance）

“距離”とは、自分と敵との距離、および自分と敵それぞれの間合いも含む概念です。ここでいう“間合い”とは、すなわち自分（または相手）の持つ武器が到達しえる最大距離のことで、身長や武器の長さなどに応じて変化します。

当然ながら、距離が近すぎると相手の行動に対応する時間的余裕がなくなり、距離が遠すぎると相手が自分の行動に対応する時間を与えてしまうわけです。シルバーによると、最良の“距離”とは、自分を攻撃するために、敵が一歩踏み出す必要のある距離のことで、簡単にいうと「相手の間合い＋相手の歩数一歩分」です。

3. 時間（Time）

ここでの“時間”とは、ある行動をとるのにかかる時間のことで、ヨーロッパの武術を理解する上で非常に重要な概念です。次の項でさらに詳しく説明します。

4. 位置（Place, True Place）

“位置”とは、「腕以外の部分を動かすことなく攻撃を命中させることのできる地点」を指し、ほぼ“間合い”と同義の言葉です。シルバーの定義によると、自分が動いて、相手をこちらの“位置”に入れることを「位置を勝ち取る」といい、相手が自分の“位置”に入ってくることを「位置を得る」といいます。

ヨーロッパ武術の理論では、相手の“位置”に自分が入ってしまったら最後、どれだけ経験や才能があろうとも、相手の攻撃から確実に自分を守ることは不可能とされています。なぜなら、この時の相手の攻撃は「手の時間」という“時間”を使った、人間の反射神経では反応できないほど速い、理論上最速の攻撃になるからです。たとえ反応できても、防御するのに必要な“時間”は、最速の場合でも相手と同じ「手の時間」なので、防御が完了するより前に、先に動き始めた相手の攻撃が完了してしまう（すなわち防御が間に合わない）のです（この「手の時間」などについても後で説明します）。

ここから導き出される、シルバーによる最良の戦略とは、相手の“距離”の外に身を置くことで、相手の行動に反応するのに充分な時間的余裕を確保しつつ、相手を自分の“位置”に置くことだといえるでしょう。

“時間”とは？

“時間” のことを説明する前に、中世・ルネッサンス期の時間の概念は、現代の我々とは違うということを説明しておきます。ニュートン以来我々が親しんできた今日の時間感覚を「絶対時間」と名づけるならば、当時の時間はアリストテレスによって確立された「相対時間」とでもいうべきものです。「相対時間」を簡単にいうと、「時間とは動作である」ということで、その“時間”の長短は複数の動作の相対関係によってのみ計られるということなのです。シルバーは、武術において使われるであろう具体的な “時間” を4種設定しています。

1.「手の時間」（Time of Hand：手・腕が一動作をするのに要する時間）
2.「体の時間」（Time of Body：胴体が一動作をするのに要する時間）
3.「足の時間」（Time of Foot：足を一歩踏み出すのに要する時間）
4.「歩の時間」（Time of Feet：足を複数歩踏み出すのに要する時間）

以上の4つの “時間” は、一番上が最も早く、下にいくに従って遅くなりますが、現実に動作というのは複数の体の部分が協調して成立するもので、それは武道でも同じです。シルバーは、これら4つの “時間” を組み合わせて、「真の時間（True Time)」と「偽の時間（False Time)」という概念を作っています。

「真の時間」とは、戦闘において最も効果的で効率的な一連の動作をセットにしたもので、前述の4つの「時間」を組み合わせたものです。上から順番に遅くなります。

1.「手の時間」
2.「手と体の時間」
3.「手・体・足の時間」
4.「手・体・歩の時間」

これらはそれぞれ、「手だけを動かして攻撃・防御する」「胴体を動かしながら攻撃・防御する」「一歩踏み込みながら胴体を捻って攻撃・防御する」「複数歩踏み込みながら胴を動かしつつ攻撃する」という動作を表しています。そして、それぞれの動作に要する時間は、これらセットを構成する動作の中で最長の「時間」と同じ長さになります。

例を挙げると、ある剣士が踏み込みながら打ち込むとします。この時の動作は、3番目の「手・体・足の時間」に分類されます。そして、彼の打ち込みにかかる時間ですが、この “時間” を構成する「手の時間」「体の時間」「足の時間」の中で最も遅い “時間”、つまり「足の時間」、彼が一歩踏み出すのに必要な時間だけ、攻撃に時間がかかるということになります。そして彼の相手は、彼の打ち込みに対して、彼の “時間” よりも早く終わる “時間” のセットを選んで防御する必要があります。具体的には1番と2番、手だけを動かすか、胴体を動かしながら手を動かして打ち込みを防ぐという行動です。それ以外の行動を選んだ場合、「間に合わない」という結果が生じることになります。

「偽の時間」はこれら「真の時間」の逆で、戦いにおいて絶対にとってはいけない動作のセットで、最も遅く、非効率的かつ非効果的な動作のセットです。「真の時間」と違う点は、「偽の時間」の動作セットは、同時ではなく別々に行われます。

1.「足の時間」一歩踏み出すだけして何もしないことです。
2.「足と体の時間」一歩踏み出してから胴体を動かします。
3.「足・体・手の時間」一歩進み、胴を動かしてから手を動かします。
4.「歩・体・手の時間」一歩以上進んでから胴を動かして、手を動かします。

以上のことから、シルバーにとって戦闘の基本とは、すなわち相手の“時間”よりも短い“時間”で行動すること。そして、相手の“時間”が最長で、自分の“時間”が最短になるように動くことということになります。

打ち込みを追いかける

先ほどの「真の時間」について読めば、「手の時間」が最も早いのだから、攻撃せずにじっと相手が来るのを待っていれば、相手の行動は「足の時間」の速度になるので、安全だと思うかもしれません。しかし、それが常に正しいかったら、ドイツ式のような先制至上主義の武術は淘汰されてしまいます。では、ドイツ式はどのようにしていたのでしょうか。

ドイツ武術の研究家であるナイトによると、その方法は「打ち込みを追いかける」ことだというのです。ものすごく簡潔にいうと「一歩踏み出す瞬間、もしくは寸前に剣を振り始め、踏み出した足が着地する瞬間、またはその寸前に攻撃が命中するようにする」ということです。

ここで注意しなければならないことは、「剣を振る」という行動は、最速の「手の時間」であるということで、これを「足の時間」に合わせるということは、剣を振るスピードを落とすということになります。剣を振るスピードが落ちれば威力も減るのですが、ナイトに言わせると「剣を速く振ることよりも安全であることの方が大切」だとし、実際の剣速は遅くとも、踏み込みと同時に剣が動き始めているので、相手はこの剣の対応をまず強いられるとしています。この原理は空手などの様々な武術やスポーツで普通に使われているとも主張しています。

ただし、注意すべき点がひとつあります。ナイトがこの理論の根拠としている15世紀のリンゲック（Ringeck）の文は、どちらかといえばフットワークのみについて述べていると考えるほうが自然なようなのです。ただし、ナイトのように解釈することも一応は可能ですので注意してください。

第4章
構えとは?

すべての武術には、構えというものがあり、それはヨーロッパの武術でも変わりません。しかし、構えというものが一体何なのか、はっきりした定義を出せる人は少ないのではないのでしょうか。

構えは、決して体を適当な形に置いた姿勢ではありません。それぞれの構えは、ある一連の行動を最適・最効率かつ最速でとるために設定された姿勢なのです。

構えに関して、ある重要な概念がヨーロッパ武術にあります。それは、すべての行動（それが攻撃であれ防御であれ）は、ある構えから別のある構えへの移行だと定義されているのです。簡単な例を挙げると、ドイツ式武術のOberhaw（上方から下方に向けて切り下げること）は、『屋根』の構えから始まり、『愚者』の構え又は、『突き』構えで終わるということになります。

また、どの構えも自分の身を完全に守ってくれません。さらに、構えをとることで相手が自分がどう動くか、ある程度予測できてしまうという欠点もあります（当然、その逆もまた真なりですが）。ヨーロッパの武術では、このジレンマを防ぐために、ふたつの方法を提案しています。

ひとつ目は、ある構えをとったら、そのままじっとせずに素早く行動するという考え方です。もうひとつは、人によって意見が分かれる考え方ですが、それは次々に構えを変えることで、相手に自分の意図を読ませないというものです。メイヤーやアグリッパのような過去の剣士はこの方法を推奨していますが、現代の研究者の多くは、この考え方に反対しています。構えから構えに移る間の時間は、最も無防備な瞬間で、その隙を突かれてしまったらどうにもならないというのがその理由です。どちらの意見も、長い間の経験から導き出された答えなので、断定的にどちらが正しいとはいえないでしょう。

第5章
攻撃線とは?

攻撃線とは「相手を傷つけるために武器（攻撃）が通るであろう軌跡」を示す言葉で、ヨーロッパ武術の根幹をなす最も重要な概念のひとつです。ドイツ式・イタリア式・イギリス式・スペイン式など、ヨーロッパ起源のありとあらゆる武術に、程度の差こそあれ、攻撃線は基本概念として組み込まれています。

1．基本攻撃線

これは、一般的に「攻撃線」と呼ばれるもので、対峙する両者を直線でつなげたものを指します。この線は、両者の最短距離であり、攻撃時の武器が移動するであろう道筋でもあります。

2．武器攻撃線

これは著者の造語で、武器が実際に移動する軌跡のことです。この線は、基本攻撃線と同じことが多いですが、違うこともあります。

攻撃は、すべてこの攻撃線に沿って行われるため、防御側のとるべき戦略は、簡単にいうと「攻撃線を閉じる、または封じること」といえます。そして一方で攻撃側は、「相手の体に妨害なしで、攻撃線が到達しえる隙間を見つけること」が大前提であるといえるでしょう。これらを踏まえてヨーロッパ武術の技や考え方を見ると、以下に挙げる原則が浮かび上がってきます。

攻撃

1. 攻撃は、武器とターゲットを結んだ直線上、すなわち最短距離を移動してなされるのが理想的。最短距離・最小時間での攻撃なので、相手は反応する時間的余裕がなくなる。
2. フェイントを使って相手の防御に隙を作り出す（大きくて重い武器ほどフェイ

ントは使われなくなります。武器の速度が遅いので、効果的なフェイントができないためでしょう)。

3. 歩法や攻撃の角度などによって、自分の体を相手の攻撃線の外に位置させて、相手のカウンターを封じる。
4. もしも攻撃が防御されたら、即座に自分の攻撃線を相手に向けなおし、相手を続けざまに攻撃するか、相手を防戦に追い込んで反撃させない。
5. 相手の剣を横にのけながら攻撃することで、相手の攻撃線を外す。また、相手を攻撃した時に、自分の武器が相手の攻撃線を封じるような位置にくるように攻撃する。

防御

1. 武器を相手の攻撃線上、または攻撃線にできるだけ近い位置に置いて、相手の攻撃を防御するために自分の武器が移動するのに要する時間を可能な限り減らす（“時間”についての項目でシルバーが主張していたことです)。
2. 相手の攻撃線が自分の体を外れるように防御して、相手が即座に再攻撃できないようにする。
3. 防御する時に、自分の武器攻撃線を相手に向け続けることで、即座にカウンターを入れるようにするか、相手を防戦に追い込む。
4. 防御にわざと隙を作って、相手の攻撃線をそこに誘い込む。

◆攻撃線の実例

下の図は、イタリア式のレイピア術の絵にあったものです。Bが突いてきたら、Aは左斜め前方に踏み込みながら、手の位置を『第三』から『第二』に変え（P573参照）つつAの攻撃を受け流し、同時にAの顔に突きを入れています。Aの一連の

動きは、攻撃の原則5「相手の攻撃線を外しながら攻撃し、攻撃した時に自分の武器が相手の攻撃線を封じるような位置にくるように攻撃する」と、防御の原則2「相手の攻撃線が自分の体を外れるように防御する」にあたります。

下の図は、Bが攻撃するその瞬間です。両者は一直線上に並び、AとBの攻撃線は真っ直ぐ相手に向いています。

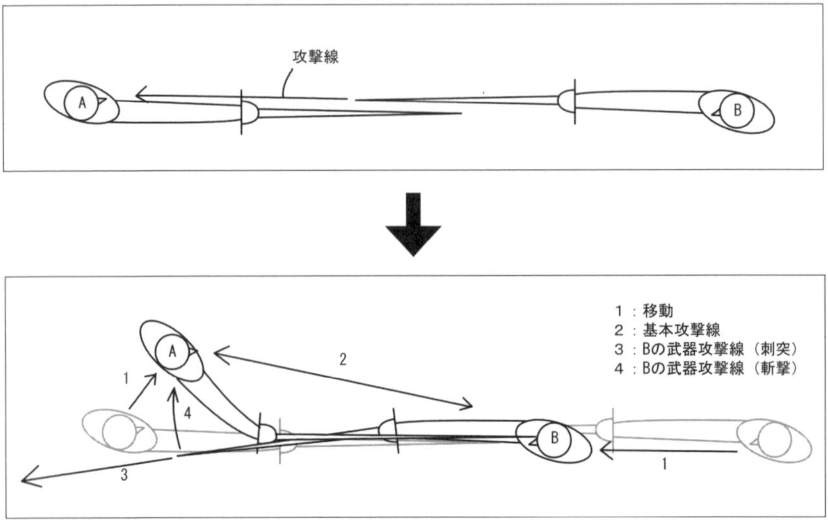

Aがカウンターを決めた瞬間です。Aは左に移動することでBの攻撃線の外に出ています。そして、同時にBの剣を横に受け流すことで、Bの攻撃が確実に外れるようにして、Bの顔面に突きを入れています。

そして、Aの攻撃線を見てください。図で3と番号が振ってある刺突の武器攻撃線は、Bが現在の状態で突きを入れようとした時に、その攻撃が通る道筋です。ここでは、Aの体はBの刺突攻撃線から外れているので、Bはそのままでは Aに突きを入れることはできません。

では、Bが切りつけてきたらどうでしょうか。その場合は、Bの剣は、図で4と番号を振っている斬撃の武器攻撃線をたどってAに命中することになるのですが、図でもわかる通り、Aの剣がこの攻撃線を塞いでいるために、もしもBが切りつけてきても、Aの剣が邪魔をして、Bの攻撃はAに届きません。

BがもしAを攻撃しようとするのなら、Bは剣を捻るか、一旦剣を離してから攻撃するしかありませんが、そんな行動をすれば、Aに対して再攻撃なり防御なりの充分な時間を与えることになるのです。

時代が下ると、この区分も細分化され、イタリア式では、Forte（「強い」部分）、Terzo（「中間」の部分）、Foible（「弱い」部分）の3つの部分に分割されます。「中間」の部分は攻撃と防御の両方に使われる部分です。

さらに、スペイン式ではこの区分がさらに細かくなります。何しろ刃の部分を最高で12のパーツに分けて、それぞれ役割を持たせているのですが、ここまでくると、もはや実用的以前の問題ではないのでしょうか。当時のレイピアの刃渡りは大体1m前後なので、12分割すると、ひとつのパートは8cmほど。これを高速で行われる戦闘の中で的確に使い分けられるだけの反射神経と判断速度が果たして人間にあるのか、はなはだ疑問といえるでしょう。

◆AとV

スティーブン・フィックは、その著書『初心者のロングソード』で、受け流しの方法として、「A」と「V」というふたつの方法があるとしています。このAとVとは、攻撃を防御する時の剣の動かし方を表しています。

「V」のタイプは、剣の切っ先を横に振るようにして、相手の攻撃を打ち払う防御の方法で、フィックによると人間が本能的にとる行動だということです。しかし、この方法だと、もし相手の剣が手元に滑ってきた時は、剣が自分の体に当たってしまうことになります。また、切っ先が横にそれるために、即座に反撃することができなくなります。そのため、彼はこのタイプの剣の動かし方は避けるべきであると

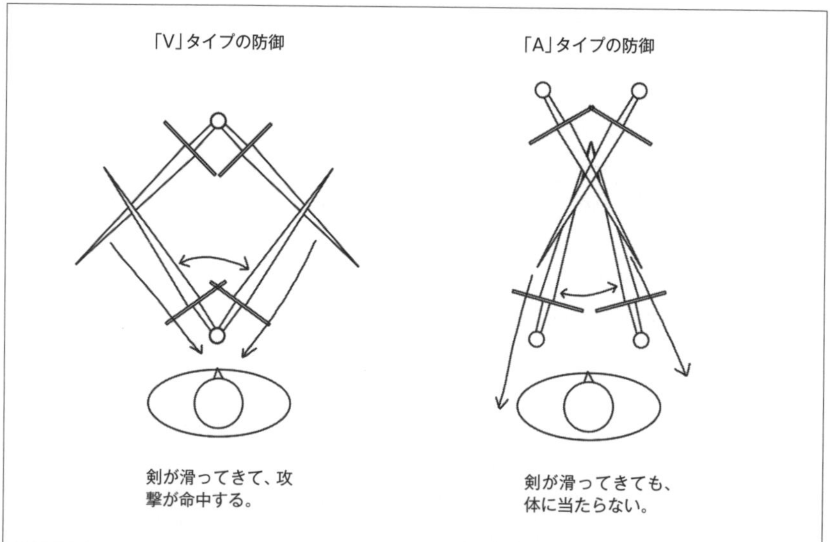
「V」タイプの防御
「A」タイプの防御
剣が滑ってきて、攻
撃が命中する。
剣が滑ってきても、
体に当たらない。

結論づけています。

「A」のタイプは、剣の切っ先ではなく柄の部分を動かす方法で、相手の攻撃を打ち払うのではなく、受け流すように防ぐことです。こうすれば、相手の剣が滑ってきても自分に当たることはなく、切っ先が常に相手に向いているため、相手を即座に攻撃することができるのです。

◆刃と平、どちらで受ける？

最後に、現在の研究者の間で最も意見が分かれている問題について説明します。それは、剣で攻撃を受ける時に、相手の剣の刃（エッジ）を自分の剣の刃（エッジ）で受けるのか、それとも剣の平で受けるのかという問題です。残念ながら、過去の剣士たちは、それに対するはっきりとした答えを残していません。彼らからしてみれば、そんなことは常識だったので、いちいち書き残しておく必要がなかったからでしょう。

例えば「相手の剣を刃で受けて」などという、それらしき文もあるのですが、これも「わざわざ、そう書いてあるのは、この方法が普通でないからで、実際は平で受けていたのだ」という感じで、結局どのようにも解釈されてしまうのです。以下にそれぞれの主張をいくつか挙げておきます。

「刃で受ける」派の主張

1. 剣は薄いので、平で受けたら剣が折れてしまう。
2. 剣は充分強いので、刃で受けても刃が欠けることはない。
3. 例え刃が欠けたとしても、それは攻撃には使わない「強い」部分なので問題ない。
4. 「相手の剣を平で受ける」という記述をわざわざしていることから、平で受けるやり方は特殊だと推測できる。
5. 刃で受けた方が、手首に負担がかからず、強く受けられるから。
6. 戦いの後に、剣の刃がボロボロになっていたという当時の記録があるから。

「平で受ける」派の主張

1. 剣は充分強いので、よほど品質が悪くないかぎり平で受けても問題ない。
2. 刃の部分は、剣の中で最も薄い部分なので、刃で攻撃を受けたら刃が欠けてしまう。
3. 刃が欠けたら、剣の性能が落ちるだけでなく、そこから折れる危険性がある。
4. 「相手の剣を平で受ける」という記述があるから。
5. 片手剣では、手首を返して攻撃を受けるやり方があるので、手首への負担はあまり重視されていなかったと推測できる。

これらを見ても、この問題は、基本的に不毛な水掛け論的な様相を呈しているのがわかると思います。あえてコメントをするなら、「刃で受ける」派の6番目の主張は、それは剣の刃で防御をしたから、そうなったというよりも、激戦だったからという方が状況にあっていると思います。実際、鎧や兜などに打ち込んでも刃は欠けます。

結論から言うと、「好みの問題」であるということでしょうか。どちらの派の主張も、入念なリサーチと、長年の経験の結果、導き出された結論なので、何か現実離れしているということはないと思います。

当時の剣士たちは、できるなら平で受けた方がいいが、基本的に刃で受けようが平で受けようが、そんなに神経質にならなくてもよいと感じていた、というのが著者の個人的な感想です。少なくとも、もし対立する二派があったなら、自分の本の中に、絶対に自分の主張を入れてくるはずです。それがまったくないというのは、すべての人が同意している意見があったのか、それともどうでもいいことだったのか、このどちらかということなのです。

第7章 刃の握り方

おそらく、ヨーロッパ武術の中で、現代人の目に最も異様に見える特徴は「刃を握る」ということです。つかむのは自分の武器の刃だけではなく、相手の武器の刃も含みます。

当時の挿絵などには、手袋なしの素手で刃をつかんでいる様子が描かれていますが、これを本能的にあり得ないと解釈する人も多く、例えば「当時のダガーは刃がついていないので握れる」などという「説明」をつけています。

しかし、ただ刃を鋭くするだけで破られてしまうような術が、ヨーロッパのほぼ全土で、数世紀にも渡って効果的であると教えられていたのでしょうか。それこそあり得ません。現存する多くの剣やダガーなどの武器は、現在のナイフと同様の鋭い刃を持っていました。また、現在の研究者の中には、実際に素手で真剣をつかんでみせる人もいますし、傷害事件などで「被害者が加害者のナイフの刃を素手でつかみ、もぎ取った」ということはよくあることだそうです。

とはいえ、相手の刃を長い間つかむことができないのは事実でしょう。また、自分の武器の刃をつかむのであったとしても、常に安全なのかといえば、必ずしもそうではなかったはずです。では、そこまでしてなぜ刃をつかもうとするのか。それは、「死ぬよりも手に切り傷を負う方がましだ」ということにほかなりません。

当時の文献にも、刃をどのように握っていたのかは書かれていません。おそらく当時の常識的な知識だったので、わざわざ書く必要がなかったと思われます。現在、様々な実験の結果、指の腹と手のひらで、剣の平を挟みこむようにしてつかみ、刃が手の中で動かないようにしっかりと固定するのが最も安全確実な握り方とされています。

第8章
攻撃の基本

防御の次に、攻撃についての説明をします。ここでは、ドイツ式剣術の「ドライ・ヴュンダー」を引用して、攻撃方法についての説明とします。

1. 斬撃（Hau）：剣の刃の部分で切りつけることで、最も自然な攻撃方法です。
2. 刺突（Stiche）：剣を突き出して、切っ先を相手に突き入れることです。
3. スライス（Schnitt）：剣の刃が相手の体に接触している状態から、剣を押しつけながら押したり引いたりして相手を切り裂くこと。

スライスについて簡単に説明すると、ちょうど包丁やナイフで物を押し切る時のように剣を使う方法で、ただ敵を傷つけるだけでなく、刃を押し付けて相手の行動を制限したり、封じたりするのにも使われます。

アメリカでDie Schlachtschuleという団体を首催しているナイトは3つの攻撃方法に対して、以下のように解説しています。斬撃はほぼすべての状況下で効果的であり、防御するにも相当の力が必要。対して、刺突は素早い攻撃が可能で、多くの場合致命傷を与えられるが、力をほとんど使わずに防御が可能。スライスは、相手に与えるダメージこそ少ないが、相手との距離が近く、他のふたつの攻撃が使えない時に威力を発揮する。

以上の特徴をふまえ、当時の一般的な攻撃の流れは「最初は斬撃で攻撃し、そのまま刺突につなげて攻撃、相手との距離が近くなったらスライスを使う」ものだったと、推察できます。

第9章
歩法

歩法というのは、あらゆる武術の基礎ともいえる技術です。ヨーロッパ式では、一般に古ければ古いほど、歩法は単純なものになる傾向があります。以下の歩法は、ヨーロッパ武術で使われていた歩法の一部を示した図です。名前は、特に説明のない限り、著者が独自につけたものです。

基本的な足の配置は、以下の通りです。左側の中世式は、左右の足が90度以下の角度をなしています。右側はレイピアの足の配置で、左右の足が90度の角度をなしています。

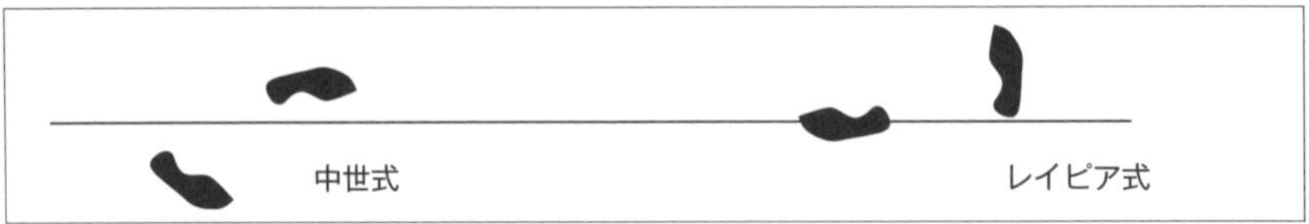

◆歩法の種類

1. ランジ（Lunge）

白の足型が、前の足型の位置に成ります。

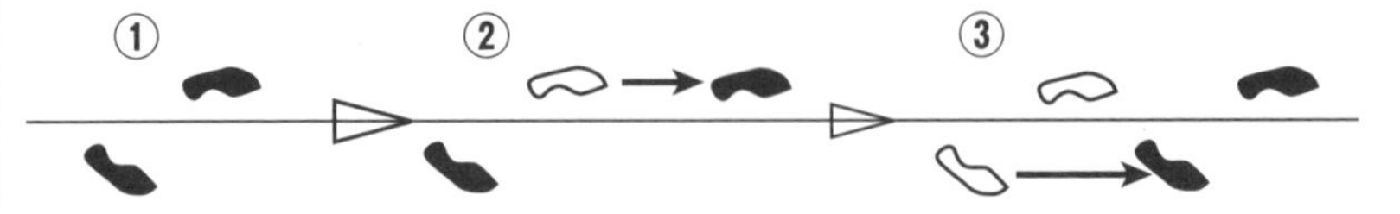

前足を前方に送り、その後、後ろ足を引き寄せます。ランジとは、レイピアの攻撃法のひとつで、大きく一歩踏み込みながら突く攻撃です。ただ、実際のランジは後ろ足を引きつけないので注意してください。

2. 送り足歩き（Pass）

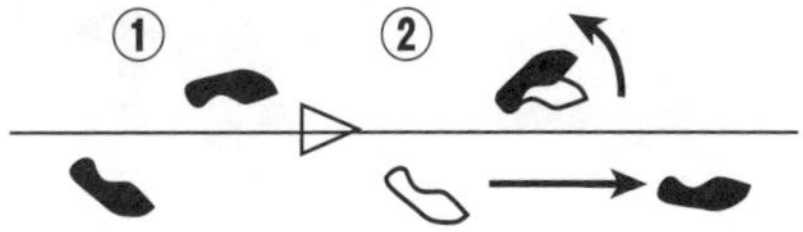

後ろ足を前足の前に持っていく歩法で、最も基本的で多用される歩法です。後ろ足が前足を「通過（Pass）」するところからついた名前です。

3. 寄せ歩き（Gathering step）

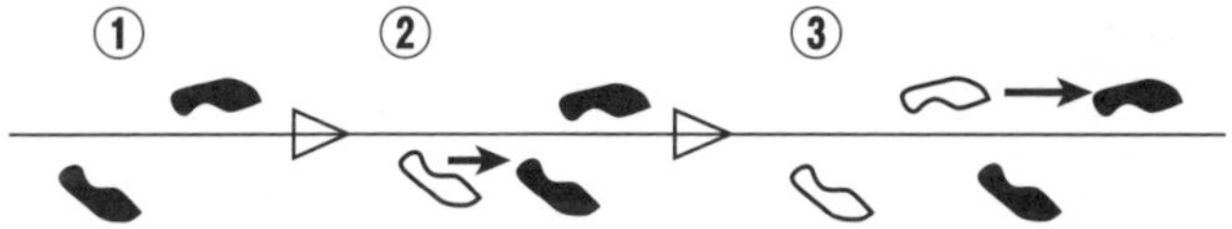

「隠し歩き」（Hidden Step）とも呼ばれる歩法です。まず後ろ足を前足に引き寄せ、その後に前足を前進させます。その名前は、相手に気づかれずに踏み込む準備ができるというところに由来しています。

4. 斜め歩き（Slope step）

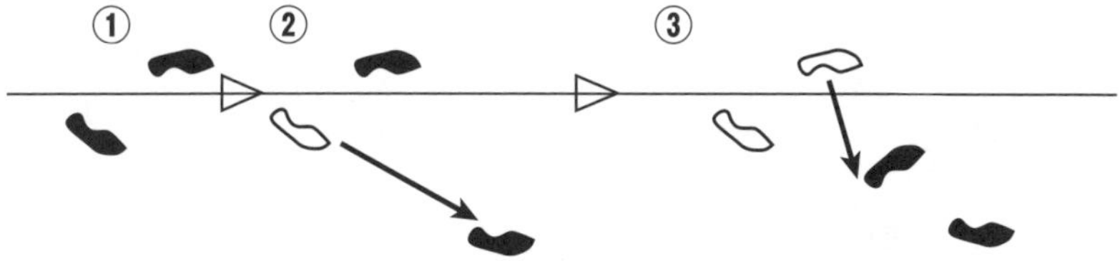

ドイツ式やイタリア式武術でよく使われる歩法で、相手の攻撃を避けながら攻撃する時に使われます。

5. フィオーレ式斜め歩き（Fiore' s slope step）

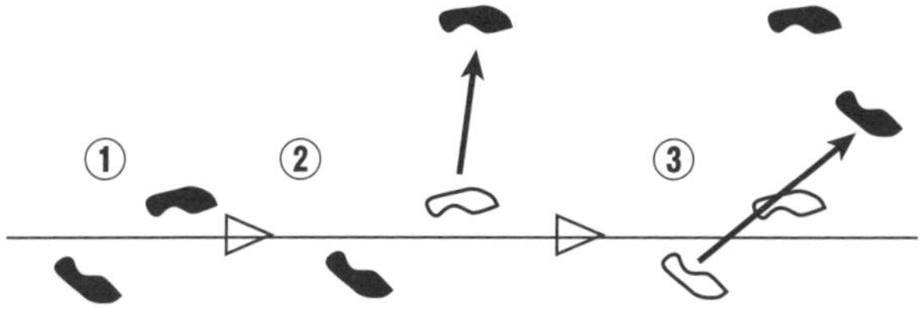

フィオーレ・デイ・リベーリの斜め歩き。前のものと違い、前足を先に送り出します。

6. 二倍三角歩き（Triangle Step, double）

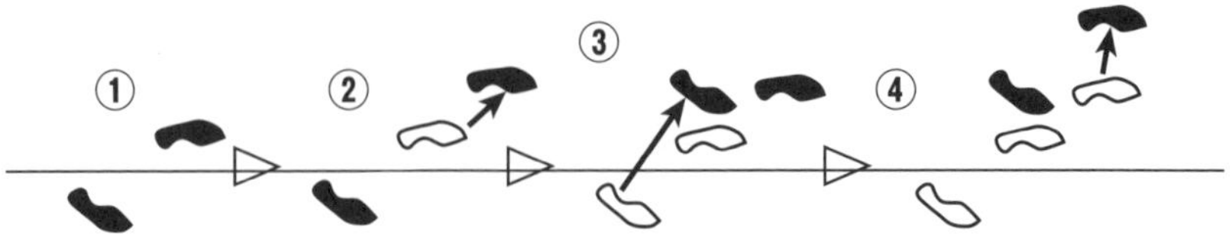

メイヤーによる、斜め歩きの亜種。どちらかというと横方向に移動します。

7. 静止反転（Volta Stabile）

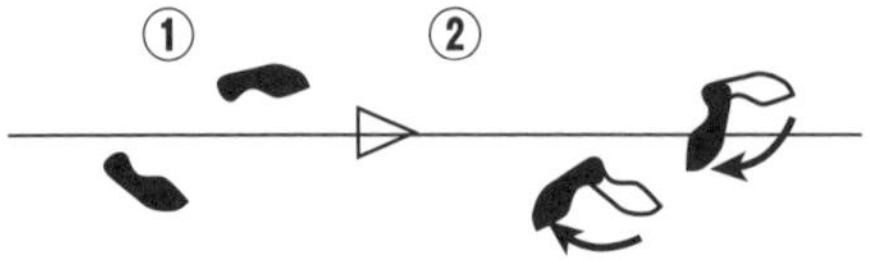

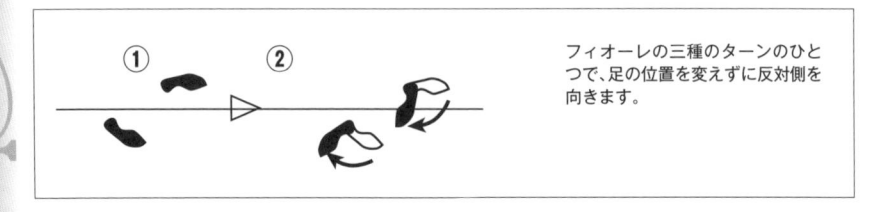

フィオーレの三種のターンのひとつで、足の位置を変えずに反対側を向きます。

8. 半反転（Mezza Volta）

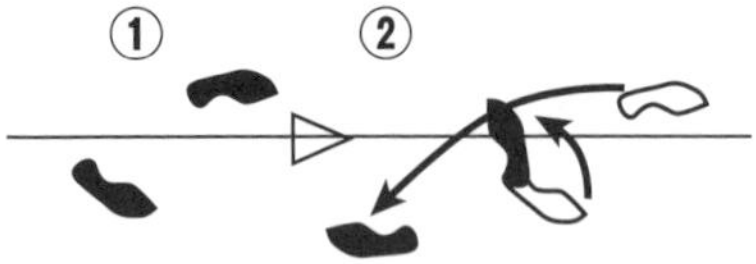

前足を後ろに引いて、後ろを振り返ります。

9. 全反転（Tutta Volta）

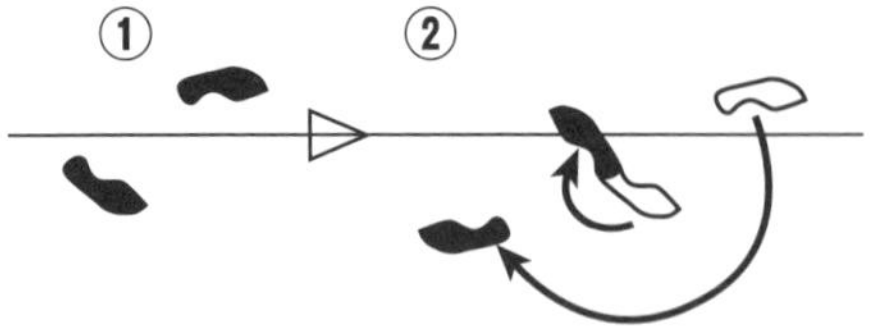

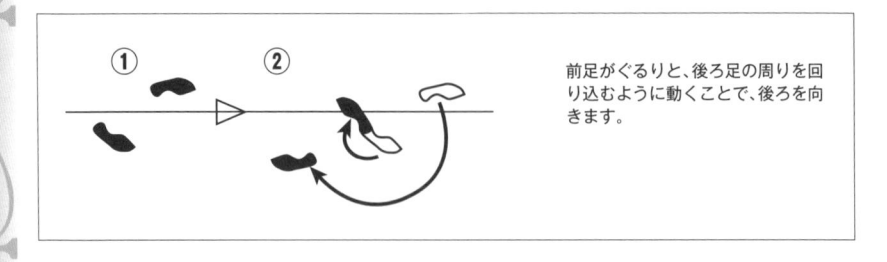

前足がぐるりと、後ろ足の周りを回り込むように動くことで、後ろを向きます。

第10章
流派紹介

ドイツ式武術（リーヒテナウアー式）

■一般名称：「戦闘法」（Kunst des Fechtens）
■創始者　：ヨハンネス・リーヒテナウアー（Johannes Liechtenauer）
■期間　　：14世紀半ば～17世紀終わり頃（？）

ドイツ式武術は、14世紀半ばに確立した武術の一派で、現在最も研究されているヨーロッパの伝統武術のひとつでもあります。リーヒテナウアー自身はドイツ南部のフランケン地方出身の下級騎士と思われ、ドイツ、東欧を旅して学んだ各地の武術を総合して新たな一派を打ち立てました。ここで注意してほしいのは、「ドイツ式武術」という名前は、「リーヒテナウアー式」というよりも語呂がいいからで、当時のドイツには、これ以外にも複数の流派が存在していました。とはいえ、それらの諸流派はほとんど記録がないので、実態がほとんどつかめていないというのが現状です。ドイツ式武術は、当時まだ新しい武器であったロングソードの用法をすべての武器術の基本としています。ロングソード術にはドイツ式武術の基本技術がすべて含まれているので、ロングソード術を学べば、他の武器の用法も比較的簡単に学ぶことができるというわけです。

ドイツ式武術は、戦闘の形態を以下の3種に分類しています。

1. 鎧なし（Bloßfechten）：鎧を着ていない状態、または鎧を着ていない相手に対する戦闘

2.　鎧あり（Harnischfechten）：鎧を着た状態、または鎧を着た相手に対する戦闘
3.　馬上（Roßfechten）：馬上での戦闘法

戦闘形態の差こそあれ、以下に挙げる基本的な理念は、これら3つの戦闘形態すべてに共通しています。

◆主導権

ドイツ式武術の根本理念、または極意は、ただの一言「主導権の奪取と維持」という言葉によって表されます。

ドイツ式武術のすべての技・理論は、いかに主導権を得、それを維持するかということを目的に設計されています。主導権を握り、相手の意図を封じ込め、相手を防戦一方に追い込みます。そして、こちらの身は安全圏に置きつつ相手を攻め立て、相手がついにこちらの攻撃に反応しきれなくなった時、それが相手の最期になるということです。逆に、もしも相手に主導権を握られたなら、可能な限り即急に主導権を取り返すのが至上命題とされています。

この概念は、よく先制至上主義といわれますが、それは相手をとにかく攻撃することではなく、「自分の行動に相手を反応させる」ということです。例えば隙を作って相手の攻撃を誘うという行為も、一見相手が先制しているように見えますが、実際は隙を作る、というこちらの行動に対して、相手が反応しているといえます。「相手を自分の掌の上で踊らせる」ということです。

さて、ドイツ武術では、この概念を「先」と「後」と呼んでいます。「先」は「先に行動すること」であり、攻撃的性質を持つとされ、主導権を握った状態。「後」は「相手の行動に対応すること」であり、防御的性質を持ち、主導権を握られた状態を表しています。

◆同時（Indes）

Indesとは、「直ちに（Immediately）」「同時に（While）」「〜の間（During）」という意味の言葉です（日本語だけでは伝わりにくいので、英語も載せておきます）。ドイツ式武術においてはふたつの意味があります。

Indesという言葉の第一の意味は、主導権を得る（または奪い返す）ために、どの技が最も適切か即座に判断することです。第二の意味は、相手の行動に対して直ちに反応して反撃することです。

他にもどちらが主導権を握っているか、はっきりしない状態……例えば、両者がほぼ同時に攻撃した時や「バインド」（P54参照／一般的にいう「鍔競り合い」のこと）

の状態……を指すこともありますが、「同時」とは状態を表す言葉ではなく、基本的には判断や行動を指す言葉であるようです。

感知（Führen）

「感知」とは、バインドの状態において、相手の意図を読み取るための基本的な技術のことです。リーヒテナウアーは、バインドの状態であっても受身の状態でいることは決してあってはならないと主張しています。バインドの状態にある時は、常に相手の意図を積極的に「感知」して、主導権を得る必要があるのです。

この「感知」という技術は、接触した相手の武器から伝わる圧力から相手の意図を読み取ること、または相手の抵抗が「剛い」（下記項目参照）か「柔らかい」か判断することです。この概念をドイツ式武術では「感知」といい、これを活用するための技に「囁き窓」というものがあります。

柔と剛

先ほど、相手の武器を「感知」する時に、相手の抵抗の強弱について書きました。これをドイツ式武術では「剛い」、「柔らかい」と言います（日本の「柔と剛」に合わせるために、著者はあえて特殊な「剛い」という造語を使っています）。

剣と剣が結び合ってバインドの状態になったとします。この時少し押してみて、相手の抵抗が強くて押せなかったり、または相手が逆に押し込んできた時、これを「剛い」と言います。反対に相手の抵抗がない、または弱い時、これを「柔らかい」と言います。

リーヒテナウアーは、「剛」には「柔」で対抗し、「柔」には「剛」で対抗すべきだと主張しました。日本でも「柔よく剛を制し、剛よく柔を破る」という言葉がありますが、正にそのことを指す言葉です。

相手が「剛く」押し込んできた時は、それに抵抗せず受け流してカウンターをかけ、相手が「柔らかい」時はそのまま一気に押し込んで相手の防御をこじ開けるのです。

4つの「オープニング」

「オープニング」とは、色々な意味を含む概念です。一般には、相手の防御の隙間を指す言葉ですが、ドイツ式武術では、攻撃の目標となるターゲットエリアのことを示します。これらのエリアは、体の中心線とウエストの線で分割された4つの部位のことです。

ドイツ式武術の理論として、人間はこれら4つのエリアすべてを同時に防御することはできず、必ずどこかに防御されていない「隙」が生じるとしています。このリーヒテナウアーによって提唱されたターゲットエリアは、近代フェンシングにも受け継がれています。

以上のように、現在その用法が確認できる武術の中でも最古のもののひとつであるドイツ式武術ですが、すでに非常に発達した高度な理論と概念が見受けられます。15世紀に、ドイツ式武術はその絶頂期を迎えますが、レイピアの普及や戦場で使われる武器が変化していくに従い、緩やかに衰退していき、やがてイタリア式にとって代わられることになります。

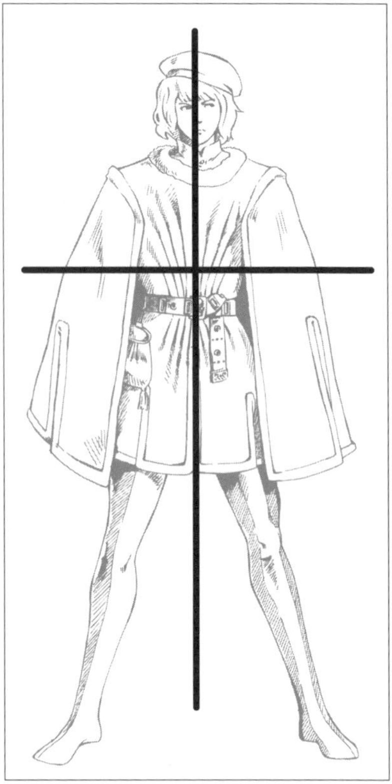

イタリア式武術

■一般名称：イタリア式武術（Italian Style）
■創始者　：不明
■期間　　：不明～19世紀

イタリア式武術とは、多種多様な武術流派の集合体を指す言葉です。なぜなら資料が現存する最も古い武術のひとつであり、また最も長い寿命を誇った武術でもあるからです。“イタリア式武術”とひとくくりにしていますが、時代と場所によって、技術も理念もまったく異なる流派が存在します（どのくらい異なるかといえば、古流剣術とスポーツフェンシングほど違います）。したがって、以下に示した特徴も、必ずしもすべての流派に見られるわけではありません。

ローマ帝国の崩壊以来、イタリア半島は、幾つもの独立勢力が激しく対立し、抗争を繰り返す戦場でありました。そのような状況の中で、各勢力や都市は独自の武術体系を発展させてきたと考えるのが自然でしょう。とはいえ、現存するのは一部にしかすぎず、そのほとんどは痕跡も残さずに消え去ってしまい、現在の我々はそれらが一体どのようなものであったのか、知る由もありません。

古のイタリア式武術の特徴を鮮やかに現在に蘇らせてくれるのは、14世紀後半の剣士フィオーレ・デイ・リベーリ、16世紀を中心に栄えたボローニャ派の諸剣士、16世紀のカミーリョ・アグリッパ、そして17世紀初頭のサルバトール・ファブリスといった有名な剣士です。

科学的アプローチ

15世紀のフィリッポ・ヴァーディは、武術とは「サイエンス」であり、そのサイエンスの中で最も重要なものは幾何学であると主張しています。サイエンスを使う理論的アプローチ、つまり「観察によって得られた客観的な情報から論理的結論を得る」という手法そのものは、他の流派にも見られますが、それを意識的に取り入れたことは、イタリア式の大いなる貢献といえるでしょう。

ボローニャ派の創設者とされるフィリッポ・ダルディ（1464年頃没）はボローニャ大学の算術・幾何学教授でしたし、現代フェンシングにも繋がる革命的レイピア術を完成させたアグリッパに至っては、本職は技術者です（彼の言によると、ミケランジェロと共に、ローマのサン・ピエトロ前にオベリスクを運搬する計画に参加したこともあるそうです。もっとも計画は実行されませんでしたが）。

ともあれ、彼らの基本は一貫しています。それは幾何学の原理を応用した、最も効率的な攻撃・防御方法の確立、「テンポ」の概念による、時間と行動の相関関係の把握に集約されているといえるでしょう。

テンポとは

「テンポ」と聞くと、現代日本人の我々は「リズム」と連想してしまいますが、ここでの「テンポ」とは、「時間」を示す言葉です。そしてイタリア式の武術では、2種類の「テンポ」があります。

第一の「テンポ」とは、攻撃・防御・カウンターをするのに適切な時を指します。簡単にいえば、「今だ！」という時のことを指します。

この「テンポ」は、相手の行動に関係して発生します。例えば、相手がある行動（一歩踏み出す、構えを変える、攻撃するなど）をしている途中に「今だ！」と攻撃することを「テンポに沿って」攻撃するといい、安全に攻撃できるとしています。反対に相手が動かずに、じっと待っている時に「今だ！」と攻撃することを「テンポを外して」攻撃するといい、相手のカウンターを受ける可能性が非常に高く危険だとしています。

第二の「テンポ」は、前述した「時間」のことです。前に説明したように、当時の概念では、時間は行動との関係によってのみ知覚されるとされていました。そして、ある行動をとるのに要する時間を、「テンポ」（または「時間」）と呼んでいたのです。例えば、くしゃみをする「テンポ」と本を一冊読み通す「テンポ」は、ストップウォッチ上での長さは違いますが、同じ「1テンポ」となります。この「テンポ」ですが、イタリア式では、「行動＝テンポ」の原則によって、一般に次のような種類があります。

1. 「シングルテンポ」（Stesso Tempo）：ある行動をとるのに要する時間で、シルバーの「真の時間」と大体同じ意味合いを持っている言葉です。現在では「カウンターテンポ」の別名としても使われています。
2. 「カウンターテンポ」（Contratempo）：相手の攻撃と同時に攻撃を返すことで、ドイツ式の「奥義」なども、この区分に分類されます。
3. 「ハーフテンポ」（Mezzo Tempo）：「1テンポ」の時よりも小さい動きで攻撃することです。
4. 「ダブルテンポ」（Dui Tempi）：現代フェンシングの「リポスト」のように、ふたつの動作からなる行動です。動作が完了するまでの時間がかかりすぎて、文字通り「ワンテンポ」遅れてしまうので効果的ではないとされています。

イタリア式武術が最も栄えたのはルネッサンス期、それもレイピアの登場と前後します。イタリアで花開いたルネッサンスが各地に広まるにつれ、イタリアのファッション、そしてイタリア式の武術も各地へ輸出されていきます。しかし、その後フランスなどを中心に発祥したスモールソード術の台頭によって、イタリア式武術はイタリア半島以外の地では忘れ去られてしまうことになります。しかし、イタリア半島では独自のスモールソード術として発展し、最終的にイタリア式のクラシック・フェンシングとして現代に残ることになるのです。

イギリス式武術

■一般名称：「防御術」（Art of Defence、Science of Defence）
■創始者　：不明
■期間　　：不明～18世紀（？）

紀元前1世紀、ユリウス・カエサルが始めて、当時ブリテン島と呼ばれていたイギリスに攻め込んだ時、彼は、ブリテン島には大陸とは起源を一にしながらも、大陸とはまったく異なる文化が栄えているということを書き残しました。それは21世紀の現代でも同じで、イギリスはヨーロッパ本土の文化を基盤として、その上に独自の文化を築いています。中世・ルネッサンスの頃も、イギリス（というよりもイングランド）は、大陸の文化と“同じで違う”特殊な国であり続けたのです。

さて、武術に関してですが、現在解読可能の最古のイングランド武術についての文献は、16世紀末にジョージ・シルバーによって書かれた『パラドックス・オブ・ディフェンス』です。それ以前にも、両手剣（またはロングソード）術について書かれたフェシトビュッフがありますが、残念ながら解読不能の状態です。しかし、イギリスに古くから武術が存在したことを証明するものとして、12世紀に発布された武術を教える学校（または道場）を禁止する法律があります。

この禁止令から推測できるのは、この時点ですでに、かなりの数の武術学校があり、それらの学校が治安を不安定にさせる要因として、権力者に認識されていたということです。また、上流階級の武術と下級階級の武術は系統が違うのではないかという推測もされています。上流階級の武術と下級階級の武術が実際にどのようなものであったのか比較できる資料がありませんので、おそらく永遠にこのことを確認できないと思います。

また、イギリス独自の武器の存在もつけ加えなければなりません。イギリス独自の武器の代名詞といえば、多くの人がロングボウを思い出すでしょうが、他にもビル、クォータースタッフ、ウェルシュフックなどの特殊な武器も、イギリス武術のレパートリーに入っています。特にクォータースタッフはイギリスの「国技」に近い扱いを受けていた武器で、スポーツとして、あるいは武術として多くのイギリス国民に愛用されてきました。

◆安全第一

さて、イギリス式武術の特徴ですが、「安全」に主眼を置いているところに、その特徴があります。前に説明したと思いますが、フェンシングという単語は、「打ち払う」「防ぐ」という意味の動詞（to fence）が語源で、「護身」という意味合いがあります。名は体を示すという言葉の通りに、イギリスの「フェンシング」は多分に防御的な性格を持っているといえるでしょう。ちなみに、「防御術」という名称は、中世やルネッサンス期に「武術」を示す言葉として使われていた名称です。

シルバーは、自分が、相手の反撃から確実に安全であると確信した時のみ攻撃すべしと主張しています。また、他の武術では基本中の基本といってもいい、カウンター攻撃を否定しています。彼からすると、有効性は認めながらも、カウンター自体は一種の賭けのようなもので、読みが当たった時には効果的ですが、もしも読み違えた時は取り返しのつかないことになってしまうというのが問題のようです。唯一カウンターをかけてもいい状況は、後ろに下がりながらカウンターをする時のみとされ、後ろに下がることで、万が一相手の出方を読み違えても、被害が最小になるようにしているのです。とはいえ「絶対に安全な時」を待ち続けていては、絶好の機会を、みすみす見逃してしまうことも確かなので、どのようにそのあたりの兼ね合いを取るのかというのが、剣士の腕の見せ所ということになります。

また、後ろに下がることが多いというのも特徴のひとつです。16世紀末にイギリスでイタリア式レイピア術を教えていたビンセンティオ・サヴィオーロが、イングランド人は後ろに下がりすぎるが、それは恥ずべきことだと述べているところから、イギリス式武術を修めた剣士は、他の流派の剣士と比べてかなり頻繁に後退するのだろうと推測できます。

そして、イギリス武術で最も外見的に特徴的なものは「ガーダント」と呼ばれる構えです。この構えには「真のガーダント」「偽のガーダント」の二種類があります。ガーダントとは『吊り』構えの一種で、剣を頭上に掲げて切っ先を下に垂らした姿勢を指します。イギリス式は、剣の切っ先を左膝に向けて、剣を体に沿わせるような形になるのが特徴です。『吊り』構えもそうですが、イギリスのガーダントは、高い防御効果の反面、そこから攻撃に移りにくいため、当時から人によってその評価は天と地ほどの差があるのもまた事実です。

◆ストッピング・パワー

シルバーは、その著書で「頭部への、上段からの切りつけ」を執拗に主張しています。元々彼は突き主体のレイピア術に対する反論として、その理論を展開しているということもあるのですが、彼の主張はただ単にイタリア式に対する反論ではないのです。

「ストッピング・パワー」という言葉があります。元々は銃の性能を表す概念のひとつで、弾を命中させた相手を、どの程度確実に戦闘不能にできるかという指標のことです。例えば、アメリカやイギリスではヨーロッパと違い大口径の銃を好みましたが、それは原住民との戦いの中で得た経験から、装弾数よりも、命中率よりも、相手を1発で確実に戦闘不能にすることのできる能力を重視していたからです。

シルバーも、この「ストッピング・パワー」を重視しています。レイピアの突きは非常に殺傷力が高いのですが、反面相手を即座に戦闘不能にする能力に欠けます。反対に、剣による斬撃は、殺傷力こそ低いものの、相手の戦闘力を大きく奪うことができます。まずは敵を戦闘不能にし、身の安全を確保してから、ゆっくりと止めを刺すなり、その場から立ち去るなりする。この安全第一の精神こそがイギリス式武術の根底を流れる思想なのでしょう。

◆シルバーの原則

ワグナーによると、シルバーの戦闘原則は以下のように要約されるとしています。この原則の幾つかは、イギリス式固有のものであり、あるものはヨーロッパ武術共通のものです。

1. 確実な防御は、効果的な攻撃よりも重要である
2. 相手を脅かし、反応させることにより、こちらが攻撃などで隙を見せても、その隙を相手が突けないようにする
3. 常に、腰を入れた強力な攻撃をする
4. 相手の戦闘能力を奪う攻撃のみをする
5. 相手がこちらを攻撃できない位置から攻撃する
6. 相手の最も脆弱な部分を攻撃する
7. もしも攻撃が防がれたら、攻撃を継続せず即座に後退して間合いを外す
8. 相手の攻撃を防御する時は、攻撃が十分な勢いを得る前に防御する
9. 防御には常に保険をかけておく
10. 攻撃や防御をする時には、もしこれが失敗した際に、自分の身を無防備に相手に晒すことのないようにする
11. 常に正しい距離を保ち、相手が隙を見せなければこちらを攻撃できないようにする
12. 地形・状況・天候・武器など、ありとあらゆるものを活用して生き残る

シルバーの時代には、イギリスには、剣士たちの組合が設立されており、伝統武術の師範たちの養成などを行っていました。しかしながら、シルバーが著書の中で嘆いているように、その頃にはイギリスの武術はすでに衰退期に入っており、武術の技も戦場での技術というよりもスポーツとしての要素を強めていきます。

後の時代には、本来は武術の検定試験であったプライズと呼ばれる催しが、娯楽

目的の興行試合にその姿を変え、このプライズから、現代ボクシングなどが発展していくことになるのです。

スペイン式武術

■一般名称：「至高の術」（La Verdadera Destreza）
■創始者　：ヘローニモ・サンチェス・デ・カラッツァ（Jerónimo Sanchez de Carraza）
■期間　　：16世紀半ば～19世紀中頃（？）

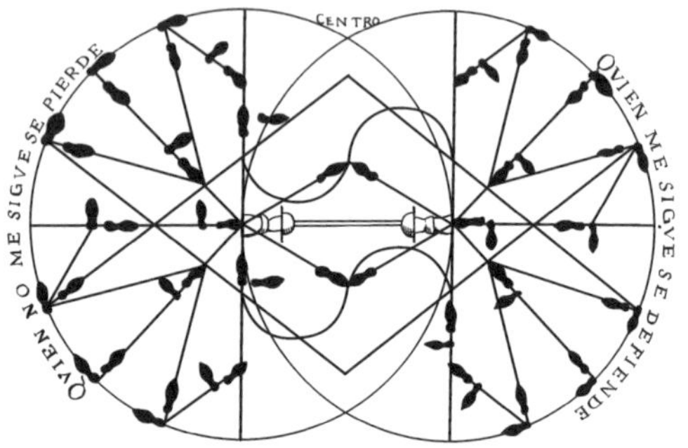

スペイン式武術の図式の例。メンドーサ・イ・キサーダ、1675年

地面に描いた奇妙な図形、数学的で高尚な議論、しかし、そんなもの実戦では役に立たない。このようなスペイン式武術に対する偏見と誤解は現在だけではなく、当時から存在していました。

しかし、スペインの剣士達に対する、当時の剣士達の評価は非常に高いものがあったのです。事実、スペイン式武術は、当時ヨーロッパ最強（つまり、彼らにとっては世界最強）の武術のひとつと考えられていました。イタリア式剣術をあれほどこき下ろし、伝統的イギリス式武術が一番と信じていたジョージ・シルバーでさえ、渋々ですが最強の流派のひとつと認めているほど、その強さは抜きん出ていたのです。

スペイン式武術は、イタリア式、それもカミーリョ・アグリッパの影響を強く受けています。前に説明した通り、アグリッパの剣術は幾何学的分析に重きを置いていますが、スペイン式はそれをさらに発展させたものなのです。ゆえにスペイン式武術のテキストは、幾何学的図形が所狭しと並び、本文も理論的な記述に偏重しているので、予備知識がないとまったく理解ができないという代物。そのためか、スペイン式武術は非常に誤解されやすく、またほとんど研究されていないというのが実情です。この項の記事も、著者自身もあまりスペイン式武術について詳しくないということもあり、一応のエッセンスは含めていますが、かなり単純化してあることを一応ここに記しておきます。実際のスペイン式武術はもっと複雑なものです。

スペイン式剣術は、16世紀半ば頃に、ヘローニモ・デ・カラッツァによって創始されました。以後いくらかの紆余曲折はありながらも、速やかにスペインで主導的な地位を得ることになります。それ以前の武術は「古武術」(Esgrima Antigua) と呼ばれ、残念ながら、現在ごく断片的な資料が残るのみです。スペイン・ポルトガルのあるイベリア半島は、かつてイスラム勢力に支配されていたので、当地の「古武術」には、おそらくイスラム起源の武術の影響があったと思われます。この「古武術」の失伝は非常に惜しまれるところです。

◆シルバーから見たスペイン式武術

さて、スペイン式についてですが、ここではシルバーの残した証言から見ていきたいと思います。彼から見ると、スペイン式は、構えがひとつで防御の方法がふたつ。それをあらゆる状況の中で使えるようにしているので、非常に短期間で熟練できるということが特徴のようです。そして、それを実際に使った場合、どうなるのでしょうか。彼の言葉を引用すると、

> *スペイン剣術の戦い方は以下の通り。まず彼らは、できる限り勇敢に、足を広げずに背筋を真っ直ぐ伸ばして立つ。そして彼らの足は決して止まることがなく、あたかもダンスを踊っているかのようだ。そしてレイピアと腕を、一直線に相手の顔か腕に伸ばすのだ。*

この構えこそ、スペイン式独特の構えで、スペイン式の強さの秘密といっても過

■スペイン式レイピア術の構え

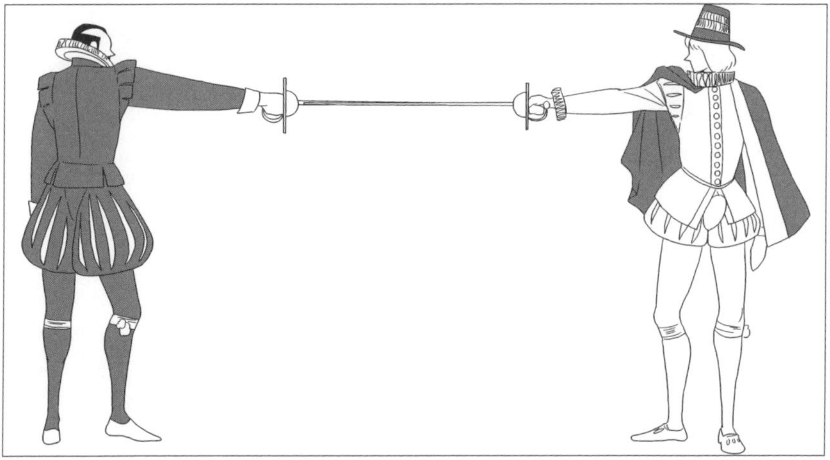

言ではないでしょう。スペイン式は、右足を前に、左足を後ろに構え、右のつま先を相手に向け、左足をその後ろに90度傾けて置きます。そして右腕とレイピアを真っ直ぐ伸ばし、左手を自然に下げた姿勢が、スペイン式レイピア術の構えです。

この構えは、他の武術の構えとはまったく異なる、棒立ちに近い姿勢なので、多くの人がどれだけ効果的なのか疑問に思うようです。しかし、間隔を狭くとった足はアグリッパの構えにも見られ、素早く一歩を踏み出すのに効果的だとされています。

そして、真っ直ぐに伸ばした腕も、相手を牽制するだけのものではありません。レイピアは極めて長い剣なので、もし何の考えもなしに攻撃すると、相手のレイピアに自分から串刺しになってしまい、逆にこちらのレイピアは、スペイン式の椀型鍔によって防がれてしまいます。外側から回り込むようにして相手の腕を突こうとしても、相手がレイピアをこちらに真っ直ぐ突き出している限り、相手の間合いの方が長くなるので、先に相手のレイピアが命中することになります。ではどうするか。シルバーが答えを簡潔に述べています。それは「相手のレイピアを打ち払うこと」です。相手のレイピアを、どうにかして自分の前からどかしさえすれば、スペイン式剣術は簡単に破ることができます。が、それもまた相手の予期するところなのです。なぜなら、スペイン式の構えは、自らのレイピアを、相手の行動の選択の幅を制限する盾としているのですから。

先ほどまでの流れからもわかるとおり、スペイン式の構えを打ち破る方法はふたつ、相手のレイピアを打ち払って攻撃するか、横に移動して相手のレイピアを避けながら攻撃するかのどちらかしかありません。よってスペイン式の剣士は相手の次の行動が予測でき、また、その対策と訓練も当然ながら充分に積んでいます。したがって、中途半端な考えで行動を起こしたら最期、次の瞬間には自分が相手の餌食になっているという意味です。

また、シルバーの言葉に、足を決して止めることがなく、まるでダンスのようだと書いていますが、他の流派の武術と同様に、スペイン式武術もまた、常に動くことで、相手の隙をうかがい、同時に相手がこちらの隙を突くことを困難にしているのです。

◆神秘の円

では、スペイン式武術では、ほかにどのような特徴があるのでしょうか。スペイン式武術は常に移動することで優位を保つと前の文で書きました。そして構えの性質上、常に相手に剣を向け続ける必要があります。これを総合すると、スペイン式の剣士の動きは、相手を中心とした円運動を描くことになります。実際には、相手も同様に円運動を描くため、スペイン式の剣士同士の戦いは、両者が向き合ったまま、ぐるぐると回り続けることになるのです。そして、相手のレイピアの「攻撃線」が外れた瞬間に攻撃をかけるのです。この真っ直ぐ踏み込むのではなく、円運動（というより斜め移動）が、スペイン式剣術の特徴で、比較的直線的に移動するイタリア式と違う点です。よく、スペイン式剣術を、本に書かれた奇妙な円から「神秘の円の剣術」と呼ぶ人がいますが、スペイン式の特徴をよく表している言葉だと思います。

また、意外なようですが、スペイン式では斬撃も重要な攻撃方法のひとつです。レイピアは、確かに刺突に適した形状の刃を持っていますが、決して切れないことはありません。重い一撃を頭部に食らえば致命傷になりますし、腕を切りつければ戦闘力を大幅に削ることができます。

スペイン式は、その創始より約300年、ほぼその姿を変えることなく受け継がれてきたといいます。そして剣術の必要性が消失し、現代フェンシングに移行した時、円運動を基調とするスペイン式剣術は、直線移動のみ許される現代フェンシングにまったく対応できなくなり、それがスペイン式の最終的な消失につながっていったのでしょう。

第2部　技解説

Graphic Illustration

技解説の前に

ヨーロッパ武術についての概説と理論が終わって、いよいよ技のパートに入ります。しかしその前に、皆さんが読み進むのに混乱しないように、いくつかの説明をしていきたいと思います。

解釈の基本姿勢

技の解釈にあたっては「できるだけ原文に忠実に」を目標にしてあります。たとえば。ある本は途中で切れている原文を補って、独自の「止め」を付け加えたりしているものもありますが、この本に収録するにあたって、その部分はカットしました（ただ、文章で解説している場合はあります）。また、原文が確認できないものはカットしました。引用元を書いていない技や、引用元はあるがその技を原著で確認できなかった技も同様です。

本書の解釈の中には、怪しいもの、あるいは間違っているものがあるはずです（あえて宣言するなら、絶対あるはずです）。実際、数世紀も前に失伝した技術なので、研究次第であらゆる技が今後修正される可能性があるということを、あらかじめ指摘しておきます。

引用元について

引用元については、巻末の「文献略称一覧」に記載されている略称とページ数の組み合わせをご参照ください。たとえば、Fiore(Getty), 23r と記載されていたら、フィオーレ・デイ・リベーリ著、トム・レオーニ訳『フィオーレ・デイ・リベーリの戦いの華、M.S.Getty Lugwig XV 13』からの引用ということになります。

また、ページ数を示す「23r」という数字ですが、これは写本のページ数を表す文献学の用語です。本を開いて見開きにした状態で、右側のページをRecto（表）、左側をVerso（裏）と呼びます。そして、数字は、何ページ目ではなく、「何枚目」かを表しているので注意してください。よって、「23r」は、「本文23枚目の用紙の表側」という意味になり、現代のページ数なら45ページ目ということになります。

外国語の技名について

中世の時代では、現在のように、正式な綴り方というものは存在せず、自分の発音をそのまま適当に綴っていました。そのため、現代語とはまったく違う綴り方をしている単語も珍しくありません。たとえば、Iszny Porttという単語は、Eisenportの中世南部ドイツ語訛りを、そのまま綴ったものです。ほかの著書の中では、現代の綴り方に直しているものもありますが、この本では、できるだけ原語の綴りを残すようにして、中世の雰囲気を味わってもらいたいと思います。また、当然ながらすべての技名が原語で残っているわけではありません。いくつかの技名は、現代の研究者、または著者による命名です。

登場人物

この本では、イラストをできる限り明瞭にし、混乱を防ぐために、3人の登場人物を設定しています。彼らは、それぞれ明確な特性を設定してあり、イラストを読み解く際の記号として機能するようにデザインしました。

衣服は、マイアーのフェシトビュッフ（16世紀）に登場する靴職人から。

師匠

師匠は「黒い服」と後退しつつある「黒い髪」をしています。鎧も黒いものを着ているのですぐに見分けがつきます。技のイラストでは、原則として左側に位置します。「黒＝師匠」と考えてくれればいいでしょう。

衣服は、ヴァラーシュタイン写本のものを元に、当時の小物を加えたもの。

弟子

弟子は白めの服と明るい色の髪をしています。イラスト上では白色をしています。ほぼすべての技で師匠の相方を勤め、イラストでは原則として右側にいます。

女弟子

明るい色の、ウェーブのかかった髪をした女性です。「相手の力が圧倒的に強い（または弱い）時」や「相手の背が低い（または高い）時」に使う技の解説に登場します（師匠と弟子が約180cm、女弟子が約155cmと設定しています）。

余談ですが、女性の剣士（兵士）というものは決してファンタジーではありません。ヨーロッパ最古のフェシトビュッフである、I33には、ワルプルギスという名前の女性剣士が登場しています。

衣服は15世紀の狩猟用のもの。ちなみに男性用。

「バインド」について

本書では「バインド」という言葉が頻繁に出てきます。バインドとは、「自分と相手の武器が接触した状態」のことで、一般にいうところの「鍔迫り合い」のことです。

注意

この本の解説は、右利きの人に対応して書いてあります。日本の武道とは違い、ヨーロッパの武術は、利き手を矯正することはしません。左利きの方は、左右を入れ替えて読んでください。

また、当時はコッドピースと呼ばれる、男性服の股間の部分が強調されていた時代なので、現代の感覚では異様に見えるかもしれませんが、当時のファッションをできる限り再現するという趣旨のため、あえて描写していますので、注意してください。

第1章
ロングソード

ロングソード概説

> 我は剣なり。我は全ての武器を殺すものなり。槍・斧・ダガー、全ては我の前に無力なり。
> ……我は高貴なる剣。正義を貫き、善行を広め、悪を打ち破るものなり。我を聖なる十字と崇めよ。さすれば武の名声と栄誉は汝のものとならん。
>
> (Fiore di Battaglia 25r)

◆ロングソードの歴史

ロングソードは、13世紀～14世紀に片手剣から発展した武器で、現在では一般的にバスタード・ソードやハンド・アンド・ハーフ・ソードなどと呼ばれています。その汎用性の高さから、14世紀～15世紀にかけて、騎士や兵士の補助用の武器として人気を博しました。ただ、その長さゆえか、平時にはあまり使われることは無かったようです。

当時の人たちは、ドイツ語では「長い剣」を意味するLangen Schwert、イタリアではSpadonaまたは「両手剣」を意味するSpada a duo mano、イングランドではTwahandswerdやGrete swerdeなどと呼んでいて、片手剣、両手剣、バスタード・ソードを厳格に区別することなく、時には混同もしていたようです。

ロングソードが登場する時期は、鎧が急速に発達した時期に重なります。鋼鉄の板が騎士の体を覆っていき、最終的には盾の必要性がほとんど無くなるほどの圧倒的な防御力を手に入れることになります。また、この頃の騎士は、徒歩・騎乗と様々な状況での戦闘が期待されるようになります。ロングソードはこの状況に対応するため、両手での使用を基本にしながらも、状況に応じて片手でも使用できるように設計されています。そして、鎧で武装した重装備の敵は、鎧の隙間への鋭く細く尖った切っ先による正確かつ効果的な刺突で倒し、軽武装の一般兵には両手を使った、刃による強力な斬撃によって切り伏せるのです。

様々な状況や用法に対応できるロングソードの特性に着目したのは、ドイツ式武術の創始者、リーヒテナウアーです。ドイツ式武術は、ロングソード術をすべての武器術の根本技法として、組み立てています。

ロングソードは、15世紀を頂点にして衰退の道をたどります。1570年のメイヤーの頃には、本場ドイツでもロングソード術はスポーツ化して、実用性を失っていたようです。最終的に、いつロングソードが消えたのか、正確な時期はわかりませんが、大体17世紀頃だと推定されています。唯一いえることは、ロングソード術が実用性をなくした時こそ、ロングソード術を根幹として成り立っていたドイツ式武術の命運が尽きた、正にその時なのだということなのです。

◆スペック

ロングソードの重量は平均して1.3～1.5kgほどで、これは重量級の片手剣と同じ程度の重さです。長さは様々ですが、全長1～1.3m、刃渡り90～110cmほどが一般的です。

では、過去の剣士たちの意見はどうでしょうか。イタリア人のフィリッポ・ヴァーディ（1470年）によると、全長は地面から使い手の脇の下の高さまで、柄の長さは1スパン（手の子指と親指を一杯に伸ばした長さ、または9インチ、約22.8cm）、鍔の長さは柄と同じ長さが最良と主張しています。一方イギリスのシルバーは、両手剣の刃渡りは片手剣と同じ長さがよい、と述べています（1599年）。「片手剣」と聞くと、かなり短そうに聞こえますが、シルバーのいう片手剣は刃渡り1m近い

ロングソード図a

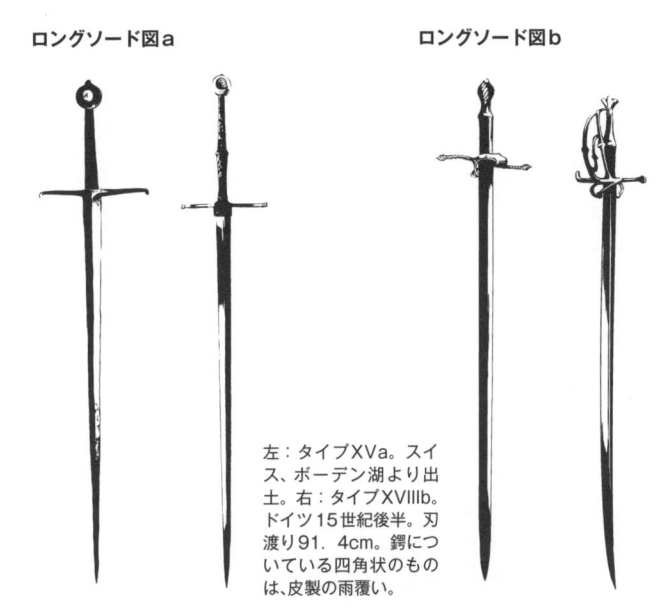

左：タイプXVa。スイス、ボーデン湖より出土。右：タイプXVIIIb。ドイツ15世紀後半。刃渡り91．4cm。鍔についている四角状のものは、皮製の雨覆い。

ロングソード図b

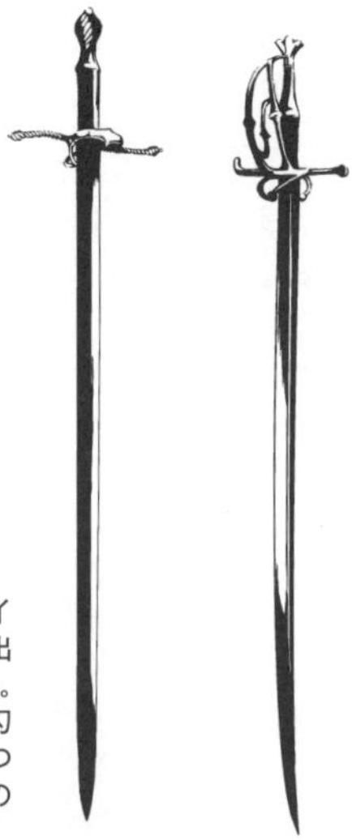

左：ドイツ16世紀。全長115cm、刃渡り97cm、重量1.2kg、重心は鍔から16cm。右：珍しい片刃のロングソード（または両手用サーベル）。スイス1530年頃。刃渡り101．5cm、刃の幅3.8cm、重量1.62kg。剣身の先端部3分の1ほどまでは両刃（ウォーラス・コレクション蔵）。

代物なので、平均的なロングソードのサイズに収まります。

ロングソードの刃の形状は、オークショット分類法（巻末語句解説参照）のタイプXVまたはXVIIIに分類される、三角形に近い形状が一般的です。樋がなくなったことで、刃の断面がひし形になり、分厚くなりました。これによって剣が撓《しな》いにくくなり、刺突力が強化された反面、切る時に押しのけねばならない物質の量が増えるため、以前のものと比べ切断力は低下しています。また、重心がグリップ付近にある三角形状の剣身も遠心力を生み出しにくく、切断力の減少に影響を与えています。

鍔は、片手剣と同様、非常に多くのタイプがあります。一般に、15世紀までは、シンプルな直線型が一般的で、16世紀に入ると、S字型の鍔が多く見られるようになり、拳を守るためのリングなどの付属品がつくようになります。

柄の形状は、柄頭に向けて徐々に細くなるタイプ（ロングソード図aの左）と、グリップの中間部に膨らみがあるもの（ロングソード図a、bの右）の2通りが一般的です。後者のグリップにある膨らみは、手を離して握るのに適した形状をしています。グリップは革で覆われているものが一般的ですが、膨らみの有るタイプのグリップは、鍔に近い上半分を革で、下半分は鋼線を巻いたものも多く見られます。

柄頭の形状は様々ですが、香水瓶のストッパー型や洋梨型の柄頭は、柄頭を握るスタイルの繰刀法に対応しているといわれています。

持ち方

ロングソードの持ち方は、基本的に右手を前、左手をその後に置いた形です。右手と左手の間隔は、離す場合と、くっつけて持つ場合の2通りあります。手を離して握る時は、柄頭を左手で握ることが多いようです（ただ、柄頭を握ってはいけないと主張している者もいます）。日本の剣術には無い持ち方が、サム・グリップと呼ばれるものです。剣を90度回転させ、親指で剣の平を押さえて握ります。

一般的な持ち方

柄頭を握る持ち方

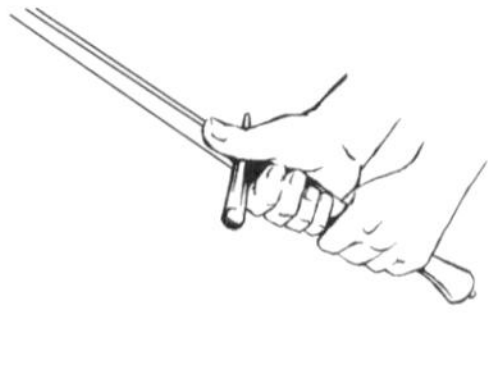

サム・グリップ

◈ロングソードの部位

「剣に無駄な部位は無い」と、ドイツ式武術のフェシトビュッフは主張していますが、その名の通り剣のすべての部位は攻撃や防御に使えます。この項では、以降の説明文をわかりやすくするために、少し詳しく解説します。

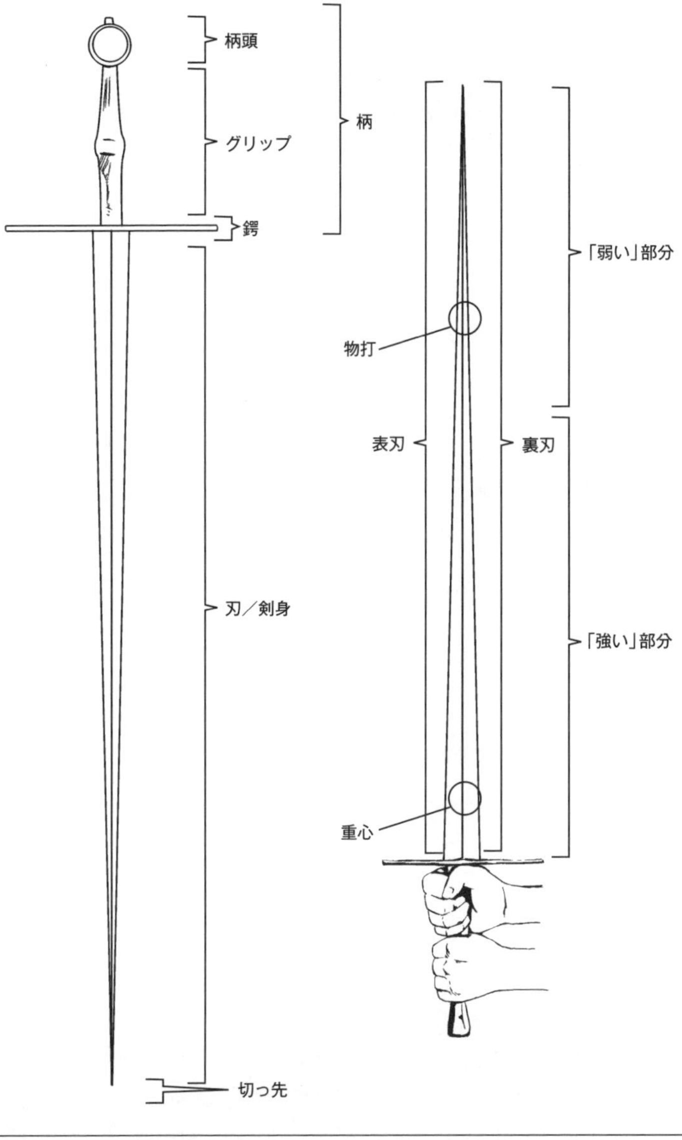

柄頭

ポメルともいいます。剣の重量バランスの調整や、手がすっぽ抜けるのを防いだり、茎を固定したり、相手をぶん殴ったり引っ掛けたりするのに使います。

グリップ

剣を握るところ。木製の芯をリネン・革・鋼線で覆ったものです。

鍔

棒鍔ともいいます。相手の剣が自分の手に滑り落ちてくるのを防いだり、相手を引っ掛けたり、殴ったり、グリップの代わりに使うこともあります。

柄

柄頭・グリップ・鍔の3つを合わせた部位です。

刃／剣身

相手を切ったり、敵の武器を防御したり、グリップの代わりに握ることもある部位です。

切っ先

剣の先端です。相手を突き刺すのに使います。

「弱い」部分、「強い」部分

すでに説明しましたが、剣の役割に関する部位で、「弱い」部分は攻撃に、「強い」部分は防御に使います。

「表刃」「裏刃」

これは、剣を握った時の刃の向きに関係しています。剣を握って切っ先を上に向けた時、相手を向いている刃を「表刃」、こちら側を向いている刃を「裏刃」と言います。ドイツ式剣術は、この「裏刃」を使う技が多いのが特徴です。

「物打」

敵を切るのに最適な部位とされている所です。実際のところ、中世では、まだ発見されていない可能性がありますが、現代の一般向け解説書に時折出てきますし、日本武道では良く知られている部位なので解説します。

剣は、目標に命中した時振動しますが、この時2カ所だけ、振動の波と波が重なる点があります。そのひとつ目はグリップにあり、剣身にあるもうひとつの点が「物打」ということになります。この「物打」で物を切ると、剣が振動しないので疲労しにくく、また剣の持つ運動エネルギーが振動に浪費されないので、100％に近い効率で物を切れるのです。よく、「きれいに切ると手ごたえを感じない」といいますが、それは、「物打」で切っているので、余計な衝撃が生じていないからと言えます。野球のバットにたとえるなら「芯」にあたる部分です。この「物打」は、西洋剣では切っ先から約20～30cmの所にあります。正確な位置を知るには、剣を垂直に立てて柄頭を叩いて振動を見る、剣の刃で木材などの固めの物体をそっと叩いて、手に伝わる振動の有る無しを判定する、などの方法があります。

重心

剣の操作性と威力の目安となる部位です。剣を指の上に乗せてバランスをとることのできる地点です。これがグリップに近いほど、剣が機敏に反応しますが、反面、安定性を欠いたり、切ったり突いたりした時の威力が減少します（実際には、ほかにも様々な要素が働いていますが、重心が最も手っ取り早い目安だと思います）。鍔から約10～15cmの所にあるのが一般的です。

子ども用の武器

近代的な価値観が成立する以前、子どもは「体の小さい大人」として扱われていました。たとえば、当時は子ども服という概念がなく、大人の服とほぼ同じデザインの服を着ていました。同様に子ども用の武器や鎧もまた製作されています。決して玩具ではなく、大人用と比較しても遜色ないほどの質で作られていました。

グラスゴー博物館・美術館所蔵の剣で、おそらく川から引き上げられたと考えられているものです。14世紀中頃の製作と考えられていて、大体7～8歳用と考えられています。鍔元にリカッソと呼ばれる、刃のついていない部位があるのが特徴です。刃渡り40.8cm。

個人蔵の、精巧に作られた剣です。非常に特徴がある刃をもっていて、中心部に峰と呼ばれる盛り上がりがあります（剣の強度を増すためのものです）が、これが鍔から15cmほどの地点で、浅い樋へと変化しています。また、剣の鍔元に刃を削り取った後が見えますが、これは子どもが成人した後に人差し指を鍔に引っ掛けて使えるように改造したものだと考えられています。刃渡り55.9cm。

テムズ川から引き上げられた剣で、1300～1325年の製作とされる子ども用の剣です。深い樋が通る刃は、途中までは六角形、その後ひし形に変化します。全長78.5cm。

ロングソードの構え

1 『屋根』の構え（vom Tag：ドイツ）

『屋根』の構えは、ドイツ式剣術の基本4種の構えのひとつで、攻撃と防御の両方に優れ、最も頻繁に使われています。剣を頭上に掲げたものと、剣を顔の高さに掲げた構えの2種があり、日本剣術の「上段の構え」と「八双の構え」に相当します。「構えがふたつあるのは、鎧で腕の動きが制限されているためという説があります。Vom Tagを正確に訳すと『屋根から』になりますが、その由来は、頭上に構えた剣を屋根に見立てたという説と、屋根から落ちてくるように攻撃がくるという説があります。

2 『雄牛』の構え（Ochs：ドイツ）／『窓』の構え（Posta de Finestra：フィオーレ）

ドイツ式剣術の基本4種の構えのひとつです。剣を顔の高さに掲げ、切っ先を相手の顔に向けた構えで、左右両方のバージョンがあります。一見してわかる通り、上方からの突きに適した構えで、この構えに移行しながら、相手の攻撃を防御し、突きを入れるというのが一般的な用法です。この構えの時の剣を、角を振りたてた雄牛に見立てて、その名がつきました。イタリアのフィオーレは『窓』の構えと呼んでいます。

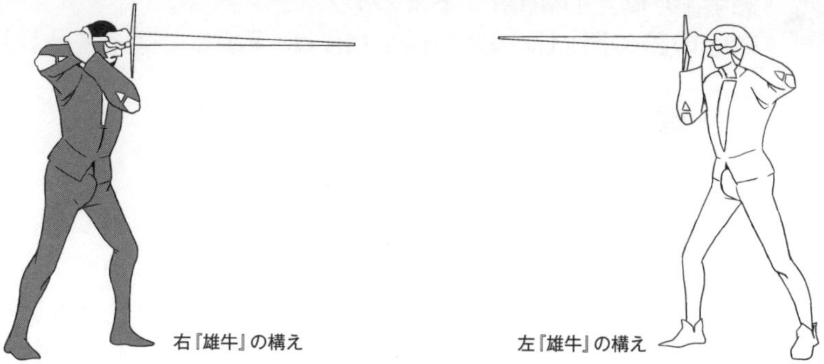

③『鋤』の構え（Pflug：ドイツ）

剣を腰のところに引き寄せて、切っ先を相手の顔に向けた構えです。『雄牛』の構えと同じく、左右両バージョンがあります。『雄牛』の構えと同じく、突きに適した構えです。構えをとった姿勢が、当時使われていた牛に牽かせるタイプの鋤を使っている姿に似ているので、この名がつきました。

鋤と『鋤』の構え。
Knight,p37. Stiftsbibliothek cod. Duc.94, I: fol. 153r

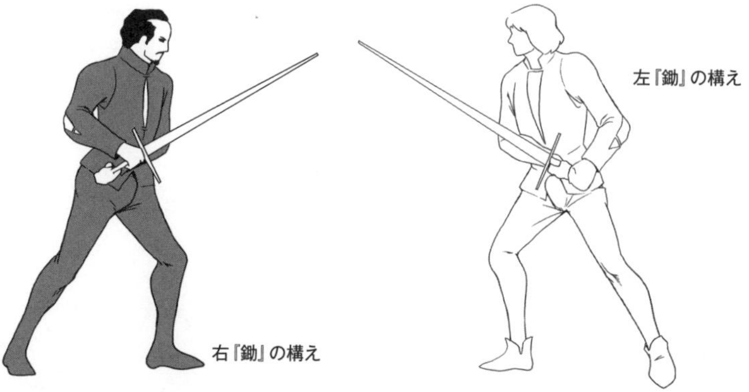

④ 『愚者』の構え（Alber：ドイツ）／『中心の鉄の門』（Meçana Porta de Fero：フィオーレ）

ドイツ式剣術の基本4種の構えのひとつです。ドイツ式では、最も使用頻度の低い構えですが、フィオーレなどのイタリア式剣術では最も防御力の高い構えとされており、頻繁に見られます（イタリア式は、ドイツ式より剣を体にひきつけた構えです）。日本式剣術の下段の構えと同様、剣先を下げて頭上をガラ空きにし、相手の攻撃を誘い込んでカウンターを仕掛けるのが主な用法です。

ドイツ式の名前は「頭上をガラ空きにして、一見愚か者に見えるが、それにだまされて攻撃した時、自分の方が愚か者であったことを知る」という意味で、イタリア式の『鉄の門』は、「一見、素通りできそうだが、実は難攻不落の鋼鉄の門」という意味があります。タルホーファーは、イタリア式と同じ『鉄の門』と呼んでいます。

⑤ 『突き』構え（Langort、Langenort：ドイツ）／『突き』構え（Posta Longa：フィオーレ）

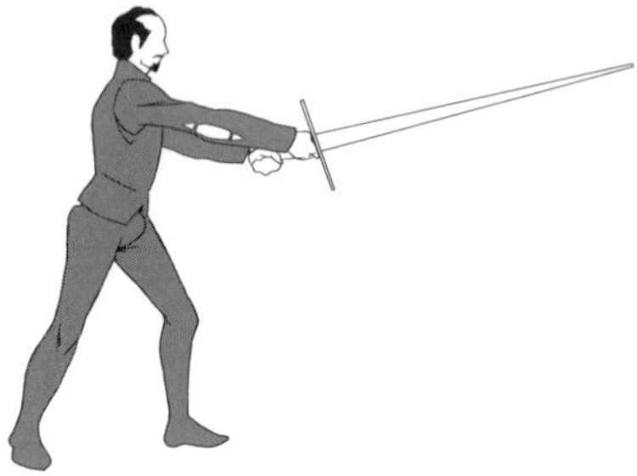

基本の構えには入っていませんが非常に強力で、ドイツ式剣術の「囁き窓」という技で使われます。剣を前方に突き出して、切っ先を相手の顔に向けることで、相手との距離を保つ効果があります。また、こちらの剣が短いと錯覚させ、相手を混乱させる効果もあるとされています。

⑥『冠』の構え（Posta Frontalle o Corona：フィオーレ）

剣の切っ先を上に向けて、剣の平を相手に向けた構えです。相手の上段からの攻めを鍔でブロックするのが一般的な用法で、素早いカウンターを可能にするといわれています。ドイツ式でも、「冠」という技に使われていますが、正式な構えに分類されていないようです。「冠」というのは「頭の天辺」という意味もあり、この部分をガードするのが本来の機能といえるでしょう。

⑦『真・鉄の門』の構え（Tuta Porta de Fero：フィオーレ）

『中心の鉄の門』と同様に、剣先を下げた構えですが、切っ先は前方ではなく後方に向けています。フィオーレは、最も基本的な構えとしています。

⑧『憤怒』の構え（Zornhut：ドイツ）／『貴婦人』の構え（Posta de Dona：フィオーレ）

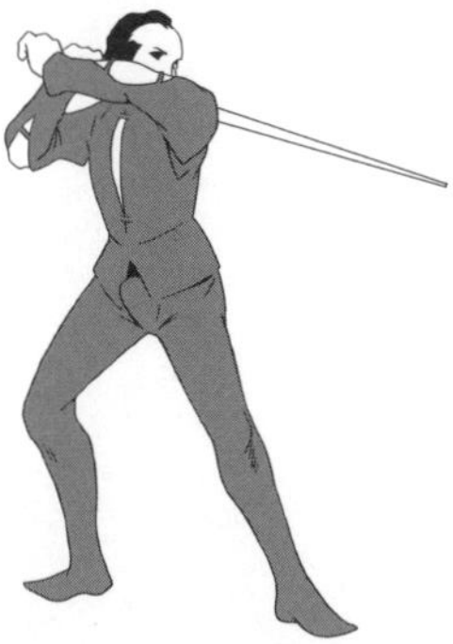

剣を背中に担いだ構えから多様な攻撃を繰り出し、相手の構えを力任せに突破する高い攻撃力を誇るとされています。また、攻撃だけでなく、防御にも優れているそうです。ドイツ語の名称は、激怒した人間が本能的に剣を振り上げた姿勢に由来し、イタリア語の名称は、当時の絵画などで女性が慎み深さを表現する姿勢に似ているところからきています。

⑨『鍵』の構え（Schlüssel：メイヤー）

『雄牛』の構えから、剣を右肩に引きつけた姿勢で、あらゆる技に対抗できるとされています。構えの名前は、鍵で扉を開けるように、楽に相手の防御をこじ開けることができるというところからきています。

⑩『双角』の構え（Posta de Bicornio：フィオーレ）

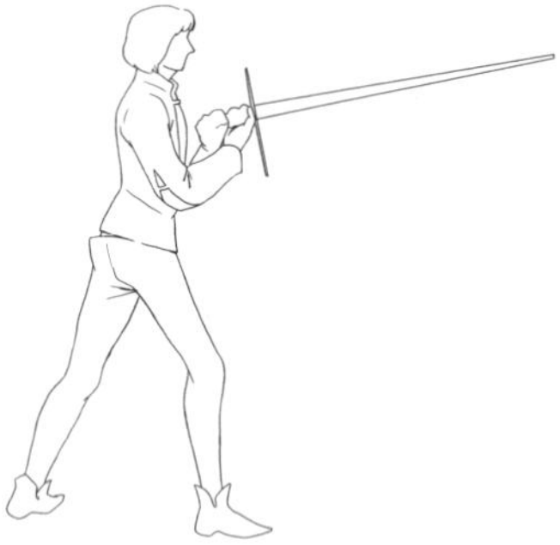

原本の挿絵を見る限り、かなり不思議な構えです。切っ先を相手に向け、柄を両手で巻き込みながら握り、胸元に引き寄せた姿勢です。防御に優れた構えで、様々な構えに素早く移行できるとされています。筆者の推理では、巻き込んだ手を戻す時のやり方によって色々な構えに移行し、こちらの意図を相手に悟らせないための構えだと推理します。

剣の製作年代

この本でも、剣の製作地や製作年代を記述していますが、それらの地域・年代は必ずしも正確なものではありません。たとえば年代ですが、1本の剣が親から子へと代々受け継がれることは普通にありますし、実際に剣身の推定製作年代が、柄の推定製作年代を数世紀も遡る剣も現存しています。

また、製作された地域についても、輸出されたり、戦利品・略奪品、また贈答品や奉納品として所有者が変わったり、製作地から移動したりすることは普通にありました。このような状況では、ある1本の剣の製作地を正確に判断するのは至難の業なのです。

では、いかにして剣の製作年代や製作地を推定するのでしょうか。

まず第一の方法は、形式による年代識別法です。あらゆる品物は、年代によってデザインの流行り廃りがあります。たとえば車でも、100年前・50年前、そして現代の車のデザインはまったく違うように、剣も時代によって形状が大きく変わります。地域や文化の違い、戦闘技術や様式、そして敵の装備なども視野に入れながら、形状や装飾の変化をグループ化し、それぞれのグループの新旧を区別して、そこから年代の判断をつけていきます。

別の年代決定法としては、絵画や墓碑のような、製作年代が特定されている資料に描かれている剣とデザインを比較して、年代を割り出す方法もあります。

また、一部の地域では、ほかの地域には見られない特殊なデザインが好まれる傾向があり、それによって地域の特定が可能になります。たとえば、日本刀は上から下まで非常に特殊な形状なので、日本刀（またはその部品）を見れば、ひと目でこれは日本製だとわかります。ほかにもスコットランドでは特殊な形状の柄が好まれ、アイルランドではリング状の柄頭が、デンマークではグリップの非常に長い両手剣が使われていました。

剣の刃の形状と、そこに刻まれる刻文・文様などによっても、それが刻まれた地域・年代・工房を特定できます。現在イギリスのヨーク近郊で発掘された剣は、その刻印から、ノルウェー出土の剣と同じ職人（または工房）で製作されたものと断定されています。ちなみに、ノルウェーの剣のルーン文字によると、この剣の製作者はアスムンドということです。

スコットランドの剣。1400年頃

ロングソード技１

片手突き

Single Thrust, Gayszlen

出展：Knight/Longsword, pp54-58.　Talhoffer(1467), pl.10.

突きに関しては『雄牛』の構えから発生し、上から下へと繰り出されるものと、『鋤』の構えから発生し、下から上に繰り出される突きの2種類がありますが、この技は、それらの突きには含まれない、第3の突き技です。

この技は、ドイツ式剣術では、タルホーファーのみに見られる技で、おそらくドイツ式剣術では異端の技なのかもしれません。反面、イギリス式では、ごく普通に見られる技で、おそらくクォータースタッフ術からの転用でしょう。

ドイツ式では、この技は一般的に相手の足めがけての突きとされています。唯一の描写が、足めがけて突いているように見えるからですが、ナイトによると、これは足を突いているのでは無く「片手突き」を外されて、カウンターを食らっている図で、そして剣が床に落ちたシーンを描いたのを、足を突いていると誤解したのだというのです。ここでは、ナイトの説を採って、足狙いでない、普通の突きということにします。

1

一歩踏み出しながら、片手（一般的には右手）を柄から離し、突き出します。

2

原本の写しです。どちらの主張が正しいのか、読者自身の目で確かめてください。左側の人が半ケツ状態になっていますが、当時のホーズ（タイツのようなものです）は、ぴっちりしてキツ目なので、後ろを緩めに結んで（または結ばないで）おかないと、ちょっと身をかがめただけで、お尻部分が破けてしまうため、こうなっています。

ロングソード技2

「憤撃」
Zornhau

出展：Meyer, p57, 1.11r.　Ringeck/Tobler, pp21-37.　Knight, pp62-64, 174-185.

「憤激」は、「奥義」第一の技で、最も簡単かつ単純な技です。これは、上方から斜めに切り下げる斬撃で、「親父切り」「強撃」とも呼ばれる、刃を使った攻撃の中で最も強力な攻撃方法です。その名前は、激怒した人間が本能的に切りつけるやり方から来ているとも、その強力な威力を、怒りにたとえているとも言われています。

1

前方、または斜め前方に踏み出しながら、斜めに切り下げます。

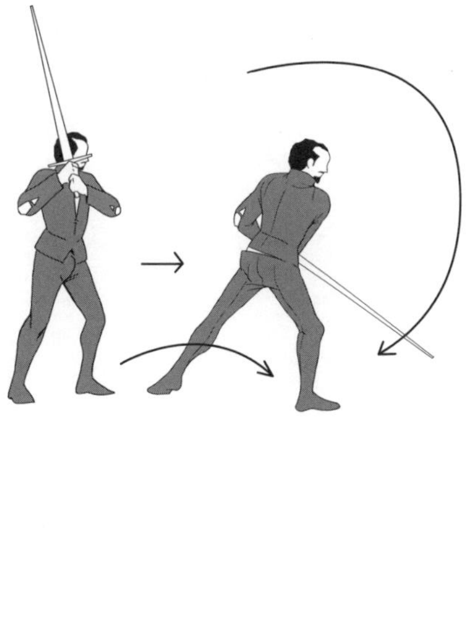

ロングソード技3

「憤撃」によるカウンター

The Zornhau as a counter

出典：Ringeck/Tobler,pp22-23． Fiore(Getty),25r,25v.

すべての攻撃は防御を兼ね、すべての防御は攻撃を兼ねる、これは、ヨーロッパ武術の一般理念です。この技は、本来は攻撃技である「憤激」を、防御に使ってカウンターをかける技です。前の章のドイツ式武術のところでも説明した､「剛い」「柔らかい」という概念が出てくるのもポイントです（Toblerの解釈による)。

1

スタート･ポジション。両者とも『屋根』の構えをとっています。

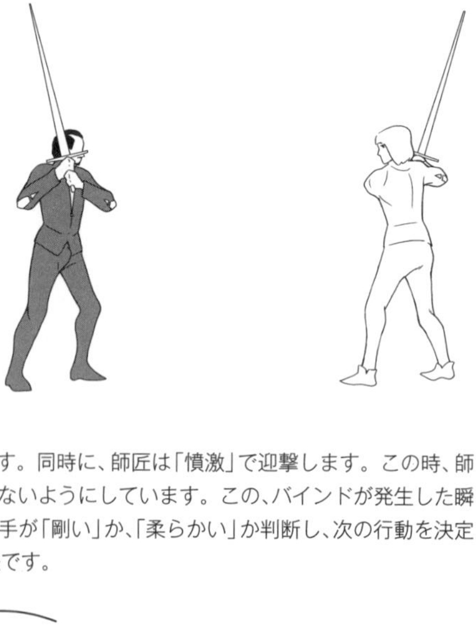

2

右側の弟子が一歩踏み出して上から切りつけます。同時に、師匠は「憤激」で迎撃します。この時、師匠は、剣に角度をつけて、弟子の剣が自分に届かないようにしています。この、バインドが発生した瞬間に、師匠は自分の剣から伝わる圧力を見て、相手が「剛い」か、「柔らかい」か判断し、次の行動を決定します。ドイツ式武術の「感知」･「同時」の技法です。

3 相手が「柔らかい」時

もしも相手が「柔らかい」と判断したら、師匠は即座に剣を押し込んで相手の剣を逸らし、同時に自分の攻撃の通り道を、無理やりに、こじ開けます（以前に説明した「攻撃線」の理論です）。そして顔面を（イラストでは喉ですが）突きます。

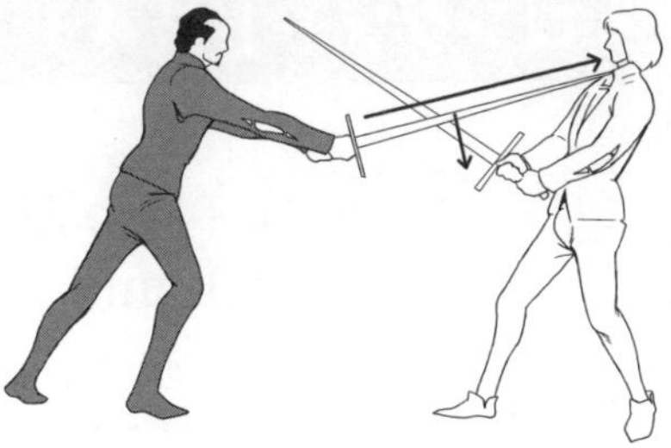

4 相手が「剛い」時

この場合、相手が「剛い」時は、前のような力任せの技では対抗できません。しかもこの場合、師匠の剣は横にそらされてしまいました。

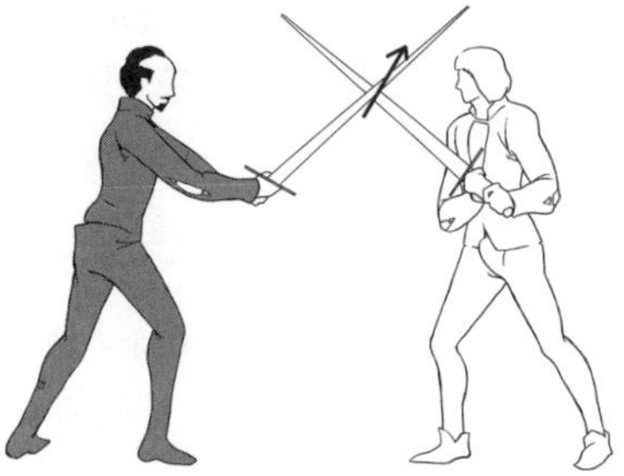

5

「剛い」力を制するのは「柔らかい」技。というわけで、師匠は相手の力に対抗せず、剣をバインドから外して、相手の剣の反対側に持っていきます。

6

素早く左斜め前に、左足を踏み出しながら、弟子の頭部に切りつけます。この時、斜めに踏み込むのは、敵のカウンターを避けるためです。体の右側に来るように打ち込むことで、自分の剣で相手のカウンターをブロックできるようにします。この、一旦剣を外して反対側のターゲットを攻撃する技を、ドイツ式武術では「付け替え」と呼んでいます。

ロングソード技4

巻いて「強い」部分と「弱い」部分を利用
Exploiting Weak and Strong with the Winding

出典：Ringeck/Tobler, pp. 26, 27.　Wallerstein, pl. 6, pl. 8　Talhoffer(1467), pl.6

ここでは、「巻き」という技が登場します。「巻き」とは、剣をひねったり、回転させたりして相手の防御を破る技で、ドイツ式武術の根本をなす技術です。剣の切っ先を回転させて、自分の「攻撃線」を相手に向けなおし、相手の「攻撃線」をブロックするのです。

また、剣をただ巻くだけでなく、自分の剣の「強い」部分を、相手の剣の「弱い」部分に持っていくことで、梃子の原理により、相手の剣を確実に外せるようにしているのにも注意してください（Toblerの解釈による）。

1

弟子の攻撃を師匠が「墳撃」で防御して、バインドに入りました。

2

弟子が「剛く」バインドしているので、剣を上に巻きながら、自分の剣の「強い」部分を、相手の剣の「弱い」部分にもって行きます。この状態だと梃子の原理を使って、弟子の剣を楽に押しのけられるので、弟子の防御をこじ開けて、顔に突きを入れます。

3 カウンター

この師匠の攻撃に対抗して、弟子は剣を巻き上げ返して、自分の剣の「強い」部分を師匠の「弱い」部分にもって行き、相手の突きを逸らします。

4 カウンター

突きを外されただけでなく、いまや弟子の剣は自分の剣の内側に入り込んでいます。弟子がこちらに切っ先を向けて突きを入れるまでの間に、カウンターをかける必要があります。そこで師匠は、さらに剣を巻き上げて、弟子の剣の上から、胸めがけて突きを入れました。

ロングソード技5

近接戦

Krieg

出展：Ringeck/Tobler, pp30, 31.

打ち込みの間合いから、さらに接近した距離での戦いのことを近接戦と呼び、一般的にはバインドの状態や、組打ちの状態を指します。

ここで解説するのは、ドイツ式剣術の極意である「主導権の維持」を表した技で、相手の「先」を取り、徹底的な連続攻撃で相手を守勢に追い込んで、相手が反撃する余裕を奪っていきます（Toblerの解釈による）。

1

いつものように、「墳撃」からのバインドです。

2

師匠が剣を巻き上げて、弟子を突きます。

3

弟子が、師匠の攻撃を左に受け流します。本来なら、ここで弟子がカウンターを入れるのですが……。

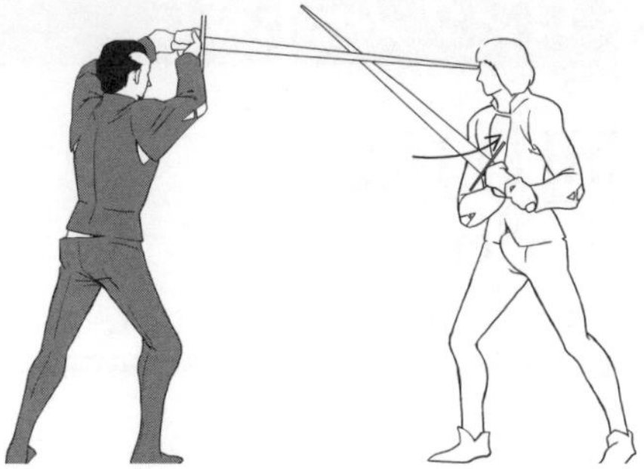

4

師匠は、すかさず切っ先を下に向けて、弟子を再攻撃します。弟子は師匠の攻撃をかわすために、さらに剣を左に押し込んで、師匠の突きをかわします。弟子は、師匠の攻撃を、うまく防いでいると思っていますが、実のところ、自分も知らないうちに後手後手に回っていて、相手を攻撃する余裕をなくしてしまっているのです。

5

師匠の攻撃を防ごうとするあまり、弟子の剣は左に行き過ぎ、正面に大きな隙が生じました。その機を逃さず、師匠は、自分の剣を、相手の剣の下をくぐらせて、相手の剣の反対側に、自分の剣を移動させ、突きを入れます。この技を「潜り抜け」と言います。もしも弟子が、この突きを防御したら、再び同じ作業を繰り返し、弟子に反撃の隙など与えずに押しつぶしてしまいます。

ロングソード技6

回り込み
Duplieren

出典：Ringeck/Tobler, pp. 36, 37.　Talhoffer(1467), pl. 18.

「回り込み」は、「巻き」の一種で、バインドしている時に、剣を接触させたまま、相手の防御の内側に、自分の剣を「周り込ま」せて攻撃する技のことです。リンゲックによると、この技は、次に説明する「巻き越え」とセットの技術で、相手の防御を打ち破る技だそうです。また、自分の剣が、相手の剣の防御の内側に回りこむので、相手は、こちらの攻撃を防ぐことが不可能になるという特性をもっています（Toblerの解釈による）。

1

いつもの状態です。この時、弟子は「剛く」バインドしています。

2

師匠は、剣を接触させた状態を保ちながら、剣を上に滑らせていきます。

3

素早く剣を巻いて、相手の顔めがけて切りつけます。

ロングソード技7

「巻き越え」
Mutieren

出典：Ringeck/Tobler, pp.36,37.

「巻き越え」とは、「巻き」の一種で、相手の武器と自分の武器を接触させた状態のまま、相手の剣の上を越えて、相手の武器の反対側に、自分の武器を持っていくことです。前述の「回り込み」とセットの技で、「巻き」の技術を使って、相手の防御の裏側に滑り込むという共通の意図をもった技です（Toblerの解釈による）。「回り込み」とは巻く方向が逆になります。

1

以前と同じく、バインドの状態からスタートします。

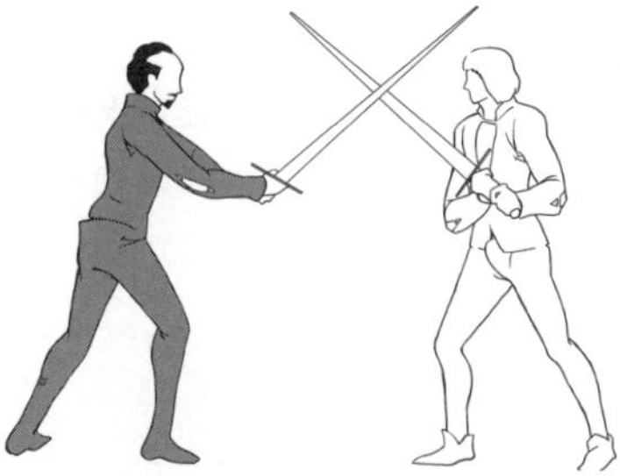

2

師匠が、「巻き」ながら、剣を上に持っていっています。この時、師匠の剣の「裏刃」が、弟子の剣に接触するようにして巻いています。

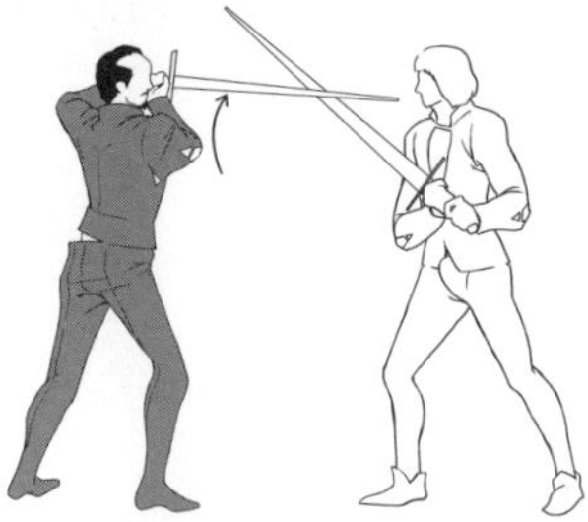

3

「巻き越え」の完成です。師匠が巻いていく過程で、師匠の剣は、弟子の剣の上側を越えて、弟子の剣の向こう側に移動し、相手の防御の内側に入り込みます。このまま、相手を突くのです。

ロングソード技8

「撓《たわ》め切り」
Krumphau

出典：Ringeck/Tobler,39-41.　Meyer, p. 57, 1.12v.　Knight/Longsword, pp. 65-67. pp. 187-196.

「撓め切り」は、ドイツ式剣術の「奥義」のひとつです。この技は、斜め右前方に踏み込みながら、相手の左側面（理想的には手、または剣）目がけて、上方から打ち込む技です。攻撃を打ち込む時に手が交差するように打ち込むのが最大の特徴で、技の名前の由来にもなっています。「裏刃」で切るのが一般的ですが、「表刃」を使うバージョンもあります。

トブラーは、「撓め切り」をカウンターとして使った場合、3つの結果が得られるとしています。

1. 理想：相手の手に剣を命中させて戦いを決する
2. 自分が早かった時：相手の剣の下側に来た剣が、相手の斬撃を逸らす
3. 相手が早かった時：相手の剣に自分の剣が命中して相手の剣を打ち払い、バインドの状態になる

1

両者とも『屋根』の構えをとっています。

2

弟子が先手をとって動き始めます。

3

弟子が上から切り下ろすのに合わせ、師匠は即座に右足を斜め右前方に踏み出し、剣を打ち込み始めます。

4

師匠は相手の「攻撃線」の外に踏み出して、弟子の攻撃をかわし、それと同時に、腕を交差させながら、相手の剣の上から、かぶせるように相手の手に打ち込んでいきます。

5

腕を交差させて、相手の手を「裏刃」で切りつけます。説明文にもあるように、状況に応じては「表刃」で切りつけてもかまいません。また、切りつけると同時に、左足を引きつけます。

ロングソード技9

「撓め切り」による受け流し

Using the Krumphau to Set Aside a Blow

出典：Ringeck/Tobler, pp. 42,43.

この技は、前項の説明文にある、トブラーの2番目のシチュエーション、「自分の「撓め切り」が早すぎた状態」に当たり、相手の剣の下に潜りませた自分の剣で、相手の剣を横に受け流す技です。

また、この技は、メイヤーによる「スライド」という技法に非常に類似しています。ひょっとしたら、200年ほどの間に、この技が個別の技として成立したのかもしれません（Toblerの解釈による）。

1

『屋根』の構えからはじめます。

2

前回と同様、弟子の攻撃に「撓め切り」で対抗します。ただし、この時は、自分の剣が相手の剣の下にくるように打ち込んでいます。

3

「撓め切り」を打ち込んだ状態での、この姿勢を『防壁』の構えといいます。この時の師匠も、この『防壁』の構えの状態から、とっさに剣を上げることで、弟子の剣を、自分の剣の平で受けて、弟子の剣を受け流します。

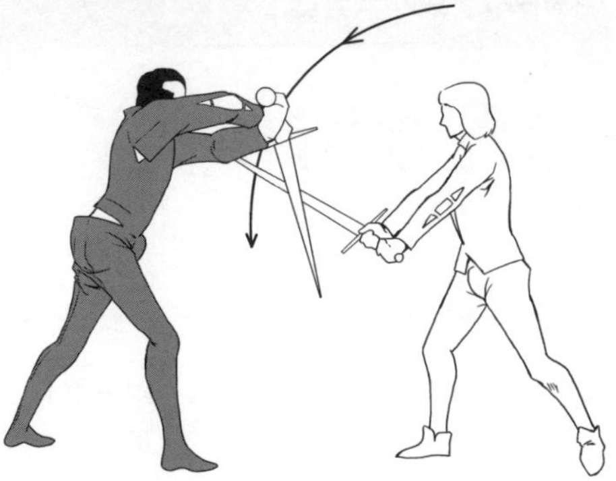

4

弟子の剣を受け流した後、左足を踏み出しながら、弟子の頭に打ち込みます。

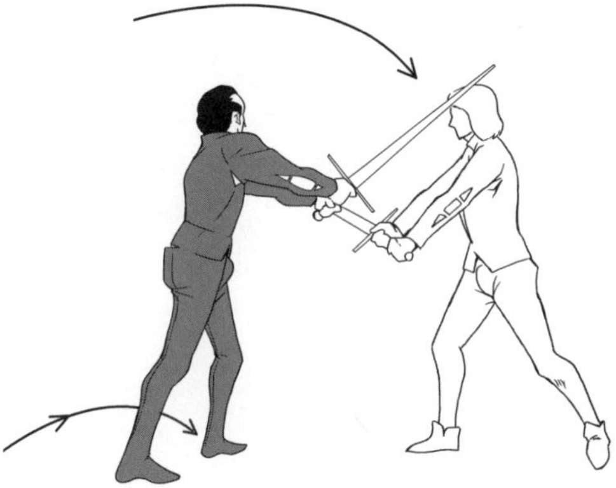

ロングソード技10

「はたき切り」
Zwerchhau

出典： Meyer, pp.57, 58. 1.12v.　Ringeck/Tobler, pp. 50-51.　Knight/Longsword, pp. 68,69. 198-217.

この技は、斜めに踏み込みながら、剣を頭上で水平に旋回させ、剣の「裏刃」で、相手の頭部・肩・上腕に切りつけ、『雄牛』の構えで終了する技です。頭上に掲げられた剣が、相手の切り下ろしをブロックできるので、『屋根』の構えを破る技とされています。

素早く連続して打ち込むことができ、防御に優れています。さらに技が終わった状態が『雄牛』の構えであるので、そこから予備動作なしで突きを繰り出せるという非常に強力で使い勝手の良い技です。唯一の欠点は、剣を頭上に掲げるために、間合いが短いということでしょう。左右両バージョンがあり、左から打ち込む時は、「裏刃」ではなく「表刃」を使って切ります。

1

両者とも『屋根』の構えをとっています。

2

弟子が切りかかります。師匠は、右足を斜め右前方に踏み込みながら、剣を「サム・グリップ」に移行しつつ、剣を旋回させ始めます。

3

相手の剣を左に打ち払いつつ、鍔の部分で斬撃をブロックし、同時に弟子の頭部に切りつけます。例え師匠の攻撃が命中しなくても、このまま『雄牛』の構えに入ることができ、また、弟子の剣は師匠の剣の左側にバインドの状態にあります。つまり、師匠は、相手の攻撃線をブロックした状態で、なおかつ攻撃準備が整った状態にあるので、反撃を気にせず安全に突きを入れることができるのです。

ロングソード技11

「はたき切り」対「はたき切り」

The Zwerchhau against the Zwerchhau

出典：Ringeck/Tobler, p. 56.

「はたき切り」に対抗する最も有効な技、それは「はたき切り」です。「はたき切り」のカウンターを相手の斬撃の下に滑り込ませて、相手の首や腕に切りつけるのですが、この時の自分の剣の角度が、相手の剣をブロックする働きをしているのです（Toblerの解釈による）。

1

両者ともバインドに入っています。

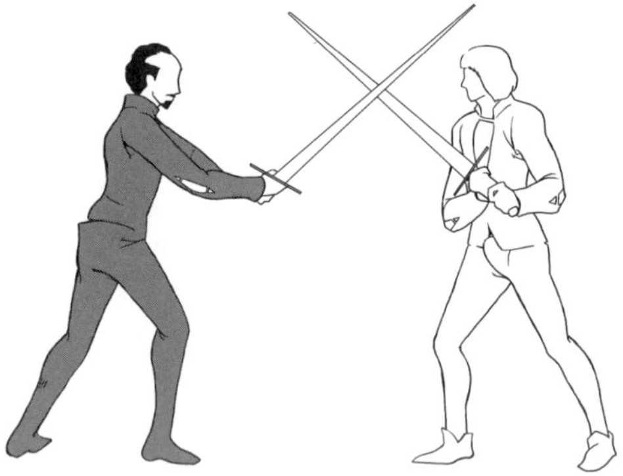

2

弟子が剣を引いて、師匠の右側面に向けて「はたき切り」を放とうとしています。

3

弟子の意図を察知した瞬間に、師匠は素早く、弟子の「はたき切り」の下に入り込むように「はたき切り」を打ち込みます。この時、師匠は柄を高く上げて、弟子の斬撃をブロックするようにしています。

4 カウンター

Ringeck/Tobler, p. 180.

少し時間を巻き戻して、師匠が弟子の「はたき切り」に「はたき切り」」で対抗した時、弟子がどう対抗すべきか説明します。
師匠が弟子の斬撃の下に切りつけています。

5

師匠の反撃に反応し、弟子は即座に師匠の剣を押し下げます。不自然な体勢の師匠の剣をバインドして押さえつけたまま、相手に突きを入れる隙を探って勝負を決します。

ロングソード技12

「はたき切り」を使ったフェイント

A Feint with the Zwerchhau

出典：Ringeck/Tobler, p. 59.

リンゲックは、「相手の攻撃を受けることに頼りすぎる剣士は、フェイントによって倒される」と述べています。相手の攻撃を警戒するあまり、相手のわずかな動きにも過敏に反応してしまうからですが、この項では「はたき切り」をフェイントに使う技を紹介します。なお、トブラーは、自分の攻撃が相手に防御された後に「はたき切り」で攻撃すると、この技を解釈しています。

1

師匠の攻撃を、弟子が防御しようとしています。

2

師匠は、しかし、弟子の剣と打ち合うことをせず、「はたき切り」で、手近の、隙の開いたターゲットエリアに打ち込みます。このように、剣の軌跡を急激に変えるためには、剣をできうる限り軽く、操作性を向上させる必要があります。この技を見ても、よく言われているように、西洋の剣は重くて鈍いといった通念は誤りであると分かると思います。

中世以前の剣1

中世に使われた剣は、ある日突然に無から出現したわけではなく、それ以前の時代から続いてきた伝統の上に成り立ったものです。ここでは、中世以前の剣について簡単に解説します。

1.青銅剣

人類が最初に作り出した剣は、青銅製の剣でした。青銅製の剣は鋳造で作られていましたが、この時代からすでに焼き入れ等の技術が使われていたようです。当時の剣は、リベットでグリップを固定していました。当時の剣はこのリベット部が破損していることが多いそうで、この部分が構造上弱かったのでしょう。

イラストはアイルランドの剣で、カーブのついた剣身や、リベット止めのグリップなどの全体的なデザインは大陸のものと同じですが、鍔やグリップの形状が独自のものになっています。

■アイルランド出土の青銅剣

全長：65.7cm
重量：878.8g
製作年代：紀元前1000年～500年

2.鉄剣

鉄器が実用化してからも、武器に使えるまでの品質の鉄を作り出すまである程度の時間がかかったようです。鉄剣の製造は紀元前11世紀には始まっていたようですが、地域差が非常に激しく、ある地域ではかなり進んだ技術が使われていても、別の地域では原始的な技術が未だに用いられているといった現状でした。

鉄剣のタイプ。左からハルシュタット型、アンテナ型、人体型、マルニア型

3.ケルトの剣

それから後、ヨーロッパ本土ではラ・テーヌII(La Tène II)文化が花開いていました。ラ・テーヌIIといっても何のことかわからないと思いますが、簡単に言えば、ローマ帝国と戦っていた頃のケルト文明(紀元前450～前100年)のことです。この時代の剣が中世ヨーロッパの剣の祖先と考えられているものです。

ケルトの剣は基本的に長めで、また、非常に弾力性に優れていました。特にスペイン製の剣は高品質で知られていて、剣の柄と切っ先が接するほどに曲げても手を離せば元に戻るほどの弾性を持っていたそうです。

(P109に続く)

ロングソード技13

「流し目切り」
Schielhau

出典：Ringeck/Tobler, pp. 64-66.　Knight/Longsword, pp. 68-73.

「流し目切り」とは、ドイツ式剣術の「奥義」のひとつで、おそらく最も説明するのが難しい技です。全体の動きとしては、前述の「はたき切り」と同じですが、「はたき切り」は、剣を横方向に切り払うのに対して、「流し目切り」は、上から下へと引っ掛けるように切るところが違います。自分の右肩から相手の右肩に切りかかるのも、この技の特徴です。「はたき切り」と同様に、相手の剣を受けるのと同時に攻撃する、攻防一体の技ですが、ナイトによると、相手の剣を受けるのではなく、切りつける過程で、相手の剣が自分の剣にぶつかるというのが正しい感覚ということです。

この技は、経験に乏しく、力任せに押してくる猪武者（中世ドイツ語のスラングではBuffel）に非常に効果的な技とされています。相手の剣がぶつかる方向と、斬撃の方向が一緒なので、相手の力をそのまま使って相手を切ることができるのです。

1

『屋根』の構えから始まります。ほかの技もそうですが、必ずしも『屋根』の構えから始めなければいけないという決まりはありませんので注意してください。

2

弟子が切りかかるのに、右足を踏み出しながら剣をひねります。

3

左側に剣を移す過程で、弟子の剣を受けます。この時、師匠は剣を更に左側に押し込んで、相手の剣から身を守ります。

4

手だけを素早く動かして、「裏刃」で相手の肩に切りつけます。上から見た図でもわかるとおり、師匠は、腕をできる限り伸ばして弟子の剣を自分から遠ざけるとともに、弟子の力をも使って切りつけています。この時、師匠の体が真横を向き、横目で相手を見ることになるところから、「流し目切り」という名前が由来しています。

ロングソード技14

「流し目切り」で『突き』構えを破る

Using the Schielhau to break the Langort

出典：Ringeck/Tobler, p. 68.

『突き』構えは、ドイツ式剣術では、基本の構えとはされていませんが、相手の接近を容易に許さず、また様々な技を放つことができる非常に柔軟な技です。この項では、「流し目切り」を使って、『突き』構えを破る方法を解説します（Toblerの解釈による）。

1

弟子が『突き』構えをとって、師匠との距離をとろうとしています。師匠は左足を前に構えをとって、弟子の剣の切っ先を見つめます。

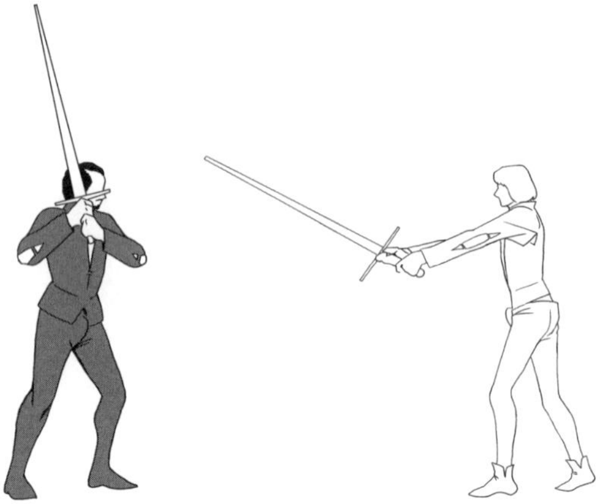

2

足を動かさずに、あたかも弟子の頭目がけて切りつけるように攻撃します。しかし、師匠は、弟子の頭ではなく、弟子の剣に打ち込みました。

3

師匠は、即座に右足を踏み出しながら、上からの切り下げを「流し目切り」に切り替え、自分の剣の「裏刃」で相手の剣を押さえ込みつつ、『雄牛』の構えに移行します。

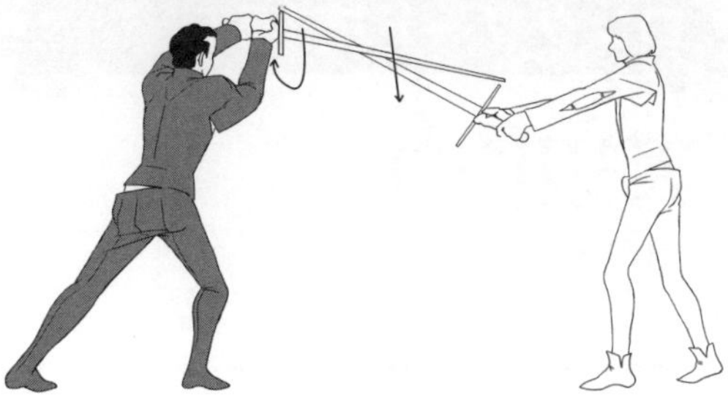

4

そのまま止まることなく、一気に相手の喉目がけて突きをいれて勝負を決します。

ロングソード技15

「天辺切り」
Scheitelhau

出典：Ringeck/Tobler, p. 72.　Knight/Longsword, pp. 74, 75, 237-244..

最後の「奥義」は、「天辺切り」と呼ばれる技です。奥義の中でも最も使用頻度の低い技で、16世紀のメイヤーの頃には、上からの切り下げと同義の言葉になってしまっていますが、同時にドイツ式剣術唯一の、足への攻撃に対抗する技でもあります。

この技は、ごく単純な幾何学の原理を利用した技です。向かい合う両者を想像してください。このふたりが剣を持って相手を攻撃します。腕は肩についているので、当然のことながら、肩の高さに剣を真っ直ぐ伸ばした時に、剣の届く範囲が最大になります。従って、剣と腕の長さに圧倒的な差がない限り、足目がけての攻撃は、肩の高さへの攻撃よりもリーチが短くなるのです。「天辺切り」は、この原理を利用して、『愚者』の構えをとっている相手や、足に攻撃してくる相手の攻撃の間合いの外から攻撃する技です。

また、「天辺切り」に対して切り上げることも不可能です。両者の剣が離れすぎているため、切り下ろされる剣を受けるのに時間がかかりすぎるためです。あえて突きを入れるという選択もありますが、頭上目がけて白刃が飛んでくるのを無視して攻撃できる人間は基本いません（Toblerの解釈による）。

1

弟子が『愚者』の構えをとって師匠を待ち受けています。

2

それに対抗して、師匠は右足を斜め右前方に踏み出しながら、相手の頭目がけて切り下ろします。

3

剣をできる限り高く掲げて、弟子の頭部（または胸）目がけて、切っ先部分で切りつけます。前述の通り、師匠は間合いの差を利用して、相手の攻撃範囲の外側から攻撃しています。

ロングソード技16

「返し」
Verkehrer

出典：Ringeck/Tobler, p. 73.

「返し」は「巻き」の一種で、バインドの状態のまま剣を反転させて突きを入れる技です。ここでは、「天辺切り」を防がれた時に「返し」を使って再攻撃する方法を解説します（Toblerの解釈による）。

1

師匠の「天辺切り」を弟子が防御しました。

2

師匠はバインドの状態を保つことで、相手の動きを封じつつ、剣を巻いて切っ先を弟子の胸に向け、突きを入れます。

ロングソード技17

『冠』によるカウンター

Kron against the Scheitelhau, and the Hende Trucken

出典：Ringeck/Tobler, p. 74.

「天辺切り」のような、上方からの切り下ろしを防ぐのに、『冠』の構えからのブロックは有効な手段として紹介されています。ここでは、『冠』を使ったカウンターの他に、そのカウンターにカウンターをかける方法も紹介します（Toblerの解釈による）。

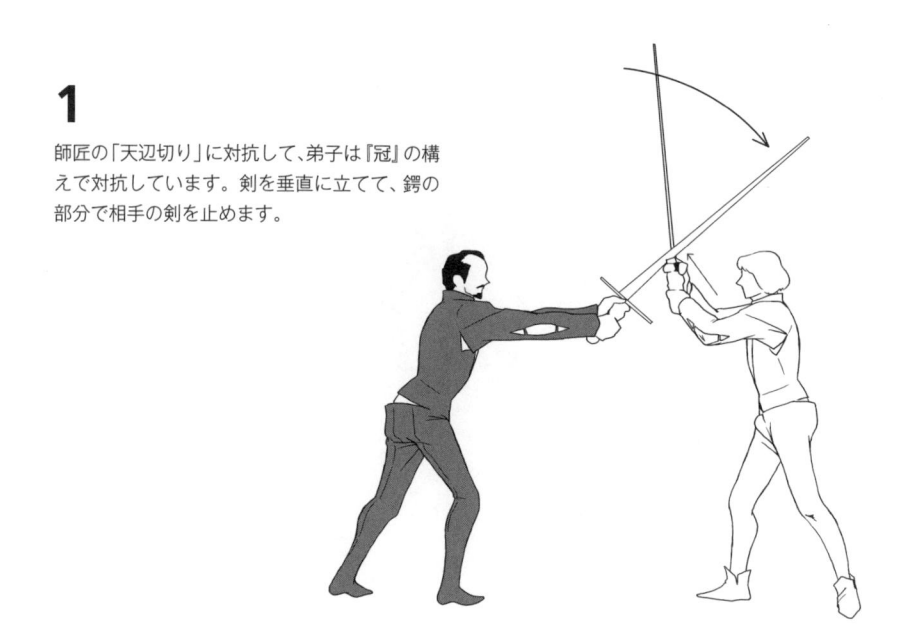

1

師匠の「天辺切り」に対抗して、弟子は『冠』の構えで対抗しています。剣を垂直に立てて、鍔の部分で相手の剣を止めます。

2

師匠が剣を引く前に、弟子は、素早く師匠の剣を鍔に引っ掛けて、脇に払いのけ、同時に一歩踏み込んで組打ちに入ります。ここでは、弟子は肘よりも少し上の部分をつかんで押しやるという、ヨーロッパ武術の一般的な技を使っています。

3 カウンター

『冠』で攻撃を受け止められた師匠は、相手が自分の剣を払いのける前に、左足を斜め左側に一歩踏み出しながら、刃を弟子の腕に押し当てます。こうすることにより、弟子の動きを封じることができます。

4

師匠は、剣を相手の腕に強く押し付けながら、下へ向かって押さえ込み、相手の腕をスライスしながら、押さえ込みます。この相手の腕に、スライスと「巻き」を組み合わせる技術を、「腕圧し」と呼びます。

ロングソード技18

相手の防御に対するカウンター

Counter against Displacement

出典：Ringeck/Tobler, p. 86.

こちらの攻撃を、相手が防御した時は、できるだけ速やかに対抗策をとる必要があります。ここでは､相手の防御をやり過ごして攻撃する方法を解説します(Toblerの解釈による)。

1

師匠の切り下げを､弟子が防御しました。

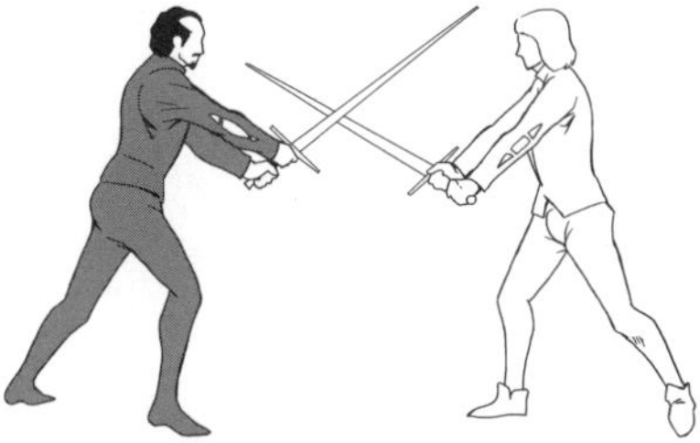

2

師匠は､剣を接触させたまま､素早く柄を相手の手の上へともって行きます。この動きと同時に､左足を斜め左に踏み込んでいます。

3

素早く弟子の頭めがけて切り込みます。この時､師匠は､弟子に切りつけるのと同時に､自分の剣の柄頭を弟子の手に叩きつけています。こうすることで､弟子による反撃を防ぐだけでなく､相手の剣を叩き落したり､または相手の指を砕いて戦闘能力を奪えるのです。

ロングソード技19

相手の防御に対するカウンター2

Counter against Displacement 2

出典：Ringeck/Tobler, p. 87.

ここでは、上からの攻撃ではなく、下からの切り上げを防がれた時の技を紹介します（Toblerの解釈による）。

1 **右側でのバインド**

師匠が下から切り上げるのを、弟子が上から切りつけて防ぎました。

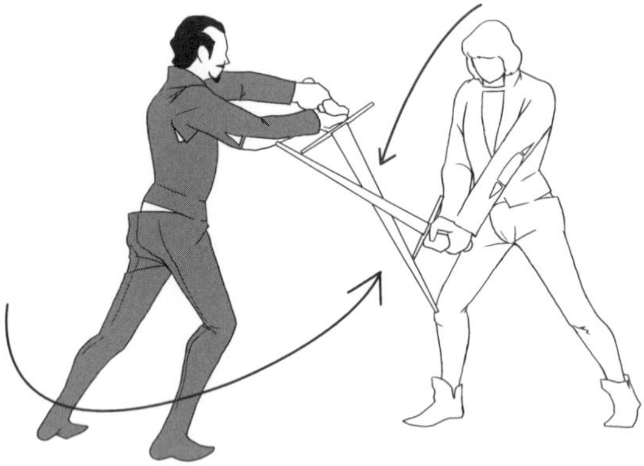

2

左足を踏み出しながら、柄を相手の方に持っていきます。

3

師匠は、剣を回転させながら、弟子の剣の下から引き抜いて、弟子の頭に切りつけます。

4 別バージョン

弟子の下からの切り上げを、師匠が防ぎました。

5

右足を踏み出しながら、前段のように剣を回転させながら、師匠に切りつけます。この時、弟子は「表刃」ではなく、「裏刃」を使って切りつけています。

ロングソード技20

バインドからのハーフソード

Halfsword from Bind

出典：Ringeck/Tobler, p. 89.　Fiore(Getty), 27v.　Talhoffer(1467), pl. 36.

ここでは、ヨーロッパ式武術独特の技術である「ハーフソード」が始めて登場します。バインドから、剣を反対側に移し変えてハーフソード体勢に移り、そこから突きを入れることで、前述の「付け替え」の応用技です。

フィオーレの技は、ここに紹介しているものと非常に似ている技で、相手を横から切り払って、それを防がれたら、反対側に剣を素早く移して、ハーフソードで突きを入れるという技で、鎧を着けていないほうが、やりやすいと説明しています。

1

両者バインドに入っています。

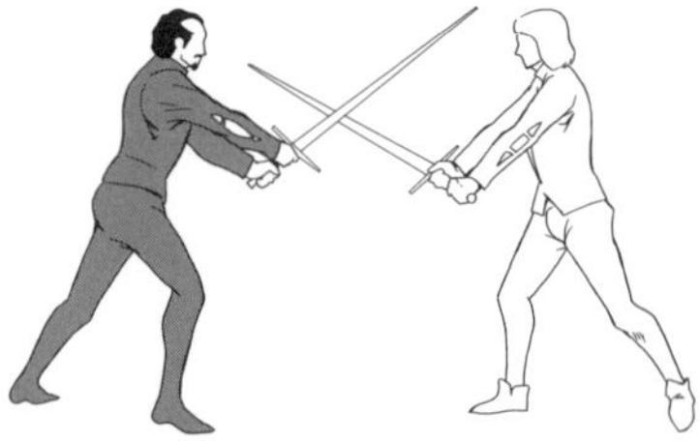

2

師匠は、左足を斜め左に踏み出しながら、自分の剣を弟子の剣の反対側に持っていきます。

3

剣を移し変えたら、左手をグリップから離して剣の刃を握ってハーフソードに移ります。
ここでハーフソードに入るのは、おそらく弟子が突きを逸らそうと押し込んでくるのに対抗するためと思われます。

4

そのまま弟子の剣を遠ざけながら、突きを入れます。

5 カウンター：Fiore(Getty), 27v.

少し時間を巻き戻します。ここでは師匠が剣を移し変えてハーフソードに移ろうとしています。

6

ここで師匠の剣を押さえ込んでも、ハーフソードに移った師匠の剣を押しのけることはほぼ不可能です。そこで弟子は、左足を踏み込みながら、自分の剣を師匠と同様に、反対側に移し変えます。

7

ハーフソードに移って、師匠の顔めがけて突きを入れます。

ロングソード技21

ハーフソードからの柄頭による打撃と投げ
Pommel Strike and Throw from Halfswording

出典：Ringeck/Tobler, p. 90.　Talhoffer(1467), pl. 148.　Knight/Longsword, p. 105.

この項では、前回のハーフソードの技を応用したものです。最初は柄頭を使って相手を殴打する方法で、もうひとつは、ハーフソードからの投げ技で、柄で相手の首を引っ掛けるようにして投げます。

1

師匠のハーフソードからの突きを弟子が横に捌きました。

2

師匠は、そのまま一歩踏み込みながら、剣を回転させ、柄頭で相手の顔面めがけて攻撃します。

3

この場合の師匠は、右足を弟子の左足の後ろへと踏み出し、相手を殴り飛ばす代わりに、相手の首を柄で引っ掛けて、自分の足越しに、弟子を後ろに引き倒します。この時、師匠の剣は弟子と師匠の間に割り込んでいるため、弟子の咄嗟の反撃を防ぐことができるのです。

ロングソード技22

ハーフソードからの投げ

Halfsword Throw

出典：Wallerstein, pl.19 (Description pl. 18). Knight/Longsword, p. 106.

ここで紹介している投げ技は、前述の投げ技とほぼ同じ方法ですが、柄ではなく刃を使うところと、投げる直前に相手の手に柄頭を叩きつけて、相手の抵抗を奪っているところが違います。また、はっきりと原本に書かれてはいませんが、最初の段階で、相手の顔に切りつけることも可能です。

1

師匠は、バインドの状態から、剣の「裏刃」を弟子の顔へ巻きながら、左足を踏み込みます。説明文にもある通り、ここで相手の顔をスライスすることも可能でしょう。

2

弟子の手めがけて、柄頭を打ち下ろします。

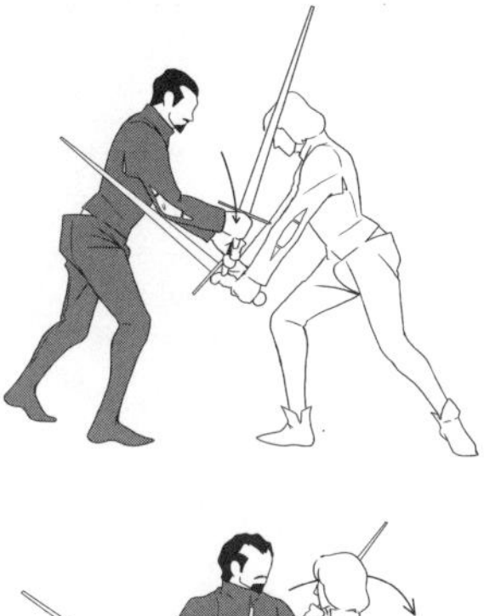

3

左足を相手の右足の後ろに踏み込みながら、左手で刃を握ってハーフソードに移ります。そして剣の刃を相手の首筋に押し当てて、後ろに押し倒します。イラストでは、原本に忠実に、師匠の剣は、弟子の右首筋に押し付けています。しかし、著者は前の技のように、刃で弟子の首を引っ掛けたほうが効率的だと考えています。

ロングソード技23

「つけ込み」

Nachreisen

出典：Ringeck/Tobler, pp. 92, 93.　Knight/Longsword, pp. 141-142.

「つけ込み」とは、相手の剣の動きを追いかけるように、自分の剣を使うことです。この技には、相手が攻撃を準備している時に打ち込む方法と、相手が攻撃をミスして、体勢を立て直す前に打ち込む方法の2種類のタイプがありますが、ここでは、その最初のタイプを解説します。相手が攻撃しようと、構えを変更した瞬間を捉えて打ち込む技で、現代の研究者が主張する「構えを変更する瞬間が最も危険」ということを裏付けてもいます（Toblerの解釈による）。

1

師匠は『屋根』の構え、弟子は『雄牛』の構えから始まります。弟子のとっている『雄牛』の構えは、突きのための構えなので、本来はここで師匠めがけて突きを入れるべきです。

2

しかし、ここで弟子は、師匠に切りつけようと構えを変えます。弟子が構えを変更している間は、弟子の攻撃を受けることはないので、師匠は安心して弟子を攻撃できます。

3 別バージョン

このバージョンでは、弟子に切りつけるのではなく、弟子の腕に自分の剣を押し付けて、弟子の動きを封じます。この状態から弟子を向こうへ押しやるか、または腕をスライスします。

4 もしも弟子が突きを選択していたら

ここでは、弟子が突きを入れようと剣を引いたところに、師匠が「つけ込ん」で、突きを入れています。原本には書かれていませんが、師匠は、この後できるだけ素早く弟子との距離をとって、次の瞬間に来るであろう相手の突きを避けるべきでしょう。

ロングソード技24

「受け流し」
Absetzen

出典：Ringeck/Tobler, p. 104.　Fiore(Getty), 26v.　Knight/Longsword, pp. 91, 92.

「受け流し」は、防御の一種で、たいていの場合『雄牛』か『鋤』の構えに移行しながら相手の攻撃を防御し、そこから予備動作なしに突きを入れる技で、非常に重要かつ基本的な技術です。フィオーレは、この技を「突きの応酬」と呼んでいます。

1

両者共に『鋤』の構えをとっています。

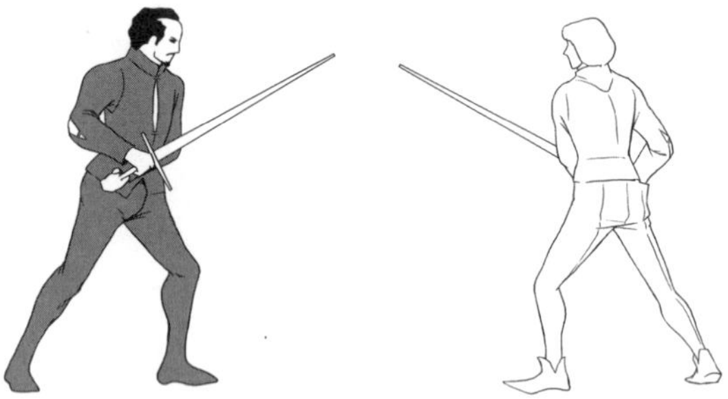

2

師匠が突くのにあわせて、弟子は右足を踏み出しながら、剣を左の『鋤』の構えに持っていき、師匠の剣を左へと受け流し、そのまま素早く師匠に突きを入れます。

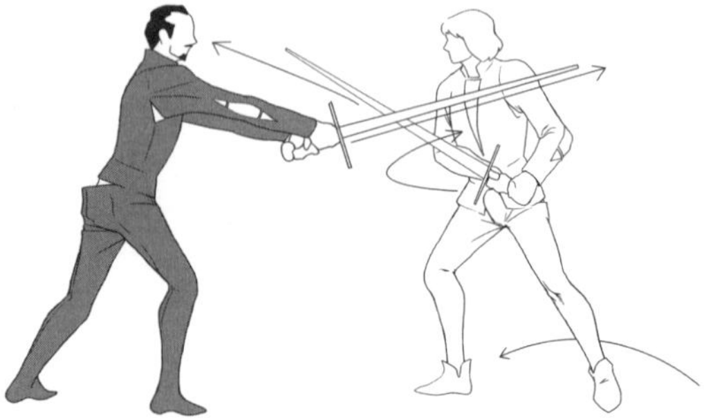

3 カウンター

Fiore(Getty), 26v.

弟子が「受け流し」に成功しましたが、即座に突きを繰り出すことを躊躇ってしまいました。

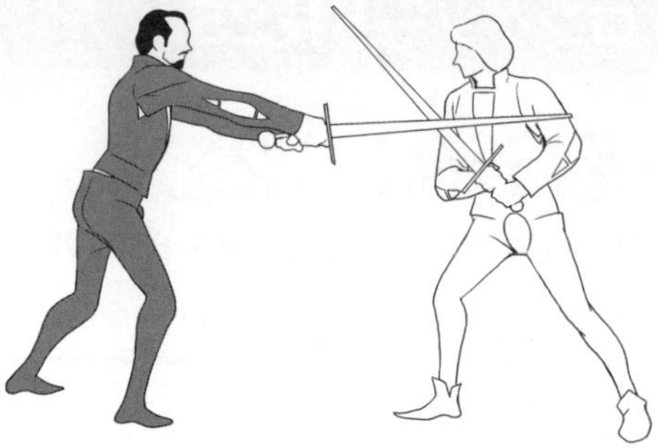

4

師匠は、弟子が決心する前に左足を踏み込んで、左手で相手の剣のグリップをつかんで、弟子の動きを止めて、攻撃します。

ロングソード技25

「受け流し」2
The Absetzen against an Oberhau

出典：Ringeck/Tobler, p. 105.　Knight/Longsword, p. 94.

ここでは、相手が上から切り下げるのを「受け流し」ながら攻撃する方法を解説します（Toblerの解釈による）。

1

師匠が『屋根』の構え、弟子が『鋤』の構えをとっています。

2

師匠が上から切りかかるのを、弟子は右足を前に踏み込みながら、構えを『雄牛』の構えに移行します。構えを移行しながら師匠の斬撃を受け、同時に師匠の顔めがけて突きを入れます。

中世以前の剣2

右の図は、少し特殊な剣で、切っ先がない斬撃専用剣です。スウェーデンのリンドホルムガルドの沼から出土し、紀元前3世紀の製作とされています。神への奉納品として沼に投げ込まれ、結果として酸素の供給が断たれたため、木製（もしくは角製）のグリップ以外は完璧な状態で保存されていました。品質的にも設計的にも中世の剣に劣らないほどの技術で作られているそうです。

コペンハーゲン国立博物館蔵のラ・テーヌII時代の剣。紀元前3世紀。刃渡り：67.3cm

4.ローマの剣

一方、建国当初からケルト文明と腐れ縁のような関係であったローマでは、状況が少々違ってきます。ローマといえばグラディウスですが、紀元2世紀頃に本来は騎兵用だったスパタを全軍が装備するようになります。ローマでは、国（または強力な個人）主導の、工場での大量生産によって、武器を含む支給品が作られていたため、あらゆる手段でコスト削減がなされました。それは、品質に大きな影響を与えました。現存する剣の分析によると、どうもローマ軍の軍事工廠（帝国全土に散らばるファブリカと呼ばれている工場で、ひとつの工廠は単一の装備品の製作に特化していました）では、品質検査が徹底されていなかった可能性が高いのです。裕福な士官・将軍用の特注品の剣は、非常に高品質で、中には「文様鍛錬法」で作られているものまでありますが、一般兵士用の支給品は、それなりの品質の剣から、剣の形をした鉄の棒に至るまで、質のバラつきが非常に大きいのです。

ただ、兵士用の剣の作者も、士官用の特注品の作者も、同じ軍事工廠の職人なので、この品質の差は、職人の腕ではなく、コストカット戦略に起因する手抜きの結果といえるでしょう。

右図は、デンマークのニュダム沼から出土したスパタです。柄まできれいに残っていますが、この柄はローマ式というよりも、ゲルマン系のものに近いので、おそらく柄の部分を現地の好みに合わせて付け替え、その後に、奉納品として沼に入れられた可能性があります。

（P168に続く）

コペンハーゲン国立美術館蔵のスパタ。紀元3世紀～4世紀

ロングソード技26

「付け替え」

Zucken

出典：Ringeck/Tobler, pp. 112, 113.

この技は、以前にも出てきましたが、相手とのバインドから剣を離して、素早く反対側のターゲットエリアを攻撃する技です。小さい動きで素早く行うのが理想で、原語のZucken、または英語訳のTwitchingは、「ぴくっとする」という意味合いからも、小さく、素早い動きからなる技だとわかるでしょう。「潜り抜け」と同じく、この技も相手が「剛く」バインドしている時にのみ使うべき技です（Toblerの解釈による）。

1

弟子は「剛く」バインドしています。

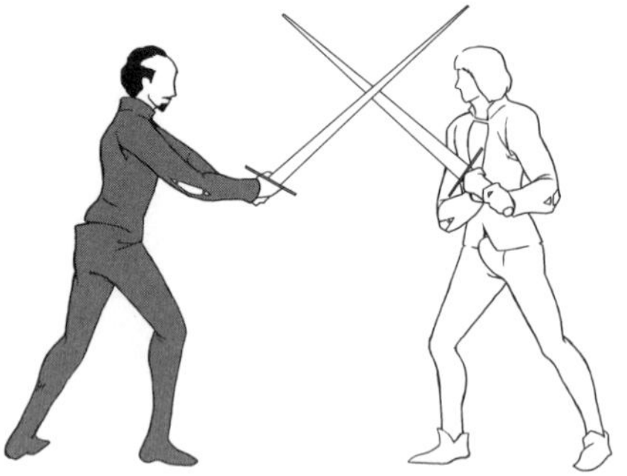

2

師匠は、剣をすばやく上げてバインドから離れながら、左足を踏み込みます。

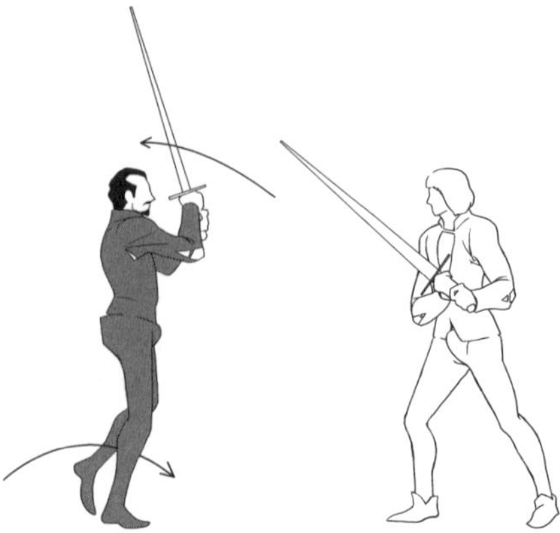

3

師匠は踏み込みながら、相手の反対側のターゲットエリア、この場合は右上部を攻撃します。しかし弟子は、なんとか師匠の攻撃を防ぐことに成功し、再び「剛く」バインドしました。

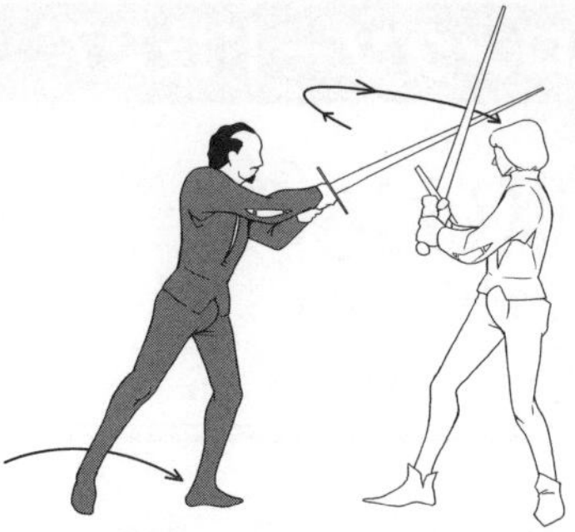

4

それを見た師匠は、再び剣を「付け替え」て、弟子の右側を攻撃します。

5

しかし、師匠の攻撃は、またしても弟子によって防御されてしまいました。

6

師匠は、すぐさま次の攻撃に移ります。ただし、今度は「付け替え」でなく「回り込み」を使って弟子の首、または顔にスライスで攻撃します。

ロングソード技27

「駆け込み」
Durchlaufen

出典：Ringeck/Tobler, pp. 116, 117　Knight/Longsword, pp. 271-274.

「駆け込み」は、相手の懐に、剣を潜り抜けて飛び込んで、格闘に持っていくことで、技というよりは概念といったほうがいい技術です。リンゲック（そしてトブラー）は、この技は力の強い相手、または力を使ってこちらを圧倒しようとする相手に効果的な技だとしています（Toblerの解釈による）。

1

両者『屋根』の構えから始まります。弟子は、非常に強力な斬撃で師匠を圧倒しようとしています。

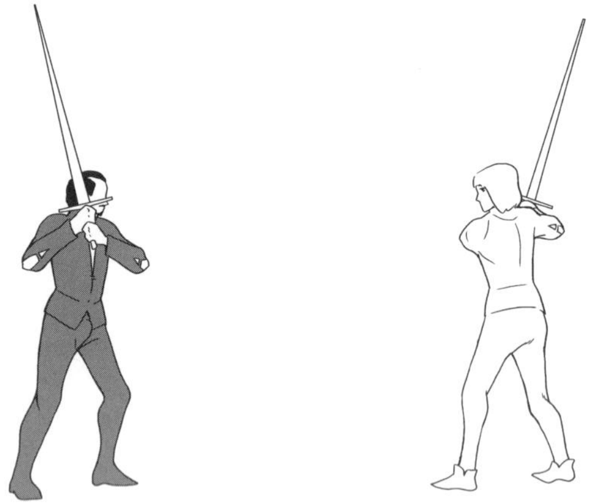

2

弟子が切り下ろしてきます。師匠は、踏み込みざまに右手をグリップから離し、剣が背中にぶら下がるようにして、相手の斬撃が自分の剣身の上を滑り落ちていくようにします。

3

弟子の剣が自分の剣の上を滑り落ちていくのに合わせ、師匠は、右足を相手の右足の後ろに踏み込み、同時に右手を相手の体に回して、弟子を、自分の足越しに、後ろへと投げ飛ばします。

4 別バージョン

ここでは、師匠は右足を、弟子の足の前に置いて、腕を弟子の背中に回して、前方へと投げています。

ロングソード技28

剣取り
Schwert Nehmen

出典：Ringeck/Tobler, p. 123.　Knight/Longsword, pp. 283, 284.

相手の武器を奪う技というのは、ヨーロッパ武術という言葉からは連想しにくいものですが、実のところヨーロッパ武術には、ありとあらゆる武器に対応した多様な武器取りの技術があります。この項では、相手の剣を奪う技術のほかに、自分のではなく相手の刃をつかむという、ヨーロッパ武術独特の技法が始めて登場します(Toblerの解釈による)。

1

両者がバインドに入っています。

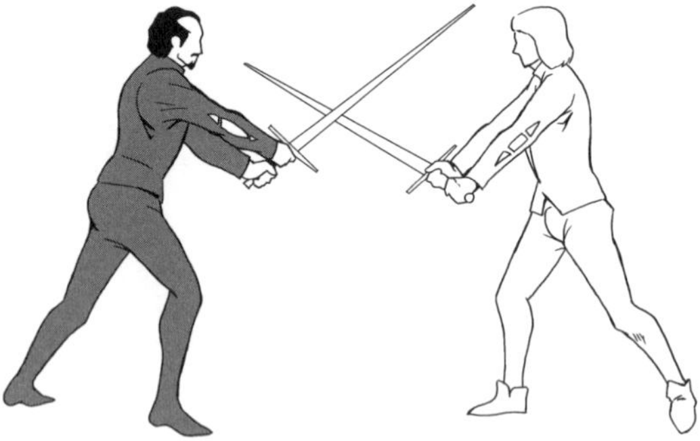

2

師匠が左手をグリップから離し、両者の剣が交差している部分をつかんで、敵味方両方の刃をつかみます。

3

素早く、柄を握った右手を、弟子の手の下を通して反対側に持って行きます。そして、自分の柄頭を、弟子の右手の上から両手の間に持って行きます。（図では矢印を誇張していますが、実際は、もっと小さい動きです）

4

そのまま、師匠は柄頭を右上方に引きちぎるように引き上げ、剣を奪います。こうすることで、師匠の剣の柄頭が弟子の左手首と左親指に食い込んで、相手の手をグリップから引き離すのです。

ロングソード技29

「切り落とし」
Abschneiden

出典：Ringeck/Tobler, pp. 126, 127.　Knight/Longsword, pp. 153, 154.

「切り落とし」は、スライスを使った攻撃のことで、相手の腕に刃を押しつけて、相手の腕に切りつけながら、向こうへ押しやったり、相手の行動を制限したりする技法です。また、スライスは、斬撃や刺突で攻撃するには互いの距離が近すぎる時にも有効な技です（Toblerの解釈による）。

1

師匠が右『鋤』の構えをとり、弟子は『屋根』の構えから切り下ろす体勢です。

2

弟子が切り下ろすのに対抗して、素早く斜め右前方に踏み出しながら、相手の腕に刃を押し付けます。そして、そのまま相手の腕をスライスしながら、相手の腕を頭の後ろに押しやります。

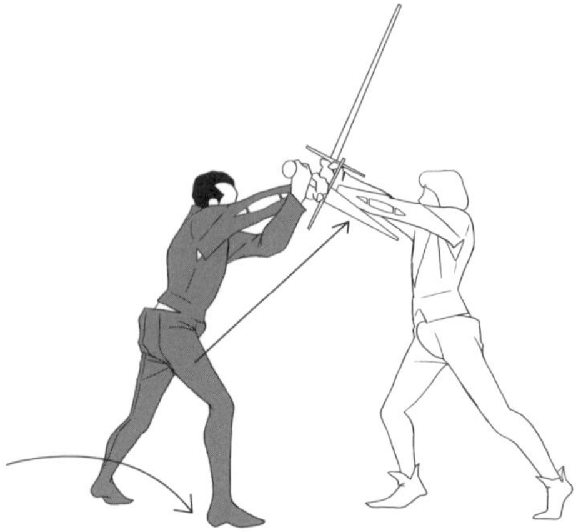

3 別バージョン

このバージョンは、反対方向からの斬撃に対する「切り落とし」です。師匠は前と同じ『鋤』の構え、弟子は左『屋根』の構えです。

4

弟子の切り下ろしに合わせて右足を踏み込んで、剣の刃を弟子の腕に押し当て、同じように向こうへ押しやります。

ロングソード技30

「腕圧し」
Hende Trucken

出典：Ringeck/Tobler, p. 132.　Knight/Longsword, p. 158.

前にも出てきましたが、この「腕圧し」という技は、スライスと「巻き」を組み合わせた技術です。すなわち、剣でなく、相手の腕に刃を押し当てた状態で剣を「巻い」て、相手の腕を自分の望む位置に持っていく技です。ここでは、「腕圧し」に、前述の「切り落とし」の技をミックスさせた技法を紹介します（Toblerの解釈による）。

1

師匠は『鋤』の構え、弟子は『屋根』の構えをとっています。

2

弟子が切り下ろしてくるのを、師匠は一歩踏み込みながら、剣の刃を弟子の腕に押し当てます。

3

左足を斜め左に踏み込みながら、弟子の手を下に持って行きます。

4

弟子の腕を安全な場所まで誘導したら、上から押しこんで、相手の攻撃を地面に叩き落します。

ロングソード技31

「共吊り」
Twei Hengen

出典：Ringeck/Tobler, p. 136.　Knight/Longsword, pp. 42, 43.

「共吊り」は、実際にはふたつの技から成り立っている技で、相手の剣を押し下げたり、または自分の剣を巻き上げたりして、相手の防御をこじ開ける技です(Toblerの解釈による)。

1

両者バインドの状態です。弟子は、下段の「受け流し」の状態ですが、切っ先が高すぎて相手を突けません。

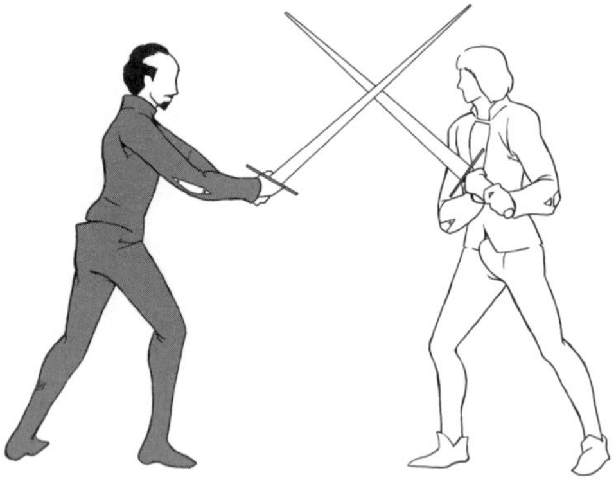

2

そこで、柄を下に下げて、切っ先を相手に向け、突きを入れます。この時、剣の柄が下に、ぶら下がったような状態になるので、「吊り」と呼ばれます。

3

しかし、師匠は剣を巻き上げて突きをかわしました。

4

そこで素早く剣を巻き上げて、切っ先を下げた『雄牛』の構えに移って、師匠に突きを入れます。この時の姿勢を『吊り』構えと呼び、技名の由来にもなっています。

ロングソード技32

「囁《ささや》き窓」
Sprechfenster

出典：Ringeck/Tobler, p. 137.　Knight/Longsword, p. 166.

「囁き窓」は『突き』構えと密接に関係している技で、剣を突き出した姿勢でのバインドから、相手の意図を感じとり、それに対応した行動をとる技で、ドイツ式武術の「感知」の技法の応用ともいえます（Toblerの解釈による）。

1

師匠が『突き』構えの状態で、弟子とのバインドに入っています。師匠は、この状態から相手の剣の圧力を感じとって、相手がバインドから離れるのか、そのまま押し込んでくるのか、こちらの剣をはたき落とそうとするのか、それとも漫然とバインドの状態でいるのか判断します。

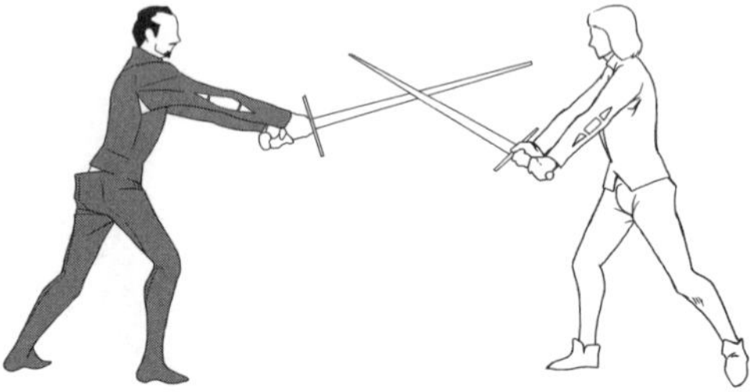

2

ここでは、弟子はバインドを離れて、反対側のターゲットエリアを攻撃しようとします。師匠は、その動きを察知して、素早く行動に移ります。

3

師匠は、素早く斜め左前方に踏み出しながら、弟子の頭部に切りつけます。この時、剣を体から離して切りつけることで、弟子の剣が自分に命中しないようにしています。

ロングソード技33

「巻き」第一・第二
Winden ; 1st and 2nd

出典：Ringeck/Tobler, p. 149.　Knight/Longsword, pp. 116-118.

これまで幾度も登場した「巻き」ですが、「巻き」とは、ドイツ式武術の根幹を成し、近接戦闘においては必須の技術とされています。実際に、近接戦闘の技術とは、基本的に「巻き」の技術であるとまで言われているところからも、その重要性がわかると思います。

では、ここで解説する「巻き」とは何かというと、「剣を接触させた状態で、切っ先や柄を捻ったりして、相手の防御を掻い潜り、そして理想的には、同時に相手の攻撃線を封じる技術」のことを指します。

ドイツ式剣術では、「巻き」は8種類。4つのターゲットエリアに、それぞれ相手の剣の左右どちらの側にバインドしているのかによって、区別されます。そして、それら8つの「巻き」それぞれに、「ドライ・ヴュンダー」、斬撃・刺突・スライスという3種の攻撃法を合わせた、計24技法が「巻き」を使った技となります。

ここでは第一（相手の剣の左側に接触した状態での上部左側からの攻撃）と第二（相手の剣の左側に接触した状態での上部右側からの攻撃）について解説します（Toblerの解釈による）。

1

両者バインドの状態です。

2

師匠は柄を左に巻き上げて、弟子の剣を逸らし、弟子の顔に突きを入れます。これが「第一」です。

3

弟子が、師匠の突きを、素早く左側（師匠からは右側）に受け流しました。

4

師匠は左足を一歩踏み出しながら、剣を右側に巻いて、弟子の左上部を突きます。これが「第二」です。

ロングソード技34

「巻き」第三・第四

Winden; 3rd and 4th

出典：Ringeck/Tobler, p. 150.　Knight/Longsword, pp. 118-120.

第三（相手の剣の右側に接触した状態での上部右側からの攻撃）と第四（相手の剣の右側に接触した状態での上部左側からの攻撃）について解説します（Toblerの解釈による）。

1

再びバインドから始まります。

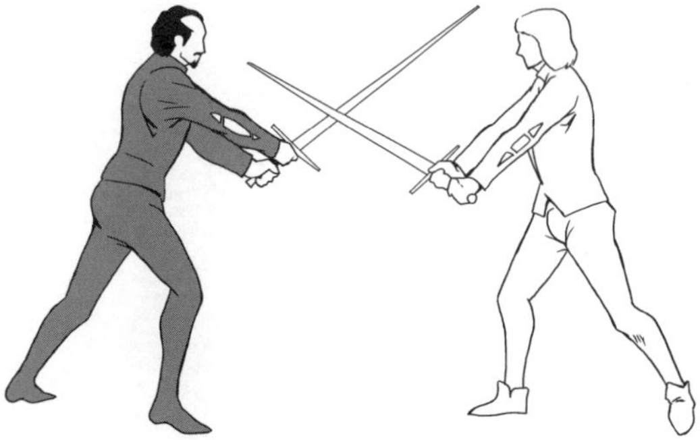

2

弟子は剣を巻いて、師匠の剣を横に押しのけながら、師匠の顔めがけて突きます。これが第三の「巻き」です。

3

師匠が弟子の突きを右へと受け流します。

4

そこで、弟子は右足を踏み込みながら剣を巻いて、相手の剣の外側から師匠に突きを入れます。これが第四です。

ロングソード技35

「巻き」第五・第六・第七・第八

Winden; 5th, 6th, 7th, 8th

出典：Ringeck/Tobler, pp. 151-154. Knight/Longsword, pp. 121-124.

この項では、下部のターゲットエリアへの「巻き」を解説します。第五は、相手の剣の左側に接触した状態での下部左下からの攻撃。第六は、第五と同様の状態での下部右下からの攻撃。第七は、相手の剣の右側に接触した状態での下部右側からの攻撃です。最後の第八は、第七と同様の状態からの、下部左側からの攻撃です。

すべての「巻き」にいえることですが、できる限り自分の剣の「強い」部分を相手の剣の「弱い」部分に接触させて行うことが重要です（Toblerの解釈による）。

1

両者バインド状態です。

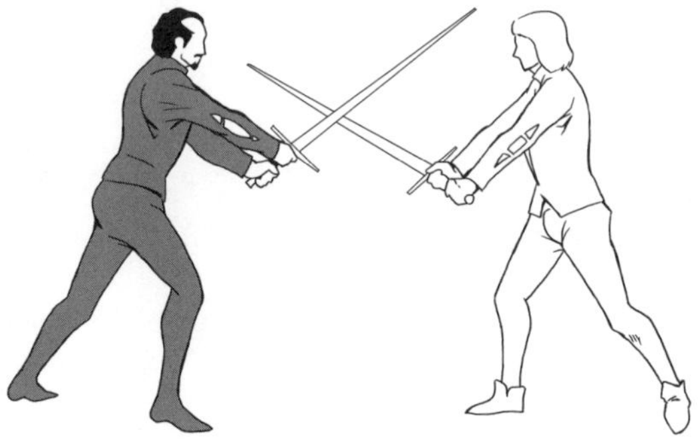

2

以前紹介した「共吊り」の前半の技の要領で、弟子の剣を、左側に押し下げて、突きを入れます。これが第五です。

3

もしも、弟子が突きを左に受け流したら、左足を踏み出しながら剣を巻いて、相手の剣の外側から突きを入れます。これを第六といいます。

4

再びバインドです。前のバインドとは違い、自分の剣の右側でバインドしています。

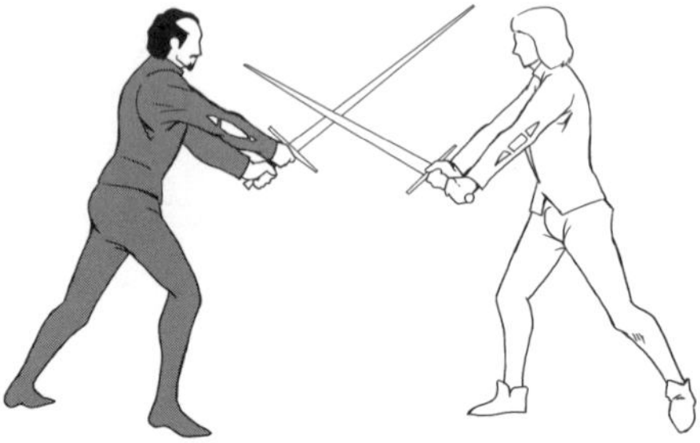

5

こんどは弟子が、師匠の剣を右側に押し下げながら突きを入れます。これが第七です。

6

もしも、師匠が突きを受け流したら、右足を踏み出しながら剣を巻いて、師匠の剣の外側から突きを入れます。これが第八です。

ロングソード技36

『寄り』構え
Nebenhut

出典：Ringeck/Tobler, p. 158.

『寄り』構えは、ドイツ式剣術の追加の構えで、剣を体の脇に、切っ先を下に向けて持ちます。刃は垂直に下へ下げるのではなく、体の外側へ斜めにします。フィオーレの『真・鉄の門』構えとほぼ同じ姿勢の構えですが、トブラーの考えでは、この構えは、どちらかというと独立した構えというよりも、攻撃や防御などの行動の結果、生じる姿勢だと推測しています。

また、リンゲックは、左『寄り』構えが、右『寄り』構えよりも使いやすい、としています（Toblerの解釈による）。

1

師匠は『屋根』の構え、弟子は『寄り』構えをとっています。

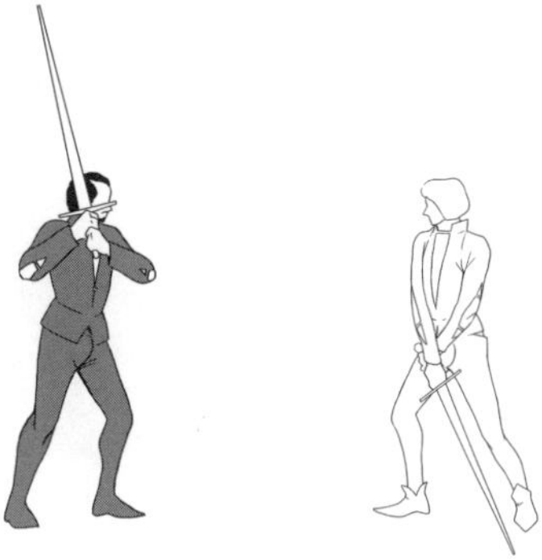

2

師匠が上から打ち込んできます。弟子は、左足を踏み出しながら、師匠の剣を「表刃」で打ち払います。

3

ここで、師匠が強くバインドしていたら、剣を巻きながら「回り込み」を使って師匠の首に切りつけます。

ロングソード技37

『寄り』構えからの投げ
Nebenhut with leg throw

出典：Ringeck/Tobler, pp. 166, 167.

この項では、『寄り』構えからの攻撃を外した時に、どう対処するか解説します。

1

弟子が『寄り』構えから攻撃を仕掛けましたが、外してしまいました。

2

師匠の「つけ込み」を弟子が防ぎます。

3

そのまま師匠の剣を左へ押し下げます。

4

弟子は、剣をすばやく師匠の首に押しつけます。

5

剣を押しつけたまま、右足を師匠の足の後ろに踏み込みます。そして、師匠の首に押し付けた刃を使って、後ろに押し倒します。

ロングソード技38

置き

Ein Gelegt

出典：Wallerstein, pl. 9. Talhoffer(1467), pl. 8.

ヴァラーシュタイン写本にある「置き」という技は、タルホーファーのフェシトビュッフにも登場する技で、相手の攻撃を防御しながら、相手をスライスできるように剣を持っていくという技のようです。

1

バインドの状態です。師匠は、弟子が剣を引いて攻撃しようとしているのを「感知」しました。

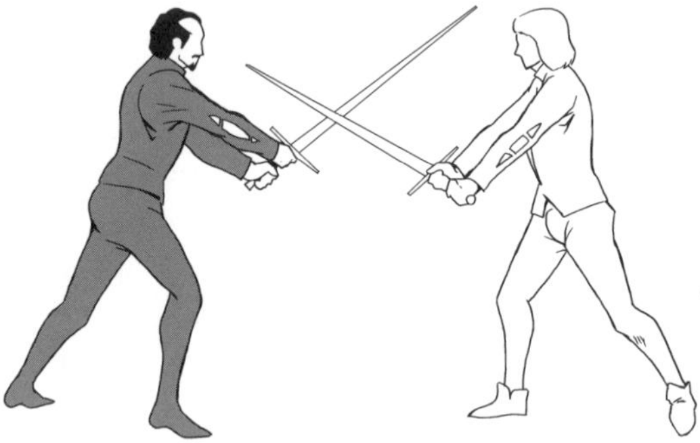

2

弟子は剣を「付け替え」ようとしますが、それをすでに「感知」していた師匠は、剣を上げて『雄牛』の構えに移ります。

3

『雄牛』の構えに移ったら、素早く剣の刃を弟子の左肩に置いて、弟子の攻撃を受け止めます。そして、弟子の剣を受け止めると同時に、弟子の耳に切りつけます。

4 タルホーファーのバージョン

タルホーファーのバージョンでは、「表刃」を使って、首に切りつけているようです。

ロングソード技39

「巻き」に対するカウンター
Shortened Stroke against the Winden

出典：Wallerstein, pl. 13, 14.

ここでは、「巻き」に対するカウンターとして、至近距離での斬撃を使う方法を紹介します。

1

バインドです

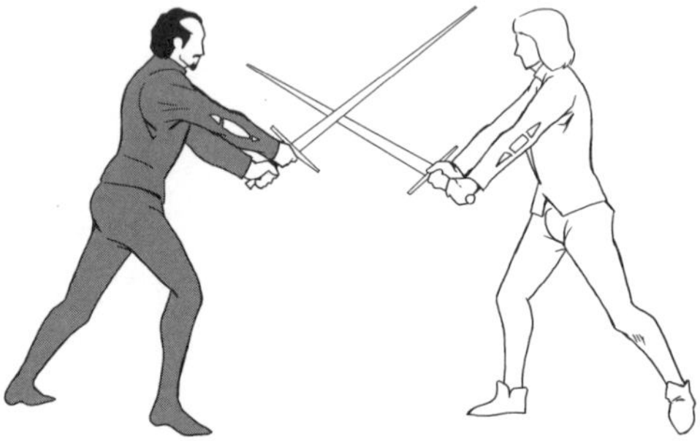

2

弟子が「潜り抜け」を使って、師匠に突きを入れようとします。

3

これに対して、師匠は右足を、斜め右に踏み出しながら「潜り抜け」を使って弟子の剣の反対側に出て、相手の剣を逸らします。

4

もしも、ここで弟子が、師匠の剣を防御しようと「剛く」バインドしてきたら、素早く剣を巻いてバインドから脱出して、弟子の肘に切りつけます。

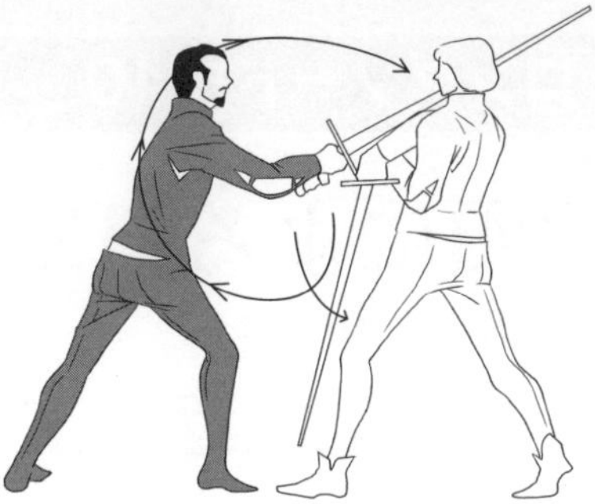

5 別バージョン

このバージョンでは、弟子の肘への斬撃が防御された時の対応を紹介します。
弟子が師匠の攻撃を防御しました。

6

そこで、師匠は素早く剣を回転させて、自分の剣が、弟子の剣の下を「潜り抜け」てこちら側に来るようにもっていきます。この時、両者の剣は接触したままです。

7

師匠は、柄頭を弟子の手に叩き込みながら、同時に弟子の首をスライスします。

ロングソード技40

柄頭による打撃
Pommel Strike

出典：Wallerstein, pl. 22, 25. Fiore(Getty), 28r, 28v.

柄頭を使った攻撃は、以前にも紹介しました。ここでは、相手の剣を、グリップを握ることで封じてから柄頭で殴り飛ばすという技を紹介します。

1

バインドの状態ですが、弟子が上方から押し下げるように「剛く」バインドしています。

2

師匠は、左足を踏み込むと同時に、左手をグリップから離し、「裏刃」を接触させた状態で剣を巻いて、弟子の剣を流しながら相手の懐に「駆け込み」ます。

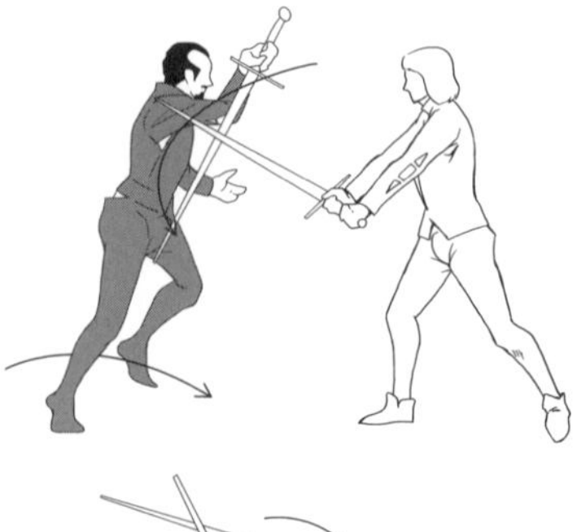

3

左手で弟子の剣のグリップを捕らえ、相手の動きを封じ、同時に柄頭を弟子の顔に叩き込みます。

4 別バージョン

このバージョンでは、相手の剣を右手でつかんで、左手に持った剣の柄頭で相手を殴っています。

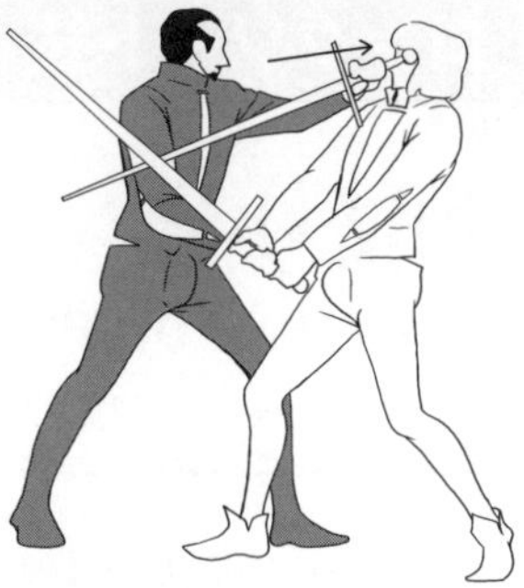

5 両手での打撃

先ほどのように、バインドの状態から剣を巻きながら踏み込みます。

6

そして、今度はグリップから手を離さず、そのまま両手で柄頭を弟子の顔に叩き込みます。

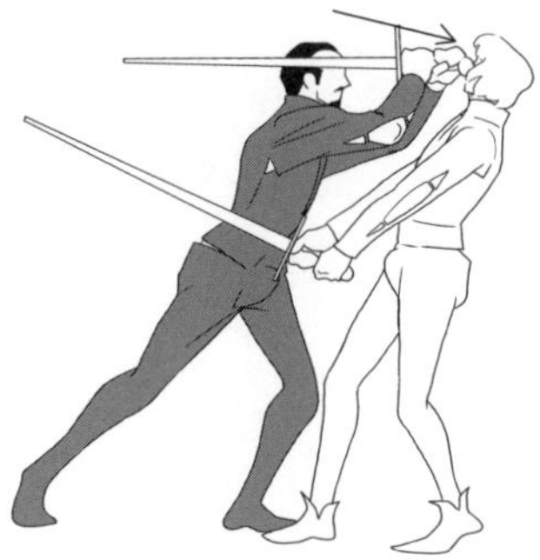

7 ギロチンカット

先ほどの両手での打撃から、師匠は素早く弟子の背後に回りこんで、剣を弟子の首に押し付けます。そして、左手で刃を握って弟子の首を切り裂きます。

ロングソード技41

剣取り2
Schwert Nehmen2

出典：Wallerstein, pl. 23. Talhoffer(1467), pl. 39, 40.

この技は、前に解説した「剣取り」の一種で、自分の剣を、相手の腕の下から押し上げるようにするところが違います。この技は、剣だけでなく、メイヤーによるショートスタッフ術やリンゲックによるハーフソード術にも登場するので、非常に使い勝手が良い技だと思われます。

1

弟子が、バインドから剣を巻き上げて、師匠を突こうとしています。

2

以前の〔技28〕「剣取り」と同様に、師匠は右足を斜め右に踏み出すと同時に、自分と弟子、両方の剣を左手でつかみます。同時に剣を回転させて、柄を弟子の手に下から叩きつけます。

3

師匠は、柄を弟子の手に突き上げるように叩き込むと共に、剣をつかんだ左手を押し下げることで、梃子の原理を使って弟子の剣を奪い取ります。

4 カウンター

時間を少し巻き戻します。師匠が、剣を弟子の手の下に叩き込んで、押し上げ始めています。弟子は、素早く左足を踏み込みながら、右手を捻って持ち替えます。

5

左手をグリップから離して剣身をつかみ、右足を踏み出して、相手の向こう側に出ます。タルホーファーは、この後どうするか書いていません。しかし、レクターは、弟子はこの後、剣を右側へと引きちぎるように振って、師匠の手を振りほどくのだろうと推測しています。ちなみに、実際には、弟子の右手の甲がこちら側を向くように、右手を持ち替えたほうが楽なのですが、ここは原本に忠実になるように解説しています。ひょっとしたら、原本の挿絵のミスなのかも知れません。

ロングソード技42

腕取り

Schwert Nehmen 3, by Grappling

出典：Talhoffer(1467), pl. 7.

この技は、相手の手を腋に抱え込むようにして、相手の剣を封じる技です。同様な技は、ドイツ式武術以外の流派にもあり、また片手剣とバックラー術・ファルシオン術・馬上ランス術など様々な武器術にも見ることができる、非常に人気のある技といえるでしょう。

1

師匠は『鋤』の構え、弟子は『屋根』の構えをとっていますが、別にどの構えから始まってもかまいません。

2

弟子の切り下げを防御しながら踏み込みます。別に避けてもかまいません。

3

左手をグリップから離して、弟子の手を腋に抱え込んで封じ、素早く攻撃します。

ロングソード技43

急所蹴り
Groin Kick

出典：Talhoffer(1467), pl. 12. Fiore(Getty), 26r.

　この項では、バインド状態からの、股間または下腹部への蹴りを紹介します。ここで解説するのは踏みつけるようにけりつける方法ですが、膝蹴りなどの方法も一般的です。他の蹴り技や素手での打撃技にも共通していますが、フィオーレによると、蹴りはそれ自体で勝負を決する技でなく、相手の意識を一瞬だけ逸らすことで、剣で攻撃するための隙を作り出すことが主な目的です。また、彼は蹴りを使う時は、相手のカウンターを避けるため、可能な限り素早く蹴るべしと忠告しています。

1

バインドの状態です。

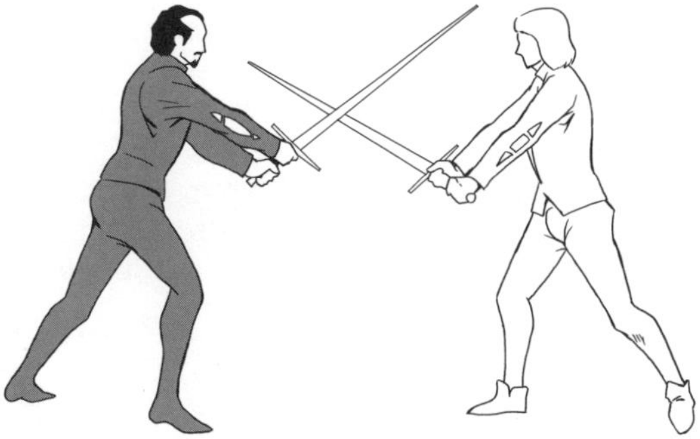

2

師匠は、剣を巻いて弟子の剣を外しつつ左足を踏み込みます。

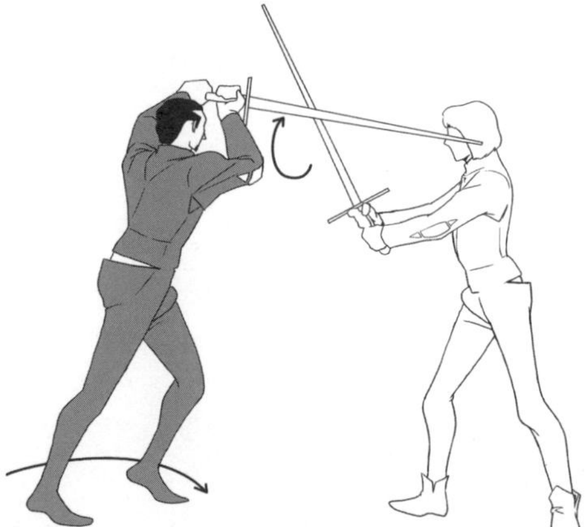

3

素早く弟子の下腹部を蹴り、相手が体勢を整える前に攻撃します。

4 カウンター

師匠の蹴りが素早くなかった場合、弟子は師匠の足を捕まえることができます。フィオーレは、この後どうするのか書いていませんが、そのまま師匠を引き倒して止めを刺すのが最も一般的な行動でしょう。師匠の剣の位置が今までと違うのは、フィオーレの原本のイラストに沿っているためです。

ロングソード技44

「飛び込み切り」
Plunge Cut : Strutzhauw

出典：Meyer, p. 59, 1.14v. Talhoffer(1467), pl. 2.

「飛び込み切り」とは、おそらく片手剣の技法から発達したと考えられている技です。基本的には上方からの切り下ろしですが、振り下ろされる途中で剣を捻って「裏刃」で切りつけることにより、相手の防御の上を越えて、攻撃が、相手目がけて文字通り「飛び込んで」いくという技です。メイヤーはこの技を、間合いの外側から踏み込んで攻撃するのに適している、と説明しています。

1

両者とも『屋根』の構えをとっています。

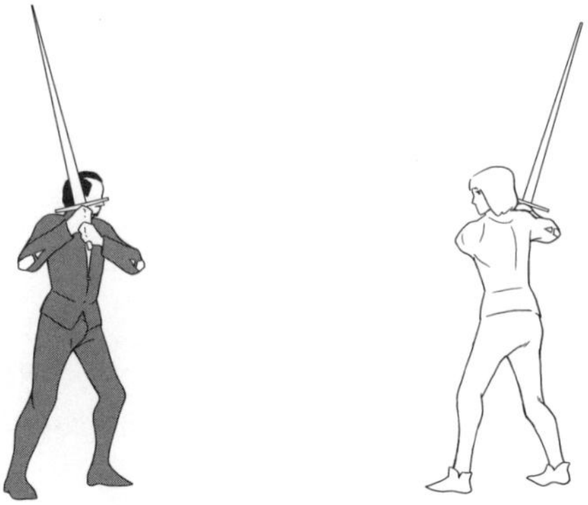

2

師匠が、弟子の間合いに踏み込みながら切りかかります。同時に剣を捻ります。

3

『雄牛』の構えに移りながら、「裏刃」で弟子に切りつけます。

ロングソード技45

「車輪切り」
Redel

出典：Ringeck/Tobler, pp. 174, 175. Knight/Longsword, p. 172. Döbringer, 44v.

「車輪切り」とは、剣を下方から、横になぎ払うように切りつける技で、剣の軌跡が車輪のように回転するところから名づけられました。ナイトによると、この技はデブリンガーのPfobenczagel（孔雀の羽）と同じ技だと主張していますが、ナイトが引用している箇所には、「孔雀の羽を使う」と書かれているだけなので、実際どうなのかは不明です。また、理由は不明ですが、ナイトは「車輪切り」を、車輪のように剣を回転させるのではなく、相手の剣の下をくぐらせる技（最後のイラスト部分）として紹介しています（Toblerの解釈による）。

1

師匠は『寄り』構えをとって、剣をサム・グリップで持っています。

2

下方から横殴りに、弟子の頭部めがけて切りつけます。大振りに近いですが、非常に強力な打ち込みなので、弟子の剣を押しのけて攻撃を命中させることができます。

3 もし「車輪切り」が防がれたら

ここでは弟子が防御に成功しました。

4

素早く弟子の剣の下を「潜り抜け」て弟子に突きを入れます。ナイトによると、「潜り抜け」の直前に、相手の剣を押し込むようにすると成功しやすいと主張しています。相手が、こちらの剣を反射的に押し返そうとするところを「潜り抜け」ることで、相手の反応を遅らせるのです。

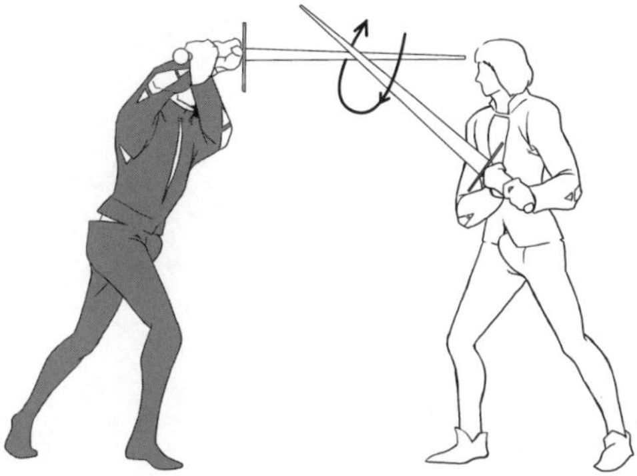

ロングソード技46

『鍵』の構え
Schlüssel

出典：Meyer, p. 78, 1.33v.

この技は、原本では『屋根』の構えに対するカウンターと紹介されていますが、こちら名称の方がわかりやすいと判断し、『鍵』の構えという名前で紹介します。

メイヤーの技は、今までのものと比べて長いのが特徴です。これは、メイヤーの本が、戦闘技術の解説よりも、訓練方法の紹介に主眼が置かれたものだからでしょう。この技も、ひとつの技というより、幾つもの技をセットにした型と思ったほうがいいかもしれません。

また、メイヤーの時代には、ロングソードは実用としての役割がほとんどなくなっていて、スポーツ化していました。一番の大きな変化は、怪我をしやすい突きを禁止していることで、メイヤーのロングソード術も本来突くべきところを、切りに変えています。

1

弟子が『屋根』の構えをとっています。師匠はこれに対抗して『鍵』の構えをとります。

2

師匠は右足を踏み込みながら、剣を上に上げます。

3

そして、「裏刃」を使って下から垂直に切り上げ、剣を上方に持っていきます。

4

そのまま剣を回転させて、「表刃」で弟子の右側を切り上げます。この時、師匠の剣が、弟子の反撃をブロックするような位置になります。

5

攻撃が命中したら、師匠は、素早く斜め右に踏み込みます。

6

「裏刃」で弟子の左耳に切りつけます。原文では特に名前を書いていませんが、おそらく「はたき切り」での攻撃でしょう。

7

剣を一旦引いて、左下から右上に切り上げます。

8

そして剣を一旦下げて、右下から斜めに切り上げます。

9

右足を後ろに引きながら、左「はたき切り」を弟子に打ち込んで、素早く距離をとります。

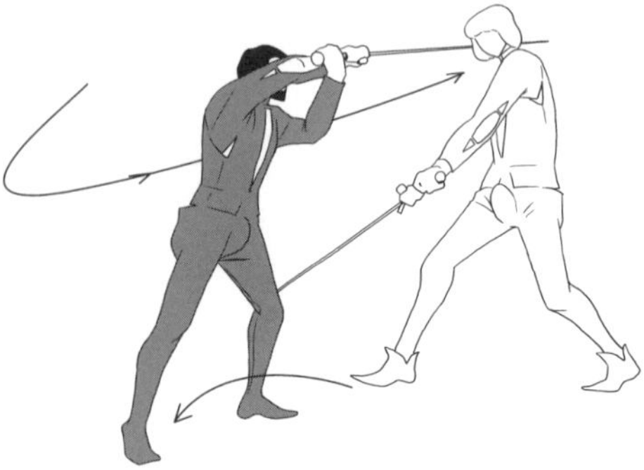

ロングソード技47

『鍵』の構え2
Schlüssel 2

出典：Meyer, p. 83, 1.38v.

『鍵』の構えからの突きと、そこからの連携技です。

1

弟子は剣を頭上に掲げる構えか、剣を下に下げる構えをとります。一方、師匠は『鍵』の構えをとって対応します。

2

師匠は、右足を踏み出しながら突きを入れて、弟子を守勢に追い込みます。

3

相手が突きを受け流した勢いに抗わず、そのまま剣を旋回させます。

4

そして弟子の右側に切りつけます。もし弟子が、師匠の攻撃に素早く反応したら、剣をそのまま打ち込まずに、別のターゲットエリアを狙います。

ロングソード技48

窓破り
Brechfenster

出典：Meyer, p. 87, 1.43r.

メイヤーによると、昔の剣士たちは『突き』構えを、Brechfenster（窓破り）と呼んでいたということです。それは、この構えはあらゆる技を破るからだと主張しています。

1

師匠の『突き』構えに、弟子が上から切りつけます。

2

師匠は弟子の左側面にむけて、下から切り上げます。

3

もし弟子が、師匠の斬撃に反応して、剣を引いた時は、すばやく一歩踏み込みながら、右手の親指をグリップに残したまま、他の指で鍔をつかみます。メイヤーは、この持ち方を「かぶせ握り」、Übergreiffenと呼んでいます。

4

そして、剣を弟子の腕の上から回します。

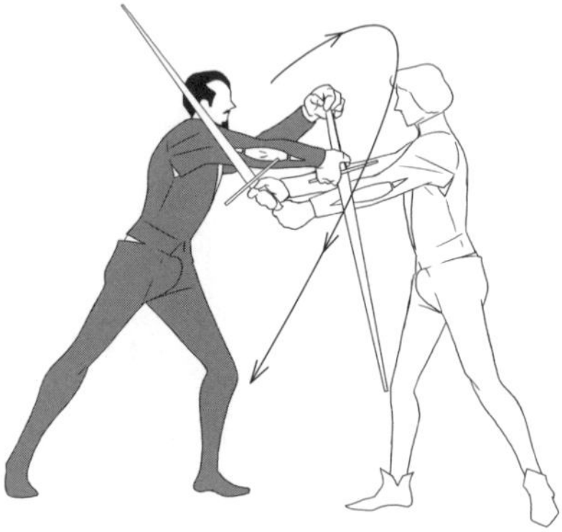

5

剣を一気に引いて、相手の剣を奪うか、相手を引き落とします。

6 投げ

少し時間を戻して、師匠が剣を弟子の上に回した時に戻します。師匠は、回した剣で弟子の腕を押し下げ、右足を踏み込みます。

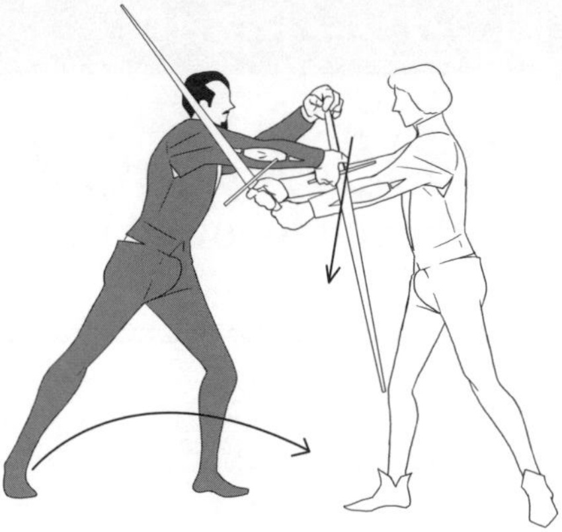

7

踏み出した右足を、弟子の右足の後ろに置きます。そして、今まで弟子の腕を押さえ込んでいた手を、弟子の首に叩きつけるように持っていきます。この時、師匠の左手が右手の上にくるようにします。

8

そのまま、自分の足越しに弟子を投げます。

ロングソード技49

「駆け込み」からの腰投げ
Durchlaufen followed by a Hip Throw

出典：Ringeck/Tobler, p. 121.

「駆け込み」からの投げは定番といってもいい技ですが、ここでは相手の腕と剣を固めてから投げる方法を紹介します。

1

バインドの状態です。

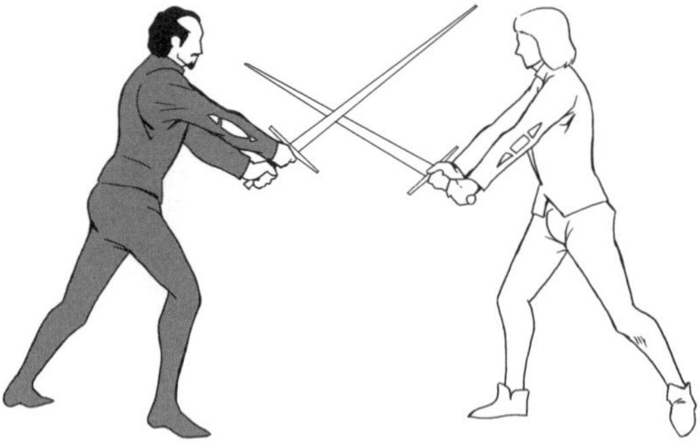

2

左手をグリップから離し、右足を踏み込んで弟子の懐に「駆け込み」ます。

3

バインドの状態を保ちながら、左手を、弟子の右手の上から、弟子の両手の間に通します。

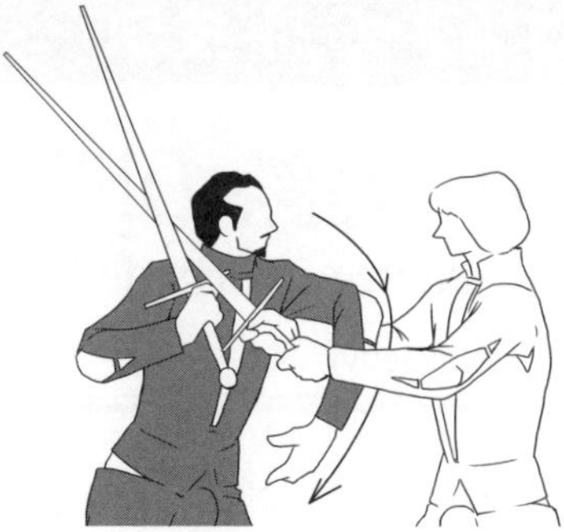

4

左手で、右手の内側をつかみます。

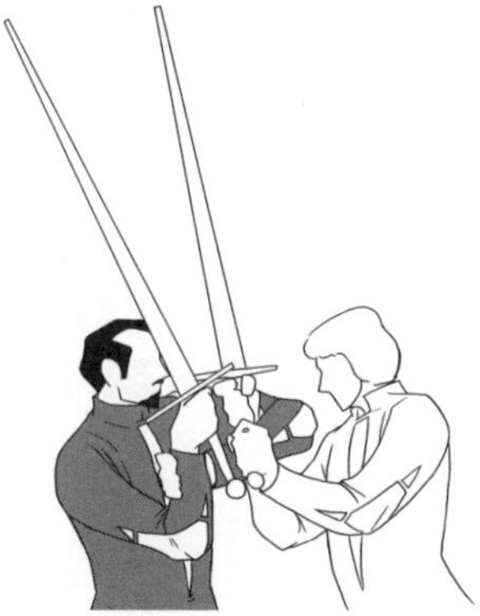

5

右足を、弟子の右足の後ろに踏み込み、体を回転させて、弟子を腰の上越しに投げます。

ロングソード技50

『中央の鉄の門』からの技

A Device from Porta de Fero Mezana

出典：Fiore(Getty), 24r.

ここからは、いくつかの例外を除いて、イタリア式ロングソード術（主にフィオーレ）を紹介します。イタリア式剣術は、主に剣を下げて構えるという特徴がありますが、技自体はドイツ式に非常に近いといえます。これについては、当時のイタリア式は元々ドイツ式に似ていたのか、それともフィオーレがドイツ式の影響を受けていたのか、色々と疑問が残ります。

フェシトビュッフによって確認できる最古の武術のひとつだけあって、彼の技は、メイヤーのものと比べると、荒削りでゴツゴツした印象を受けます。これは、彼の技は、技の流れや精妙さよりも、どれだけ効果的かつ素早く相手を殺せるかという点を重視しているためだと見ることができるでしょう。

1

師匠は『中心の鉄の門』の構え、弟子は『近間』の構えをとっています。『近間』の構えは、『突き』構えの正反対の構えで、剣を突き出さずに体に引き付けて構えます。『近間』の構えは、素早く突きを繰り出すことができ、また、間合いの長い斬撃を打ち込めるとされています。剣が防壁の代わりとなって、優れた防御性能があるともされています。

2

弟子の攻撃を、師匠は、剣を跳ね上げて「裏刃」で上にたたき上げます。

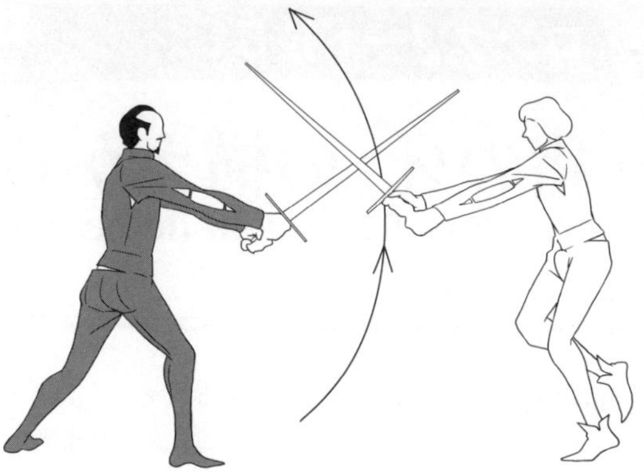

3

相手の剣を上方へと打ち上げたら、剣を、弟子の頭目がけて、そのまま切り下ろします。

ロングソード技51

『猪の牙』の構えからの攻撃

Two Plays from Dent de Zenchiar

出典：Fiore(Getty), 24r.

『猪の牙』の構えは、『鉄の門』の構えから、剣をぐっと引きつけた感じの構えです。フィオーレによると、この構えは、非常に柔軟で、素早く他の構えに移行でき、強力な突きを放つことができます。また、相手の攻撃にカウンターをかけるのにも優れているとされる反面、熟練した剣士でなければ、うまく使いこなせない構えでもあると主張しています。

この構えから放たれる突きが、ちょうど猪が牙で相手の下腹を抉り込むように突き上げる動きに似ているところから、『猪の牙』という名前が由来していますが、この項では、その下からの突きをメインとした攻撃法を解説します。

ちなみに、Dent de Zenchiarというスペルは、フィオーレのいたフリウーリ地方の中世期の訛りで、現代イタリア語では、Dente di Cinghialoと言います。

1

師匠は『猪の牙』の構え、弟子は『鉄の門』の構えをとって近づいてきます。

2

師匠は、足を動かさずに、突きを放ちます。

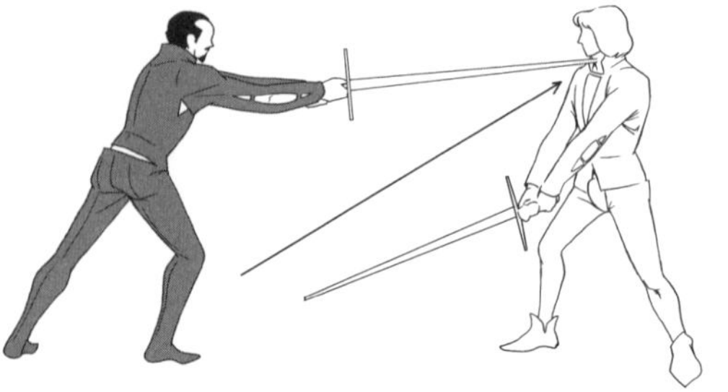

3

突きを入れたら、そのまま、手を引かずに弟子の手に剣を打ち込みます。

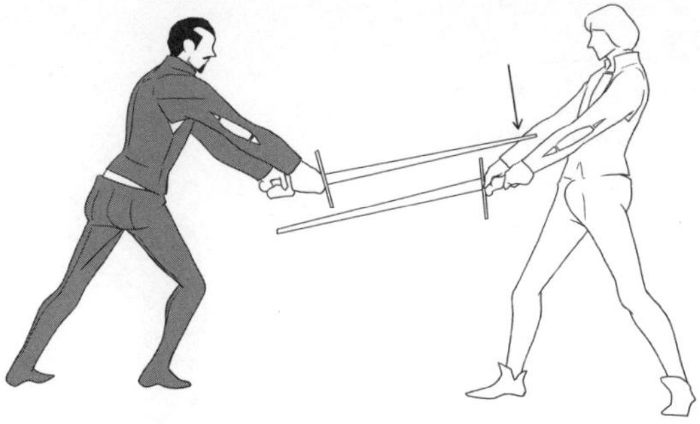

4 別バージョン

師匠は、再び『猪の牙』の構え、弟子は『貴婦人』の構えです。

5

右足を踏み出しながら、突きを放ちます。

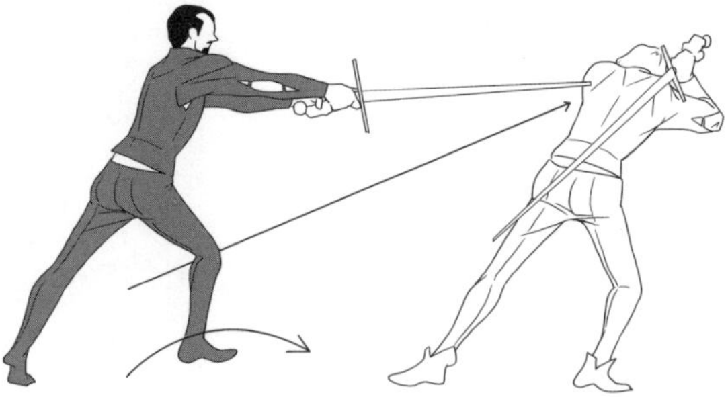

6

突きを入れた状態から、手を引かないのは今回も同じですが、今度は下から突き上げた勢いのまま、剣を上に振り上げます。

7

左足をひきつけながら、弟子に打ち込みます。

8

剣を下に振り切ったら、右足を踏み出しつつ、弟子に突きを入れます。

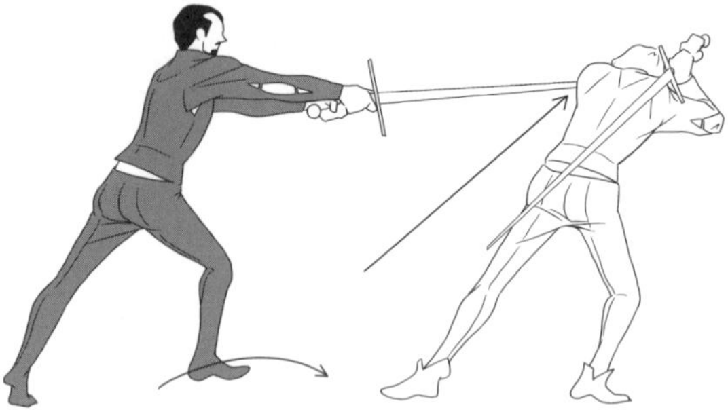

ロングソード技52

剣つかみ

Grabbing the Opponent's Blade

出典：Fiore(Getty), 25v.

ここで紹介するのは、相手の剣を、しかも刃をつかむという非常に危険な技です。当然のことながら、相手が反応して剣を引き抜こうとするまでの一瞬の間にケリをつけることが必要でしょう。

1

バインドの状態です。

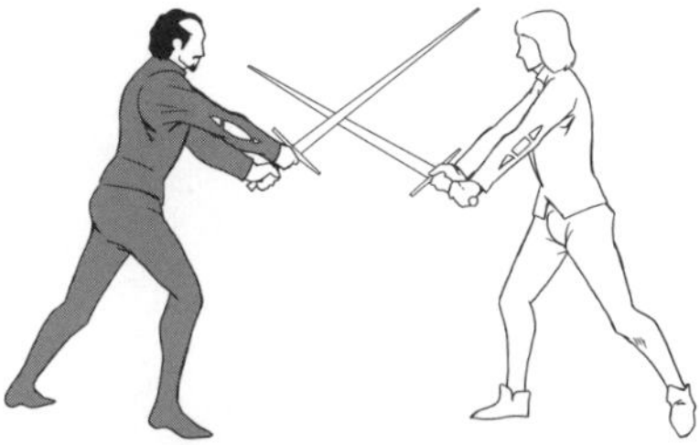

2

右足を踏み出しつつ、師匠は弟子の剣をつかんで、弟子の剣を封じ、その一瞬の隙に相手を攻撃します。

3 別バージョン

このバージョンでは、弟子の剣をつかむと同時に、間髪を入れずに剣を叩き込み、同時に弟子の足に蹴りを入れます。フィオーレによると、脛または膝のすぐ下を蹴るようにアドバイスしています。

ロングソード技53

上段剣取り

High Disarm

出典：Fiore(Getty), 30r.

フィオーレは、上段・中段・下段の剣取りを解説していますが、ここでは、上段のみを解説します。これら三種類の剣取りは、どちらも相手の剣を時計回りに、腕を反時計回りに回転させて、相手の剣を奪う技で、左手の位置によって分類されています。

1

両者バインドに入っています。

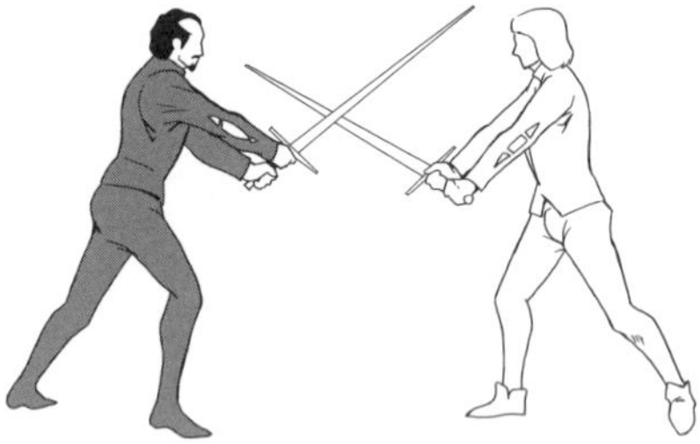

2

師匠は、素早く踏み込み、左手をグリップから離してから剣を巻いて、師匠の剣のグリップを弟子の剣の右側（弟子から見たら左側）に置きます。同時に、左手を弟子の両手の上を通します。

3

弟子の剣を右へ、そして弟子の腕を左へと押しやって、剣をもぎ取ります。
原文では、左手を手前に引いて、相手が剣を落とすまで腕を締め上げると書いてありますが、挿絵では、相手の両手が交差した状態でねじれているので、このような解釈にしました。

ロングソード技54

「腕取り」返し

Arm Break against the Capture

出典：Wallerstein, pl. 17.

これは、前に紹介した〔技42〕「腕取り」を破る方法です。剣を梃子の代わりに利用して、相手に関節技をかける技法です

1

弟子は、師匠の右腕と剣を捕らえることに成功します。可能ならば、弟子が攻撃する前に、腕を引き抜こうとせず、弟子の背中を突きます。最初この説明文を読んだ時は「剣が長いのにどうやって？」と思いましたが、どうやら、剣を逆に押し込んで、体と体がくっ付くくらいに接近してから、自分の胸に剣を突き立てる感じで、相手の背中を突くということが、原文の意図のようです。

2

それができなければ、左手で剣をつかみます。

3

そのまま、師匠は踏み込みつつ体を回転させます。同時に左手と剣身で、弟子の肩を下に押さえつけ、抱えこまれた右腕で弟子の肘を上に引き上げて、弟子の肩を砕きます。
（見易さのため、イラストは、これまでとは反対側からの視点で描いています）

中世の剣の重さ

よく「中世の剣は非常に重く、基本的に相手をぶん殴る鈍器に近いものだった」といわれます。しかし、本書のスペックにもある通り、剣（というより武器全般）は決して重くなく、逆にできる限り軽量に作られていました。戦闘の際に重い武器は体勢が立て直しにくく不利になりますし、疲れやすくなるので、軽量の武器が好まれ、多く作られたのです。

では、どうして中世の剣は重いという考えが生まれたのでしょうか。その原因は、ヴィクトリア朝時代の学者たちにあります。彼らが常日頃親しんでいた武器は、超軽量のフェンシング用の剣、エペやフォイルでした。これらの剣に親しんでいた人からすれば、たとえ重量1kgの剣でも「重すぎた」のです。

また、儀礼用の両手剣を実用のものと誤解してしまったことも理由のひとつです。儀礼用の両手剣は、式典などの際に貴族や王族などの権威の象徴として掲げられたものですが、それらの剣はいかに目立つかを目的に作られていたため、戦闘用の両手剣よりもはるかに重い剣でした。

さらに、当時の剣を再現したとされるレプリカは、実物よりはるかに重かったということもあります。つい最近まで、これらのレプリカの多くは正面からの写真や絵のみを参考にしていて、刃の厚みの変化などの、微妙でかつ重要な事柄に気づいていませんでした。そして、そのような過大な重量を持ったレプリカによって、誤解が広まってしまったということがあります。

ロングソード技55

腋の下に抱え込んでの剣取り

Sword Capture

出典：Talhoffer(1467), pl. 26.

この技は、腕取りと似た方法を剣に使うことで、剣を奪う、もしくは剣を破壊する技です。

1

師匠は、弟子の攻撃を受け流しながら、踏み込みます。

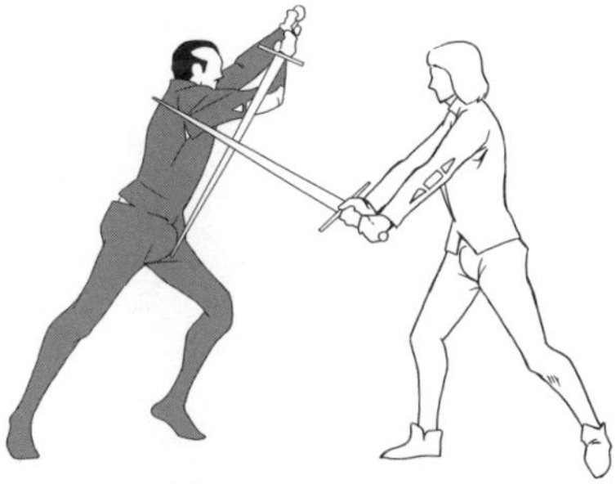

2

左手をグリップから離し、右腋に弟子の剣を抱え込むようにして、右手に握った剣を弟子の剣の下をくぐって反対側に通します。

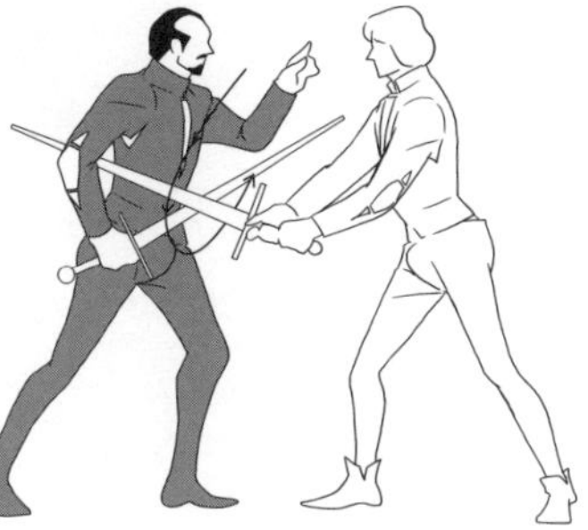

3

剣左手で剣を握り、ハーフソードの体勢に移り、弟子の剣に強く押し付けます。そして、体を回転させて弟子の剣を曲げるか、または剣を奪います。

ロングソード技56

剣つかみと首へのスライス

Sword Grab and Neck Slice

出典：Fiore(Getty), 29r, 29v.

今度は〔技52〕「剣つかみ」とは別バージョンの技です。

1

バインドの状態です。

2

弟子は、師匠の後ろへと踏み込みながら、師匠の剣をつかみます。

3

そして、背後から師匠を攻撃します。

4 首へのスライス
Fiore(Getty), 29v.

時間を少し戻して、弟子が師匠の剣をつかんだところに戻ります。今度は、弟子は、師匠の背後に回り込みながら自分の剣を捨てます。そして、右手で師匠の剣のグリップをつかみ、右足を師匠の右足の背後に置いて、つかんだ師匠の剣を首に押しつけて、スライスします。
原文では触れられていませんが、原本の挿絵の両者の足の配置から推測して、もしも弟子が師匠の首を切ることができなくても、そのまま自分の足越しに師匠を投げることができるようになっています。

中世以前の剣3

5.バイキングの剣

バイキング時代の剣は、ケルト文明の剣が発展してきたゲルマン系民族の剣を祖先とするもので、「文様鍛錬法」という特殊な製法で作られています。鍔の形状も、現在の我々が想像するものに近づいてきました。

柄頭は、最初は上下ふたつに分割されていて、リベットで固定されていましたが、後には上下一体のものが作られます。この剣が発展していき、中世の剣となっていくのです。

ここで紹介する剣は、非常に有名なバイキング時代の剣です。それぞれの剣は、剣に刻まれた刻文から、「インゲリイ」の剣（左）、「ルートフリット」の剣（右）と呼ばれています。

「インゲリイ」は、テムズ河出土の剣で、INGELRIIという（おそらく名前）が鉄で象嵌されています。この刻文は、現在グラスゴー博物館にある剣と同じもので、おそらく同一の職人の手によるものだと推測されています。

「ルートフリット」は、リンカーン市の近郊の川から出土した剣で、LEUTFRIT（Tは上下逆になっています）という名前が鉄で象嵌されています。オーケンショットによると、この剣と似た形状と刻文の剣が、ロシアにあるそうです。両者とも10世紀の製作とされています。

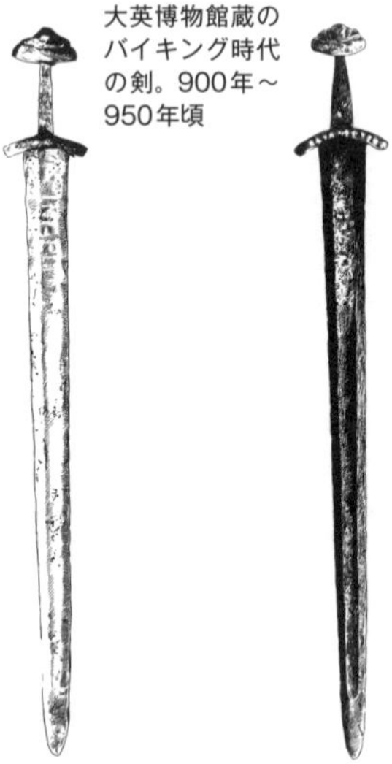

大英博物館蔵のバイキング時代の剣。900年～950年頃

「インゲリイ」
全長：84.4cm
刃渡り：73.3cm
重量：874.4g
重心：鍔から16.2cm

「ルートフリット」
全長：92.9cm
刃渡り：81.2cm
重量：1250g
重心：鍔から17.4cm

第2章
レスリング

レスリング概説

すべての戦いは格闘術より発する。

（Hs.3227a）

レスリング（中世ドイツ語ではRingen、中世イタリア語ではAbrazare）は、中世の武術において最も基本的な技術であり、また同時に、スポーツとしても広く楽しまれていました。この傾向は、古い武術ほど顕著で、例えばフィオーレは、レスリングをすべての武術の根本であると位置づけていますし、中世の騎士たちにとっても、レスリングの技術は、なによりも最初に習うものであったようです。当時の技術は非常に荒々しく、強力で、相手を一撃で戦闘不能にすることを目的にしていました。

しかし、時が経つにつれて状況は変わっていきます。ルネッサンスの時代になると「洗練された紳士たちに、レスリングは野蛮でふさわしくない」とされたのです。同時に、戦場で使われるレスリング術とスポーツのレスリング術との乖離も進んでいきました。フォン・アウエルスヴァルドは、自身の書いたレスリングの技に、これは社会的にふさわしい、これはふさわしくない、とのコメントを残していますが、戦闘術としてのレスリングと、スポーツとしてのレスリングの分化が進んでいる証拠といえるでしょう。

◆各地のレスリング術

ドイツ式武術のレスリングは、オーストリア公ハプスブルグ家の格闘術チャンピオンである、ユダヤのオトと呼ばれる人物の影響を強く受けています。彼はリーヒテナウアー18傑のひとりで、戦場レスリング術の創始者とされている人物です。彼は、名前からもわかるとおり、改宗ユダヤ人で、以後のドイツ式武術のレスリング術を根本から変えたとされています。

イギリスではプライズという格闘興行の発展により、17世紀から18世紀頃までに他の地域とは違ったレスリング術を発展させていきます。このレスリング術は、現代の総合格闘技に近いもので、グローブなしの素手、倒れた相手への蹴りや踏みつけ有り、さらには髪の毛をつかんで殴りつけても合法という、相当に危険なものだったようです（ちなみに、剣の場合は、安全上の理由から突きは禁止されていたものの、使用する剣は真剣で、なおかつ防具なしの状態で試合をしていました）。この格闘術（18世紀頃にはすでにボクシングと呼ばれていました）が、紆余曲折を経て、現代のボクシングに発展していくのです。

◆寝技

まず、フェシトビュッフを見て、最初に目につく特徴としては、寝技が非常に少ないということです。ほとんどのフェシトビュッフに描かれている寝技は、地面に倒した相手に、とどめのダガーを突き刺している程度のものです。ここから、ヨーロッパ武術では、寝技はできうる限り避けるべきものであると推測できます。

そもそも自分が立っている状態で相手が地面に倒れているという状況は、こちらに非常に有利な状況なのに、それをみすみす捨て去ることはないということでしょう。また、本来の戦場で格闘する場合を考えれば、周囲に敵味方が複数いる状況で、地面で取っ組み合って背中を見せるというのは自殺行為以外の何者でもありません。しかも、相手はどこに武器を隠しているかわかりません。組みついたところに死角からダガーで刺されたら話にならないということです。日本の戦国時代でも、相手と組打ちをして首をとる、その瞬間が最も危険とされていたのも同様の理由からでしょう。

自分の足を相手の足に引っ掛けたり、絡みつかせたりする技が非常に少ないのも特徴といえます。これは、相手が倒れた時に、引っ掛けた足が絡まって、自分も引きずり倒されてしまう危険性を避けるためだと思われます。こういった技は、時代が下り、スポーツとしてのレスリングが一般的になるにつれて多く見られる傾向があります。

しかし、寝技が少ないとはいえ、寝技が完全に無視されていたわけではありません。ドイツ式武術における寝技は、Unterhalten（相手を抑え込む技術）、Aufstehen（相手を自分の体の下に置き続ける技術）、最後のAufkommen（自分が相手の下になった状態をどうやって逆転させるかという技術）、の3種類の技術に細分化されています。

◆打撃技

レスリングに打撃技というと、少し違和感があると思いますが、中世のレスリングには、非常に多くの打撃技が含まれていました。また、イギリス式武術（特に興行化したプライズ競技）では、特に打撃技が発達していたようです。
ただし、ヨーロッパ武術の打撃技とは、相手を倒すものではなく、打撃によって技をかける隙を作り出すために使うものでした。戦場にいる相手は、鎧で完全武装していますから、打撃技でノックアウトすることは、効率的ではないと考えられていたのです。

フィオーレの理論

フィオーレは、その著書の中で、いくつかの理論を書き記しています。
まずは、相手を評価することです。相手の強さ・年齢・体格・意図・経験を読み取り、そして相手がもしも鎧を着ていない時は、急所を打撃します。フィオーレは、目・鼻・こめかみ・顎の下・横腹が最も効果的と主張しています。
他にも、彼はレスリングにおける8つの知識が必要だと述べています。それは、力・速度・相手のつかみ方の知識・関節技の知識・バインドの知識（ここでのバインドとは、相手の腕を無力化して、相手が逃げたり防御できないようにすること）・人体の急所の知識・相手を地面に倒す方法についての知識・相手の骨を折る技の知識です。
これらの能力から推測して、当時の人は、最初のふたつ（力と速度）を除いた6つの知識が、レスリングを構成する要素だと考えていたということがわかります。

ヴァラーシュタイン写本の理論

ヴァラーシュタイン写本では、スポーツのレスリングと戦闘のレスリングの違いについて、スポーツならば体格が大きい方が絶対的な優位を得るが、生死を賭けたルール無用の戦場では、体格の差は圧倒的な違いにはならないと主張しています。
そして、相手の力に対抗し、自分のバランスを保つための「体力」(Stärke)、いかなる状況においても、手と足を正確に正しい位置に持っていくことのできる「間合い」(Maß)、技を正確に習得し、そして強く・素早く実行できる「敏捷性」(Behendigkeit)、この3つの能力が、レスリングにおいて重要な能力であると述べています。
また、ヴァラーシュタイン写本では、自分と相手の力関係に応じて、以下の三通りの戦い方を勧めています。自分が相手よりも強い時には、先手をとって相手との距離を詰め、相手を「体力」で圧倒します。自分と相手の力の差がない時には相手にあまり接近せず、「間合い」で相手にカウンターをかけて対抗します。相手がこちらよりも強い時は、相手の動きを待って、スピードと技術、すなわち「敏捷性」を活かしてカウンターをかけるのです。

決闘の種類1

決闘というものは、古代の時代から近世まで連綿と続いてきた、ヨーロッパの伝統的な係争解決法のひとつです。ただし、中世やそれ以前の決闘は、近世や近代の決闘とは、まったく違う、はるかに深刻なものでした。

本来の決闘は、対立する二勢力のどちらが正しいのか、神（または神々）の手に自らの運命を委ねて命を賭けて戦ったのが始まりです。当時は客観的な証拠を収集するのが非常に困難で、このような神の手に判断を委ねる方法がそれなりの合理性を持っていたのです。

中世では、法の整備などによって決闘による係争の解決は減少しましたが、それでも決闘裁判は、重要な問題の最終解決手段として存在していました。しかし、決闘裁判は、後世の決闘のように簡単にできるものなのかといえばそうではなく、非常に重大な犯罪行為・事件に関して行なわれていたようです。

タルホーファー（スイスのチューリッヒで決闘裁判の審判を勤めた経験があります）は、決闘裁判に値する犯罪として、殺人（故意による計画的な殺人）、反逆（国家元首および国家への反逆）、異端（カソリックの教義に対する挑戦・否定）、反乱教唆（当主への不信を広め、反乱を教唆すること）、機密漏洩（何がしかの秘密の暴露）、虚偽（嘘・詐欺、誓いを破るなど）、女性への辱め（強姦・密通・婚約の不当な解消）の七つの罪を挙げています（これらの罪は、範囲がかぶるものが多く、おそらく「七つの大罪」に対応するために数を増やした結果だと思われます）。

そして、決闘裁判の開催が決定しても、そのまますぐに戦いが始まるということにはなりません。この時代の決闘は、できうる限りの公平性が保たれるようにされていました。彼らは決められた期間の間に訓練を受ける機会を得られます。

この時、彼らの武術の指導に当たったのが、フィオーレやタルホーファーといった当時の職業剣士でした。もしも被告原告が高齢などの理由で戦闘に耐えられない時には、代理人をたてることもあり、実際にイングランドでは決闘請負人のような者が存在していたようです（ただし、この仕事は、おそらく人類至上最もリスクが高い職業ですが）。

決闘の種類は決闘者の階級や地位によって区別されていたようです。騎士階級や貴族階級は鎧を着けて、実戦さながらに戦います（使用武器などは様々なものがあった可能性がありますが、最も一般的だったのは、槍・剣・ダガーと盾の組み合わせです）。

平民階級では、特徴的な衣服をまとい、決闘用の大盾を使います。人間の背ほどもあるこの盾には様々な形状のものがありますが、一般的に楕円形の盾の両端に刺突用のスパイクが付いています。

（P187に続く）

レスリングの構え

レスリングには、ほかの武器術のように凝った構えは存在しないとされています。非常に近距離、かつ高速で行われるため、構えをとっている余裕がないためです。

①『鉄の門』の構え、バランス立ち（Porta de Fero、Waage）

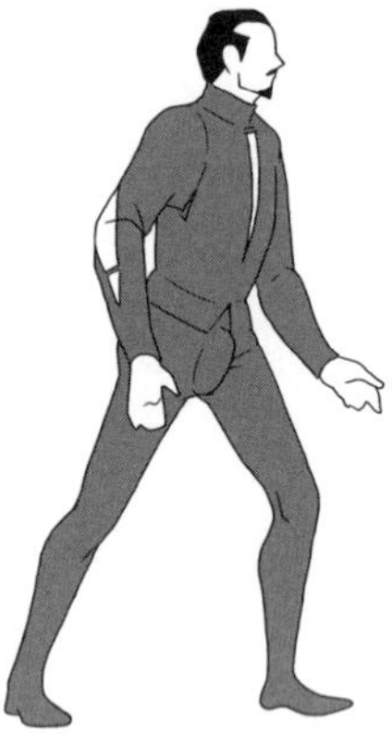

手を太ももの位置に置いた姿勢です。フィオーレによると、すべての技を使える最上の構えで、守りに適した構えであると主張しています。また、ドイツ式レスリング唯一の名称を持つ構えである「バランス」と同一であると推測されます。バランスという単語は、天秤という意味もあるので、この構えの安定性こそが、最大の特徴なのでしょう。ただ、ドイツ式では、手の位置をウエストの高さに構え、掌を上に向けているところが違います。このイタリア式の構えが、急所の多い顔面をがら空きにしている理由に関しては、残念ながら不明です。

②『正面』構え（Posta Frontale）

手を顔、または胸の高さに上げて、前方に突き出してつかみかかる姿勢の構えです。『鉄の門』が防御ならば、こちらは攻撃の構えで、相手のつかみを無効化する効果があるとしています。

レスリング技1

後方への足吊り投げ
Backward Leg Lift Throw

出典：Fiore(Getty), 7r.　Ringeck/Tobler, p. 202.

ここでは、レスリングで最も基本的であり、最も頻繁に使われる技でもある、足吊りを使った技について解説します（日本式の武術ではあまり使われませんが）。相手の足を捕まえて動けなくする、または足を持ち上げてから、相手のバランスを崩して倒す技です（Toblerの解釈より）。

1

弟子が師匠の胸をベア・ハッグで締めつけています。しかし、師匠の両腕は自由です。

2

師匠は、片手で、弟子の足を持ち上げ、同時に反対側の手で、弟子の首を押さえ、そのまま弟子の体を後方に倒します。フィオーレは、この時、弟子の首をただ押すのではなく、喉を締めつけたり、喉仏を強く押したりするのも効果的だと述べています。

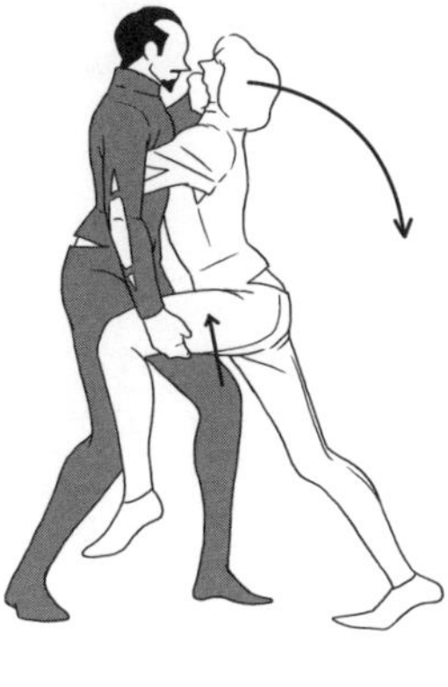

3 カウンター

師匠が手を伸ばそうとした時に、素早く手を離して、首に伸びた師匠の腕の肘をつかんで押し上げます。

レスリング技2

走り込んでのタックルとカウンター

A Running Tackle and the Counters

出典：Ringeck/Tobler, p.205.　Wallerstein, pl. 73.　Dürer, (Ringen) No. 13, 30.　Talhoffer(1459), 56v.　Talhoffer(1467), pl. 197.　Meyer, p. 245, 3.14r.

この技は、相手と自分の力が、だいたい同じ時に使うと効果的だとされています。相手に突進して、体当たりをかけながら両足を捕らえて後ろに押し倒す技です。よく使われた技らしく、それに対するカウンターも数多く開発されています。リンゲックによると、この技のコツは、とにかく躊躇しないことだそうです。

1

両者とも距離を詰めていきます。

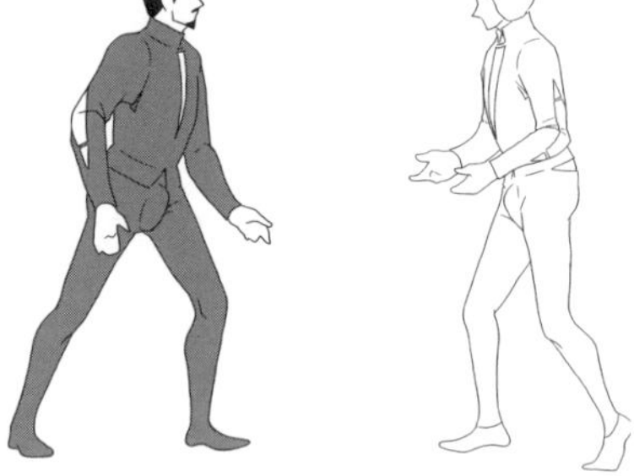

2

一気に突っ込んで、弟子の足を両手で捕まえます。同時に体ごとぶつかって、弟子を後方に倒します。

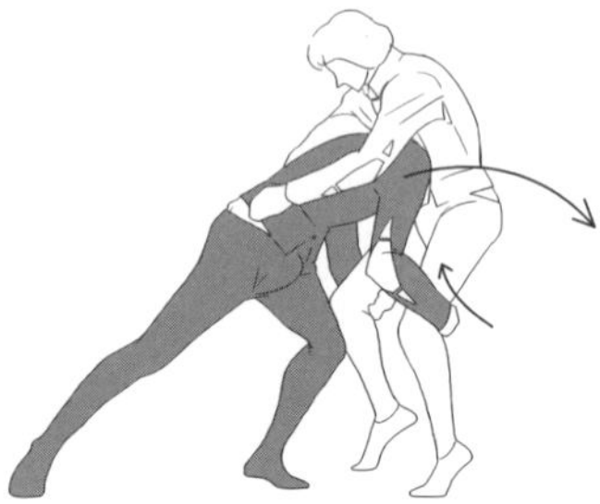

3 カウンター1：チェスト・プレス

師匠がタックルをしてきたら、弟子は体を前方に倒し、師匠のウエストに腕を回して固定し、後ろにひっくり返るのを防ぎます。

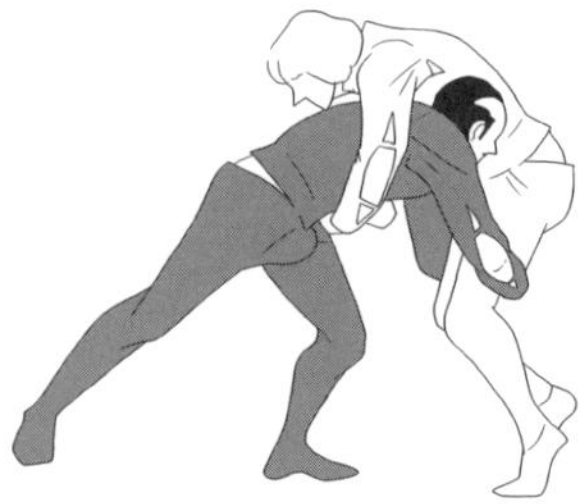

4

師匠の動きを止めたところで、弟子は両足を後ろに伸ばして、師匠の手を振りほどき、自分の体重で師匠を押しつぶします。

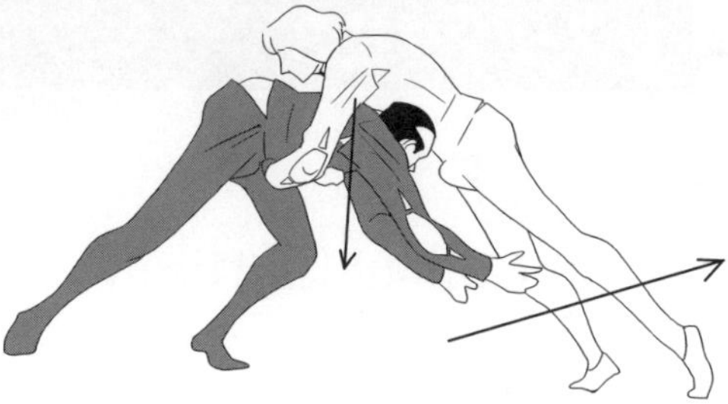

5 カウンター2：ギロチン・チョーク

今回は、弟子は師匠の首を腕で捕まえ、引き上げながら首を締めます。メイヤーのバージョンは、両手ではなく、左手で締め上げ、開いた片手で攻撃しています。

6 カウンター3：ボディー・リフト

師匠のタックルを避けます。

7

左手で師匠の体もしくは肩をつかみます。右手を師匠の両足の間に突っ込んで腰をつかみ、持ち上げます。

レスリング技3

肩投げ
Over the Shoulder Throw

出典：Ringeck/Tobler, pp. 205, 243, 263, 275.　Auerswald, pl. 5, 34.　Knight/Ringen-Dagger, p. 67.

この技は、相手の腕の下をくぐって足を持ち上げることで、相手を投げる技です。トブラーは、相手の倒れ方によっては、相手の腕を折ることができるとしています。リンゲックは、余程この技が好きだったのでしょうか、本の中に何度も登場させています。

1

師匠が弟子の手を捕まえて、引き上げます。または、弟子が不用意に腕を上げてしまいました。

2

つかんだ弟子の腕を引き上げながら、素早くその下にもぐり込みます。

3

師匠は、弟子の腕を自分の肩の上に固定して、右手で弟子の右足をつかんで引き上げ、後方に引き倒します。

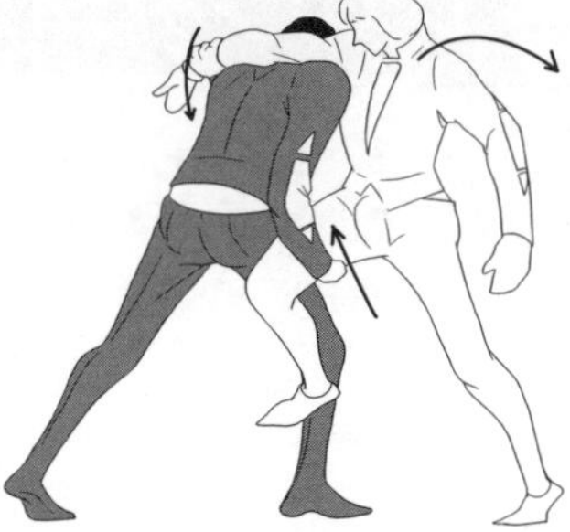

4 カウンター

ここでは、見やすさのため、弟子が師匠に技をかけています。

5

師匠は、弟子に足をとられる前に、弟子の肩の上に固定された右腕を、弟子の首の辺りに回します。そして、体を回転させて弟子の体の上にのしかかり、体重で押しつぶします。

6 別バージョン

アウエルスヴァルトのバージョンは、肩投げをするのに、師匠は弟子の足を持ち上げるのではなく、弟子の腰をつかんで、弟子を体ごと持ち上げています。

レスリング技4

足を持ち上げての投げ

A Throw With a Leg Pull

出典：Ringeck/Tobler, p. 208.　Wallerstein, pl. 31, 32.　Dürer, (Ringen) No. 1, 2.　Knight/Ringen-Dagger, p. 78.

この技は、相手の足を持ち上げて後ろに倒す技です。相手を後方に押してバランスを崩すことが成功の鍵となっています。

1

弟子の体を後方に押します。この場合、師匠はリンゲックの方法をとって、両手の拳で首の下を押すと共に、体当たりをしています。

2

すかさず、師匠はかがみ込んで、弟子の足を両手で取って引き上げ、弟子を後方に倒します。弟子がバランスを取り戻す前に、素早く行動することが必要です。

3 別バージョン

相手のバランスを十分に崩してから投げるというのは、言うは易しの典型です。このバージョンでは、師匠が弟子を押さなかった時、または師匠の押しが十分でない時や、弟子が体勢を素早く立て直した場合の技を紹介します。

4

師匠は、つかんだ足を持ち上げつつ、左足を弟子の残った右足の後ろへと踏み込み、弟子に体当たりして、後ろに押し倒します。

5 カウンター1

時間を巻き戻して、師匠が弟子の足をつかんだところから始めます。

6

弟子は、つかまれた足を後ろに引いて、師匠の手から逃れ、同時に両手で師匠の胸を押しやります。

7 カウンター2

このバージョンでは、師匠が足をつかんだために、顔面が無防備になった瞬間を見はからって、パンチを叩き込み、師匠を引き剥がします。

レスリング技5

三格闘2：足破り

Drei Ringen2 : Beinbruch

出典：Ringeck/Tobler, p. 213.　Knight/Ringen-Dagger, p. 62.

三格闘というのは、リンゲックの原文に出てくる3つの技のことですが、なぜこの3つだけ独立した分類になっているのか、よくわかっていません。この技は、ドイツ式武術の極意である「主導権の奪取と維持」を体現したような技です。最初の技から相手が逃げたら、即座に技をかけなおして、相手に主導権を与えずに倒してしまいます。また、同じ技を左・右とかけるので、左右両バージョンの技を練習するための型と見ることもできます。

1

師匠が、この本には収録されていない「三格闘1」の技をかけます。

2

弟子は、師匠の技に耐えるか、イラストのように、師匠の技から脱出して後方に逃れます。

3

師匠は、間髪入れずに足を踏み出し、再び技をかけて、弟子を引き倒します。

レスリング技6

三格闘3：ストレート・アームバー
Drei Ringen3 : Straight Arm Bar

出典：Ringeck/Tobler, p.214.　Meyer, p. 244, 3.13v.　Knight/Ringen-Dagger, pp.52, 63.　Auerswald, pl. 35.

ストレート・アームバーは、一直線に伸ばした腕の肘関節を極めて、腕をへし折る技です。レスリングでは一般的な技のようで、様々に応用されています（Toblerの解釈より）。

1

弟子は師匠の腕を両手でつかみます。

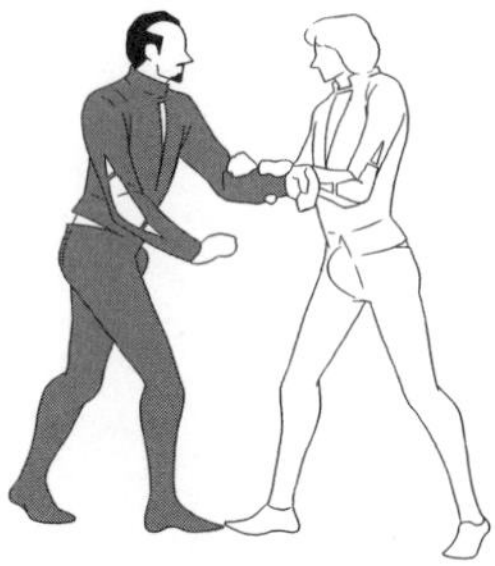

2

弟子は、体を回転させながら、師匠の腕を強く引っ張ります。同時に手首を捻り上げ、肘関節を上から押し下げて、師匠の腕を折るか、地面に押しつぶします。

3 別バージョン

このバージョンでは、腕を引いた後に、師匠の頭を両手で押して、師匠を地面に押し倒します。

レスリング技７

正面からのベア・ハッグに対するカウンター6種

Six Counters to an Underarm Bear Hug

出典：Ringeck/Tobler, pp. 216, 217.　Wallerstein, pl. 105, 121.　Dürer, (Ringen) No. 73.　Knight/Ringen-Dagger, pp. 102, 103.

ベア・ハッグは、相手の体に腕を回して組みつき、相手を締め上げたり、または持ち上げる技です。よく使われた技らしく、ありとあらゆる体勢でのベア・ハッグと、そのカウンター技が存在します。ただし、この技自体（特に正面からのベア・ハッグ）は、あまり技術のない、力任せの人間が使う技だと考えられていたようです。ここでは、頭部や首をターゲットとしたカウンター技を紹介します。

1

正面からのベア・ハッグです。弟子が師匠の体を捕らえましたが、師匠の腕は自由な状態です。

2 カウンター１：喉圧し

師匠は、両手を弟子の喉に当て、力を込めて押しやります。

3 カウンター２：首捻り

今度は、師匠は片手（ここでは左手）を弟子の顎の下に、反対側の手で後頭部をつかみます。

4

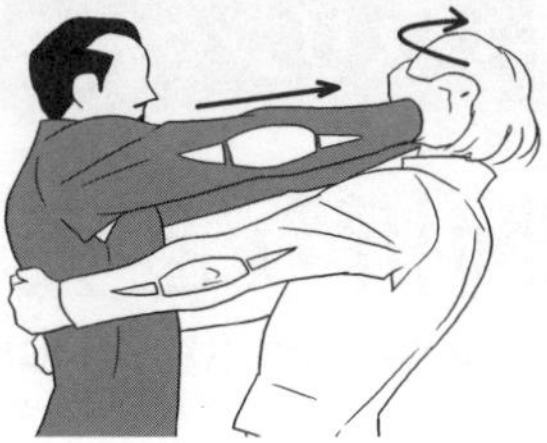

弟子の頭を押しやるのと同時に、弟子の首を捻って、脱出します。

5 カウンター3：目潰し

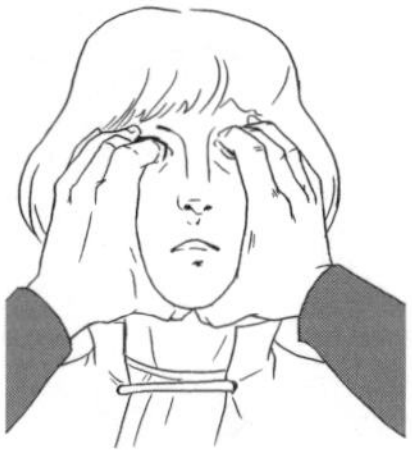

目潰しというと、指で突く技をイメージしますが、ヨーロッパ式の目潰しは、より強力な技です。師匠は、弟子の顎に親指を引っ掛け、その他の指を、目に突っ込んで潰します。親指を顎骨に引っ掛けることにより、握力を使って目をえぐるのです。

6 カウンター4：こめかみ突き

弟子のこめかみを、親指で突いて、激痛を与えます。

7 カウンター5：首反り

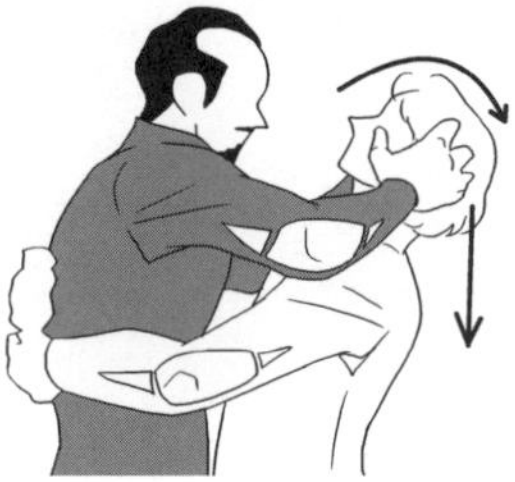

弟子の頭をつかみ、後方に反らせてから、押し下げます。

8 カウンター6：喉突き

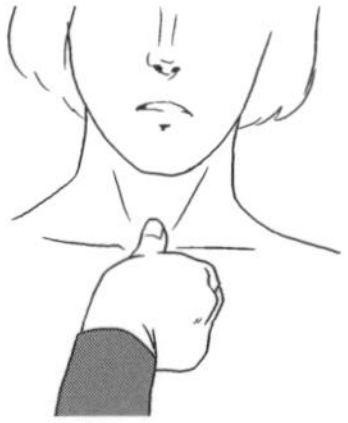

弟子の喉の、Der Dreier Lochlein（鎖骨の間の窪みで、喉の根元）と呼ばれる部位を指で突きます。ヴァラーシュタイン写本では親指で、デューラーは、人差し指で突いています。

レスリング技8

腕折りと突き放しカウンター
Elbow Break / Push Counter to a Front Bear Hug

出典：Ringeck/Tobler, p.259.　Auerswald, pl. 22.

今度は、相手の首より下をターゲットにした、ベア・ハッグの脱出法を解説します。

1

弟子が師匠をベア・ハッグしています。

2

師匠は、両手を弟子の腕の下を通し、持ち上げることで、弟子の肘関節を極め、そのまま腕を折ります。

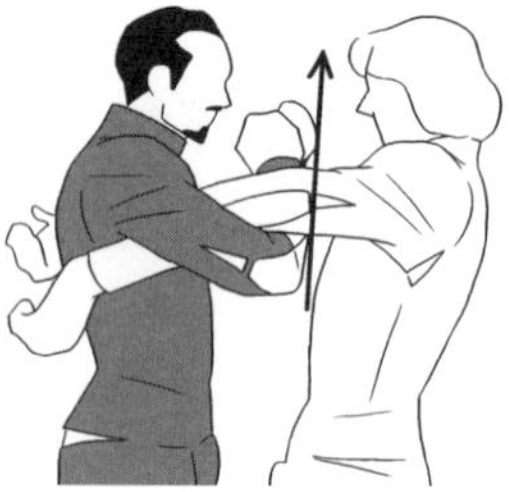

3 別バージョン

もしくは、弟子の胸を両手で押して、突き放します。

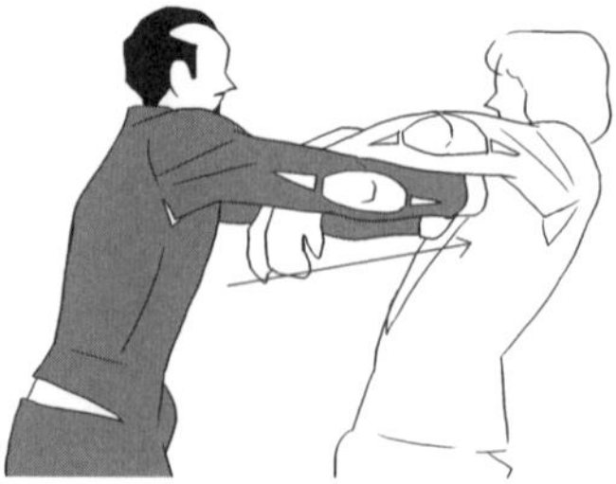

4 別バージョン

弟子の片足を内側からつかんで、吊り上げます。こうすると、弟子は師匠を持ち上げたり締め上げたりするどころではなくなるので、その間に脱出します。

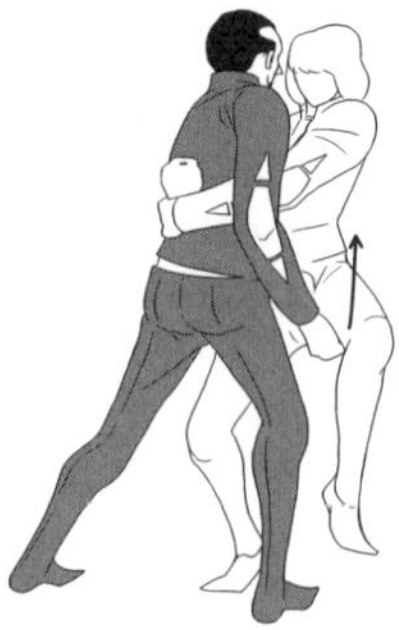

決闘の種類2

地域差も色々あって、フランケン地方では、大盾に剣で戦い、シュヴァーベン地方では大盾に木製の棍棒、その他の地域ではおそらく大盾のみか、その他の武器で戦っていました。

男女での戦いの場合には、身体的ハンディキャップを是正するため、男性は棍棒を装備して動けないようにウエストの深さの穴の中に入り、女性は石を布でくるんだ即製フレイルで戦いました。

さて、決闘場は、群集が中に入れないように柵で囲まれ、その内側に白線、または柵でリングが作られ、スタッフで武装した審判がつきます。

決闘のルールですが、基本的にはどちらか一方の死亡で終了します（敗者が生存することもありますが、まれです）。もしも相手がリング外に飛ばされたり、リングの線に触ったり、逃げようとしたり、降参したり、または気絶などによって戦闘不能に陥った場合は、罪を自ら認めたとされ、即刻処刑されます（決闘請負人のリスクが高いのはこれが理由です。何しろ仕事1回ごとに死亡率50%なのですから）。

男女の決闘の時は、リングがない代わりに、男は女を穴に引きずり込めば勝利、女は男を穴から引きずり出すか、穴の縁に手をつけるかさせれば勝ちとなります。

フランケン地方の決闘裁判

シュヴァーベン地方の決闘裁判

大盾のみの決闘裁判

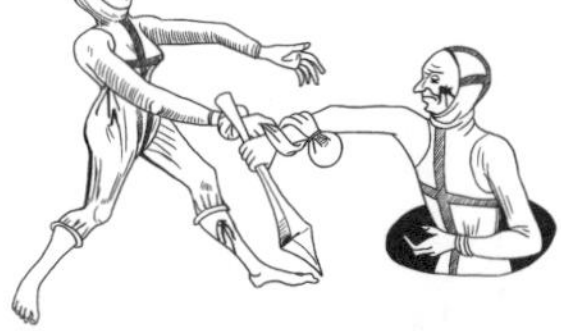
男女の決闘

レスリング技9

吊り上げに対するカウンター
A Counter against Lifting

出典：Wallerstein, pl. 82, 85.　Dürer, (Ringen) No. 22, 25.

今度は、投げを使ったカウンター技です。この技は、ベア・ハッグだけでなく、「百姓のように、両手を平行にしてつかみかかってきた時」にも有効な技だとされています。ここでの百姓とは、素人とか、力任せで技術が足りない者を指す当時のスラングです。

1

弟子が、ベア・ハッグをかけています。師匠は、腰を落として、バランス立ちの姿勢をとります。この時、師匠は腕を弟子の体に回すことはしません。

2

弟子が、師匠を持ち上げようと体を低くしたのを見はからって、師匠は膝を曲げ、片足を弟子の足に外側から引っ掛けて、後ろに倒します。

3 カウンター

師匠が弟子の足を引っ掛けて、後ろに引き倒そうとしています。弟子は、自分が後ろに倒されようとしているの感じたら、素早く両足を伸ばして、片手を地面に持っていきます。

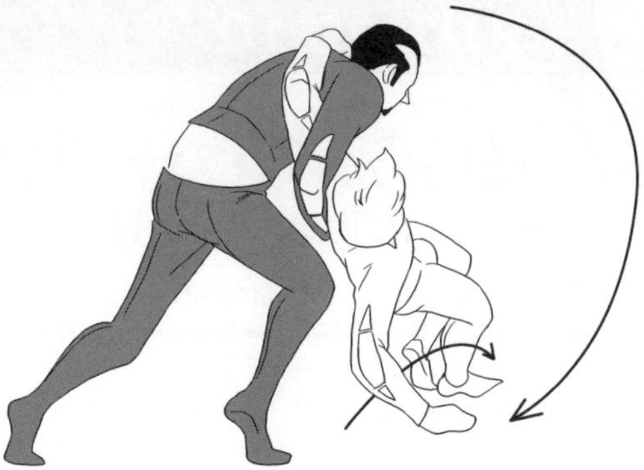

4

残った手で師匠の体をしっかりとつかみ、自分の体越しに師匠を投げ飛ばします。

レスリング技10

後ろからのベア・ハッグに対するカウンター

Counters to Rear Bear Hug

出典：Wallerstein, pl. 117, 123.　Dürer, (Ringen) No. 69.　Fiore(Getty), 7v.　Talhoffer(1467), pl. 274.

後方からのベア・ハッグに対するカウンターを紹介します。

1

弟子が、師匠を後方から捕らえました。ここで、弟子は、頭部を師匠の首に押しつけるか、後ろに反らせて、師匠が弟子の髪をつかめないようにしています。

2

それを見た師匠は、自分の左足を、弟子の右足の後ろに移動させます。

3

左足を移動させるのと同時に体を捻り、自分の左肩で弟子の体を押し、自分の左足越しに弟子を引き倒します。この技は、左右両方から使うことができます。

4 カウンター2：ヘッドバット

相手に後頭部を打ちつけます。

5 カウンター3：急所つぶし

手を下に回し、弟子の急所を握り潰します。

6 カウンター4：背中投げ

背後からつかまれたら、師匠は即座に腰を落とし、両手を後方に回して、弟子の腰をつかみます。そして、片足を弟子の両足の間に滑り込ませます。

7

前方に屈みながら、弟子の体を吊り上げ、背中越しに前方へと投げ飛ばします。

レスリング技11

髪つかみ
Hair-Grab

出典：Wallerstein, pl. 113, 114, 116.　Dürer, (Ringen) No. 65, 66, 68.　Talhoffer(1467), pl. 199.　Knight/Ringen-Dagger, pp. 107, 108.

後ろからのベア・ハッグに、髪をつかんでカウンターをかける技と、それに対するカウンターなどを解説します。

1

弟子が、師匠を後ろから捕らえ、持ち上げます。この時、弟子は師匠の体を強烈に締め上げています。

2

師匠は、弟子の髪を両手で前方に力の限り引っ張り、弟子を投げ飛ばします。

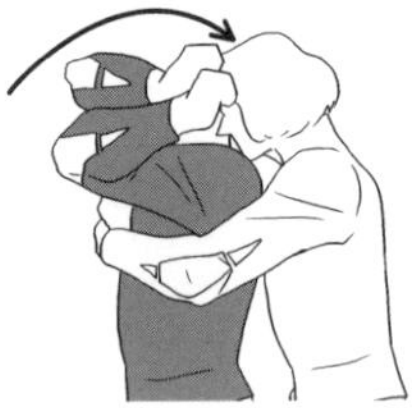

3 髪つかみに対するカウンター

師匠が、弟子の髪をつかんで、前方に引き倒そうとしています。

4

弟子は、師匠の両方の肘を、両手でつかんで、後方に引き上げます。そして、このまま師匠を後方に引き倒します。

5 足引っ張り投げ

弟子が師匠を持ち上げようとしています。今回は、弟子は、頭を後ろに反らせて、師匠が髪をつかめないようにしています。

6

それを見た師匠は、今度は前方に屈み込んで足の間から手を伸ばし、弟子の足をつかみます。

7

そして、弟子の足を前方に引きずり出すことで、弟子を後方に倒します。

8 カウンター

師匠が、足を取ろうと屈み込んだのを見て、師匠の体から腕を離します。そして、師匠の背中を両手で押して、師匠を前に倒します。

レスリング技12

押さえ込み1
Unterhalten 1

出典：Ringeck/Tobler, p. 222.

概説のところでも説明しましたが、押さえ込みとは、倒した相手をいかに制圧するかという技術です。ここでは、関節技と、そこからの押さえ込みを説明します(Toblerの解釈より)。

1

師匠が、弟子の左手首を右手で、左肘を左手でつかみます。

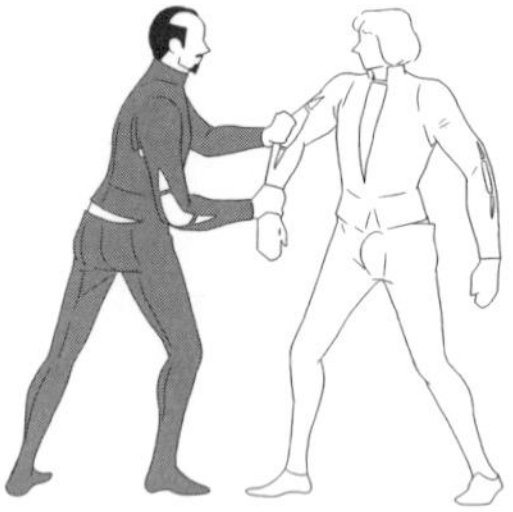

2

師匠は、弟子の腕を曲げたままにし、後方に回ります。そして、弟子の肘を押し下げながら、手首を引き上げて、「鍵」(キー・ホールド)と呼ばれる関節技に持ち込みます。このまま弟子の腕を締め上げて、戦いを終わらせます。

3

もし、関節を極めても弟子が降参しなければ、次の動きに移ります。弟子の腕から手を離し、左手で弟子の右肩を押し下げ、右手で弟子の右足を吊り上げて、地面に倒します。

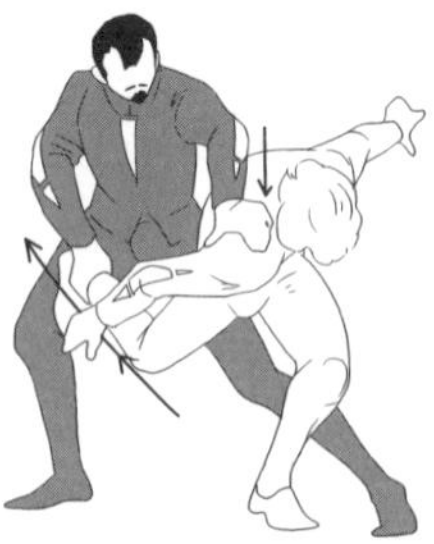

4

そのまま弟子の右腕を背中に捻り上げて、弟子の体を動けないように押さえ込み、弟子を攻撃します。

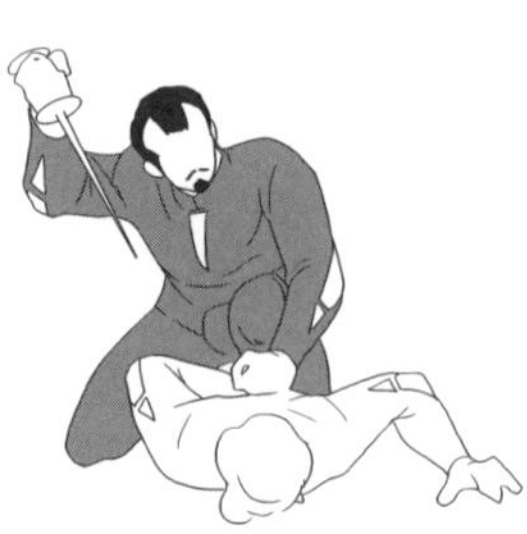

レスリング技13

押さえ込み3
Unterhalten 3

出典：Ringeck/Tobler, p. 224.　Knight/Ringen-Dagger, p. 166.

股間への膝落しです。両膝で全体重をかけて急所を攻撃します（Toblerの解釈より）。

1

師匠は、後方に倒した弟子の両足をつかんでいます。

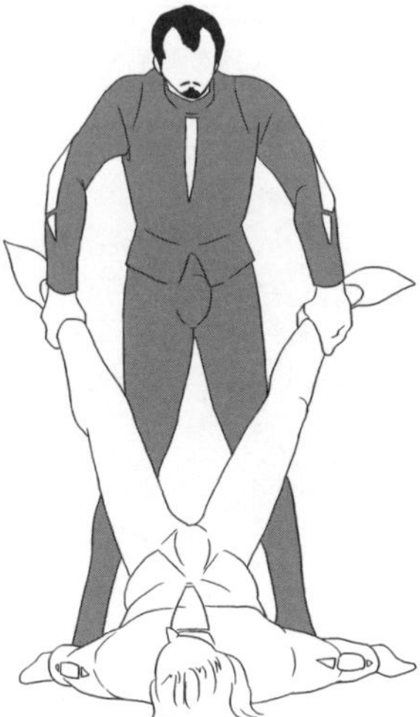

2

師匠は両膝を揃え、全体重をかけて弟子の股間に膝を打ち込みます。

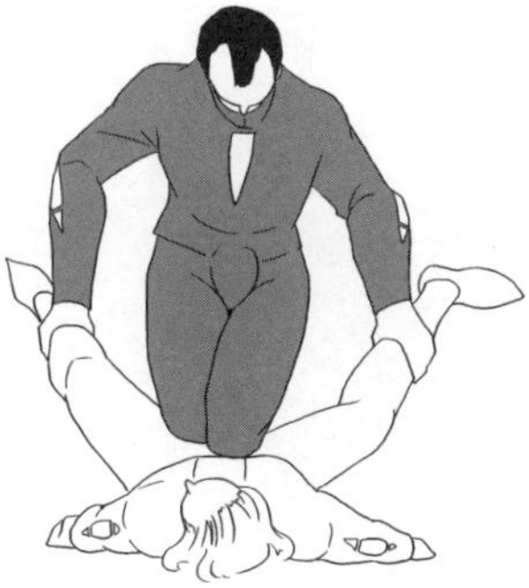

3

素早く弟子の足を左手で押さえて、右手で弟子を攻撃します（ナイトの解釈では、膝を使って足を押さえています）。

レスリング技14

寝技1
Ston1

出典：Ringeck/Tobler, p. 225.

ここでの「寝技」とは、自分が背中を地面につけた状態で、相手が自分の上にいる時に、どのようにして体勢を逆転させて、相手を自分の下に押さえ込むかという技術のことです。この項では、自分ごと相手を地面に引きずり倒してから、押さえ込む技を紹介します（Toblerの解釈より）。

1

師匠が弟子を後方から捕まえます。

2

そのまま自分ごと、弟子を後方に引き倒します。この時、師匠は両膝を立てて、倒れ込む勢いを利用して、弟子の背中に膝を叩き込んでいます。

3

師匠は、右足を伸ばして、弟子の体を右側へと、ずり落とします。

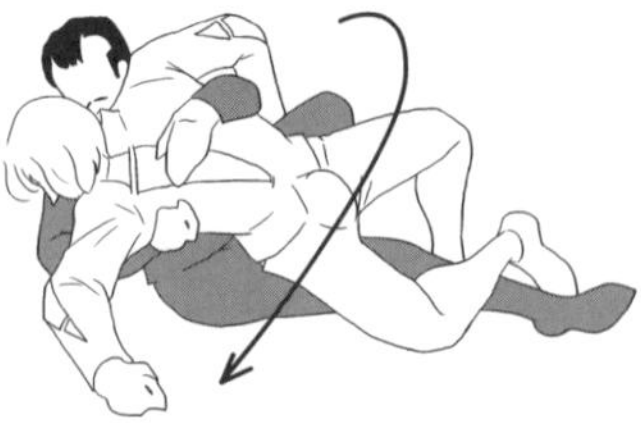

4

そのまま、弟子をうつ伏せにして、その上にのしかかって攻撃します。

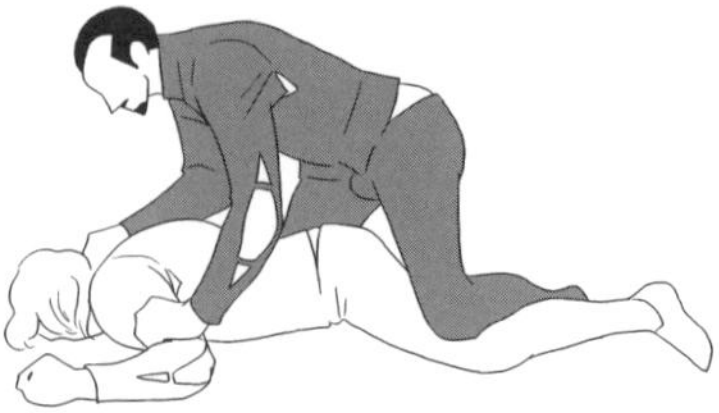

レスリング技15

寝技2
Ston2

出典：Ringeck/Tobler, p. 227.　Knight/Ringen-Dagger, p. 169.

仰向けに倒された時に、状況を逆転させる方法を紹介します（Toblerの解釈より）。

1

弟子が師匠を倒しました。しかし、師匠はつかんだ弟子の手を離さず、弟子を引き落とそうとします。ここで、弟子の左腕を、自分の右手でつかみます。師匠の左手は、弟子の両足の間を通って、弟子の左足を内側からつかんでいます。

2

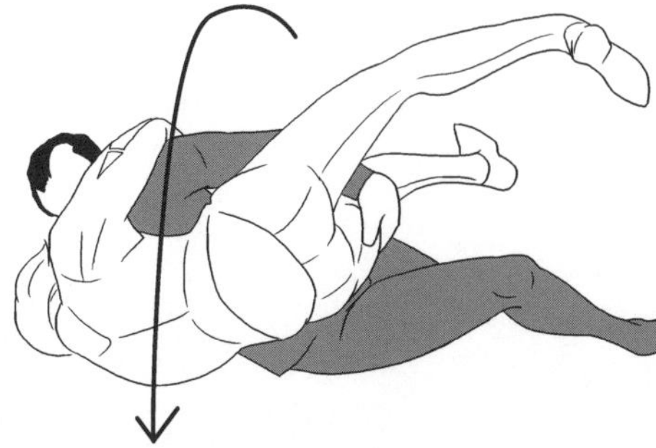

師匠は、両手を使って、弟子の体をひっくり返すように転がします。その後、弟子の体の上に乗り、押さえ込みます。

レスリング技16

指裂き
Finger Ripping

出典：Ringeck/Tobler, p. 209.　Knight/Ringen-Dagger, p. 69.

この技は、相手が手を広げたまま、つかみにきた時に使います。ナイトは、簡単な技だがタイミングと思い切りが重要だと述べています。

1

弟子が不用意に伸ばした手の、隣り合う指を、それぞれ握ります。そして、両手を一気に広げて、指を引き裂きます。

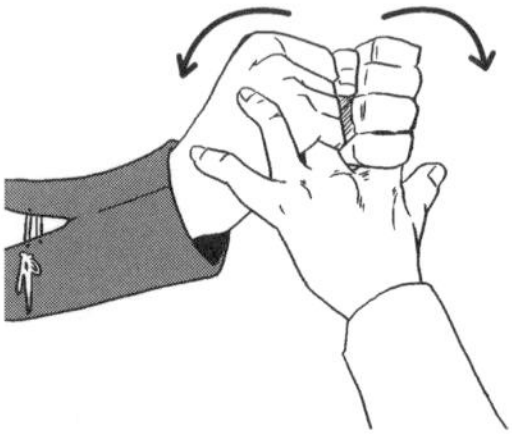

レスリング技17

殺打1：首への打撃
Mortstöße 1 : Hammerfist

出典：Ringeck/Tobler, p. 210.　Knight/Ringen-Dagger, p. 36.

殺打とは、ドイツ式で打撃技全般を指す言葉です。名前の仰々しさとは別に、殺打自体で相手を倒すのではなく、相手に技をかけるための隙を作り出すために使われます。イギリスのジョン・ゴッドフリー大佐は、1747年の本で、耳の下への打撃が、脳への血流を急激に乱して相手に大ダメージを与える、最も効果的な打撃法だと書いていますが、この攻撃もそのような効果を狙っているのかもしれません。

1

弟子の首筋に拳を叩き込みます。

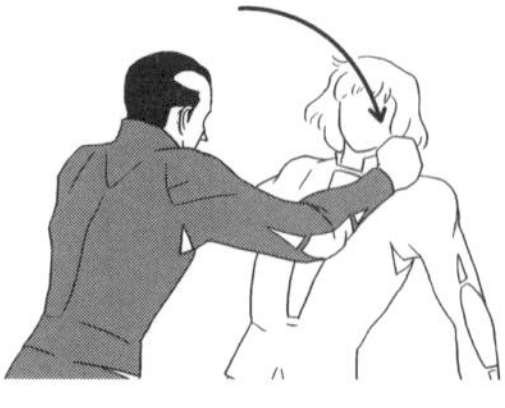

レスリング技18

殺打3：肘打ち

Mortstöße 3 : Elbow Strike

出典：Meyer, p. 246, pl. A2.

肘で相手の頭部を打撃する技は、当時のフェシトビュッフには、意外にもほとんど登場しません。メイヤーの肘打ちも、挿絵だけで、文章の説明はありません（おそらく書くのを忘れたものと思われます。メイヤーの本には、挿絵があっても解説がなかったり、「後で解説する」と書いてあるのに、結局解説がない技がいくつかあります）。

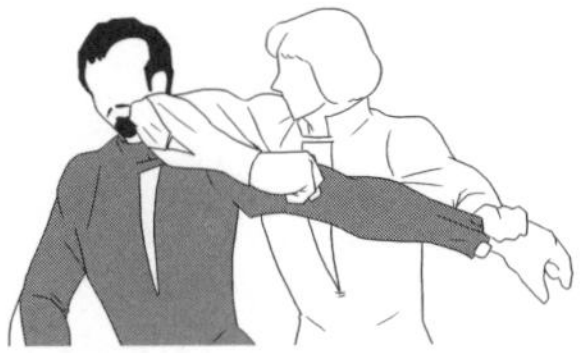

1

弟子は、師匠の腕を捕らえて引きつけ、肘を師匠の顎に叩き込みます。

レスリング技19

殺打4：足への踏みつけ

Mortstöße 4 : Foot Stomp

出典：Meyer, p. 244, 3.14r.　Knight/Ringen-Dagger, p. 41..

足の甲を踏みつけます。17世紀のデ＝ウーグは、足を踏みつけて相手が逃げられないようにしてから、顔面にパンチを叩き込む方法を紹介しています。

1

弟子が重心をかけている方の足を狙って、踏みつけます。

レスリング技20

殺打5：組んだ両腕での打撃

Mortstöße 5 : Hammerfist with clasped hand

出典：Auerswald, pl. 4.

組んだ両手で、相手のつかみを破る技です。フィオーレも、ほぼ同じ技を紹介しています。ただし、フィオーレの場合は、ダガーを持った相手に襟をつかまれた時に、襟をつかんだ相手の腕を攻撃する技として紹介しています。また、フィオーレは、相手の槍に対して応用することで、穂先を柄から叩き落とすことができるとしています。

1

弟子が師匠の腕を捕まえています。師匠は、両腕を組んで、弟子の手首の辺りを狙って、両手を叩き下ろし、弟子のグリップを外します。

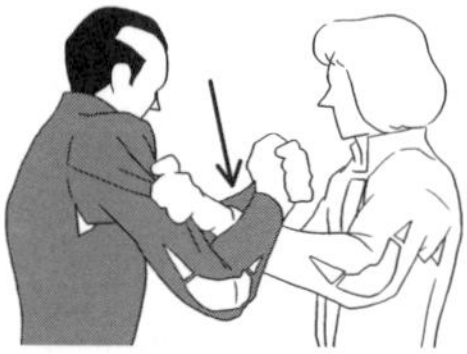

レスリング技21

殺打6：心臓への打撃

Mortstöße 6 : Strike over the Heart

出典：Ringeck/Tobler, p. 230.

心臓めがけての打撃です。リンゲックは、あらゆる状況、すなわち徒歩や騎乗、鎧を着ていても着ていなくても有効だとしています。ヴァラーシュタイン写本では、打撃に掌底を用いる、似た技が紹介されています。

1

師匠は、弟子の横腹、ベルトのよりも上の位置を左手でつかみ、心臓を殴りつけます。

レスリング技22

殺打7：股間への膝蹴り
Mortstöße 7 : Knee Kick

出典：Ringeck/Tobler, p. 231.　Wallerstein, pl. 133.　Dürer, (Ringen) No. 55.　Fiore(Getty), 7v.　Knight/Ringen-Dagger, p. 39.　Meyer, pp. 244-245, 3.14r.

股間は、防御が難しいうえに死角になりやすく、鎧でも防御できない数少ない部位ですから、そこを攻撃するこの技は、数多くのフェシトビュッフで紹介されています。

1

師匠は、弟子の上半身をつかみ、膝を股間に叩き込みます。ヴァラーシュタイン写本では、まず最初に、師匠が両手で弟子の顔面にフェイントをかけてから膝蹴りを入れています。

2 カウンター

師匠の膝蹴りに、弟子は素早く膝を上げて、師匠の攻撃をブロックします。その後、弟子はすかさずパンチまたは足への踏みつけで師匠を攻撃します。

レスリング技23

殺打8：こめかみへの打撃
Mortstöße 8 : Temple Strike

出典：Ringeck/Tobler, p. 232.

　こめかみにパンチを叩き込む技です。ここでは、単純な打撃として扱っていますが、ボクシングでいうところのフックのようなパンチを指している可能性があります（Toblerの解釈より）。

1

左手で弟子の上半身をつかみ、右手で弟子のこめかみを打ちます。

レスリング技24

殺打9：ダブル・ハンマーフィスト・パンチ
Mortstöße 9 : Double Hammerfist

出典：Ringeck/Tobler, p. 233.　Knight/Ringen-Dagger, p. 37.　Fiore(Getty), 8r.

両方の拳を振り下ろして、相手の首、または、こめかみを同時に打撃します。ナイトは、相手の腕が自由でない時に使うべきだと主張しています。

1

弟子の首めがけて両拳を打ち下ろします。

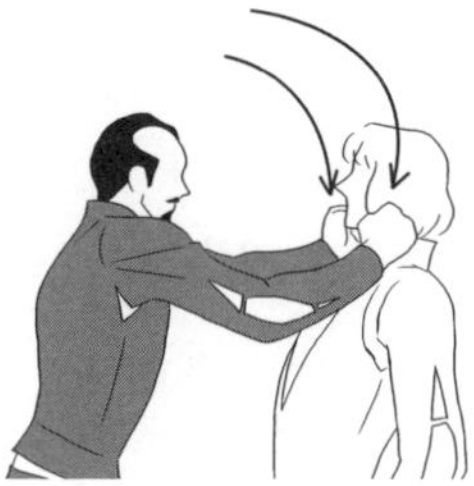

2 別バージョン

フィオーレのバージョンでは、相手が胴体をつかんできた時のカウンターとして、両拳を相手の顔面に叩き込んでいます。彼によると、鎧を着込んだ相手には効果がないとしています。当時の兜は、顔の部分が鋭く突き出ている形状をしていたので、そんなところに拳を打ちつけたら、逆にこちらがダメージを負ってしまうのでしょう。

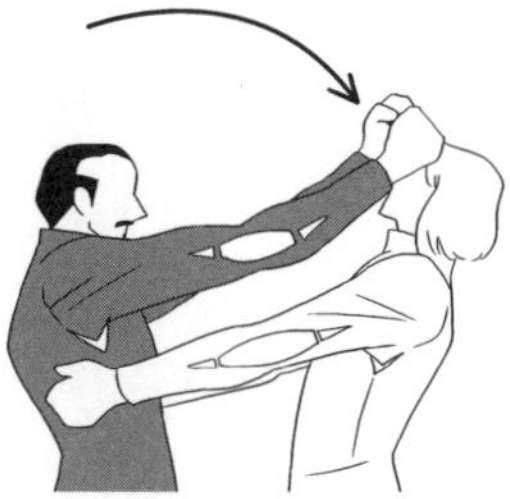

3 カウンター

弟子は、師匠の肘の辺りをつかんで、腕を止め、左手で師匠の右足を吊り上げて投げ飛ばします。

レスリング技25

殺打10：頬圧し・頬裂き

Mortstöße 10 : Cheek Thumbing / Cheek Rip

出典：Ringeck/Tobler, p. 234.　Knight/Ringen-Dagger, p. 39.

頬圧しと頬裂きは、実は同じ文章を基にしたものです。トブラーとナイトによる原文解釈の違いが、ふたつの技名になった理由です。筆者はトブラーの解釈が原文に近いと思いますが、ナイトの解釈も間違っているわけではありません。

1 **頬圧し（トブラーの解釈）**

弟子の頭を両手でつかみ、親指で頬を強く押します。同時に、右手で弟子の頭を押して、首を捻ります。

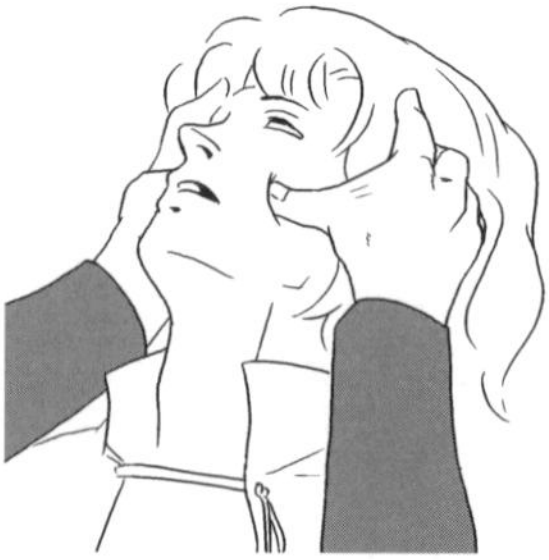

2 **頬裂き（ナイトの解釈）**

弟子の頭をつかみ、親指を口に突っ込んで、頬を裂きます。

レスリング技26

ストレート・アームバーを使った投げ

Straight Arm Bar Throw

出典：Ringeck/Tobler, p. 240. Wallerstein, pl. 35.

前に紹介した〔技6〕「ストレート・アームバー」とほとんど同じ技ですが、相手の腕を極めるということよりも、相手を投げるほうに主眼がおかれています。ヴァラーシュタイン写本では、〔技39〕「足越しの後ろ投げ」に対するカウンターとして紹介されています（Toblerの解釈より）。

1

師匠は、弟子の右手を、自身の右手でつかみます。

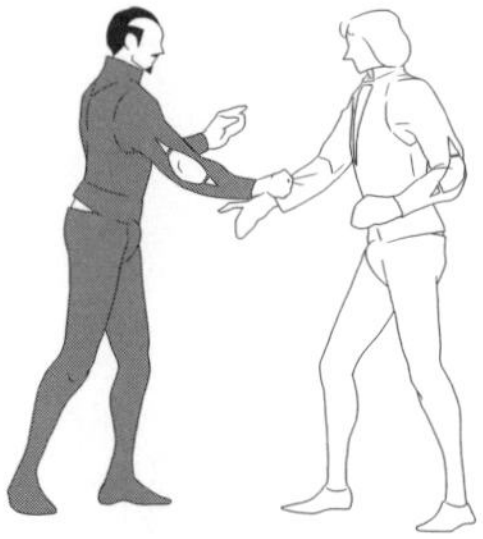

2

師匠は、弟子の腕を引きます。同時に右足を引き、左足を弟子の右足の前に置いて、体を回転させます。

3

弟子の右手首を捻りながら、さらに右へと引っ張ります。そして左手で弟子の肘を押し下げて関節を極めつつ、弟子を右足越しに投げます。素早く、力強く技をかければ、弟子の腕を折りながら投げることも可能です。

レスリング技27

肩に担いでの腕折り

Over the Shoulder Arm Break

出典：Ringeck/Tobler, p. 241.　Wallerstein, pl. 76.　Dürer, (Ringen) No. 16, 33.

ストレート・アームバーの一種で、相手の腕を自分の肩の上に担ぐようにしてかける技です。ヴァラーシュタイン写本は、相手が自分の腕を強く握っている時に有効な技であるとしています（Toblerの解釈より）。

1

弟子の片手を両手でつかみます。

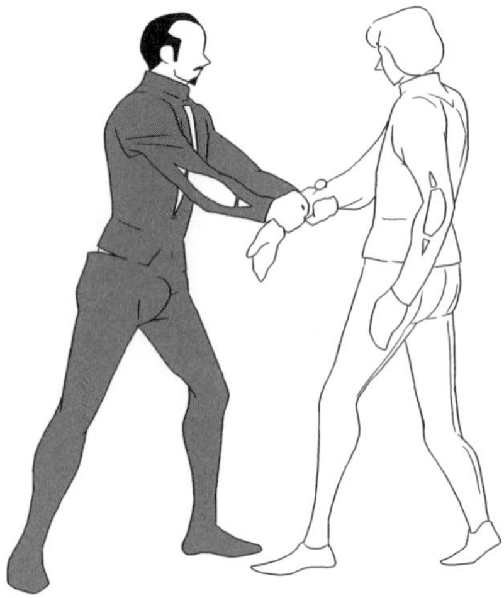

2

師匠は、つかんだ弟子の掌が天井を向くように捻りつつ、体を反転させながら、弟子の腕が真っ直ぐになるように引っ張りながら、腕を持ち上げます。そして、自分の肩で弟子の腕を担ぐようにして、腕を折ります。

レスリング技28

指折りに対するカウンター、肩に担いでの腕折り

Over the Shoulder Arm Break Counter to the Finger Break

出典：Talhoffer(1459), 55v.　Wallerstein, pl. 119, 120.　Dürer, (Ringen) No. 71, 72.

この項では、「相手の腕をつかんだ時に注意すること」「相手が指をつかんで折りにきた時の対処法」「そこからのカウンターで相手の腕を折る方法」、そして「腕折りのカウンターにさらにカウンターをかける方法」を解説します。

1

師匠が、両手で弟子の前腕をつかみました。この時、師匠はバランス立ちの姿勢をとって、頭と足を守り、弟子の反撃に備えます。また、自身の手は重ねるようにして、弟子が指をつかむことのできないようにします。

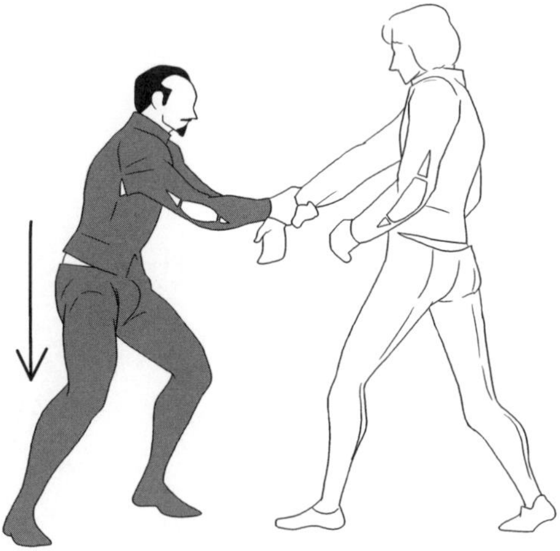

2

それでも弟子に指をつかまれてしまったら、弟子に指をつかまれていない方の手を放し、弟子の手首をつかみ直して固定します。指を折る動きは、手首の力を使うので、手首を固定することで防御可能です。

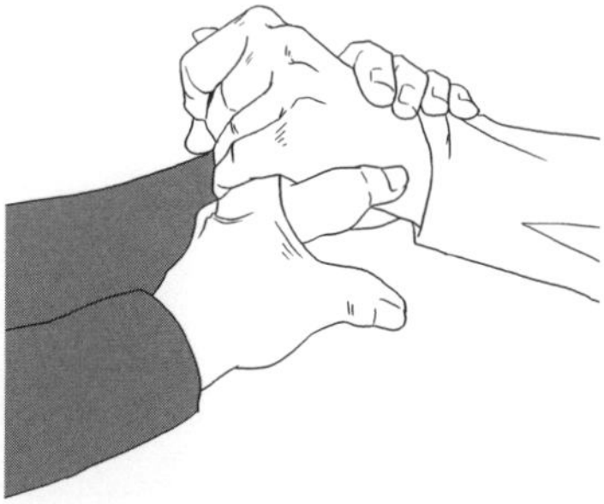

3

弟子の手首をつかんだまま、体を回転させ、弟子の腕を肩に担いで、腕を折ります。

4 カウンター

師匠が背中を向けたら、つかまれた腕を力の限り後ろへと引っ張ります。

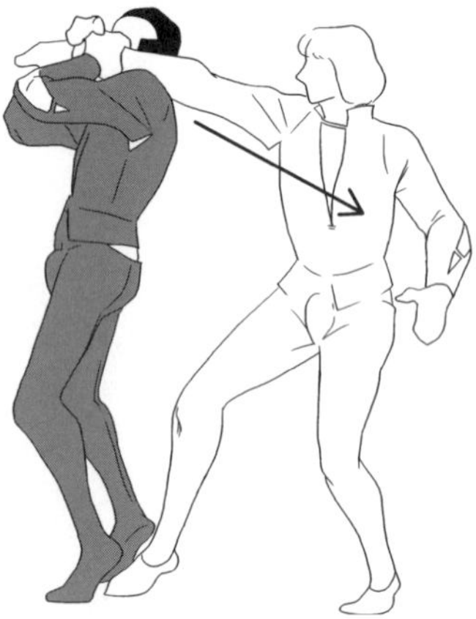

5

師匠の背中に蹴りを入れるか、または足で押して師匠を引き剥がします。

レスリング技29

上段キー・ロック投げ
Upper Key Throw

出典：Ringeck/Tobler, p. 242.

以前にも出てきましたが、ヨーロッパのレスリングにおいて、キー・ロックは非常にポピュラーな技です。ここでは、キーロックと投げの混合技を紹介します（Toblerの解釈より）。

1

弟子が、師匠の右腕を、左手で逆手につかんでいます。一見違和感がありますが、上から振り下ろしてくる攻撃をブロックする場合、このようにつかむのが当時は一般的でした。特にダガーの攻撃を防御する時には必須の技術です。

2

捕まえた師匠の腕を、できる限り直角に曲がっているように保ちつつ、右手を師匠の腕の下をくぐらせます。同時に、右足を師匠の右足の後ろへと持って行きます。

3

師匠の腕の下を通した右手で、左手をつかんで前方に倒し、師匠の肩を外します。同時に右足越しに、師匠を後方へと投げます。

レスリング技30

膝折り・股裂き
Beinbrüch 5

出典：Ringeck/Tobler, p. 244.

Beinbrüch（足破り）というのは、非常に曖昧な言葉で、トブラーによると、地面と足の接触を断って、相手をひっくり返す技だということです。しかし、このカテゴリーに含まれている技の中には、彼の定義に当てはまらない技もあるので、実際のところ、この単語がいかなる意味を持つのかは不明のままです（Toblerの解釈より）。

1 膝折り

師匠は、弟子の足を持ち上げ、右手で踵を持ち、左手で膝を下に押し込んで、弟子の足を折ります。

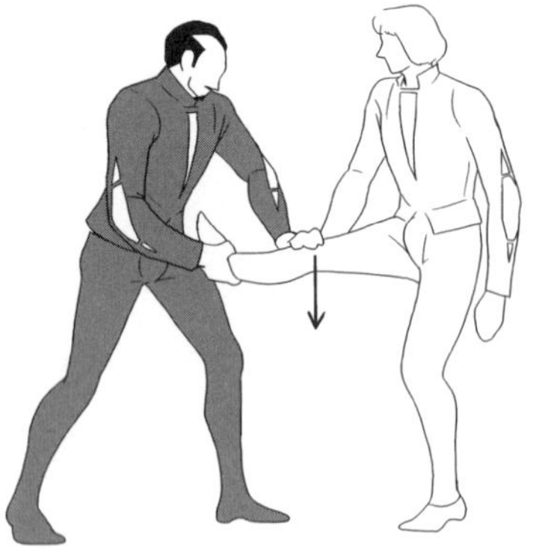

2 股裂き

弟子を地面に仰向けに倒し、片足をつかみます（もしくは、片足を持ち上げて、弟子を後方に倒します）。そして、つかんだ弟子の足を力の限り、弟子の頭部へと押し込んで、弟子の股関節を外します。

レスリング技31

足越しの投げ
A Throw over the Leg

出典：Ringeck/Tobler, p. 248.

この技は、相手の腕をねじ上げて、後方へと投げる技です（Toblerの解釈より）。

1

弟子が、師匠の右手の指を右手でつかみます。

2

弟子は、左足を師匠の右足の後ろに踏み込みます。同時に、師匠の指を捻り上げながら、左手で師匠の右ひじの辺りをつかみ、上方に押し上げます。そのまま、師匠を後方に押して、先ほど踏み込んだ左足越しに師匠を投げます。

レスリング技32

吊り投げ
Lifting Throw

出典：Ringeck/Tobler, p. 249.

相手の両足の間に手を突っ込んで、相手の腰を持ち上げながら後方に投げる技です（Toblerの解釈より）。

1

師匠は、弟子が伸ばした左腕を内側から打ち払うように叩いて、隙を作ります。

2

素早く踏み込んで、右手を弟子の両足の間に突っ込み、弟子の腰をつかんで上に持ち上げます。同時に、左手で弟子の首を後ろに押して、弟子を後方へと投げます。

3 カウンター

師匠が両足に右手を突っ込んできたら、弟子は両腕を師匠の右手の下、肘関節辺りに通して、上に吊り上げます。こうすることで、弟子の股間と腕が、力点と支点として働いて、師匠の肘を極めます。

レスリング技33

双手刈り
Double Leg Pull

出典：Ringeck/Tobler, p.253.　Wallerstein, pl. 83.　Dürer, (Ringen) No. 23.　Auerswald, pl. 29.

　厳密にいうと、柔道の双手刈りとは違う技なのですが、技のかけ方が似ていて、訳名としてもピッタリなので、この名前を使いました。相手の両足をつかんで引き上げながら、頭で相手の上半身を後方に押し倒します。ヴァラーシュタイン写本では、最初にフェイントの顔面攻撃を繰り出してから、この技を使っています。また、この技はスピードが要求される技だとしています。

1

師匠は、弟子の両足を捕らえて、手前に引き上げながら、頭で弟子の胸を後ろに押して、弟子を後方に倒します。

2 カウンター：トブラーによる解釈

師匠が足を取りに来たら、後ろに下がりつつ、師匠の肩を押し下げて倒します。この技は、トブラーの解釈ですが、原文とは少し違います。

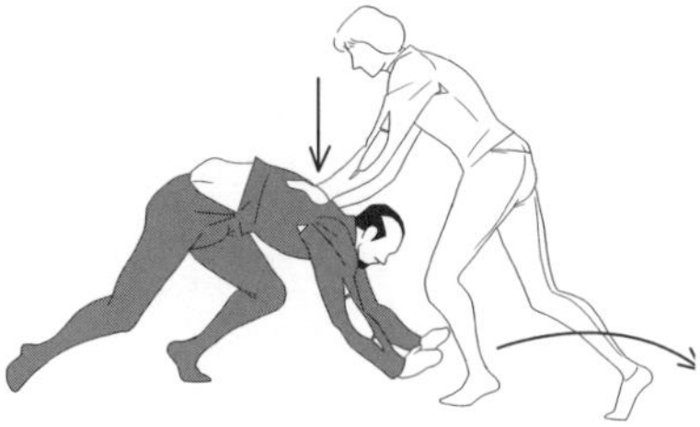

3 カウンター：原文そのままの解釈

師匠の背中に被さるようにして、両腕を脇の下から通し、首をつかみます（イラストでは、手首が交差しています）。ここからどうするかについての言及はありませんが、おそらく以前に紹介した、タックルのカウンターのように、足を後ろに引いて、押しつぶすのでしょう。ちなみに、原文は「彼を上から、脇の下を通してつかみ、しっかり持つ」と書いています。

レスリング技34

腕固め足吊り投げ
Leg Lift Throw with Arm Lock

出典：Ringeck/Tobler, p.257.

相手の腕に関節技をかけてから、投げ飛ばす技です。

1

弟子は、師匠の左わき腹に右手を突っ込みます。こうすることによって、師匠の左手をわずかな間ですが、封じることができます。

2

素早く師匠の右手首を取り、背中に持っていきながら上に引き上げて、師匠の腕を固めます。

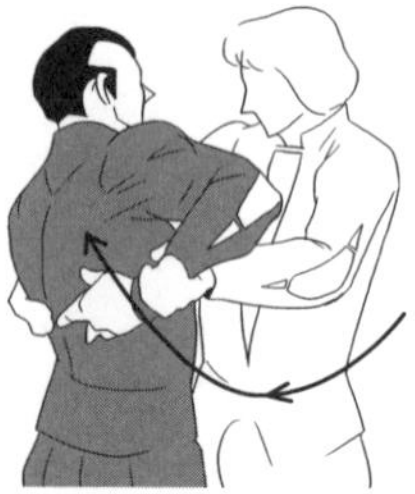

3

その後、右手を下に滑らせて師匠の左足をつかみ、吊り上げます。同時に、左腕で師匠の腕を後方に押して、師匠を投げます。

レスリング技35

吊り上げに対するカウンター

Over the Shoulder Armbar Throw Counter to the Body Lift

出典：Wallerstein, pl. 86.　Dürer, (Ringen) No. 26.

自分よりも力が強い、または素早い相手に吊り上げられた時の対処法です。ここでは、ただ押しやるだけでなく、相手の肩を固めて反撃しています。

1

弟子が、女弟子を持ち上げています。

2

女弟子は、左手を弟子の顎の下（原文では「顎の後ろ」）において、後方へと力一杯押し、弟子のベア・ハッグから逃れます。

3

地面に降りたら、女弟子は、素早く右腕を弟子の左腕の下を通して、弟子の肩の上に持っていきます。そして、左手で自分の右手首をつかみます。

4

体を回転させながら、右足を弟子の足の前に置きます。そうしながら、右前腕で弟子の肩を下に押し下げて、弟子の肩を極めながら前方に投げます。この時、弟子の腕を折ることも可能です。

レスリング技36

顎押しへのカウンター

Against the Jaw Push

出典：Wallerstein, pl. 89.　Dürer, (Ringen) No. 29.

今まで見てきた通り、前方から組みつかれた時には、とりあえず顎や喉を押してみるのが当時の常識だったようです。ここでは、その顎押しに対す対処法を紹介します。

1

弟子が、師匠の顎を押して、師匠を突き放そうとしています。師匠は、顎を引いて、弟子の手が顎の下に入り込むのを防ぎます。

2

それでも弟子が顎を押してきたら、左手を弟子の首に回して、後ろから弟子の顔をつかみます。この時、師匠の手は、弟子の鼻や口を覆うようにしてつかんでいます。

3

左足を、弟子の右足の後ろに踏み込み、左手で弟子の顔を捻るようにしながら後方に引いて倒します。おそらく、指を鼻などに引っ掛けて引きちぎるような感じで引くのでしょう。

レスリング技37

踵投げへの、肩上アームバーによるカウンター
Over the Shoulder Armbar Counter to the Heel Throw

出典：Wallerstein, pl. 97.　Dürer, (Ringen) No. 117.

相手が踵投げをしてきた時に、襟（または首）をつかんでいる腕を極めて折る技です。〔技35〕で女弟子が使っていた技と基本的に同じです。この技は、左右両バージョンがあります。

1

弟子は師匠の右手を引きつつ、右足の踵を師匠の左足に引っ掛けて、前方に投げようとしています。

2

弟子が、師匠を引っ張ろうと体を低くした瞬間を見はからって、師匠は左腕を弟子の右腕の下を通して、肩の上に持ってきます。

3

右手で左手首をつかみ、弟子の腕を押し下げて、へし折ります。

レスリング技38

足越しの投げ
Throw Over the Leg

出典：Ringeck/Tobler, p.261.　Talhoffer(1459),55v.　Talhoffer(1467), pl. 194.

自分の足越しに投げる技は、レスリングにおいては、相手の足をつかんで投げる技に次いで多くの種類がある技です。ここでは、相手の喉を押して投げていますが、おそらく実戦では相手の喉をただ押すのではなく、首を締め上げながら投げていたのかもしれません。

1

弟子が師匠の左手をつかんで、下に押し下げています。または、師匠がつかまれた腕を下げています。

2

師匠は前進して、左足を弟子の右足の後ろに踏み込みます。同時に右手で弟子の喉をつかんで、後方に投げます。

3 **別バージョン**

タルホーファーのバージョンでは、右手で首を押すのと同時に、左手を弟子の体に回して、より大きな力で投げています。

レスリング技39

足越しの後ろ投げ
Back-Lever Throw

出典：Meyer, p. 244, 3.14v.　Knight/Ringen-Dagger, p. 48.

この技は、ヨーロッパのレスリングで最も多く使われる技のひとつです。自分の片足が、相手の足の後ろにくるように（相手と横並びになるように）踏み込み、相手に近い方の腕で、相手を後方に押して倒します。動作が単純なためか、色々なバリエーションがあります。

1

師匠が左手で、弟子の右腕をつかみました。

2

弟子は左手で、素早く師匠の左手首をつかんで、鋭く引っ張ります。

3

引き寄せた師匠の左足の後ろに右足を踏み込むのと同時に、右腕を師匠の左肩の上を通します。この時、弟子の右肘が、師匠の首または胸にくるようにします。

4

右腕で、師匠の体を押して、後方に投げます。

レスリング技40

腕への肘打ち
Elbow Strike on Arm

出典：Wallerstein, pl.124.　Dürer, (Ringen) No. 76.　Talhoffer(1467), pl. 220.

相手が襟をつかんできた腕に、肘を打ちつける技です。

1

師匠が、左手で弟子の襟をつかんでいます。

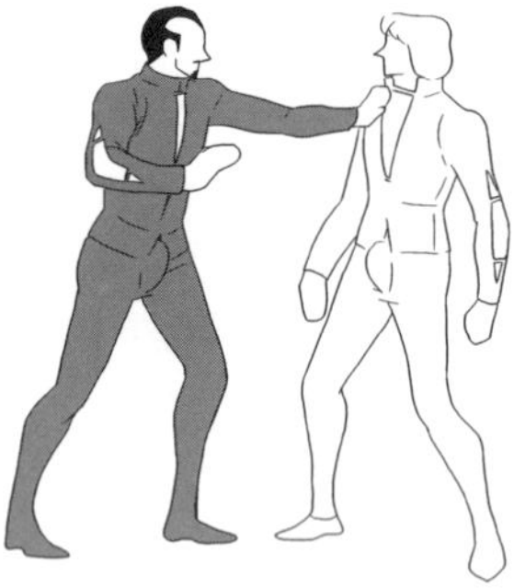

2

弟子は、左手で師匠の手首をつかみ、反時計回りに回転しつつ、右手を上げます。

3

右足をさらに踏み込んで、師匠を引きつつ、伸びた腕の肘関節めがけて右肘を叩き下ろします。

4 別バージョン

タルホーファーのバージョンでは、腕をつかんできたところを、左手で胸に押さえつけるように捕まえてから、右肘を打ち下ろしています。しかし、この技は、〔技47〕「下段すくい投げ」の途中の動きであるとする説もあります。

レスリング技41

頭突き
Head Butt

出典：Wallerstein, pl.125.　Dürer, (Ringen) No. 77.

名前こそ頭突きとしましたが、正確には柔道でいうところの朽木倒しのような技と解釈しました。相手がこちらの襟をつかんで引き回している時に、奇襲技として使います。

1

弟子が、師匠の襟をつかんで引っ張っていこうとしています。師匠は、しばらくそのまま引かれるままにします。

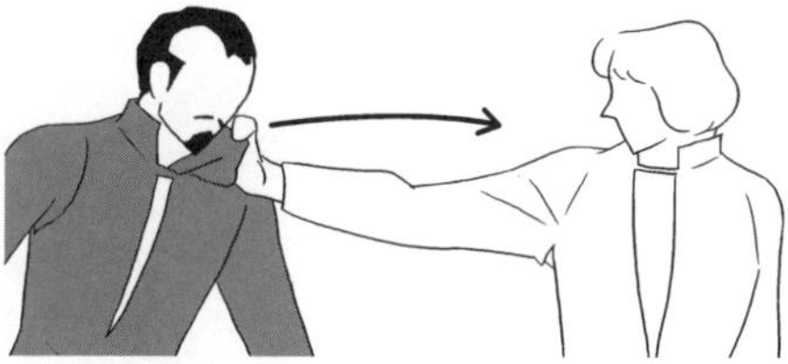

2

弟子の隙を突いて、一気に弟子の胸に頭から突っ込みます。師匠は体の右半身を弟子に向けるようにして、頭を弟子の腹に叩き込んで倒します。文章では説明されていませんが、挿絵では、師匠の右手で、弟子の左足をつかんで持ち上げているようになっています。

レスリング技42

肩押しへのカウンター

23rd Technique

出典：Ringeck/Tobler, p.269.

相手が肩を押してきた時に、その腕の下に肘を突っ込んで相手の腕を封じてから投げる技です。脇の下に腕を突っ込んで、相手の腕を封じるというのは、少々奇妙に感じるかもしれませんが、ひょっとしたら、盾の技法に似た技があって、その原理を参考にしたのかもしれません（Toblerの解釈より）。

1

師匠が弟子の右腕をつかんでいます。

2

師匠のつかみに対抗して、弟子はつかまれた右手で、師匠の肩を押してきます。

3

即座に師匠は、弟子の脇下に、下から突き上げるように左肘を押しつけて、弟子の右腕を封じます。

4

左肘を強く押しつけて、弟子を後ろに押しながら、左足を弟子の右足の後ろに踏み込みます。そして、残った右手で、弟子の右足をつかんで吊り上げ、弟子を投げます。

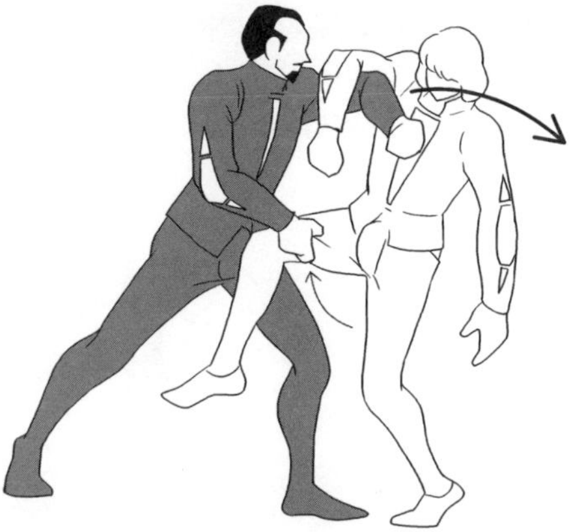

5 上段防御による利き腕封じ

バイキングが使っていたタイプの盾による利き腕封じの推定復元図です。盾を相手の脇の下に突っ込んで利き腕を封じ、突きを入れます。後の時代の、腕にくくりつけるタイプの盾でも、この技は十分に使うことができます。

レスリング技43

股間に手を回しての投げ

Throw with a Hand Between the Legs

出典：Ringeck/Tobler, p.281. 出典：Ringeck/Tobler, pp.284, 285.

相手の両足の間に手をかけて、投げる技です。ここでは、トブラーの解釈に従っていますが､原文では「肩の上に持ち上げ」て投げるとなっています。とはいえ､「肩の上に持ち上げ」るという言葉は、必ずしも肩の上に担ぎ上げるということを意味してはいないので、実際にはどうだったのか、不明です。

1

両者とも腕をつかみ合っています。

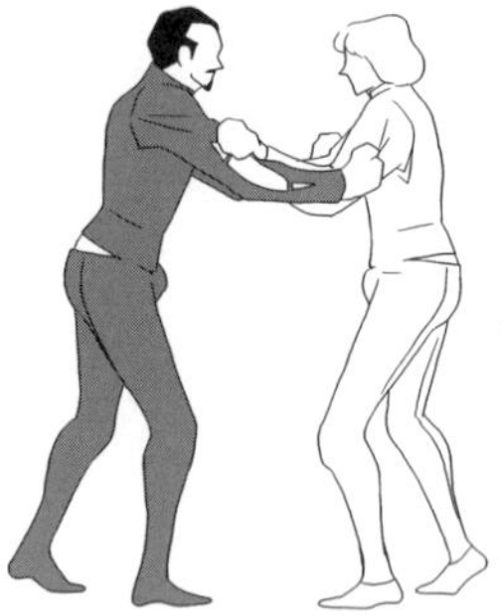

2

師匠は、左足を踏み込みつつ左腕を弟子の両足の間に通して､腰をつかみます。

3

右手で弟子の体を引きながら､左腕で弟子の体を持ち上げて投げます。

4 カウンター

師匠が持ち上げようとするところで、弟子は両腕を師匠の脇の下に突っ込んで、師匠の体を持ち上げます。

5 カウンターのカウンター

弟子が師匠の脇の下に手を入れて吊り上げようとしています。

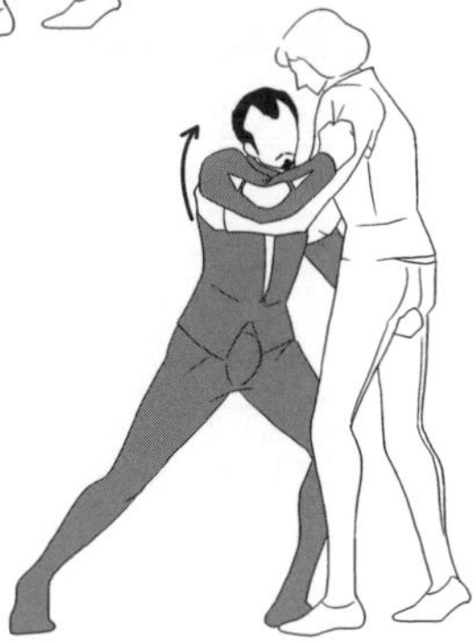

6

師匠は体を反時計回りに回転させつつ、右手を弟子の腕の下を内側からくぐって、手を弟子の背中に置きます。

7

右手で弟子の肩を押し下げて、弟子の肩を極めます。

レスリング技44

腰投げ

Huf

出典：Wallerstein, pl.36.　Dürer, (Ringen) No. 5.　Auerswald, pl. 24.

腰投げは、自分の腰を支点に相手を投げる技です。ここでは、両手で相手の腕をつかんで投げる技を紹介します。この本には収録していませんが、これとよく似た技に「水平投げ第三」（Drit Twirch Treib：Wallerstein, pl.38.　Dürer, (Ringen) No. 105.）という技があります。なお、この技には左右両バージョンが存在します。

1

弟子が師匠の両腕を、外側からつかんでいます。

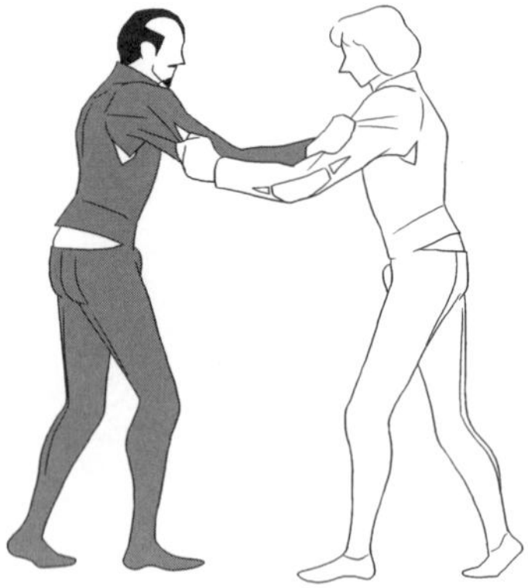

2

つかんでいた右手を放し、師匠の右脇の下を通します。

3

両手で、師匠の腕を取り、右肘を張って師匠の体を押します。これと同時に、右足で師匠の背後に踏み込みます。

4

両腕で、師匠の腕を鋭く引きながら、師匠を腰の上に乗せるようにして投げます（イラストでは、そうは見えませんが）。

5 別バージョン

このバージョンでは、両手で腕を引っ張るのではなく、右手で相手の体を抱え込むようにして投げます。両者の尻と尻がぶつかるところから、アウエルシュヴァルトは、この技をZwo Hüffe（ふたつ尻）、英語ではCross Buttock（尻合い投げ）と呼んでいます。また、アウエルシュヴァルトの挿絵では、不明瞭ですが、師匠の左腕は、弟子の右手に押さえこまれているようです。

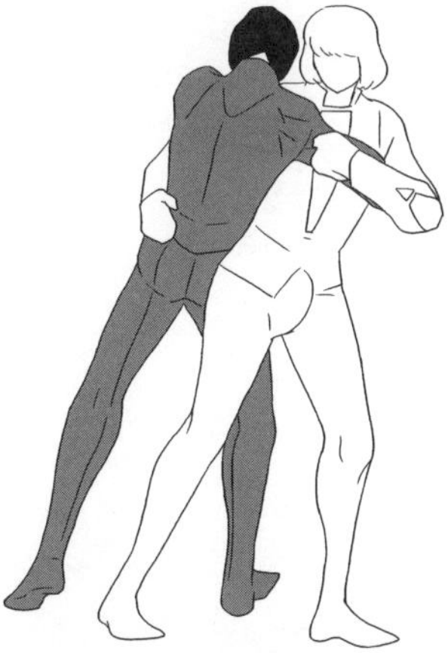

レスリング技45

膝カックン
Strike Against the Knee

出典：Wallerstein, pl. 37.　Dürer, (Ringen) No. 104.

膝カックンは、よく子ども達が遊びでしていますね。ここでは、相手が投げようとしたところに、その背後に回って、相手の膝裏を自分の膝で押すことで、相手を倒します。

1

師匠が弟子を投げようとしています。

2

弟子は、体を回転させて師匠の後方に回り、首をしっかりと捕らえながら、師匠の膝裏に膝を叩き込んで、後方に引き倒します。

3 かわされた時

師匠が膝をずらして弟子の攻撃をかわしました。そこで弟子は、左手を首から離して、全体重をかけて師匠を後方に引きます。そして、開いた左手で、師匠の膝裏を叩きます。

4

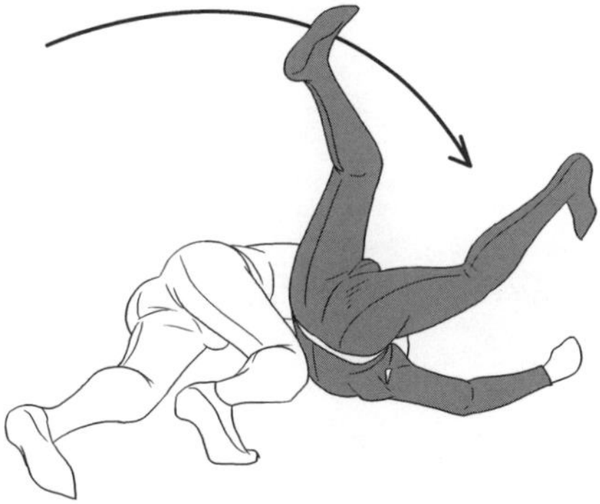

師匠が倒れてくるのを、そのまま右手で引き落とし、体越しに投げ飛ばします。

レスリング技46

水平投げ第四

Horizontal Stance 4

出典：Wallerstein, pl. 40. Dürer, (Ringen) No. 82. Talhoffer(1467), pl. 204.

以前にちらりと出てきましたが、「水平投げ」とは、ヴァラーシュタイン写本に登場する一連の投げ技のことで、全部で7つあります。しかし、7つの技は関連性が非常に薄いので、どうしてひとつにまとめられているのか不明です。Horizontal Stanceという語は、ザビンスキーの訳語で、原文ではTwirch Treibといい、彼による現代ドイツ語訳ではZwerchstellungとしているので、「横立ち」や「水平位置」という意味合いのある言葉と見ることができます。そこから類推すると「相手が横倒しになるように投げる技」という解釈もできるかもしれません。

1

師匠が、弟子の両腕を内側からつかんでいます。

2

右手を離して、弟子の周りをしばらくの間回ります。

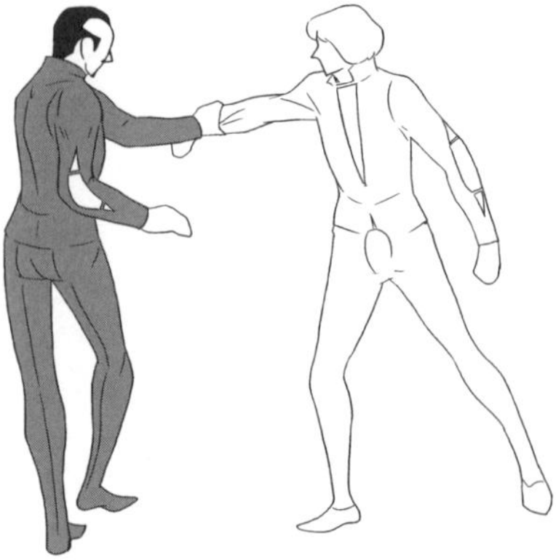

3

弟子の隙を突いて、弟子の右足の後ろに右足を踏み込み、同時に弟子の肩に、右肘を叩き込みます。原文では、肘を叩き込むのは「肩の後ろ」と書いてありますが、挿絵では肩に当てています。

4

肘で弟子の肩を押し続け、後方に投げます。

5 別バージョン

タルホーファーのバージョンでは、肘ではなく手で押しています。

レスリング技47

下段すくい投げ

Ander Stücke : Over the Arm Leg Lift

出典：Talhoffer(1459), 53r.　Talhoffer(1467), pl. 192.　Meyer, p. 245, 3.15v　Knight/Ringen-Dagger, p. 46.　Auerswald, pl. 3.

相手の腕の上から手を伸ばして、相手の足を持ち上げて投げる技です。〔技40〕「腕への肘打ち」とよく似ています。アウエルスヴァルトは、手首ではなく肘の辺りをつかんで投げています。また、ヴァラーシュタイン写本の「水平投げ第五」は、この技の一種であると思われます。ここで紹介する技との違いは、相手の足の外側をつかむことと、足を持ち上げて投げるのではなく、つかんだ足を固定して押し倒すということの2点です。

1

弟子が、師匠の右手首をつかんでいます。

2

師匠の右手首を引き、右手を師匠の腕の上を通します。

3

師匠の右足を、右手で内側からつかみ、持ち上げて投げます。

練習用の道具1

武術には練習がつきものですが、その練習用の道具はどのようなものだったのでしょうか。意外にも多くのフェシトビュッフはこれら練習用の道具について、ほとんど言及していません。それは、いうまでもない当たり前のことだったからで、安全基準に対しての考え方も現在よりもかなり異なっていました。このコラムでは武器・防具・そのほかについて解説したいと思います。

1.武器

練習用の武器は多くのフェシトビュッフにそれとはなしに登場しています。多くの練習用の武器は、その武器の形を象った木製の道具で、刺突に使う部分には球形のボタンが見られます。このボタンはおそらく木製または革製で、先端が間違って刺さらないように出来ています。また、練習用ハルバードなどの先端を銀色に塗って、実物の武器に見た目を似せるように推奨している剣士もいました。ほかにも、ショートスタッフやロングスタッフは練習用の槍やパイクとして使われていたようです。

タルホーファーなどのフェシトビュッフには、鍔元が幅広くなっている剣が出てきますが、それは練習用のロングソードを写したものです。当時のドイツ語ではSchirmswert、またはSchirmwâfenと呼ばれていて、ほかの練習用武器よりも特殊な存在だったようです。

この剣の柄の部分は通常のロングソードと同様ですが、刃の部分は四角形に近いシルエットをしています。鍔元には、最大の外見的特徴である、「盾(Schilt)」という張り出しがありますが、これは剣の重量バランスを調整していると考えられています。

また、剣の厚みも特徴的で、切っ先に行くに従って急激に薄くなっていきます。これは、突いた時に剣が撓って怪我をしないようにするための工夫です。一方で、剣身が柔軟すぎるので「巻き」などの技法の練習には向かないという欠点があります。

(P257に続く)

■メトロポリタン美術館蔵の練習用ロングソード

刃渡り：103.5cm
柄の長さ：24.1cm
鍔の幅：22.2cm
「盾」の長さ：9.5cm
「盾」の幅：6.9cm
剣身の幅：2.5cm
刃の厚み：
（鍔元）0.3cm、
（切っ先）0.08cm
重量：1.3kg

レスリング技48

体落し

Forward Throw over the Leg

出典：Wallerstein, pl. 69.　Dürer, (Ringen) No. 9, 61.　Talhoffer(1467), pl. 202.　Auerswald, pl. 15, 69.

　柔道の体落しとは微妙に違う技ですが、技のかけ方が似ているので、この名前にしています。相手が押してきた時に、その力を利用して投げます。

1

師匠が、弟子の胸を押してきました。

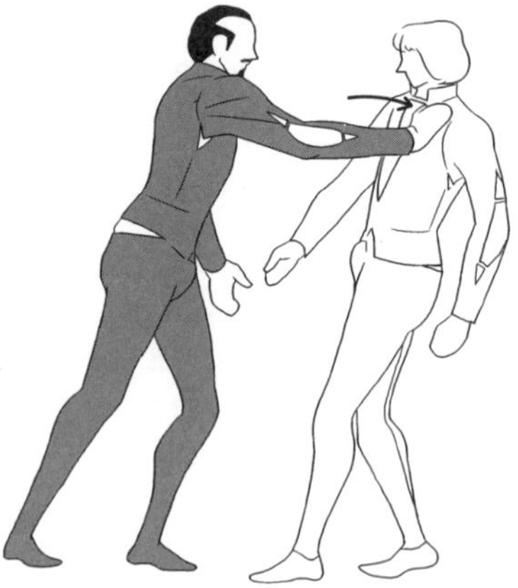

2

弟子は、師匠の右腕を両手でつかみ、右足を弟子の足の前に大きく踏み出します。

3

そして、師匠の腕を強く引っ張って、右足越しに師匠を投げます。

4 別バージョン

タルホーファーのバージョンでは、師匠の右手を左手で引きつつ、右手で腰をつかんで投げています。

5 短腰投げ

アウエルスヴァルトのバージョンでは、タルホーファーの投げ方を、腰投げに変えています。彼は、この技をKurtze Hüfteと呼んでいて、前に紹介した「腰投げ」の簡易版のような扱いのようです。

レスリング技49

水平投げ第七
Horizontal Stance 7

出典：Wallerstein, pl. 70, 71.　Dürer, (Ringen) No. 10.

相手の腕を引っ張りながら、足を動かないように固定して倒す技とそのカウンター。そして、さらにそのカウンターです。

1

弟子が、師匠の右腕の外側を、左手でつかみます。

2

師匠の腕を強く引きます。

3

師匠の右膝に右手を当てます。

4

腕を引きつつ、右手で師匠の足の動きを抑え込んで倒します。

5 カウンター

弟子が師匠を投げようとしています。

6

師匠は、左手で弟子の顔をつかみます。この時、親指で弟子の鼻を下から引っ掛けるようにします。そして、弟子を押しやって技を外します。

7 カウンターのカウンター

師匠が顔を押してきたら、左手を離して師匠の左手首をつかみます。そして、右手で師匠の左肘を下からつかみます。

8

両手で師匠の腕を持ち上げるようにして肘関節を極め、前方に引っ張ります。師匠の腕を引っ張るのと同時に、右足を師匠の足の前に出して、師匠を投げます。

レスリング技50

肩車
Throw over the Shoulder

出典：Talhoffer(1459), 51r, 51v.　Wallerstein, pl. 72, 73.　Dürer, (Ringen) No. 12, 13.　Knight/Ringen-Dagger, p. 76.

相手を肩の上に担ぎ上げて投げる技です。ヴァラーシュタイン写本だと、相手よりもリーチの長い相手に対抗する技だとしています。タルホーファーは、この技を「通り抜け」と呼んでいます。相手の腕の下を通り抜けて投げる技だからでしょう。

1

弟子が師匠の腕をつかんでいます。この状態のまま、弟子は師匠の周りを回りつつ、つかんだ腕を押したり引いたりしながら相手の隙を誘います。そして、相手の不意を突いて、師匠の腕を力一杯引っ張って師匠を前に崩します。

2

素早く体を低くして師匠の腕の下をくぐり、右手で師匠の右足をつかみます。

3

そのまま師匠を持ち上げ、反対側に投げます。

4 カウンター1

「相手の体の下に潜り込む」という技の性質がタックルなどと同じため、同様のカウンター技があります。弟子が師匠を捕まえて持ち上げようとしています。

5

師匠は、弟子の首に腕を回して弟子を捕まえます。原文には書いてありませんが、おそらくこの段階で、師匠は弟子の首を締め上げていると思われます。

6

そして、右足を後ろに伸ばして、弟子の手を振りほどき、弟子を押しつぶします。この時、師匠は弟子をしっかりとつかんで、弟子が後方に回り込んだり、押しつぶす前に立ち上がったりしないようにしています。

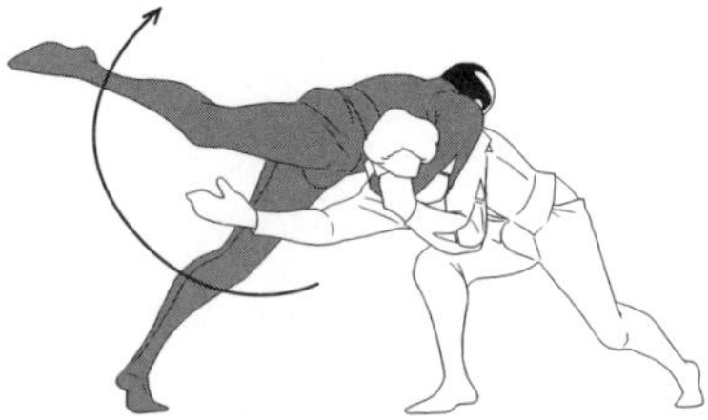

7 カウンター2

弟子が師匠をつかもうとしますが、師匠はこれを横に避けて、背後に回ります。

8

右手で弟子の頭を押さえつつ、左手で弟子の腰をつかんで持ち上げ、倒します。

レスリング技51

押しつぶしに対するカウンター

Counter to the Chest Press

出典：Wallerstein, pl. 74, 75.　Dürer, (Ringen) No. 14, 31.

これまで、上から相手をつかんで、体重をかけて押しつぶす技は、タックルのような体の下に潜り込んでくる技に対しての定番のカウンター技でした。ここでは、それにどのように対抗するのか解説します。なお、ヴァラーシュタイン写本のpl. 75の前半には、もしも相手の腕が長く、こちらがいかなる技も使えないほどに力が強い場合は、相手の指をへし折って脱出するように解説しています。

1

前の項で解説した、首絞めと押しつぶしのカウンター技です。師匠が弟子の首を捕らえ、押しつぶそうとしています。

2

弟子は、師匠の体または足をつかむようなフリをします。同時に体を前後に目一杯揺らします。

3

師匠の隙を突いて、師匠の腕をつかみます。

4

腕をつかんだまま、頭を下から突き出すようにし、同時に足を伸ばして体を回転させます。そうして、師匠の体を自分の体の下にして押しつぶします。

5 別バージョン

今回は、師匠は弟子の胸（または腹）を押さえています。前に紹介した、タックルに対するカウンターと同じ体勢です。

6

弟子は、師匠の腕をしっかりつかみます。

7

師匠の腕をつかんだ状態で、一気にしゃがみ込みます。師匠がつんのめるところを、頭を使って師匠の腹を押し上げ、後ろに投げ飛ばします。

レスリング技52

背負い投げ
Shoulder Throw

出典：Wallerstein, pl. 78, 79.　Dürer, (Ringen) No. 10, 18.　Knight/Ringen-Dagger, pp. 93, 94.

柔道やレスリングでよく使われる技で、相手を背負うようにして投げる技です。ここでは、一本背負いのように投げています。

1

師匠は、弟子の右手を左手でつかみます。そのまましばらく様子を見ながら、弟子の腕を前後に押したり引いたりします。

2

一気に体を回転させつつ、弟子の腕を引きます。そして、両手で弟子の腕をつかみ、肩の上に担ぐようにして、体越しに弟子を前方に投げます。

3 カウンター

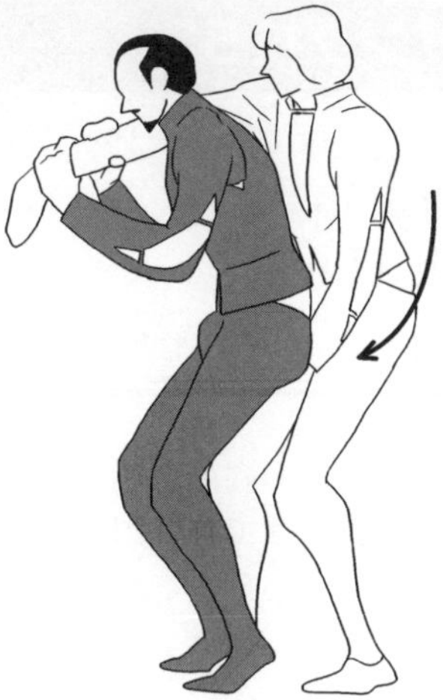

師匠が弟子を投げようとしたら、弟子は即座に、しっかりとバランス立ちの姿勢をとり、つかまれていない方の手を師匠の足の間に突っ込んで、腰をつかみます。

4

そしてそのまま持ち上げ、師匠を頭から地面に叩きつけます。または、師匠を持ち上げる代わりに、膝の後ろに蹴りを入れて、師匠を倒します。

レスリング技53

巴投げ

Stomach Throw

出典：Wallerstein, pl. 81.　Dürer, (Ringen) No. 21.　Talhoffer(1459), 57v.　Talhoffer(1467), pl. 207.　Knight/Ringen-Dagger, pp. 87-89.

古代エジプト王朝期から存在していた非常に一般的な技です。自分から倒れ込むことで相手を引き崩し、足で蹴り上げて投げ飛ばします。ヴァラーシュタイン写本では、力の強い相手が突っ込んできた時に使う技で、スピードが要求される技だとしています。タルホーファーは、この技をDer Buoben Wurff（子ども投げ）と呼んでいます。おそらく、子ども（初心者）が取っ組み合って押し倒された時に、とっさに使おうとする技だからでしょう。もしくは「子供だまし」という意味があるのかも知れません。

1

弟子が師匠を捕らえ、強く押してきます。師匠は、弟子の腕を取り返し、力の限りにつかみます。

2

相手が引こうとしたら、師匠は片足を弟子の腹部に当てます。

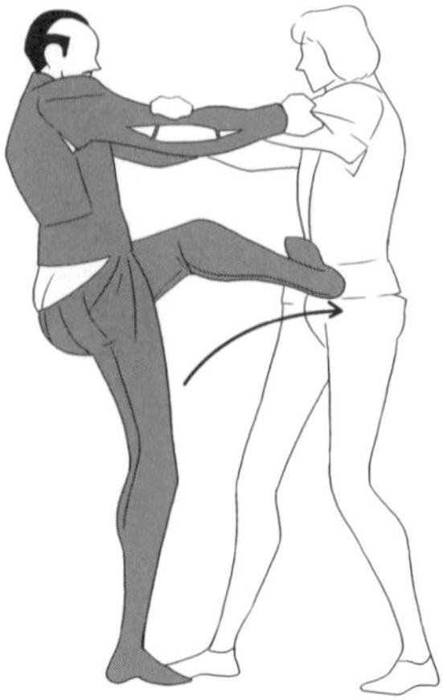

3

師匠は、一気に地面に転がって弟子を引きずり下ろし、両足を揃えて弟子の腹に当てます。この時、膝と膝をできる限りくっつけるようにします。

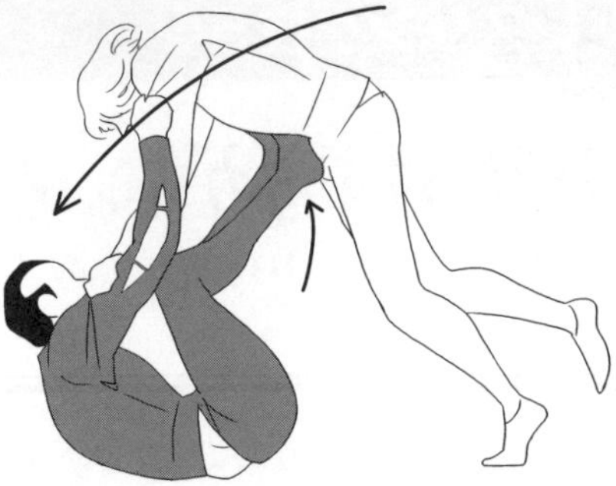

4

両足で弟子を蹴り上げて、頭越しに投げます。ここでは両足で蹴っていますが、片足で蹴るバージョンもあります。

5 カウンター

師匠が巴投げを試みましたが、十分に鋭く投げなかったため、弟子が対応する余裕を与えてしまいました。弟子は、この隙に素早く横に避けて、師匠の蹴りを外します。

6

そのまま膝を師匠の股間に叩き込んで押さえ込みます。

レスリング技54

打撃に対するカウンター1：後方への投げ
Back Lever Throw

出典：Wallerstein, pl. 128, 129.　Dürer, (Ringen) No. 48, 49.　Knight/Ringen-Dagger, pp. 109, 110.

相手の打撃攻撃に対するカウンターを紹介します。以前に紹介した後方への投げ技の応用です。ナイトによると、相手の手首を捕まえる必要がないので、ジャブのような小さな動きのパンチにも有効であるとしています。

1

弟子のパンチを、内側に受け流します。

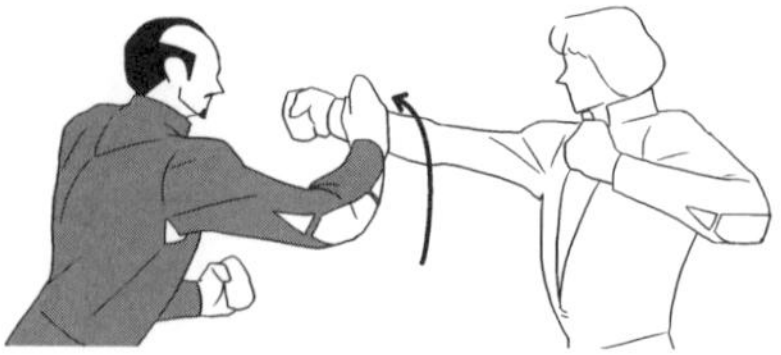

2

弟子の足の後ろに踏み込みます。

3

先ほどパンチをさばいた腕で、弟子の胸、または首を押して、足越しに後方に投げます。

レスリング技55

打撃に対するカウンター2：腕を捕らえてのボディーブロー
Body Blow with Arm Bind

出典；Wallerstein, pl. 131.　Dürer, (Ringen) No. 51.　Knight/Ringen-Dagger, p. 112.

相手の腕を抱え込んで封じ、反撃する技です。ロングソードなどにも似たような技があります。

1

相手のパンチを払います。

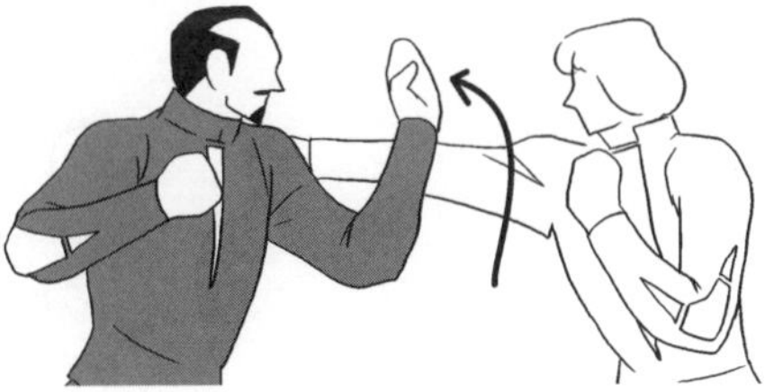

2

払った腕を外側から巻き込むようにして抱え込みます。

3

素早く相手の鳩尾《みぞおち》にパンチを叩き込みます。

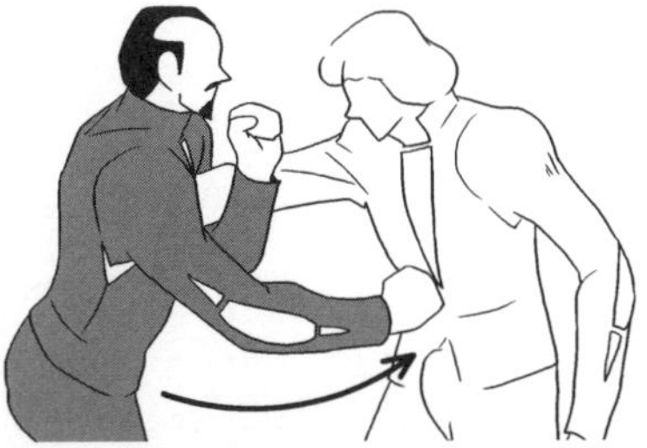

レスリング技56

打撃に対するカウンター3：上段キー・ホールド

Upper Key

出典：Wallerstein, pl. 136.　Dürer, (Ringen) No. 94.

拳を打ち下ろしてきた相手の腕をブロックして関節技を極めます。相手の腕を直角に近い角度で曲げておくことが重要です。

1

弟子が振り下ろしてきた拳を右手でブロックします。

2

素早く弟子の手首をつかんで、捻ります。

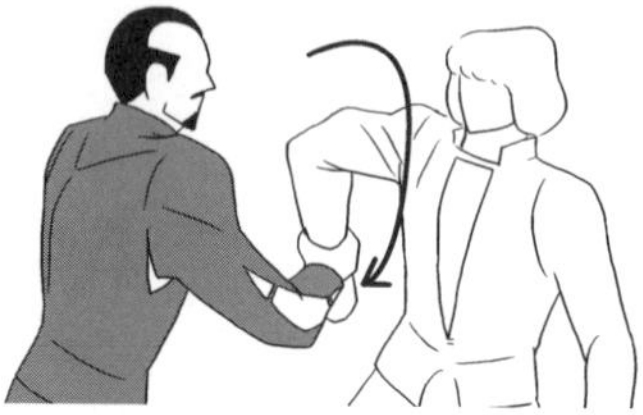

3

左手を弟子の肘に置いて、前方に倒すように押し下げます。同時に左足を弟子の右足の前に踏み込んで、弟子の腕を折りつつ前方に投げます。

レスリング技57

四の字固め
Figure 4

出典：Wallerstein, pl. 137.　Dürer, (Ringen) No. 95.　Knight/Ringen-Dagger, p. 116.

普通四の字固めと聞くと、足にかける技のように思われますが、中世ヨーロッパでは、主に立った状態の相手の腕にかける技で、キー・ホールドの一種です。似たような技を、キムラ固め（Kimura）と呼ぶこともあるようです。

1

打ち下ろしてきた弟子の腕をブロックしてから、手首を取ります。そして、弟子の腕を上げつつ後方に押します。

2

左手を、弟子の腕の後ろを通して、自分の右手をつかみます。

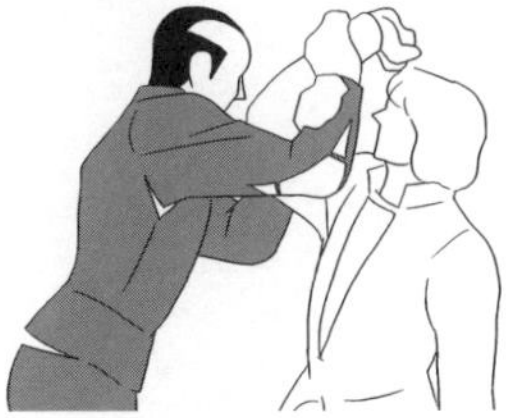

3

右足を、弟子の足の後ろに踏み込みます。そして、左手の前腕で、弟子の上腕を押し上げるようにしながら、両手で弟子の手首を下に押し下げます。このまま弟子を後方に投げつつ、腕を折ります。

レスリング技58

引きに対するカウンター
Counter against Pull

出典：Wallerstein, pl. 95, 96.　Dürer, (Ringen) No.115, 116.　Talhoffer(1467), pl. 216.

ヴァラーシュタイン写本（とデューラー）は、一連のカウンター戦略を紹介しています。そのほとんどが相手を攻撃するものではなく、いかに相手の動きをかわすのかというものです。ここでは、その中のひとつで、力の圧倒的に強い相手が、こちらを引き寄せようとしてきた時の対処法を紹介します。

1

弟子が、女弟子の両脇の下をつかんで、引き寄せようとしています。

2

女弟子は、右手を後方に振るのと同時に、左手を弟子の首に回します。

3

女弟子は、体の左側面を強く弟子に押しつけつつ、左足を弟子の右足に引っ掛けるようにします。ここから腰投げなどに移るか、後方に回り込みます。タルホーファーは、この技を、ストレート・アームバーから脱出するための技として使っています。

4 カウンター

女弟子が引っ掛けてきた足を上げます。

5

上げた足で、女弟子の自由な方の足を踏みつけます。そして、体を前方に屈めて、女弟子を突き放します。

レスリング技59

肩の上でのストレート・アームバー
Frontal Over-the-Shoulder Straight Armbar

出典：Wallerstein, pl. 126.　Dürer, (Ringen) No. 46, 35, 37.　Talhoffer(1459), 56v.　Talhoffer(1467), pl. 203, 209, 216-218.　Auerswald, pl. 26.　Fiore(Getty), 6v.

ここでは、相手が奥襟を取ってきた瞬間に、その腕を折る方法を紹介します。ドイツ式では、どうも腕を折ることよりも投げるほうに重点を置いていたようです。タルホーファーは、この技をAchselbrechen「肩砕き」と呼んでいます。

1

師匠が弟子の首の後ろを左手でつかんでいます。弟子は左手で師匠の肘辺りをつかんで師匠の腕を封じ、右手を師匠の左手の外側に持ってきます。

2

右手を、師匠の左腕の上を通し、左手で自分の右手首をつかんで、師匠の腕を押し下げつつ、体を一気に回転させて師匠の腕を折るか、前方に投げます。

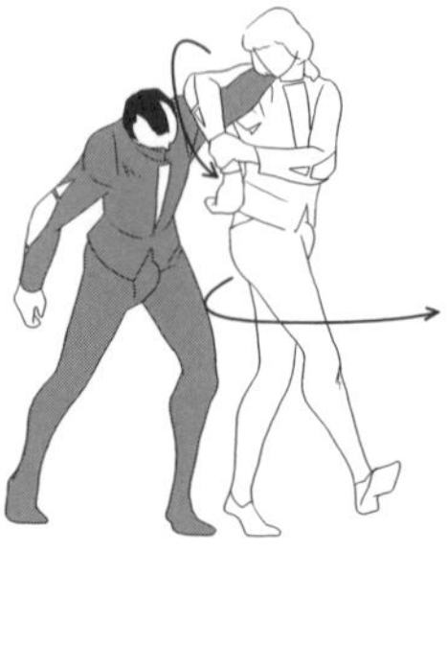

3 肩砕き

タルホーファーのバージョンでは、弟子は右手で師匠の腕を極めつつ、師匠の右腕を引いて、師匠の肩を砕きながら、腰投げの要領で投げます。

4 別バージョン

ここでは、最初に紹介したバージョンの技で投げています。

5 カウンター

弟子の足を持ち上げて、弟子の技をかわします。

6 肩砕きに対するカウンター

ここでは、原本の挿絵に合わせるために、師匠が肩砕きをかけています。

7

弟子は、時計回りに体を回転させて、左腕で師匠の首を抱え込みます。また、体を回すのと同時に、右手で師匠の左腕をつかんで引き込み、師匠を腰の上に乗せて投げます。

レスリング技60

ガンバローラ

Gambarola

出典：Fiore(Getty), 7v.　Dürer, (Ringen) No. 93.　Talhoffer(1459), 54v.　Talhoffer(1467), pl. 194.

ガンバローラは、クリンチの状態の腕をそのままに、体で相手を押して投げる技です。相手の体をつかんでいないので、あまり安定してかけられません。ゆえにフィオーレは「必ずしも安全にかけられる技ではない」としており、どうしてもかけたいのなら、できる限り素早く、力強くかけることだと勧めています。タルホーファーは、これを改良したと思われる技を、Hinder Tretten（後ろ転がし）と呼んでいます。ガンバローラという名前自体「躓かせ」という意味なので、相手を自分の足に引っ掛ける感じの技なのでしょう。

1

両者組み合っています。この時、師匠の右腕は、弟子の左腕の上を通り、左手は、弟子の右腕の下を通っています。

2

師匠は、素早く前進し、右足を、弟子の右足の後ろへと踏み込みます。

3

体を捻って、弟子を足越しに投げます。

4 後ろ転がし

タルホーファーのバージョンです。師匠は、弟子の左腕をつかむことで、確実に投げられるようにしています。

レスリング技61

肘を固めての足払い

Foot Sweep with the Armlock

出典：Auerswald, pl. 27.

自分の足で相手の足を払う技は、他にも色々ありますが、ここで紹介するのは、肘を極めてから足払いをかけるという非常に凶悪な技です。

1

師匠が弟子の胴をつかもうとしたところを、弟子が腕を回して、師匠の両腕を捕まえます。この時、弟子は右手を左肘に、左手を右肘に回すように抱え込んで、師匠の両腕を締め上げています。

2

そして、師匠の腕を吊り上げます。

3

師匠が痛みによって棒立ちになったところで、師匠の足を引っ掛けるようにして払います。師匠は倒れる際に、自分の体重で両腕を折ることになります。

練習用の道具2

2.防具

練習用の防具に関しての記録はほとんどなく、フェシトビュッフに登場する人々も、防具のようなものをつけている絵はまったくありません。

中世の騎士は、訓練時にも鎧を着ていたようですが、時代を経るにつれて、あまり着用しなくなったようです。経済的な理由のほかに、防具をつけるのは格好が悪いと考えられていた節があります。1553年のあるナポリ人は、パルチザンのような武器の演武をしている人たちについて、着物の下に、それとはわからないように鎧を着込み、頭の帽子はスイッチで鋼鉄製の面頬が下りてくる仕組みになっていたと書き残しています。

このほかにも革製の服を着ていたので、挿絵では区別が出来ないとか、実際には防具をつけていたが、記録に残らなかったなどという理由が考えられますが「一応武器の方は安全性を考慮した造りになっているので、動きを制限しないように、ある程度の危険を承知であえて防具をつけなかった」という可能性のほうが高いと思われます。

3.そのほか

そのほかの訓練用の道具には以下のようなものがあります。

木馬：木製の馬で、通常は鞍を模した座席と鐙が付いています。馬の背中に飛び乗る訓練のほか、馬上での戦闘の訓練にも使います。そのため、怪我をしないように実際の馬よりも低めに作ってあります。また、鞍の部分を使ってアクロバティックなポーズをとったり、鞍の上を飛び越えたりして敏捷性やバランス感覚などを養うことも行なわれていて、現在の器械体操の鞍馬・跳馬の祖先にあたる道具です。

また、脚の部分に車輪が付いたものがありますが、これは突撃用の訓練に使うもので、人力で引っ張って使います。

杭：ローマ時代から伝わる伝統の訓練道具で、現在のサンドバッグに当たります。この杭を相手に見立て、木剣などで打ち込みや間合いの取り方の訓練をするのです。当時の絵を見ると、杭はしっかりと立っているように描かれていますが、現代の検証によると、ある程度動くようにしないと、手首に非常に大きな負担がかかるということです。

重い投槍：槍投げの要領で投げることによって肩を鍛えていたようです。

岩：様々な大きさの石を持ち上げたり投げたりして筋肉を鍛えていたようです。

棒：スタッフというよりも、腕を鍛えるために振り回すための棒です。

階段：雨の日などで屋外で運動できない時に階段を駆け上がったり駆け下りたりして脚を鍛えるように勧めている話が残っています。ということは、晴れの日ではランニングのようなことをしていたものと推測されます。

レスリング技62

秘技
Verporgenes Stuck

出典：Wallerstein, pl. 109.　Auerswald, pl.6, 7.

この技は、ヴァラーシュタイン写本によると「誰でも理解できるものではないため、ここに書き記した。それゆえ、これは秘技と呼ばれる」というものです。原本の解説も、あまり明瞭ではないので、正確ではない可能性もありますが、アウエルスヴァルトの技のひとつと酷似していたので、このような技もありえると判断しました。この技は、左右両バージョンがあります。

1

師匠は、弟子の襟を右手で、右脇を左手でつかみ、投げようとしています。

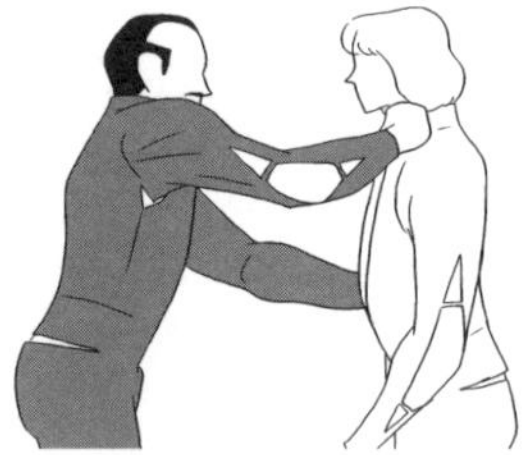

2

弟子は、師匠の右手首を右手でつかみます。

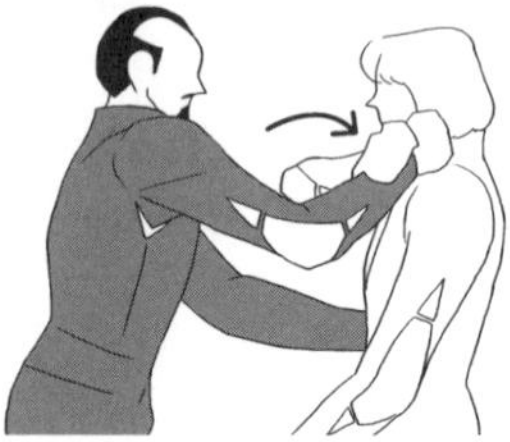

3

つかんだ右手を捻ります。

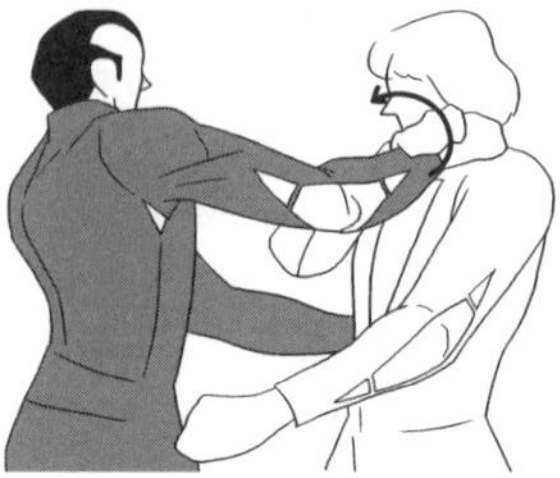

4

左手で師匠の右肘をつかんで持ち上げます。

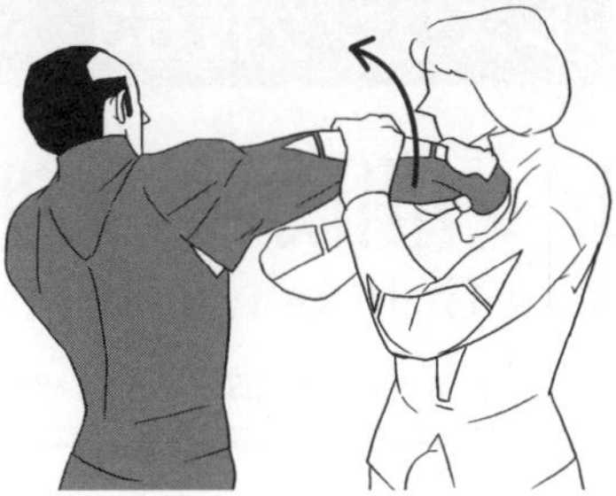

5

十分に持ち上げたら、今度は肘、または前腕で師匠の腕を押し下げます。おそらく師匠の右腕を、曲がった状態で内側に回転させるのだと思われますが、単純にアームバーか、手首固めをかけているのかもしれません。

6 別バージョン

ここでは、見やすさのために攻守逆転しています。アウエルスヴァルトのバージョンでは、まず弟子の右手を左手で抱え込んで封じます。そして、右手で、弟子の左肘をねじり上げて、弟子の腕を内側に回転させ、肩を外しています。

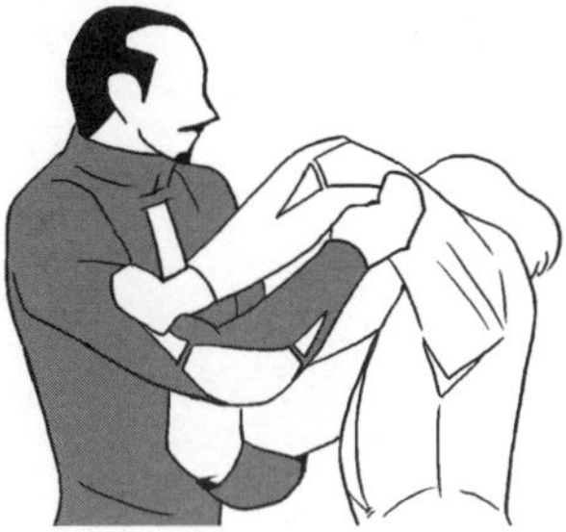

レスリング技63

足の間からの腕押さえ込み

Arm Hold between Legs

出典：Talhoffer(1467), pl. 217.　Anglo, p. 183 (Egenolff, 1531, sig. L. 4.), p. 183 (Erhart, 1533, fol. 110v)

相手の片手を、両足の間を通して固定することで、動きを封じる技です。

1

師匠は、弟子の右腕を両手でつかんで、手を外側に捻りながら持ち上げます。

2

そして、師匠は弟子の後方に回り込みながら、弟子の右腕を、弟子の両足の間を通します。

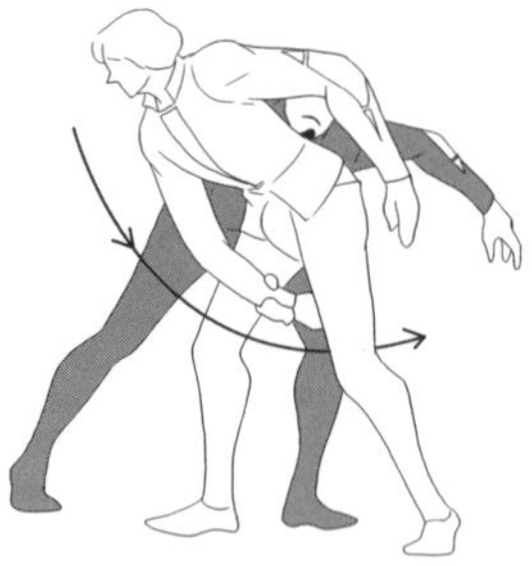

3

師匠は、右手で弟子の右手をつかんで引っ張り上げ、同時に左手で弟子の首を押さえ込んで、弟子の動きを封じます。

4 別バージョン

このバージョンでは、師匠は、弟子を右手の上に乗せて持ち上げています。首にかけた左手も、下に押さえ込むのではなく、後ろに引くことで、弟子が左手を使うことを封じています。

第3章
ダガー

ダガー概説

我はダガー、気高き武器にして格闘に愛されし者。我が欺瞞と技を知るものこそ、武術の真髄を知る者なり。………いかなる鎧・いかなる技も我が前には無力なり。

（Fiore dei Liberi）

現在混同されている感がありますが、ダガーとナイフは実質的には別物です。一般的に、ダガーは純粋な戦闘用の武器で、ナイフは日常生活のための道具として分類されています。しかし、ナイフが戦闘にまったく使われないわけではありませんし、ダガーの技術がナイフで使えないということもありません。そこで、この本ではこれらの刃物を一括してダガーと呼ぶことにします。

中世の時代、ダガーやナイフは老若男女、あらゆる階級の人々が日常的に持ち歩いていました。護身用としての用途以外にも、食事や理容、簡単な作業にも使える万能の生活必需品だったのです。

ダガーの語源

ダガー（Dagger、中世英語ではDaggere）という名前は、「突き刺す・貫く」という意味の中世フランス語、Dagueに由来するとされています。Dagueの語源自体は不明だそうですが、面白いことに、当時のドイツ語ではDegen（タルホーファーはTegenと呼んでいます）、中世イタリア語ではDagaと、これらの地理的・文化的に異なる地域で使われている単語が、明らかに起源を同一にしているという点でしょう。

例えば「剣」という単語は、ゲルマン語系（英語のSwordなど）とラテン語系（フランス語のEpeeなど）の二系統あることからも、「ダガー」という単語が特殊な経緯を経て広まった単語であるということがわかります。

なお、現代ドイツ語ではDagenは「剣」という意味ですが、これは1500年頃に、どういうわけかDagenが「ダガー」ではなく「剣」という意味になり、代わりにDolchという単語が「ダガー」という意味になったためです。

ダガーのスペック

中世のダガーの刃の長さですが、短いものだと数cm、長いものになると75cmにも及びます。長さは30～40cm、重量は200～400gが最も一般的でした。

過去の剣士たちは、理想的な刃の長さについて言及しています。フィオーレとフィリッポ・ヴァーディは、ダガーが肘に届くほどの長さ、つまりダガーを持った時に切っ先が肘に届く程度（前腕部と同じ長さ、大体30～40cmほど）としています。ドイツのタルホーファーは、「刃渡り4ハンド」が理想としています。「ハンド」とは手の幅を基準とした長さの単位で、1ハンド＝約10cmなので、刃渡り40cmが理想ということになります。一方、17世紀のイングランド人、スウェットマンは、22インチ（55.8cm）が理想だとしています。

では、刃の形状はどうなのでしょうか。現在では、ダガーは両刃とされているようですが、当時のダガーは、片刃･両刃はもちろんのこと、刃がついていないもの、先端部は三角錐で刃の中ほどは両刃という変わりものまで、ありとあらゆる形状のものがありました。しかし、刀身の形状は真っ直ぐなもののみが使われ、アラブ文化圏のジャンビーヤのように曲がっていることはありませんでした。

ダガーの握り方

先述したダガーの語源「突き刺す・貫く」という意味と同様に、実際の使用法もまた刺突による攻撃法が最も一般的でした。そして、当時のダガー術に最も顕著な特徴は、小指の側に刃がくる「逆手握り」という、ダガーの持ち方にありました。

■逆手握り

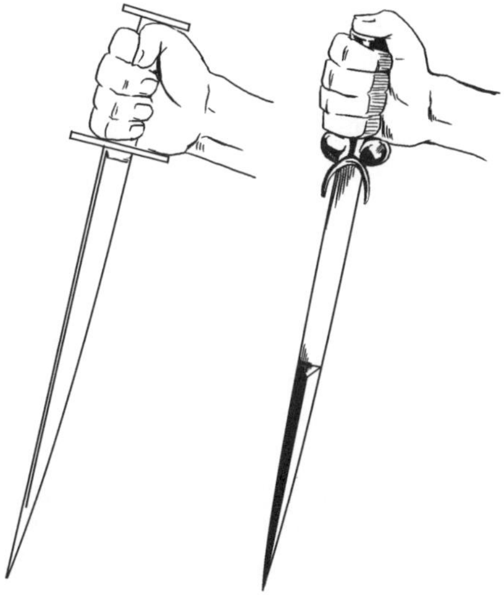

■順手握り

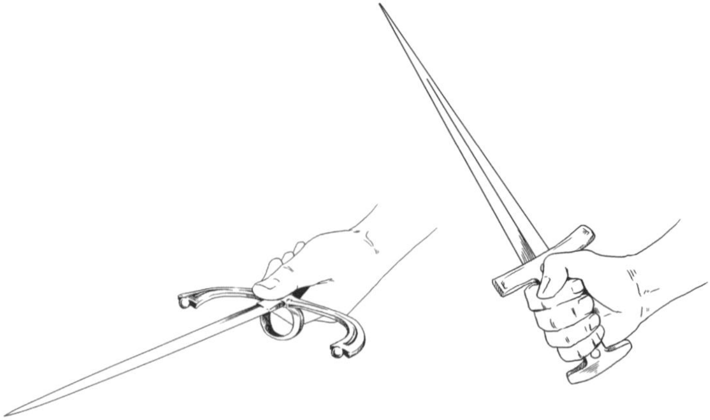

現代のナイフ術では、親指側に刃がくる順手握りが有利とされています。また、中世のダガーを使った実験でも、順手握りが優勢だということがわかっています。では、なぜダガー術が実戦武術であった中世期に、順手握りではなく逆手握りが多く使われていたのでしょうか。

それは技術的理由とはまったく関係ありません。当時のヨーロッパでは、ダガーは右腰につけていました。左腰には剣を吊るしていたのでダガーを吊るすスペースがありませんでしたし、剣を抜いたり使ったりするには狭すぎる場所での戦闘や、奇襲を受けた時に咄嗟に抜き合わせるためには、右腰にダガーをつけていたほうが、狭い場所で素早く抜くのに都合がよかったからです。そして、右腰につけたダガーを右手で抜くと、ごく自然と逆手握りになるわけです。

■一般的なダガーのつけ方

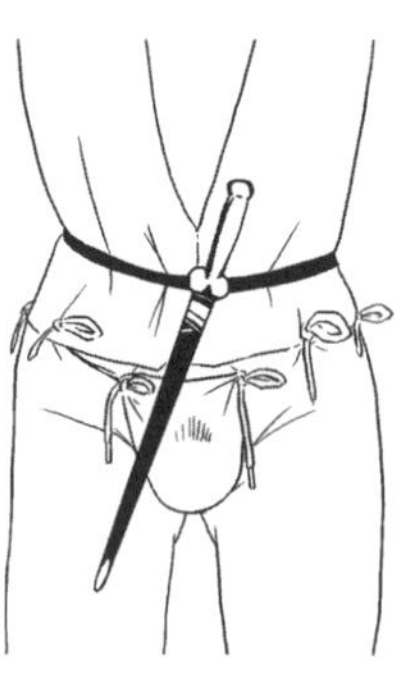

体の前

体の前＋ポーチ

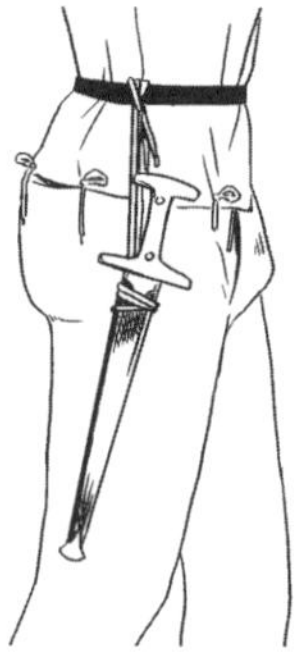

体の横

◆ダガー術

ダガーは、中世で最も恐れられた武器のひとつでした。安価で入手しやすいだけでなく、携帯に便利で容易に隠すことができます。また、剣などと違い、抜いてから突き刺すまで、ほとんど時間がかからないということもあります。戦場においても、現在の高級スポーツカーに匹敵するほど高価な鎧で身を固めた騎士が、二束三文で買えるダガーの一撃で倒されてしまうこともよくある光景でした。人・場所・時を問わず、ありとあらゆる状況で、中世の人々が最も頻繁に遭遇する武器がダガーだったのです。

では、実際のダガー術とはどのようなものだったのでしょうか。当時のフェシトビュッフでは、2種類の明確に異なる状況が想定されています。それは、自分がダガーを持っている時と、素手の時です。現在の傷害事件でもそうですが、中世の時代でも、ダガーを使った戦闘は、非常に突発的で、一瞬の間に終わってしまうもので、多くの場合、攻撃された側はダガーを抜く暇さえありませんでした。グラディアトリア・フェシトビュッフでは、決まり文句であるかのように「あなたの手がダガーに届く前に、相手が～して来た時に……」という文章が頻繁に出てきますが、当時の厳しい現実を反映したものだったのでしょう。

とはいえ、ダガーを持っていようといまいと、ダガー相手の戦法はただひとつ、いかに相手のダガーを無力化し、奪うかということです。フィオーレによると「もし相手がナイフを持っていると思ったら、素早く腕・手・肘で戦うべし。常にできる限りのことをし、相手のダガーを奪い、相手を打ち、相手の腕を折り、相手の動きを封じ、地面に投げ飛ばすべし」とあります。この言葉から想像できる通り、すべてのフェシトビュッフでは、ダガー術とレスリング術は非常に密接な関係があり

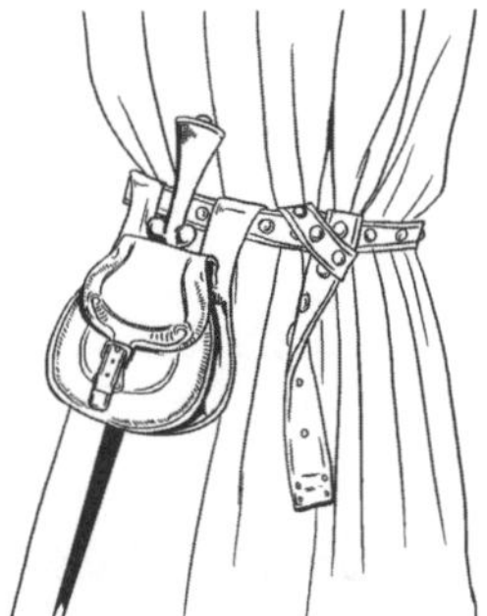

体の横＋ポーチ

ヒップベルト（14世紀）

腰の後ろ

ます。いうなれば、ダガー術とは、ダガーを持ったレスリングであるともいえるのです。

また、ほかの武器・防具と併用で使う方法もありました。ダガーを補助武器として左手に持って使う方法が最も一般的でしたが、ほかにもダガーと盾、ダガー二刀流などの用法が記録されています。

◆シルバーのダガー術

イングランドのダガー術は、ヨーロッパ本土で発達していたダガー術とは違った考え方をしていました。シルバーによると、ダガー術の基本は、

1. ダガー術に構えはない
2. 相手をつかみにかかることはできるだけ避ける。投げ技を使ったりするのは、相手が負傷した時のみ
3. 常に動き回る
4. 常に相手の間合いの外にいるようにし、間合いに入ってきた相手の体の部分を攻撃する
5. 距離を詰めない

これらから推測すると、シルバーの戦闘法は、相手との距離を保ちながら、ジャブのように軽い感じの攻撃を小刻みに加えていくもののようです。ヴェイルによると、シルバーの戦闘法は、現代のナイフ術に酷似しているということで、強力な一撃を叩き込む傾向にある他地域のダガー術とはかなり異なっていました。

ヴェイルは、その違いについて、シルバーの術は決闘用、他の術は戦闘用であるからと結論づけています。しかし、筆者の考えでは、そもそもイギリス式武術は「安全第一」がモットーで、相手との距離をおいて接近戦を嫌う傾向にあるので、その基本原理に則って戦えば、自然とこのような闘い方になるのだと思います。

◆ダガーの種類

ここでは、当時一般的に使われていたダガー・ナイフ類について解説します。

サクス（Saex）

サクスは、ゲルマン民族、特にサクソン族の代名詞ともいえるナイフです。実際サクソン族の名前もこのサクスからとられています。大陸では5世紀から戦場での武器として、また日用品として広く使われていましたが、11世紀頃に使われなくな

ります。しかしながら、イングランドでは15世紀まで使われていました。

一般的なサクスは片刃で、簡単な柄がついています。基本的に細身の出刃包丁に近い形状で、使用法も似たようなものだったと推測できます。長さは、小さいものは刃渡り7.5センチ、長いものでは76cmにも及びます。

バイキング時代は、サクスを体の前に、刃を上に向けた状態で地面と水平になるように吊るして持ち歩いていました。

■サクス

短い線のマークは、刃の部分を示す。

クウィヨン・ダガー（Quillon Dagger）

クウィヨン・ダガーは、棒鍔を持つダガーの総称で、中世・ルネッサンス期に広く使われていました。メインの武器となる剣とセットになるように作られたと推測されており、メインの剣をそのままミニチュア化したようなデザインをしています。

当然ながら、純軍事用のダガーとされており、日常生活で持ち歩くことはなかったといわれています。

■クウィヨン・ダガー

ポニャード、パリイング・ダガー (Poniard / Poignard, Parrying Dagger)

ルネッサンス期に登場した補助専門のダガーで、前述のクウィヨン・ダガーから発展したと考えられています。メインになる剣（特にレイピア）とペアになるように作られたものが数多く存在します。一般的に鍔の部分が横に広く張り出しているのが特徴で、サイドリングのような追加の防御がされているものや、相手の刃を捕らえるための腕や鋸刃がついているもの、更には器械仕掛けのものなど多様な種類があります。

また、ポニャードは、武器（特にレイピア）と一緒に使う補助武器を、従来のダガーと区別するための名称としても使われていました。

■ポニャード

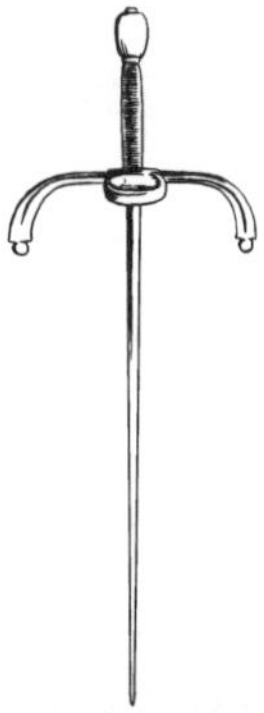

1590年イタリア製。全長43cm、刃渡り30cm、重量500g。

ラウンデル・ダガー（Roundel Dagger）

■ラウンデル・ダガー

中世の戦場で最も広く使われていたダガーです。1300年～1325年の間に登場し、16世紀まで使われていました。当時のフェシトビュッフに登場するダガーは、ほぼ100％このタイプのものです。

その最大の特徴は、ラウンデル（円盤）の名が示す通り、円盤状の鍔がついていることです。最初期のダガーは、鍔の部分にひとつだけ円盤がついていましたが、すぐに柄頭に当たる部分にも第二の円盤がつくようになり、それが基本デザインとして定着します。この円盤状の鍔は、手を防護するものというよりも、相手を刺した時に手が滑らないようにすることが目的だったようです。フランス語ではDague a rouelle、ドイツ語ではScheibendolchと呼ばれていますが、どれもこの特徴的な円盤に由来している名前です。

1450年頃になると、円盤が巨大化し、順手握りで使用することが困難になり、刃自体も長く、細くなりました。これは、鎧の隙間をついて、その部分を守るメイル（鎖）の防御を貫通するための適応と考えられています。刃の種類は千差万別で、あらゆるタイプの刃がついています。

ラウンデル・ダガーは、純粋な軍事用ダガーだと考えられています。

ボロック・ダガー（Ballock Dagger / Bollock Dagger）

■ボロック・ダガー

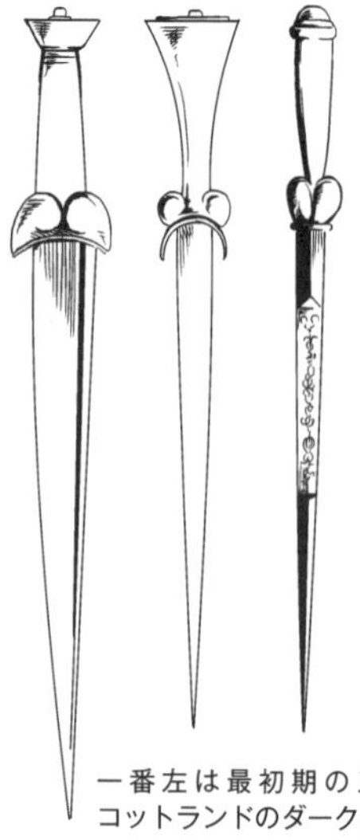

一番左は最初期のスコットランドのダーク。

ボロック・ダガーは、直訳すると「金玉ダガー」と呼ばれる、非常に特徴的な柄を持ったダガーです。フランス語でも英語同様にDague a cuilettesと呼ばれています。「金玉」など恥ずかしくてとても呼べないヴィクトリア朝期の研究者によって命名された「キドニー・ダガー」という名称も現在一般的に使われています。

このダガーは、1300年頃に現れ、17世紀末まで幅広い人気を博していました。金玉や男性器を象ったダガーというのは異様に見えるかもしれませんが、例えばスペイン語では、「勇気がある」ということを「金玉がでかい」と表現するので、似たような意味合いがある武器だと思われます。また、ボロック・ダガーは、両足の間にぶら下げることが多く見られますが、中世風のシャレなのでしょう。

このダガーは、主に日常生活での護身用として使われていましたが、騎士たちが戦場で使うこともありました。また、スコットランドの伝統武器として知られるダークも、このボロック・ダガーから発展したものです。

バセラード（Baselard / Basilard / Bassler）

バセラードは、スイス・ダガーとしても有名です。スイスのバーゼル市発祥とされているダガーの一種で、13世紀後半から軍民問わずイタリア・南ドイツ・イングランドで広く使われていました。また、画家のハンス・ホルバインがこのダガーをよく作品に描いたので、「ホルバイン・ダガー」と呼ぶこともあります。

特徴は「エ」の字型をした柄で、このデザインは時代を超えて受け継がれることになります。ナチスドイツの親衛隊などが装備していたダガーも、このバセラードに分類されます。

■バセラード

ダガーの構え

ダガーの構えは、ロングソードの構えのように凝ったものはありません。というのも、レスリングと同様に、戦闘時の距離が近く、決着までの時間も短いため、凝った構えをとっている時間的余裕がないからです。ここでは、わずかながら記録された構えをいくつか紹介します。

半『鉄の門』の構え・両手 (Mezana Porta di Ferro, Double)

ダガーの刃を左手で握り、両手を下ろした構えです。フィオーレは鎧を着た状態では有効だが、鎧を着ていない時はあまり効果がないとしています。ちなみに『盾』の構えという別名もあります。この構えは、タルホーファーのフェシトビュッフにも登場しています。

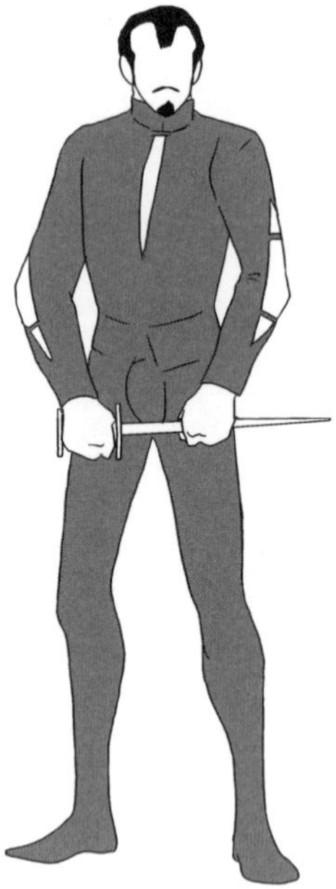

上段の構え（Oberhut）

ダガーを頭上に構えた姿勢です。左腕の位置は左腿に置くか、背中に回して攻撃されないようにしていました。

『背中』の構え（Back Guard）

タルホーファーが提唱している構えで、ダガーを背中に隠すことで、相手に攻撃の方向を悟らせずに攻撃できる奇襲用の構えだとしています。白戸三平の漫画に出てくる「忍法・変移抜刀霞斬り」とほぼ同じ原理の構えですが、現実的に有効であったのか疑問です。

ダガー技1

ブロック

One-Hand Cover and Grab

出展：Vail, p. 43, 44.

上から振り下ろされる攻撃を防御する技は「腕をつかむ」とだけ書かれていて、どのフェシトビュッフでもその詳細を解説しているものはありません。大人が力任せに振り下ろした腕を、馬鹿正直につかもうすれば、その瞬間に手首を脱臼してしまうか、防ぎきれないことは明白です。そこで、現代の研究者は、日本武道や中国武術に脈々と受け継がれてきた技法を参考にしているのですが、ここで紹介する方法もそのひとつです。

1

弟子の振り下ろしてきた腕を、師匠が左腕でブロックして勢いを殺します。

2

素早く腕を返して、弟子の腕を捕らえます。

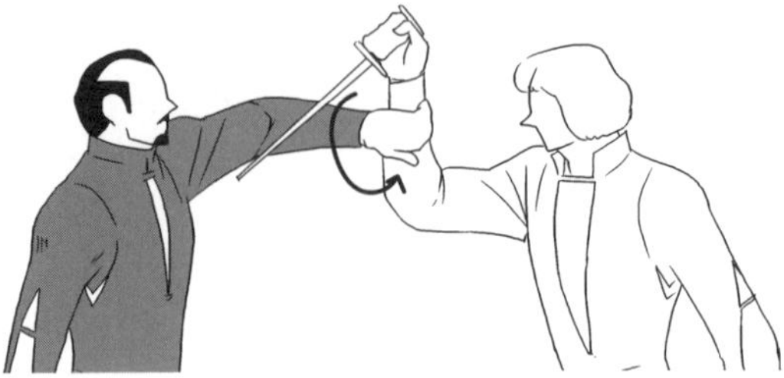

ダガー技2

片手下段防御・ヴァーディ式
One-Hand Cover, Vadi fashion

出展：Vail, p. 52.

下方から突き上げてくる攻撃に対する防御です。ポイントは、相手の腕を受け止める時に、親指と人差し指の間で受け止め、衝撃を手首で支えるようにすることです。もしも親指だけで止めるように受けたら、親指を骨折してしまいます。

1

下からの攻撃を、手のひらで受け止め、衝撃を手首に逃がします。なお、このイラストのように順手握りで下から突いて繰る攻撃を、ヴァラーシュタイン写本では「イタリア突き」と呼んでいます。

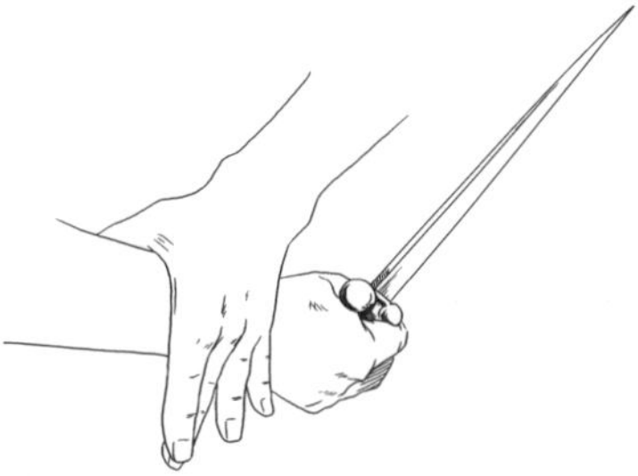

ダガー技3

上段両手受け
Upper Two-Hand Cover

出展：Vail, p. 48.

両手で相手の攻撃を受け止めます。前項で説明したように、手のひらで受け止められれば、非常に強力な攻撃にも対応できます。フィオーレによると、この両手受けは、鎧を着ていない時に最も適した防御法であるということです。

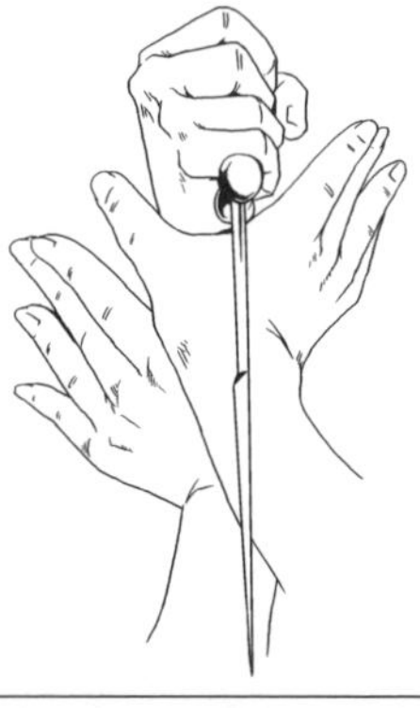

1

手のひらで受け止めます。

ダガー技4

十字受け

Crossed-Hand Cover

出展：Vail, p. 49.

十字受けは前腕を交差させて相手の攻撃を受け止める技です。この方法は片手で防御した際に、相手の腕が滑っていってしまうという欠点をカバーできます。しかしフィオーレによると、この防御法は鎧を着ていない時には適さないとしています。というのも、両手を交差するために、比較的体の近くで相手の攻撃を受け止めることになるのですが、当時のダガーの刃は30～40cmの長さがあるので、たとえ相手のダガーを受け止めても、切っ先が体に届いてしまう可能性があるのです。

1

相手の攻撃を前腕を交差させて受け止めます。

ダガー技5

シールド突き

Shield Thrust

出展：Fiore(Getty), 16v. Fiore(Pisani), 12r.

この技は、相手が攻撃してき時に、その手のひら目がけて突きを入れる技です。フィオーレによると、この技は鎧を着ている相手に有効であるとしています。

1

師匠が両手でダガーを握って『鉄の門』の構えをとっているところに、弟子が上からダガーを振り下ろしてきます。師匠は、弟子の手のひら目がけて下から突き上げます。

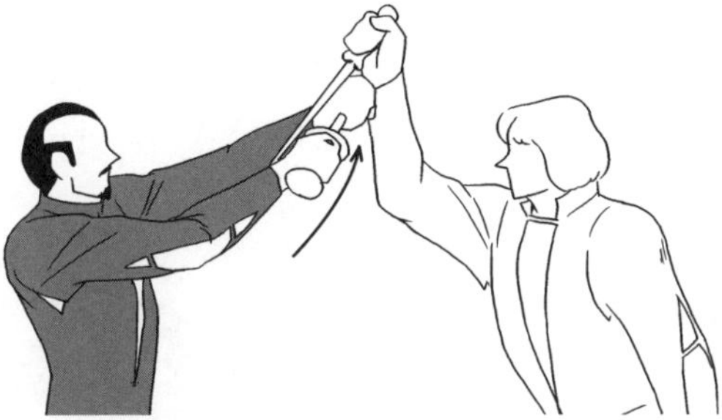

ダガー技6

下段切りつけ

Counter Cut against Unterstich

出展：Knight/Ringen-Dagger, p. 130. Vail, p. 168.

相手を刺すのではなく、相手に切りつける非常に珍しい技です。

1

下から突き刺してくる弟子の手首に切りつけます。

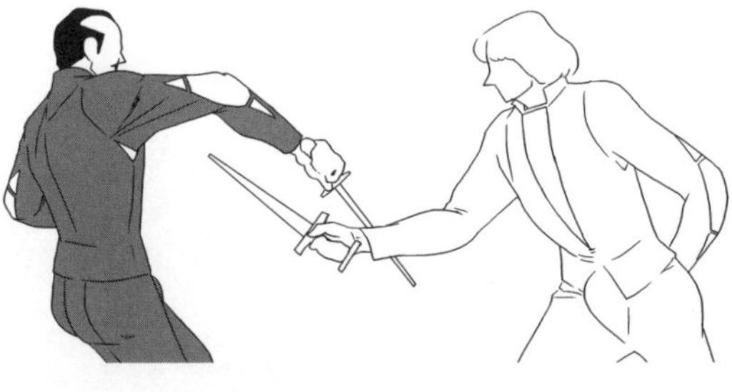

ダガー技7

対応法第一：手首捻り

First Remedy Master: Wrist Twist

出展：Fiore(Pisani), 6r. Fiore(Getty),10v. Gladiatoria, 33v. Talhoffer(1459), 61r. Knight/Ringen-Dagger,p.138. Vail, pp. 62, 63.

フィオーレは、ダガー術の基本技術をMaster（師匠・先生）、その基本技術の応用技を scholar（弟子・生徒）、基本技・応用技のカウンター技をCounter Masterと分類しています。Remedy Masterは、攻撃技を破る技という意味です。「対応法第一」は、上方からの攻撃を左手でブロックしてからの一連の技を紹介しています。

ここでは、逆手に握った相手のダガーを、自分の手首を梃子として回転させることで、ダガーを奪う技を紹介します。

1

師匠は左手で、攻撃してきた弟子の腕を逆手でつかみます。

2

そして、師匠は弟子の腕を下に導きながら、自分の腕を、弟子の腕の下にある状態から、弟子の腕の上に来るように巻きます。そうすることで、師匠の腕が梃子のように弟子のダガーを回転させて、ダガーを弟子の手から奪うのです。

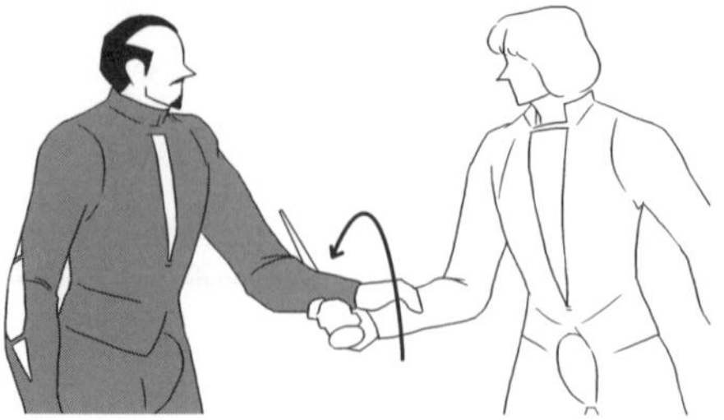

3 **カウンター**

ダガーを上げて、ダガーを師匠の腕から外します。

ダガー技8

対応法第一・第一応用法：キー・ロック
First Scholar, First Master: Key

出展：Fiore(Pisani), 6v.　Fiore(Getty), 10v.

相手の攻撃を止めた時に、相手の腕を抱え込むようにして、キー・ホールドをかけます。当然のことながら、相手の腕が直角に近いほどよく極まります。

1

師匠が、弟子の攻撃を左腕でブロックしました。

2

師匠は、左腕を弟子の右手に巻きつけるようにします。

3

腕を巻きつけたら、素早く体を回転させます。この時、左前腕で弟子の肘を前方に押し上げ、上腕で弟子の手首の辺りを後方に押すようにして極めます。

4 カウンター

師匠が腕を巻きつけてきたら、弟子は左手を右手に添えて、師匠の力に対抗します。

5

そのまま、両手の力を合わせて、師匠にキー・ホールドをかけ返し、ダガーを背中に突き立てます。

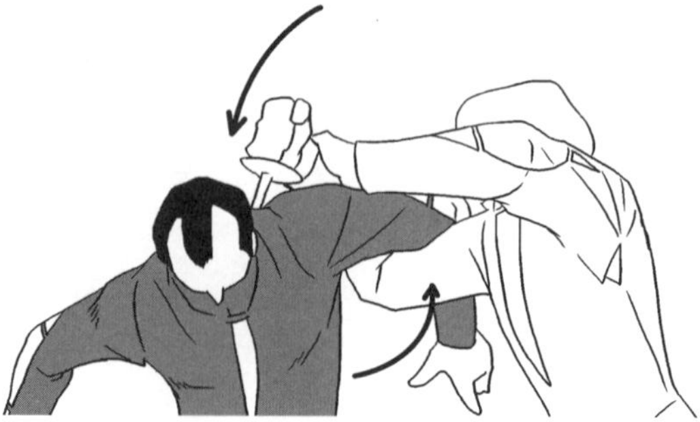

ダガー技9

対応法第一・第一応用法：キー・ロック2

Second Scholar, First Master: Key2

出展：Fiore(Pisani), 6v. Fiore(Getty),11r. Dürer,(Dagger), No.14.diatoria,33r.Vail,p. 66.

1

弟子の右手首を左手でつかみ、弟子の右肘を左手でつかみます。

2

弟子の腕を反時計回りに回転させて、肩を極めます。

3 別バージョン

ヴェイルは、この技を、弟子の腕を後方に押すと解釈しています。

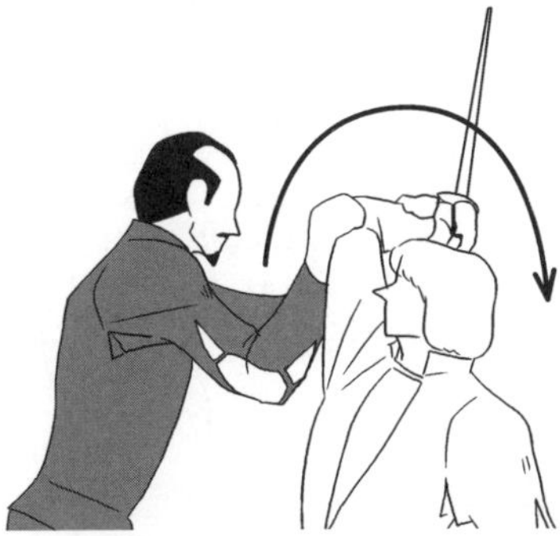

4 カウンター

師匠が肘をつかんできたら、弟子は素早くダガーの刃を左手でつかみ、同時に左前腕で師匠の右腕を上から押し下げて、師匠が腕を回転させようとするのを防ぎます。

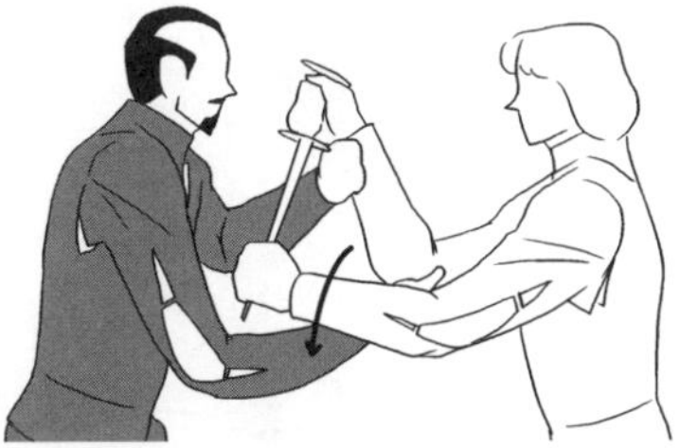

ダガー技10

対応法第一・第五応用法：4の字固め

Fifth Scholar, First Master: Figure 4

出展：Fiore(Pisani), 6v. Fiore(Getty),12r. Vail,p. 67. Knight/Ringen-Dagger,p. 55.

レスリングのところで出てきた4の字固めのダガー版です。

1

弟子は、師匠の攻撃を左手でブロックし、手首をつかみます。

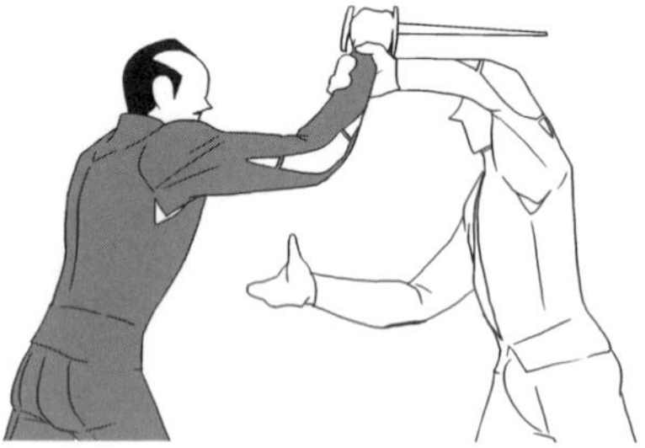

2

右手を師匠の腕の上を通し、自身の左手首をつかみます。

3

右足を師匠の右足の後方に踏み込んで、師匠の腕を後方に回転させて、腕を折り、同時に後方に投げます。

4 カウンター

フィオーレの、このような腕を回転させて関節を極める技に対するカウンターは、とてもシンプルです。技を極められたと感じた師匠は、左手を右手に重ね合わせ、両手の力で弟子の力に抵抗し、そのまま弟子を突き刺します。

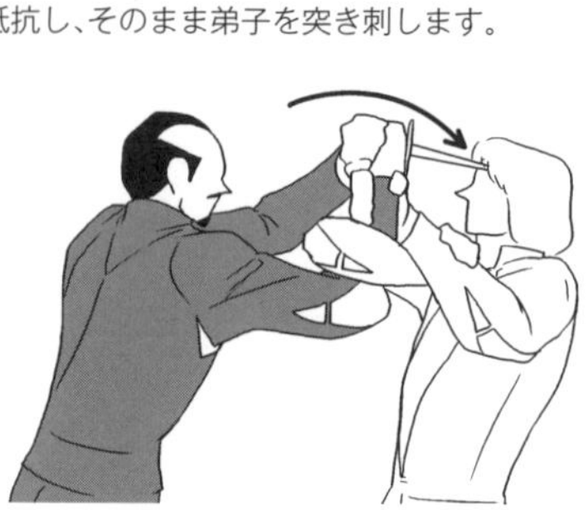

ダガー技11

対応法第一・第七応用法：肩に担いでのアームバー

Seventh Scholar, First Master: Over the Shoulder Armbar

出展：Fiore(Pisani),7r.　Fiore(Getty),12r.　Talhoffer(1467),pl. 182.　Knight/Ringen-Dagger,p. 153.　Vail,pp. 68,69.

片手で相手の攻撃をブロックして手首をつかむ時に、相手の勢いが強すぎて、相手の手首をつかむ前に相手の腕が滑ってしまうことが多々あります。ここでは、相手の手首をつかめなかった時の技を紹介します。

1

師匠が弟子の攻撃をブロックしました。しかし、師匠は弟子の手首をつかめませんでした。

2

師匠は、弟子の腕と自分の腕を接触させたまま、弟子の腕を下へと導きます。そして、一番下まできたところで、弟子の手首を両手でつかみます。

3

体を回転させつつ弟子の腕を捻り、そのまま肩の上に担ぐようにして弟子の腕を折ります。

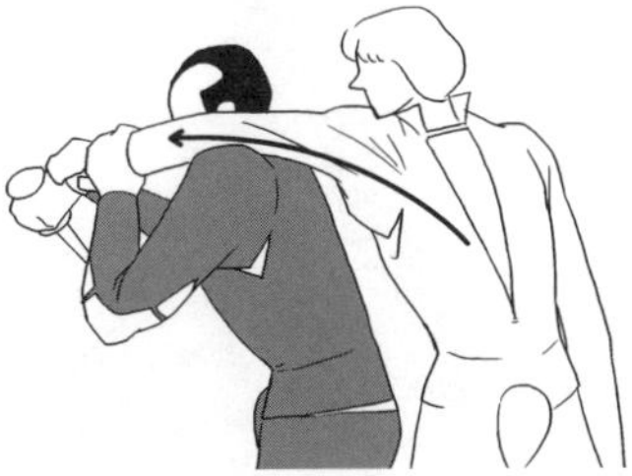

ダガー技12

対応法第二・第一応用法：4の字固め
First Scholar, Second Master: Figure 4

出展：Fiore(Pisani), 7v.　Fiore(Getty), 13r, 13v.　Vail, pp. 72, 73.

「対応法第二」は、上方からの攻撃を十字受けで防御してからの一連の技を解説しています。ここでは、十字受けからの4の字固めを解説します。十字受けの体勢が、すでに4の字固めの体勢に近いので、素早くかけることができます。

1

師弟子の攻撃を十字受けで止めます。

2

右手を素早く弟子の腕の後方に回し、左手首をつかみます。そして、弟子の手首を後方に押し下げつつ、右腕で弟子の上腕を押し上げ、関節を極めます。

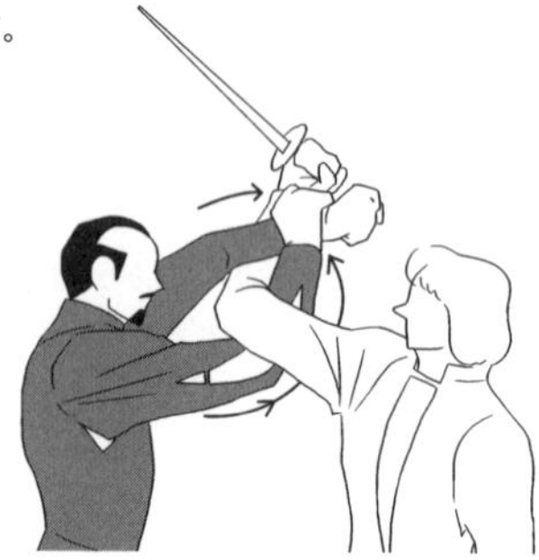

3

そのまま弟子の後方に踏み込み、弟子の肘を砕きつつ後方に投げます。

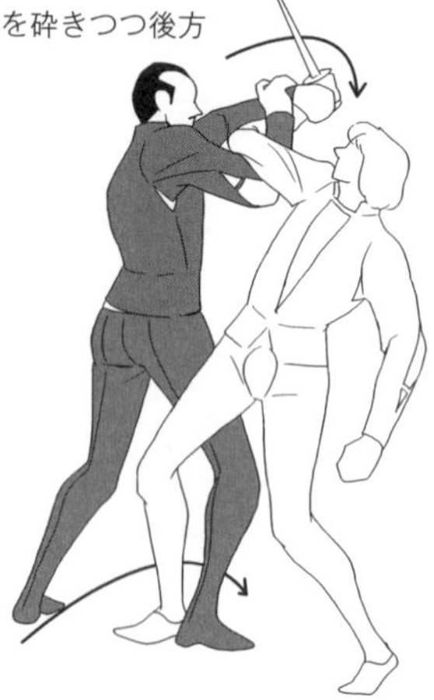

4 カウンター

いつものごとく、左腕を添えて師匠の力に対抗します。この時、師匠の腕を押し下げるようにしながら師匠の腕を押し返し、突き刺します。

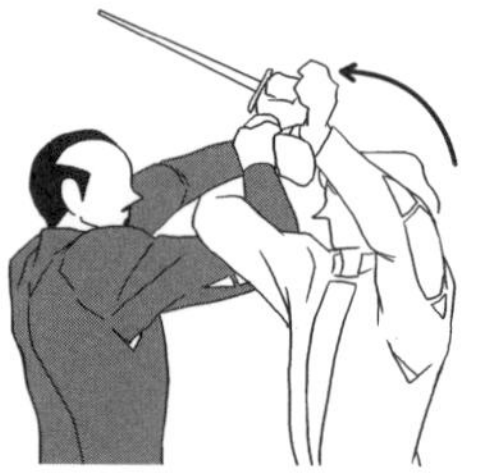

ダガー技13

対応法第三：後方への投げ
Third Remedy Master: Over the Leg Throw

出展：Fiore(Pisani), 8v.　Fiore(Getty), 13v.　Vail, pp. 82, 83.

「対応法第三」は、逆手握りのダガーによる下方からの攻撃に対する技を解説しています。フィオーレによると、下方からの攻撃は、数え切れないほどの人を死に追いやったそうで、防ぐのが非常に困難だったようです。ここでは、弟子は逆手握りで攻撃していますが、この技は順手握りの場合でも有効です。

1

弟子の下方からの攻撃をブロックし、手首をつかみます。

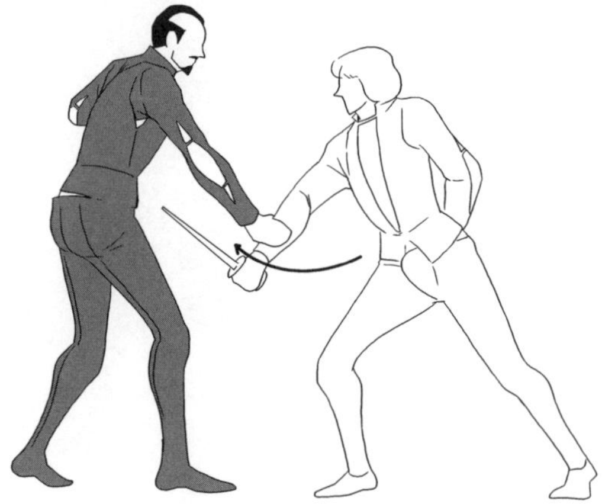

2

そのまま弟子の手首を引きつつ、左足を弟子の右足の後ろに踏み込み、左手で弟子を押して後方に倒します。

ダガー技14

対応法第三・第二応用法：ストレート・アームバー

Second Scholar, Third Master: Straight Armbar

出展：Fiore(Pisani),8v. Fiore(Getty),13v. Knight/Ringen-Dagger,p. 152 Vail,pp. 86,87.

ヴェイルのバージョンでは、上からの攻撃に対して、この技を使っています。

1

弟子の攻撃を止めて、手首をつかみます。

2

そのまま弟子の腕を引きつつ、弟子の腕を捻ります。そして体を回転させながら、左手で弟子の肘を上から押し下げます。

3

弟子の足の前に左足を踏み出し、弟子の肘を極めつつ、前方に投げます。当然ですが、この時、弟子の腕を折ることもできます。

4 別バージョン

フィオーレは別バージョンとして、弟子の肘に腕を叩きつけて、弟子の腕を折る技を紹介しています。

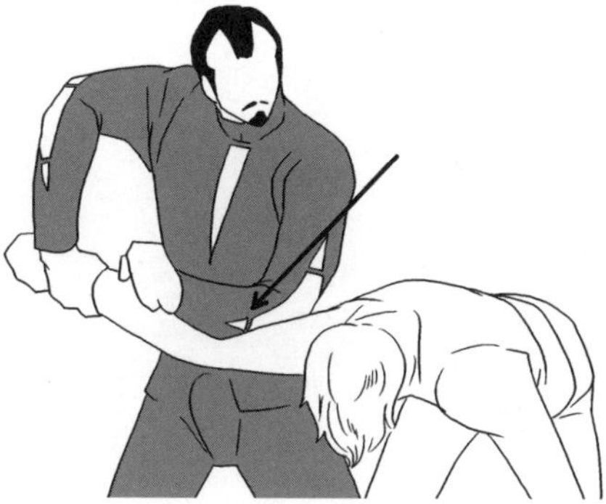

ダガー技15

対応法第三・第五応用法：キー・ロック

Fifth Scholar, Third Master: Strong Key

出典：Fiore(Pisani), 9r.　Fiore(Getty), 14r.　Talhoffer(1467), pl. 172.　Vail, pp. 90, 91.

Strong Keyという名前は、フィオーレによる命名です。彼によると、この技は鎧を着た人間さえ殺すことができ、また逃れることは不可能であると主張しています。殺すといっても、この技の威力で殺すのではなく、この技をかけることで、相手の急所を自由に攻撃できるからです。

1

弟子の攻撃を止め、腕をつかみます。

2

腕をつかんだまま一歩踏み込み、弟子の腕を左側に持っていきます。この際、弟子の腕が真っ直ぐにならないように注意します。

3

師匠は、左手を弟子の右腕の下を通します。

4

体を回転させつつ、弟子の腕を押し下げます。同時に師匠は肩と腕を使って弟子の前腕を上に押し上げて、弟子の腕を極めます。フィオーレの挿絵では、師匠が腕を振り上げているので、腕を極めた後に弟子の首筋を右手で攻撃すると思われます。

ダガー技16

対応法第四：抱え込みアームバー
Fourth Remedy Master: Armpit Trap

出典：Fiore(Pisani),9v.　Fiore(Getty),14v.　Talhoffer(1467),pl. 175.　Vail,pp. 76,77, 92,93.

「対応法第四」は、上方からの攻撃を両手で止めてから、かける技です。

1

弟子の攻撃を、両手で止めます。

2

弟子の腕をねじりつつ、下に持っていき、同時に体を時計回りに回転させます。

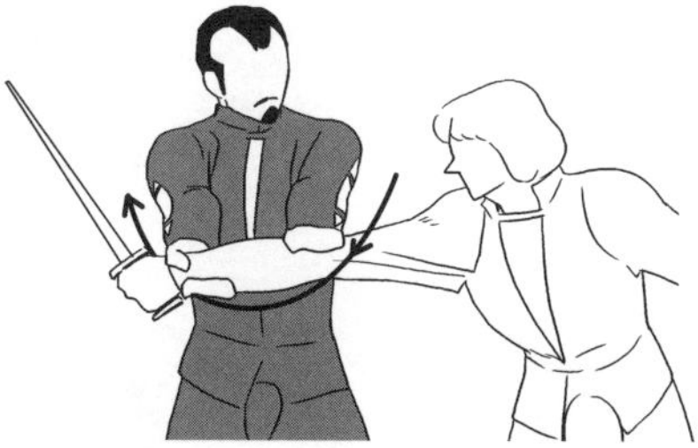

3

弟子の腕を抱え込み、弟子の手首を上に引き上げつつ、腋で弟子の肘を固定します。

4

そのまま地面に倒れ込み、弟子の腕をへし折るか、または押さえ込みます。

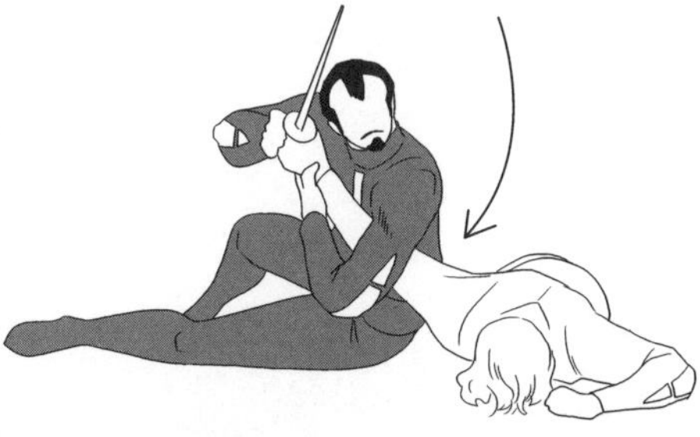

ダガー技17

対応法第四・第一応用法：上段キーロック
First Scholar, Fourth Master : Upper Key

出典：Fiore(Pisani), 9v.　Fiore(Getty), 14v.　Talhoffer(1467), pl. 178.　Vail, p. 95.

〔技10〕の変形で、両手で相手をつかんで逃げられないようにしています。

1

師匠の攻撃をブロックし、師匠の腕を後ろに押し上げるようにして、師匠の肘が曲がるようにします。

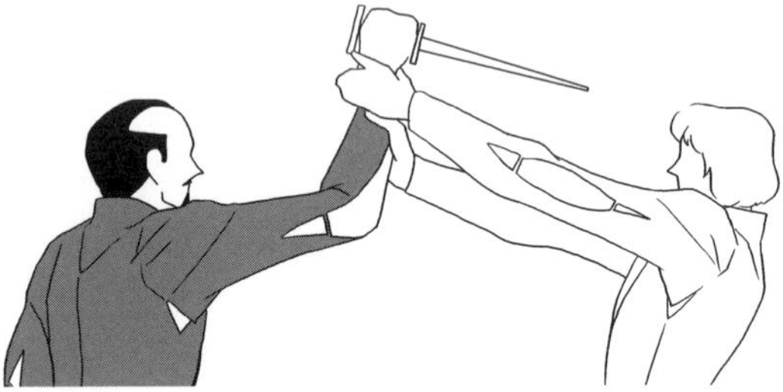

2

さらに師匠の腕を後方に押しながら、弟子は、自分の右腕を師匠の右腕の後ろに持ってきます。原本の挿絵を見る限り、この時に、弟子は手の持ち方を変えているようです。

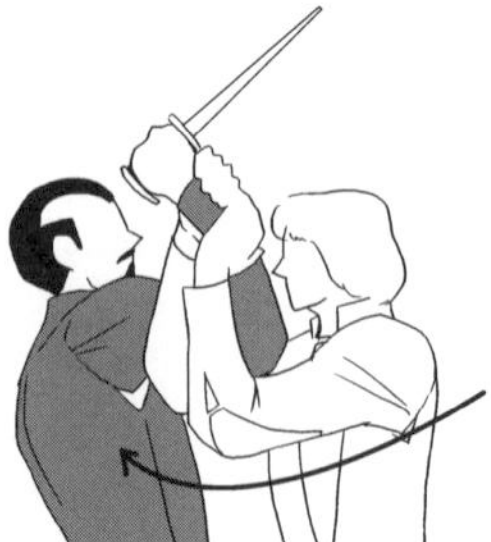

3

体を回転させて、師匠の腕を極めます。

ダガー技18

対応法第四・第二応用法：4の字固め
Second Scholar, Fourth Master: Figure4

出典：Fiore(Pisani), 9v.　Fiore(Getty), 14v.　Vail, p. 94.

前項同様〔技10〕の別バージョンで、フィオーレは特に強力な技だ、としています。また、ヴェイルによると、ヴァラーシュタイン写本では、この技をパンチに対するカウンター技として紹介しているそうです（Wallerstein, pl. 137.）。

1

師匠の攻撃を止め、以前のように後方に押し上げて、師匠の肘が曲がっているようにします。

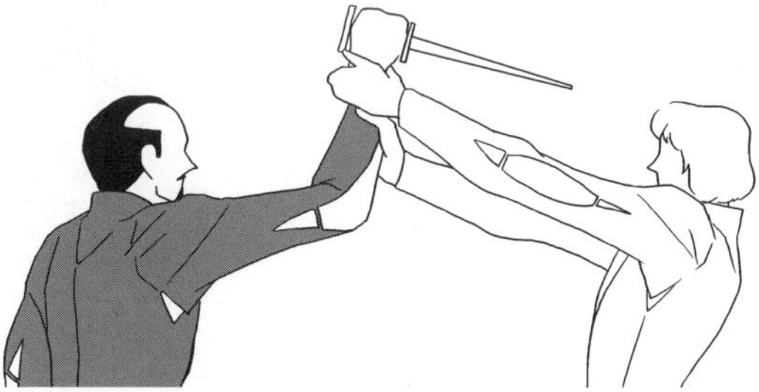

2

弟子は、右手はそのまま師匠の手首をつかみつつ、左手を離し、師匠の右腕の後ろから自分の右手首をつかみます。

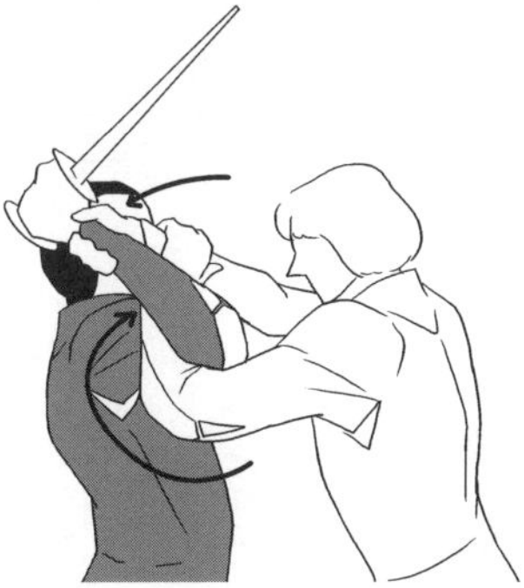

3

右足を師匠の右足の後ろに踏み込みつつ、師匠の腕を固め、投げるか腕を折ります。

ダガー技19

対応法第五：腕折り
Fifth Remedy Master : Elbow Smash

出典：Fiore(Pisani), 10r.　Fiore(Getty), 38r.　Meyer, p. 246, A.　Vail, p. 111.

「対応法第五」は、これまでのものとは少し違い、相手がこちらの襟をつかんで、刺してきた時の対応法です。ここでは、襟をつかんできた腕を折る技を紹介します。

1

師匠が、左手で弟子の襟をつかんで締め上げ、今にも刺そうとしています。

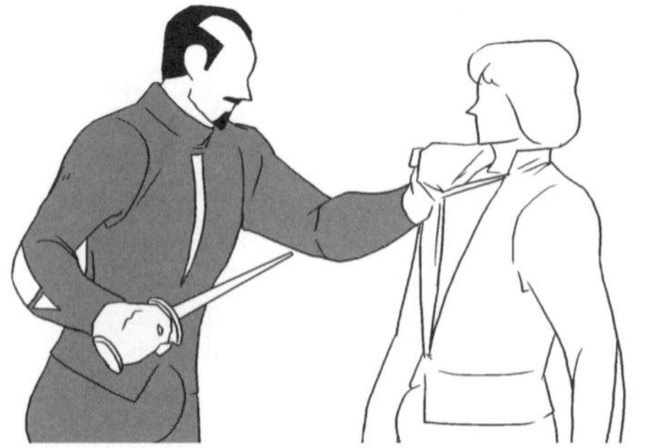

2

弟子は、左手で師匠の左手首をつかみ、後ろに引いて、腕を真っ直ぐに伸ばします。

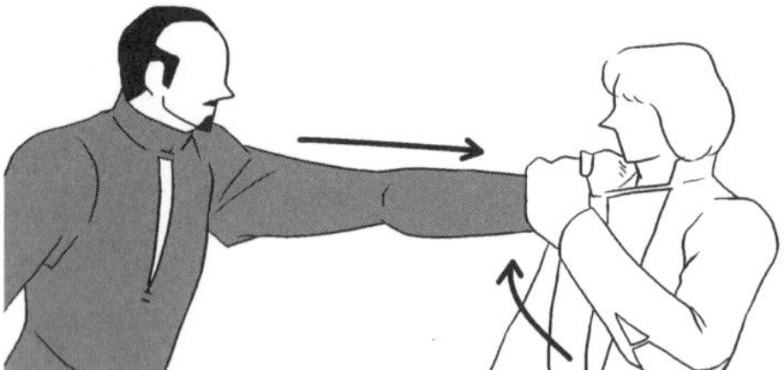

3

前腕で師匠の肘を殴りつけて、師匠の腕を折ります。

ダガー技20

対応法第五・第一応用法：払いのけ

Second Scholar, Fifth Master : Wiping Away

出典：Fiore(Pisani), 10r.　Fiore(Getty), 38v.　Vail, p. 114.

この技は、襟をつかんでいる手を振りほどく技です。〔レスリング技28〕と同様に、槍などの穂先を柄から外すこともできると説明しています（西洋の槍などは、日本のような茎を差し込むタイプでなく、ソケット状の袋を釘で固定するタイプなので、比較的簡単に外すことができます）。また、ヴェイルは、正面から首を絞められた時に、手を振りほどくのにも有効であると解説しています。

1

師匠が弟子の襟をつかんでいます。

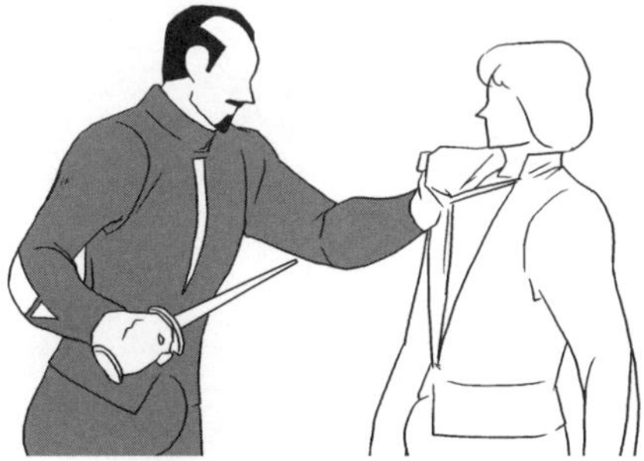

2

襟をつかんでいる手の甲の側で、両手を合わせます。

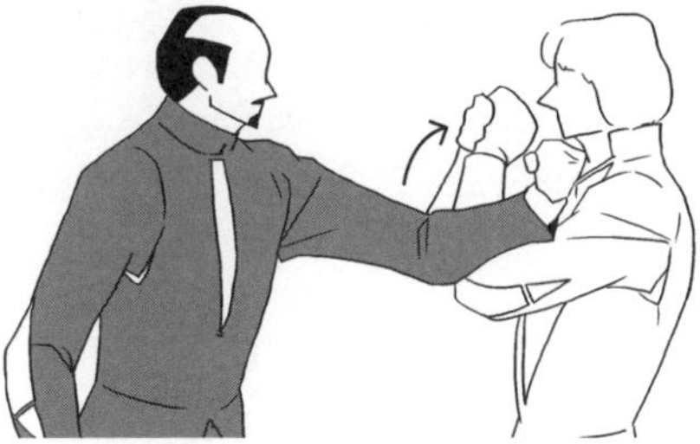

3

両手で力の限り、師匠の手を右から左に払いのけます。

ダガー技21

対応法第五・第九応用法：アームバー
Ninth Scholar, Fifth Master : Armbar

出典：Fiore(Pisani), 11r.　Fiore(Getty),15r.　Vail, p. 115.

1

師匠が襟をつかんでいます。

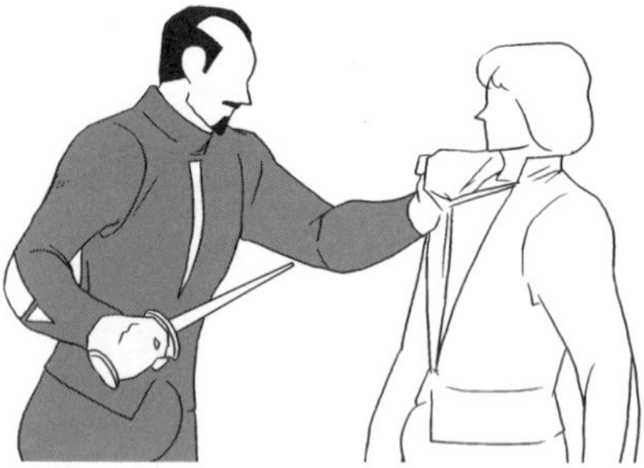

2

弟子は、左手で師匠の手首をつかみ、左手で肘を押し上げて師匠の腕を真っ直ぐに伸ばします。

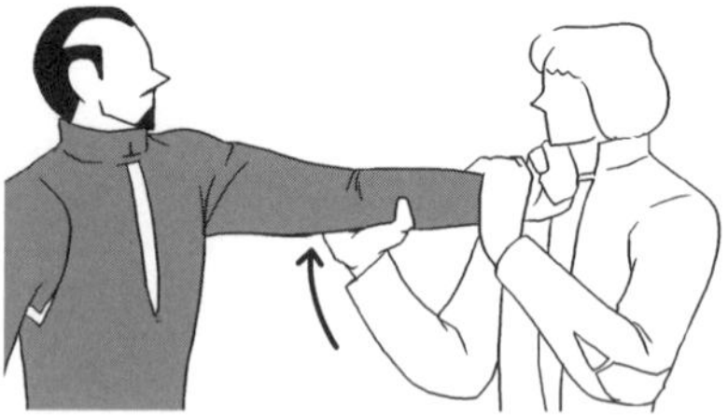

3

師匠の腕を真っ直ぐにしたまま、師匠の腕を捻りつつ押し下げ、体を180度回転させます。体を回転させることで、ダガーが届かない位置にくることができます。

ダガー技22

対応法第五・第十一、十二応用法：ダガー取り
Eleventh, Twelfth Scholar, Fifth Master : Disarm

出典：Fiore(Pisani), 11r.　Fiore(Getty),15v.　Vail, p. 116.

1

師匠が弟子の襟をつかんでいます。

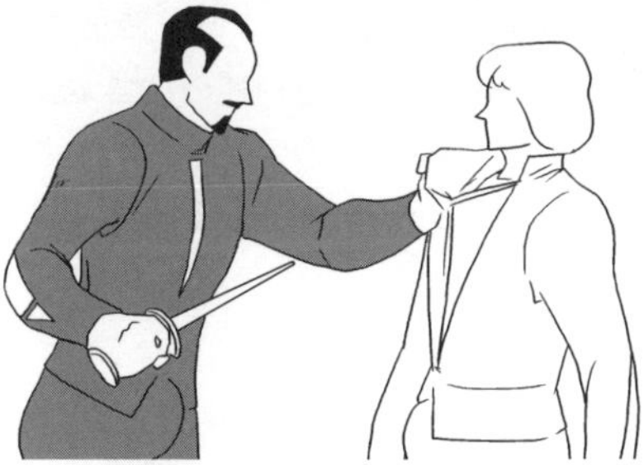

2

師匠の下からの攻撃を、両手で捕らえます。

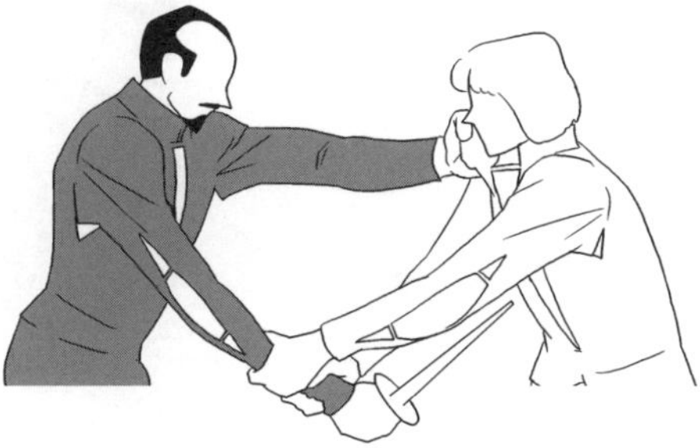

3

左手で、師匠の手首をつかんだまま、右手でダガーの柄をつかみます。そして内側に回転させます。

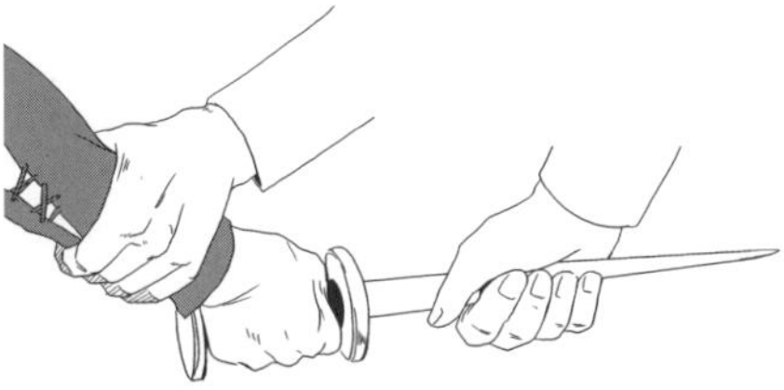

4

師匠のダガーを奪います。このまま師匠を刺したり、または左手に持ち替えて、師匠を刺します。

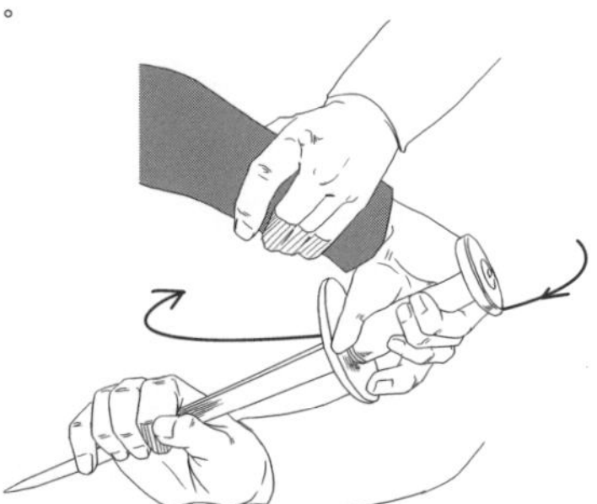

ダガー技23

対応法第六・第一応用法：シールド・ブロック

Sixth Master, First Scholar, Sixth Master : Shield Block

出典：Fiore(Pisani), 11r.　Fiore(Getty),16r.　Vail, p. 130.

「対応法第六」は、右手でダガーの柄を、左手でダガーの刃を握った状態で、相手の攻撃を防いだ時に使う一連の技です。ここで紹介する技は、「対応法第六」と、その応用法を合わせたものです。また、フィオーレは〔ダガー技17〕「対応法第四・第一応用法」を使うこともできると解説しています。

1

両手で持ったダガーで弟子の攻撃をブロックします。

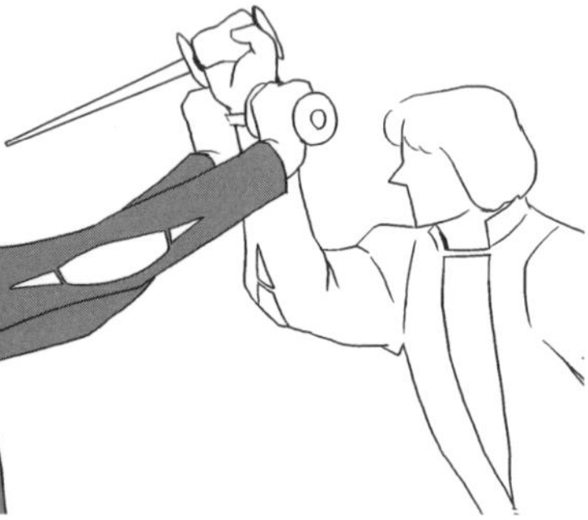

2

素早く左手で弟子の右手をつかんで押しやり、弟子を刺します。

ダガー技24

対応法第六・第六応用法：両手捻りダガー取り

Sixth Scholar,Sixth Master : Single Dagger Disarm,Double-Handed

出典：Fiore(Getty),16v.　Talhoffer(1467), pl. 182. Wallerstein, pl. 47.　Knight/Ringen-Dagger, pp. 134, 135.

相手のダガーを自分のダガーで押して奪う技です。ナイトは、相手の手首に圧力をかけながら、素早く行う必要があるとしています。

1

弟子が、師匠の攻撃を受け止めます。

2

弟子は、一歩踏み込みながら、師匠の手首を押し返します。そして、右手を師匠の腕の上に持っていきます。

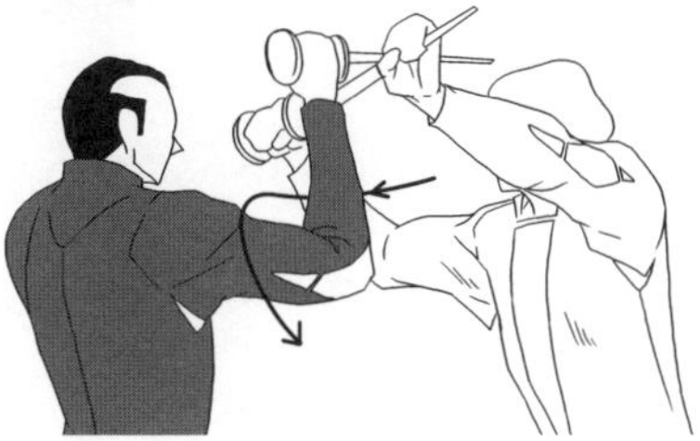

3

右手とダガーの柄尻を、師匠の腕に引っ掛けるようにして、左手を押し込みます。自分のダガーの刃を梃子のように使って、師匠のダガーを回転させます。

4

ダガーが完全に回転してもなお師匠がダガーを離さない時は、左手を押し下げて、師匠のダガーを下に押さえつけて、ダガーを奪います。

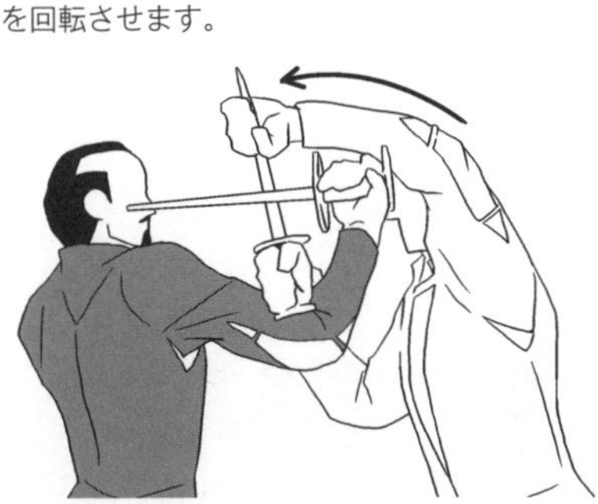

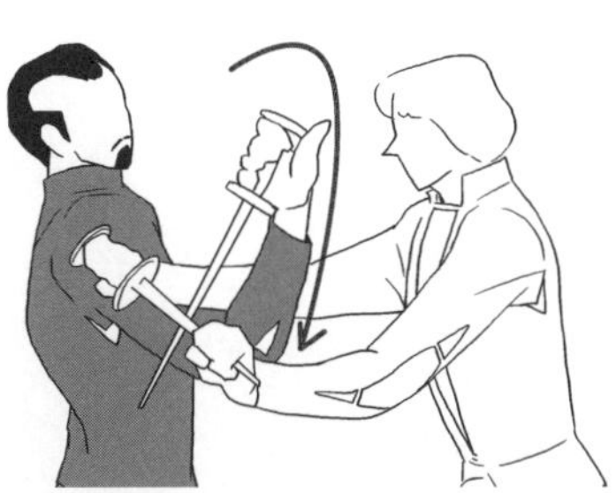

ダガー技25

対応法第九・第六、第七応用法：足の間からの押さえ込み
Sixth,Seventh Scholar,Ninth Master:Between the Legs Arm Hold

出典：Fiore(Pisani), 12v.　Fiore(Getty),18v.

この技は〔レスリング技63〕を、ダガー術に応用したものです。相手の腕を両足の間に通すことで、相手の腕の自由を奪います。

1

弟子の攻撃を止めます。

2

手をとられてしまった弟子は、カウンターを警戒し、姿勢を低くしてダガーを握った手を引っ込めます。

3

弟子の動きに、師匠は右手で弟子の手を引き下げながら、弟子の背後へと移動します。

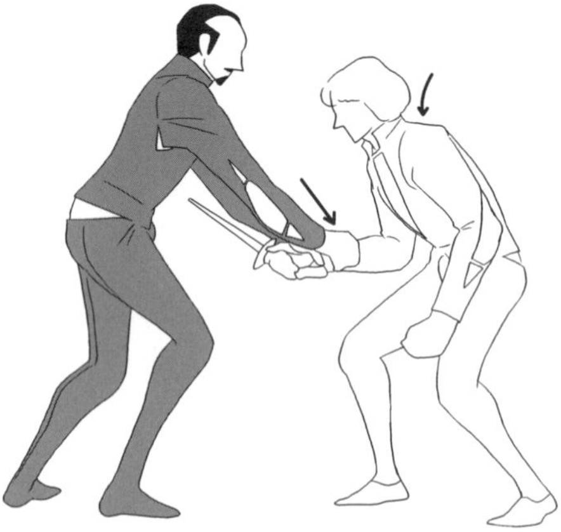

4

弟子の右手を両足の間に押し込み、左手で弟子の右手をとります。

5

弟子の手を押さえたまま、完全に背後に回り込み、右手で弟子のダガーの刃をつかんで奪います。

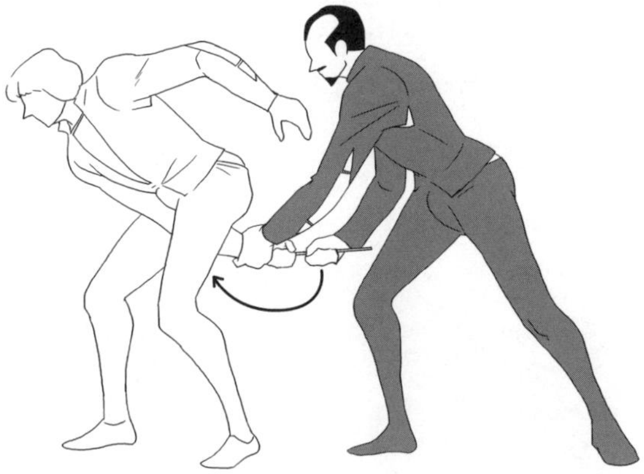

6 別バージョン

フィオーレのバージョンでは、師匠は弟子のダガーではなく、足をつかみ上げて弟子を倒します。彼は、この技に対するカウンターは存在しないといっています。

ダガー技26

片手捻りダガー取り
Single Dagger Disarm, One-Handed

出典：Wallerstein,pl. 45. Talhoffer(1459),64r. Talhoffer(1467),pl. 170. Knight/Ringen-Dagger,pp. 132,133. Vail,pp. 135, 136.

この技は、〔技24〕の片手版です。自分のダガーをレバーのように使って相手のダガーを奪う技で、非常に派手でありながら効果的な技とされています（両手版ほど安全ではないようです）。ヴェイルは、この技を相手の手首を押さえた状態で使っています。なお、この技では、『水平』構えという構えが出てきますが、これは、逆手に握ったダガーを横にした姿勢とされています。とはいえ、ダガーだけを横に構えていては、攻撃の勢いを止められないので、現在では、ダガーの刃を前腕に這わせたような格好だと考えられています。

1

師匠は『水平』構えで弟子の攻撃をブロックします。

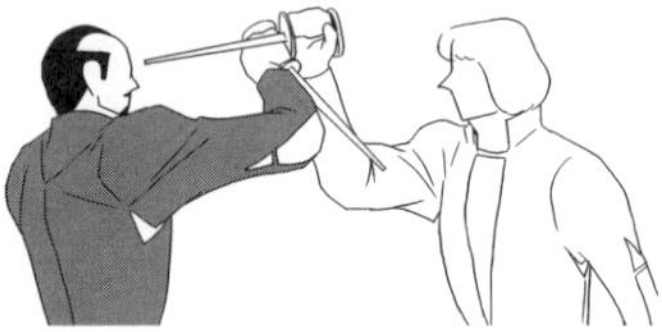

2

師匠は、自分のダガーと弟子のダガーとの接触を保ちつつ、自分のダガーを弟子の腕の上へと巻いていきます。

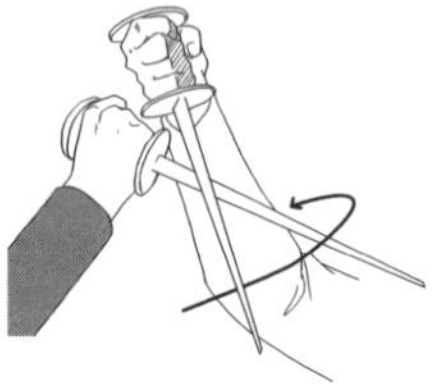

3

師匠がダガーを巻き終えて、弟子の腕に引っ掛けるようにした状態です。

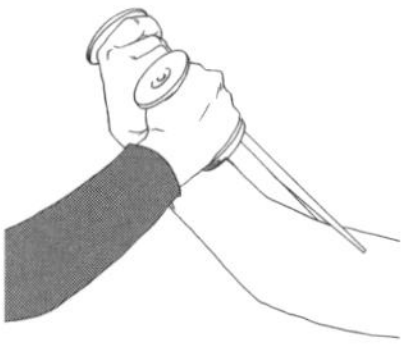

4

師匠は、ダガーをレバーを入れる要領で押し上げて、弟子のダガーを回転させ、奪います。ヴァラーシュタイン写本では、自分のダガーを押し上げるのではなく、弟子の腕に引っ掛けた自分のダガーを、こちらに強く引いてダガーを奪いつつ弟子の手首を折ると解説しています。

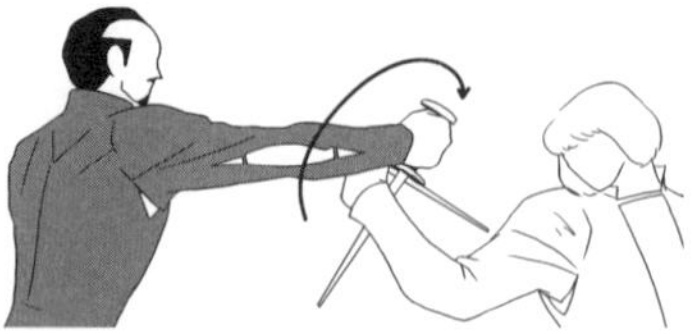

5

反対側から見た図です。

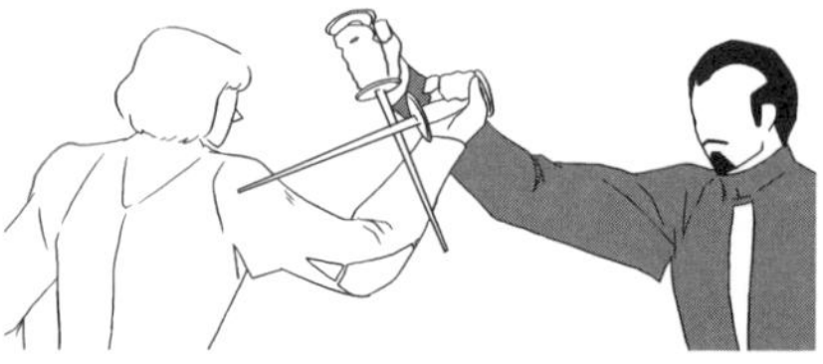

ダガー技27

変形キーロック
Upper Key

出典：Talhoffer(1459), 63v.　Talhoffer(1467), pl. 172.

ヨーロッパ武術がいかにキーロックを重視していたかがわかります。著者の印象では、組みついた時に、相手の腕が比較的真っ直ぐならアームバー、曲がっていたらキーロックという二択が当時の近接戦闘の基本だったようです。

1

弟子の攻撃を止めます。

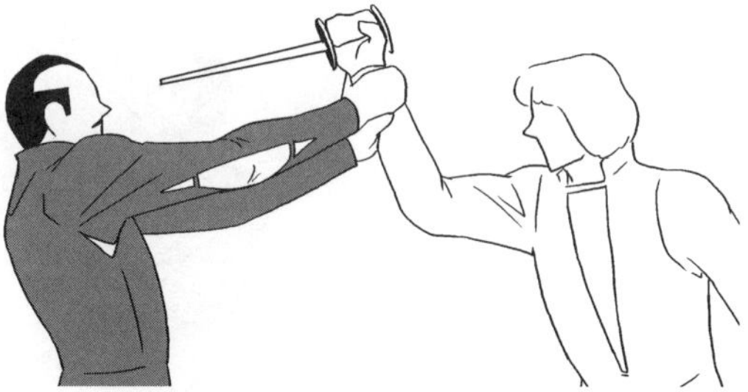

2

弟子の腕を曲げた状態に保ちつつ捻り下げ、右手を弟子の腕の下を通します。

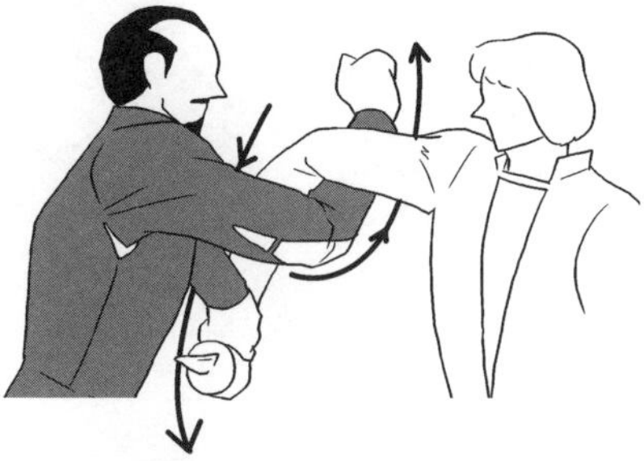

3

右腕で弟子の上腕を固定し、左手で弟子の腕を捻って極めます。

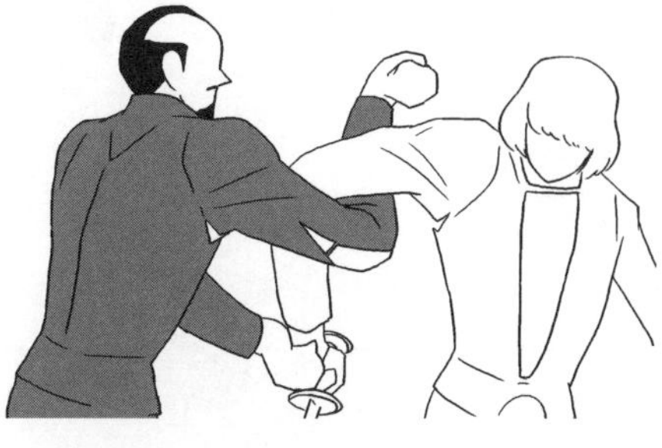

ダガー技28

肘を固めながらの腰投げ

Hip Throw with Elbow Lock

出典：Talhoffer(1459),65r. Talhoffer(1467),pl. 173,174. Knight/Ringen-Dagger,pp. 144,145.

これもキーロックの一種です。相手の肘を極めながらなげます。

1

弟子の攻撃を、右手で受け流します。

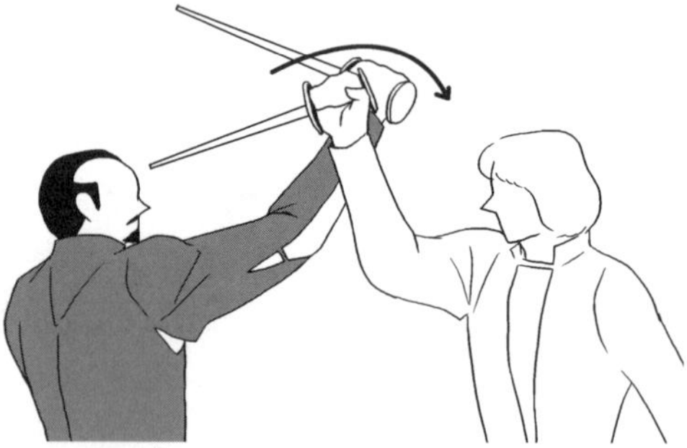

2

師匠は、ダガーの刃が弟子の腕を回り込むように、時計回りに腕を回して、弟子の攻撃を誘導します。

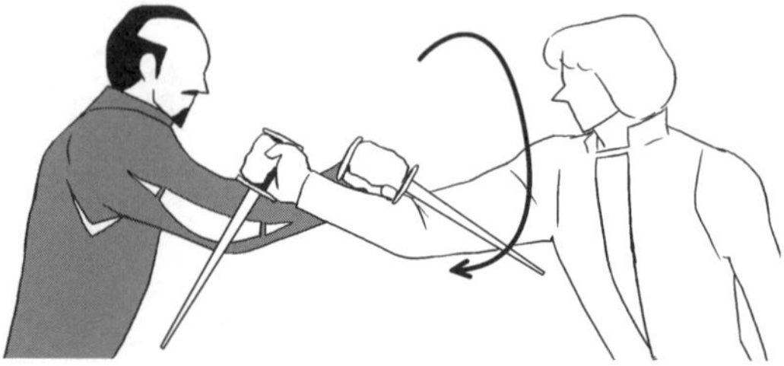

3

そのままダガーを巻き続けます。そして、ダガーの刃が弟子の腕の下を通って反対側にきたところで、左手でダガーの刃を取ります。

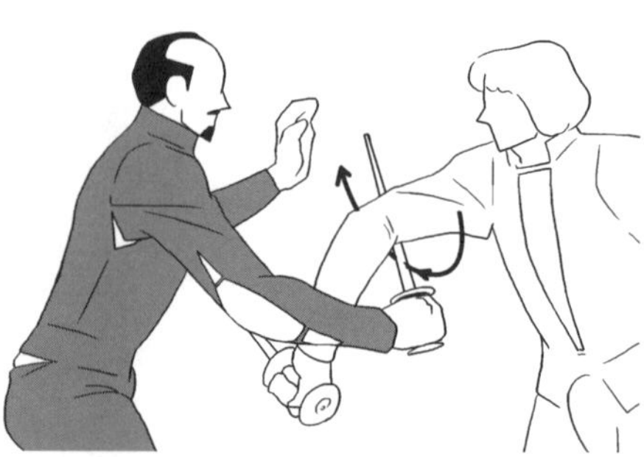

4

体を一気に回転させ、左足を弟子の前に踏み込みます。同時に、右前腕で弟子の前腕を押さえ込みながら、ダガーの刃で弟子の上腕を前方に押し出し、さらに左腕で弟子の肩を上から押し下げて、弟子の腕を極め、前方に投げます。

5 カウンター

時間を少し巻き戻し、師匠が弟子の腕を巻き込もうとしているところまで戻ります。

6

弟子は素早く反転して師匠の関節技を無効化し、左手でダガーの刃をつかみます。なぜこのように刃をつかむのかはっきりとした答えはありませんが、ひょっとしたら師匠のダガーを力任せにもぎとるための前段階かもしれません。

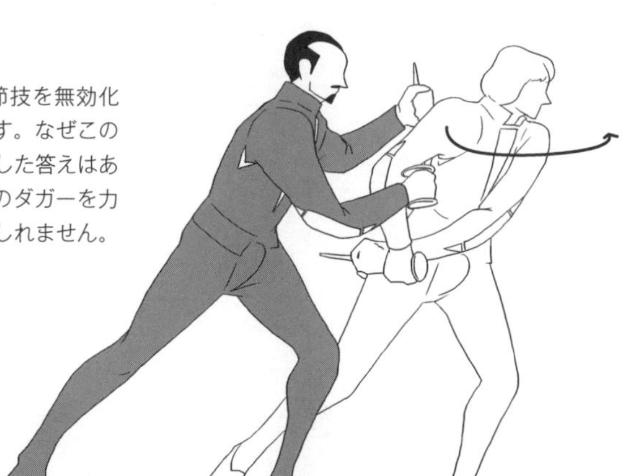

ダガー技29

膝吊り
Knee Lift

出典：Talhoffer(1459),66r. Talhoffer(1467), pl. 173. Wallerstein,pl. 50, 55. Knight/Ringen-Dagger, p.137.

レスリング技で頻出した、相手の足を吊り上げて投げる技のダガー版です。ダガーで相手の足を引っ掛けて吊り上げ、投げるのですが、むき出しの刃が足に押しつけられている状態で抵抗する人間はそういないと思われます。従って、レスリングよりも簡単に投げられるかもしれません。また、グラディアトリア・フェシトビュッフにはこれとほぼ同一の技があります。

1

弟子の攻撃を止め、手首をつかみます。

2

そのまま弟子の腕を押し返して弟子のバランスを崩しながら、右手のダガーで弟子の足を引っ掛けます。ここでは左足を引っ掛けていますが、どちらの足でもかまいません。

3

弟子の足を吊り上げ、後方に投げます。たとえ足を吊り上げられなくても、弟子の足の動きを封じているので、そのまま投げることができます。

パイリング・ダガー1

16世紀に入ると、ヨーロッパの戦闘術は大きな変換期を迎えます。スパダ・ダ・ラト、そしてレイピアの登場と期を同じくして、ダガーを補助武器として剣と同時に使う戦闘法が登場したのです。この時に使うダガーは、パリイング・ダガー、またはポニャードなどと呼ばれました。

この時期のドイツでは、これまでのダガーの鍔を半分切り取ったような形状のダガーが登場します。ランツクネヒト・ダガーと呼ばれ、親指でダガーの刃を押さえつけるように持つことができるので、しっかりとした保持が可能になりました。つまり、相手の剣を受け止めた衝撃に耐えられるようになったのです。

ランツクネヒト・ダガー。スイス、またはフランス製。16世紀初期。

15世紀終盤から研究が始まった剣とダガーの戦闘法は、1520年頃にイタリアやドイツで、隆盛を極めます。特にイタリアのボローニャが中心になったと言っても過言ではないでしょう。

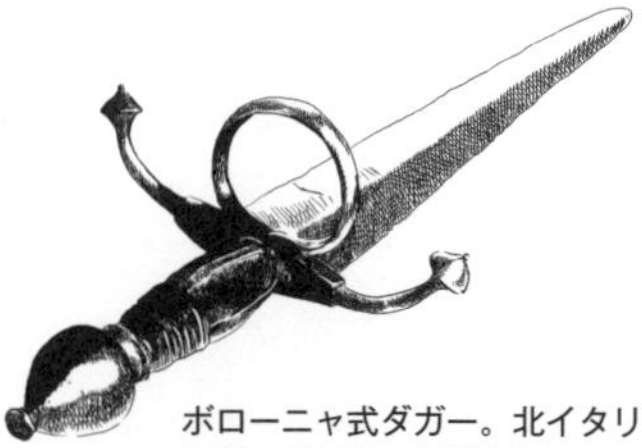

ボローニャ式ダガー。北イタリア製。1540～1560年

剣とダガーを用いた最古の戦闘法の解説書は、1536年に出版されたアキール・マロッゾの本です。ここで彼は、自分の使っているダガーをボローニャ式ダガー（Pugnale bolognese）と呼んでいます。最大の特徴は、鍔がサイドリングの側に湾曲しているため、相手の剣をサイドリング側で受けた時に、剣の刃をしっかりと捕らえることを可能にしています。

サイドリングは、相手の攻撃を受けた際の指の怪我を防ぐために発明されたもので、ダガーを使って安全に相手の攻撃を防御するのに欠かせないものです。後になると、サイドリングの輪の中を通すように突いてくる攻撃を防御するために、輪を塞ぐように板がつくようになります。

このボローニャ式ダガーは、ランツクネヒト・ダガーにも影響を与え、サイドリングと鍔の代わりに「殻」と呼ばれる鍔がつき、指や手首を防御しています。また、この「殻」には深い切れ目があって、相手の剣を捕らえることができるようになっていました。

（P324へ続く）

改良型ランツクネヒト・ダガー。ドイツ製。1540～1560年

ダガー技30

シザーロック
Scissors

出典：Talhoffer(1459), 66v, 67r. Wallerstein, pl. 46. Knight/Ringen-Dagger, pp. 140-142. Vail, p.148.

十字受けで止めた相手の手首を固めて極める技で、かなりの苦痛を与えられるそうです。

1

弟子の攻撃を十字受けでブロックします。

2

右手のダガーを、弟子の右腕の上を通します。

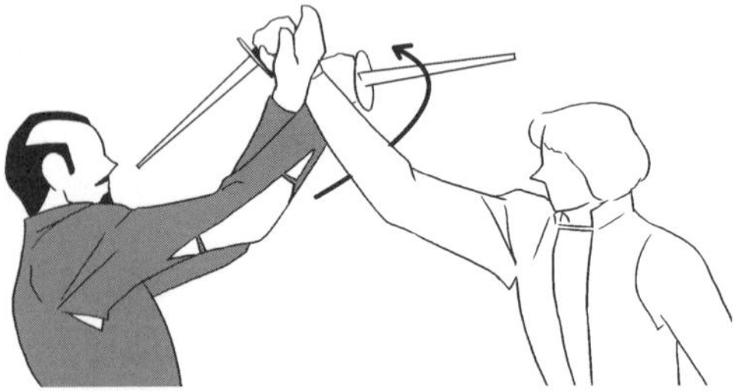

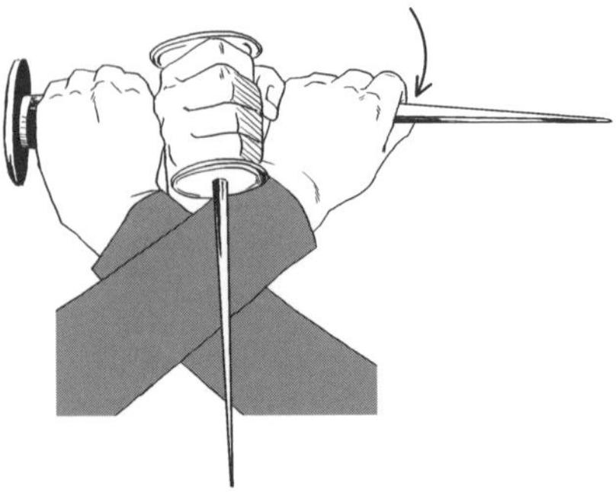

3

左手でそのダガーの刃をつかみます。右の図は、正面から見た図です。

4

両手を引き下ろして、弟子の手首を極めます。

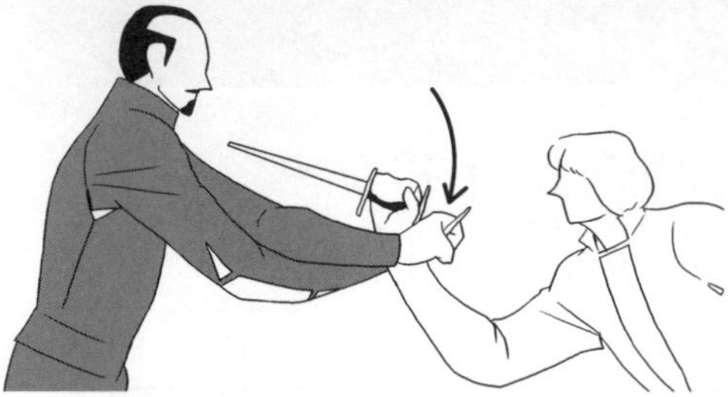

5 カウンター

肘固めによるカウンターです。この他に、ダガーを左手に持ち替えて攻撃する方法をナイトが紹介しています。

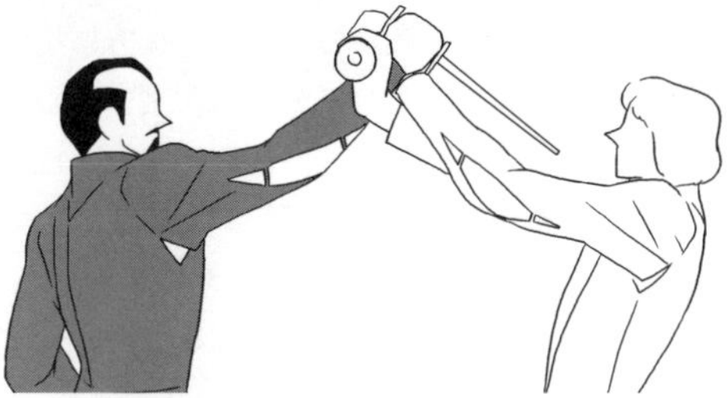

6

弟子が技をかけきる前に、ダガーの刃を弟子の腕の間に差し込み、左手で刃を持ちます。

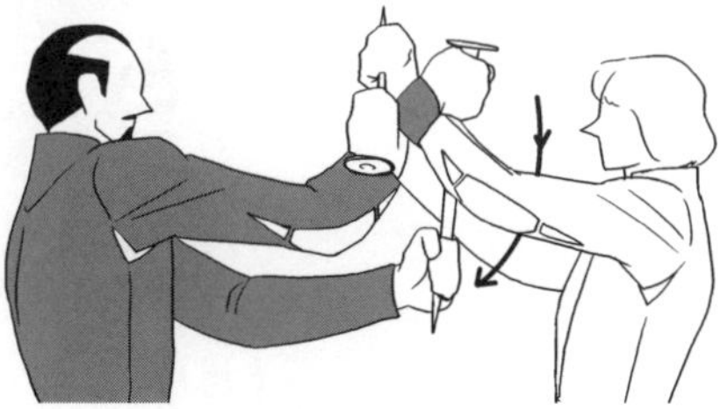

7

体を回転させつつ、右手で弟子の左腕を押し下げ、ダガーの刃で弟子の右肘を押し上げて腕を極め、前方に投げます。

ダガー技31

喉輪投げ

Backward Throw

出典：Gladiatoria, 41v. Talhoffer(1467), pl. 181. Knight/Ringen-Dagger, pp.74, 75. Vail, p. 150.

相手のダガーを持った腕を捕らえて、後方に投げる技で、様々なフェシトビュッフに登場します。ヴェイルはこの技を非常に評価しており、たとえ相手の体格が圧倒的であったとしても有効である非常に強力な技だとしています。また、喉輪はただ押さえつけるだけでなく、喉や顎へのパンチや掌底突きに換えることもできます。彼はさらに、1942年のアメリカ軍の徒手格闘マニュアルと、アウエルシュヴァルトのフェシトビュッフにも似た技があると紹介しています。

1

弟子の攻撃を止め、手首をつかみます。

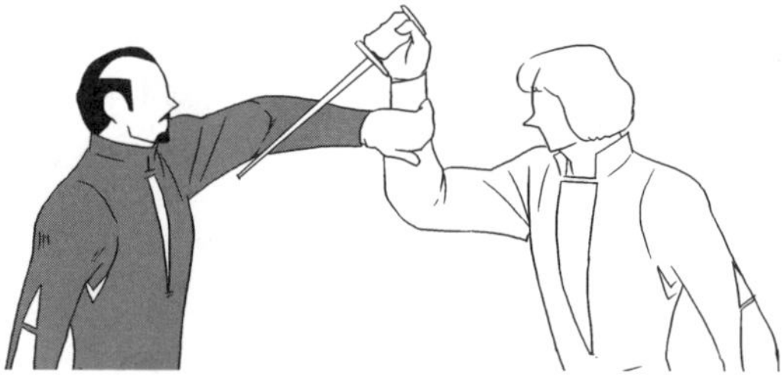

2

弟子の右手を引き、右手で喉をつかみます。

3

喉を締め上げつつ、右足を弟子の後方に踏み込み、投げます。

4 別バージョン

タルホーファーのバージョンでは、これとは逆、すなわちこちらの攻撃が止められた際のカウンターとして使っています。

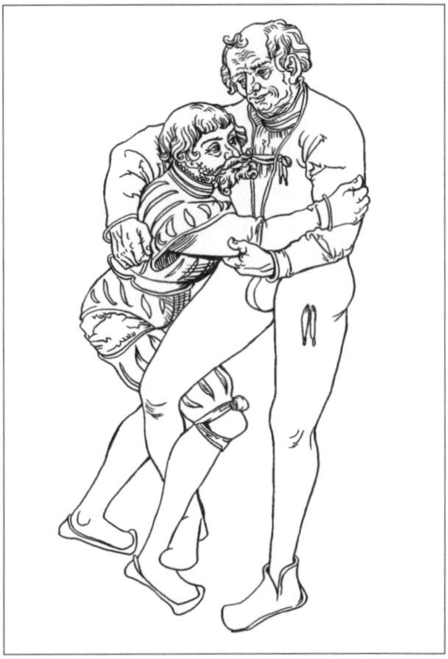

5 参考

ヴェイルが主張していると思われるアウエルシュヴァルトのバージョンです。ヴェイル自身は、この技を柔道の「大外刈り」と同じような足の使い方をしているとしていますが、著者の見たところでは、「刈っている」というよりは「絡ませている」という感じがします。ちなみに、技をかけているのが著者のフォン・アウエルシュヴァルト（当時77歳）です。

ダガー技32

首引っ掛け

Neck Hook

出典：Gladiatoria, 44v.　Wallerstein, pl. 48.

捕らえた相手の腕を首の後ろに持っていき、そのまま首を引っ掛けるようにして前方に引き倒す技です。フィオーレのハーフソード術にも同様の技があり、そこで彼は、確実に相手を倒すことのできる技だとしています。

1

弟子の攻撃を両手に持ったシールドブロックで止めます。

2

師匠は、そのまま弟子の腕を後方に押し込みます。

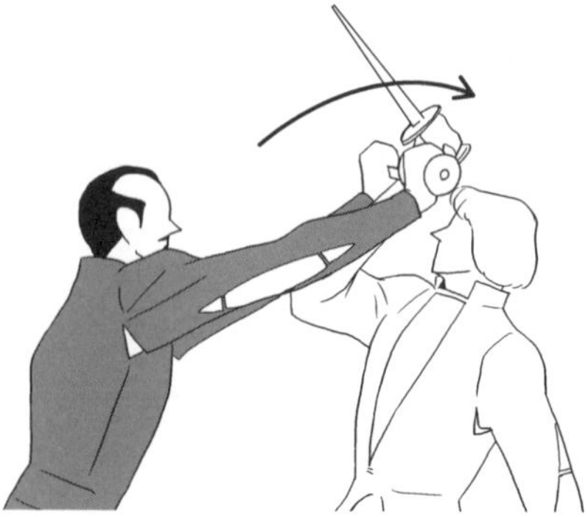

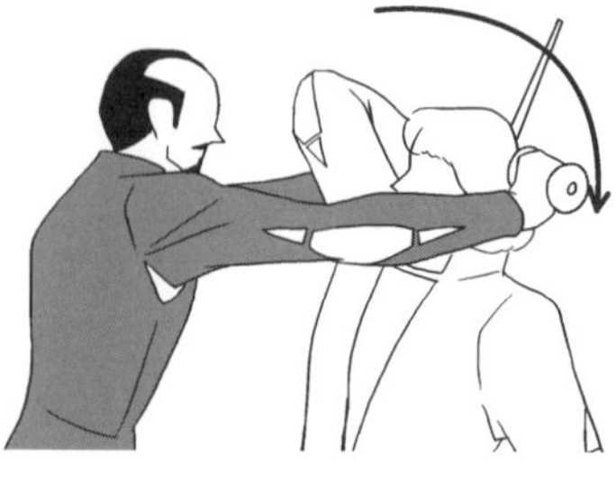

3

師匠は、ダガーを首に引っ掛けてしまいます。

4

ダガーを手前に引いて弟子を前方に倒します。

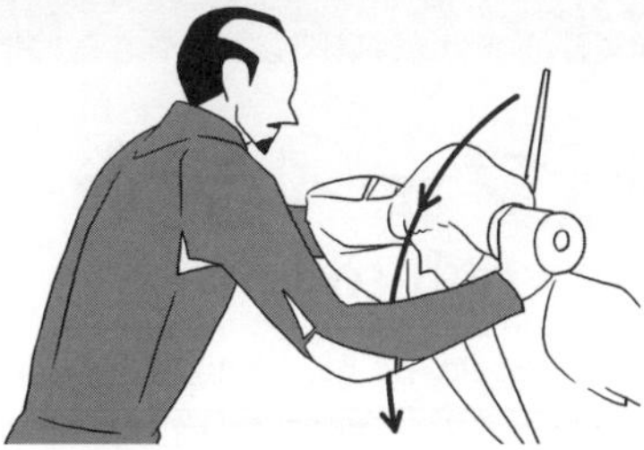

5 別バージョン

ダガーを持っていない時のバージョンです。右手で弟子の攻撃を止め、後方に押し込み、左手を弟子の首の後ろに回して前方に引き倒します。

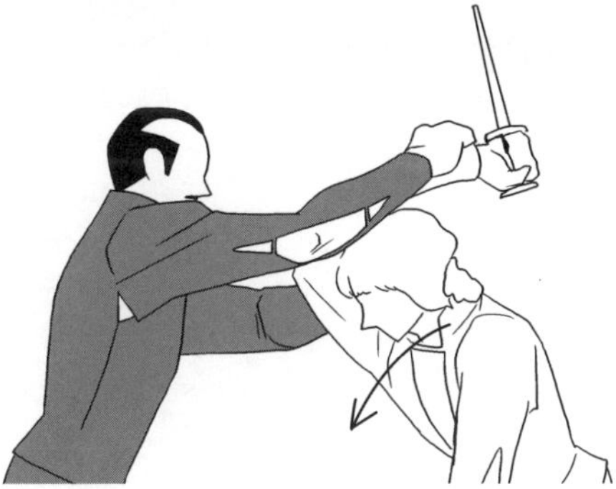

ダガー技33

回転フェイント
Feint : High-to-Low

出典：Wallerstein, pl. 51.　Knight/Ringen-Dagger, p. 136.

逆手のダガーを振り下ろすと、手は半円形の弧を描きます。そこで、振り下ろす途中で体を回転させると、そのまま下から突き上げる動きに変わります。この技は、腕の動きを止めることなく、攻撃の方向を変える技です。

1

師匠が、上から攻撃しようとします。弟子は、それを防御しようと腕を上げます。

2

弟子の動きを見て、師匠は体を回転させます。

3

体の回転により、ダガーの軌跡が、上からの振り下ろしから、下からの突き上げに変わります。このまま弟子を突き刺します。

ダガー技34

空中ダガー取り

Dagger Disarm against the French Thrust

出典：Wallerstein, pl. 56.　Knight/Ringen-Dagger, pp. 128, 147.

この章の最初の方で、ヴァラーシュタイン写本が順手握りでの下からの突き上げを「イタリア突き」と呼んでいると説明しましたが、同じく順手握りで上から下についてくる攻撃を「フランス突き」と呼んでいます。ここでは、そのフランス突きを防御する方法を解説します。相手のダガーの刃を素手でつかんで捻るという、普通では考えられないような方法でダガーを奪っています。第一章でも書きましたが、要は、つかんだ刃が手の中で動かないようにすること、できうる限り素早く行動すること、そして多少の切り傷は「死ぬよりマシ」と割り切ることでしょう。

1

弟子が「フランス突き」で攻撃してきます。師匠は、その刃を左手でつかみます。

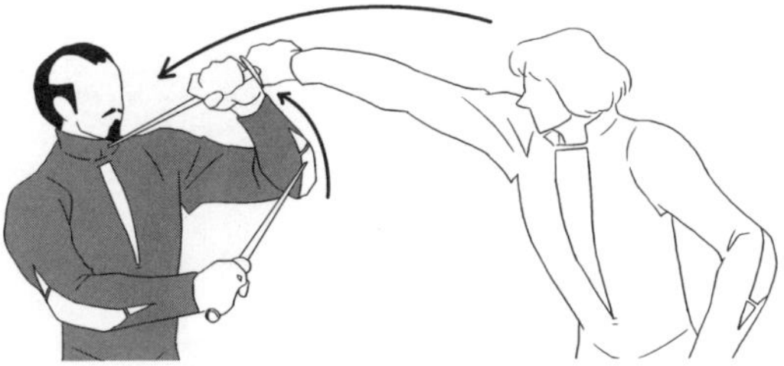

2

間髪を入れず、両手を交差させます。左手で弟子のダガーを回転させ、右手のダガーで弟子の右手首を左に押しやって、ダガーを奪い取ります。

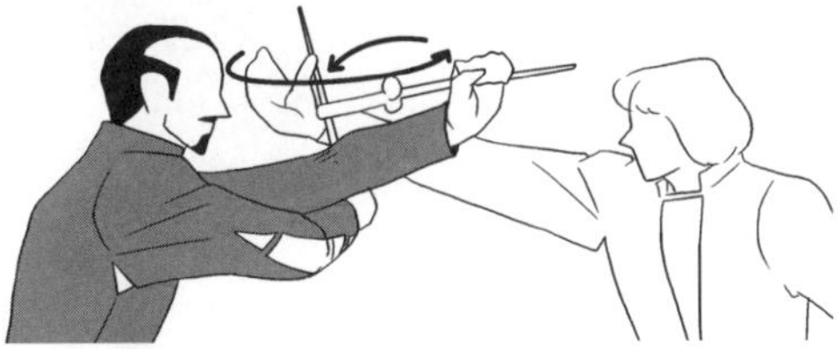

ダガー技35

連続攻撃
Wrist Hook, Pommel Strike, High-High

出典：Meyer, p. 235, 3.1r, 3.1v, 3.2r.　Vail, pp. 149, 150.

メイヤーの技の特徴は、それまでのダガー術とは違い、連続して攻撃を加えるところにあります。なぜメイヤーは、そのような連続攻撃を好むのかは不明です。ヴェイルは、現実のナイフなどを使った傷害事件との対比をして、より現実的な技を考え出したのだと結論づけています。しかし、ロングソードの項でも見たように、メイヤーの技は、とにかく手数が多いのが特徴なので、現実的云々よりも彼の（もしくは当時の）好みなのかもしれません。

1

弟子が攻撃してきます。

2

師匠は、弟子の攻撃をブロックし、ダガーの刃を弟子の手首に押しつけて、固めます。

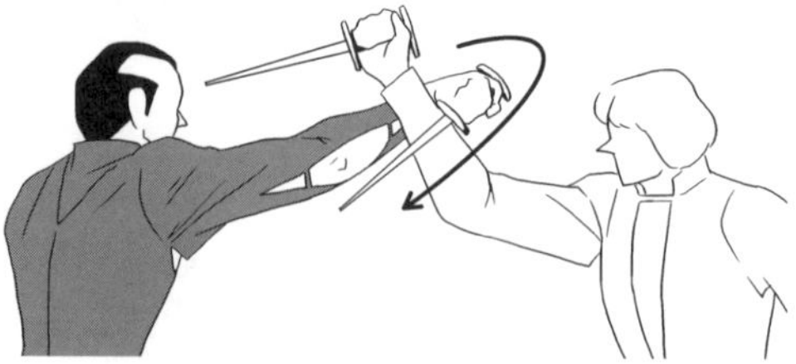

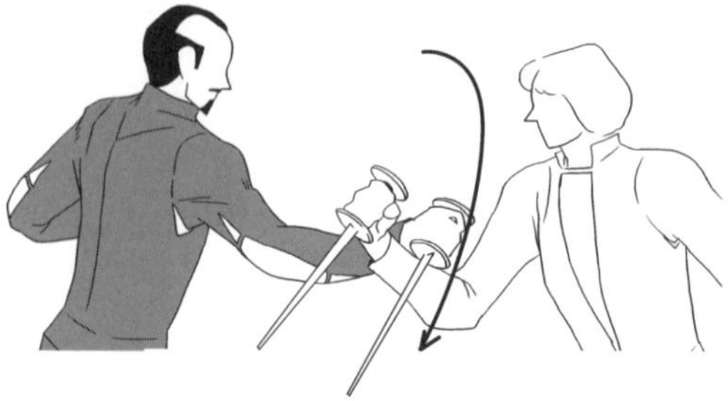

3

そして、弟子の腕を、右側へと強く引きます。

4

弟子の手を引き寄せたら、素早く柄頭で、弟子の顎を打ちます。

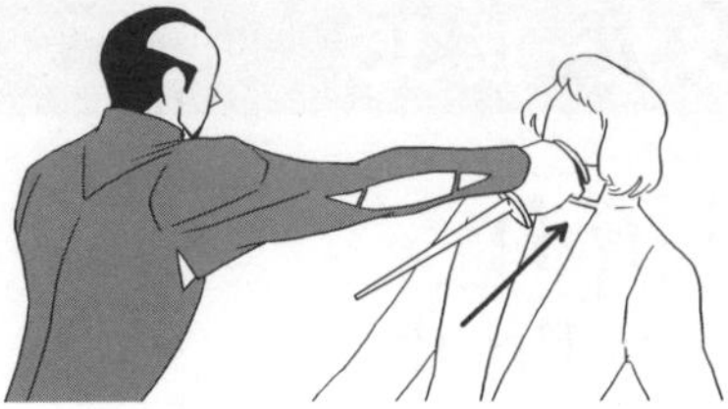

5

もしこの時に、弟子が腕を上げてきたら、素早く腕を引っ込めます。

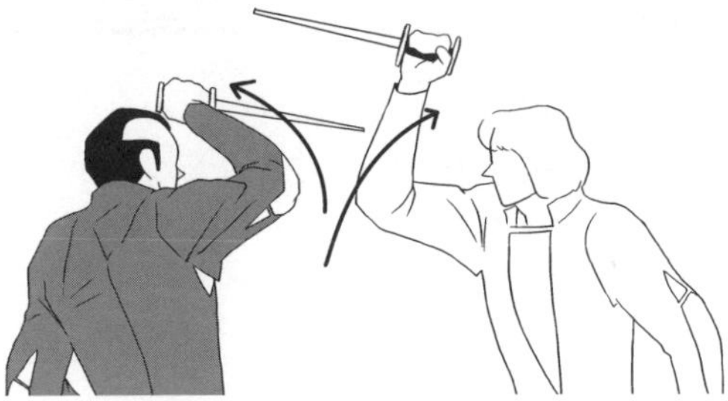

6

そして、弟子の腕の上から、弟子の顔目がけて刺します。

7

再びダガーを引いて、弟子の顔を再度攻撃します。

ダガー技36

肘折り
Elbow Break

出典：Meyer, p. 236, 3.3r.　Vail, pp. 140, 141.

フィオーレの〔技8〕「対応法第一」の一バージョンです。ヴェイルによると、この技は、相手の戦闘力を奪うのに十分な威力があるとしています。さらに、この種の打撃は、肘の関節を反対方向に45度以上の角度で曲げてしまうこともある、とコメントしています。

1

弟子の攻撃を防いで、手首をつかみます。

2

弟子の手首を捻りつつ引き寄せて、弟子の腕を伸ばします。

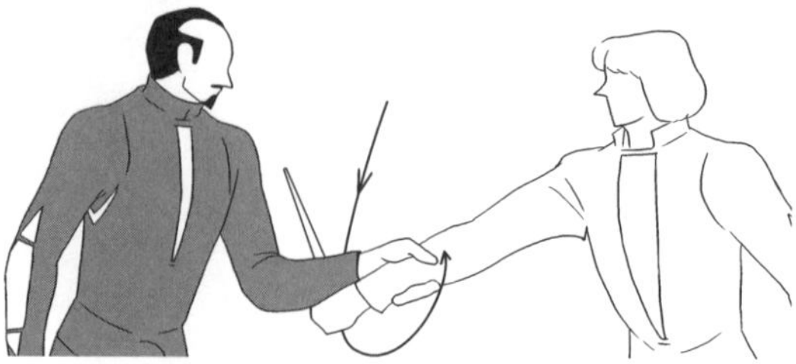

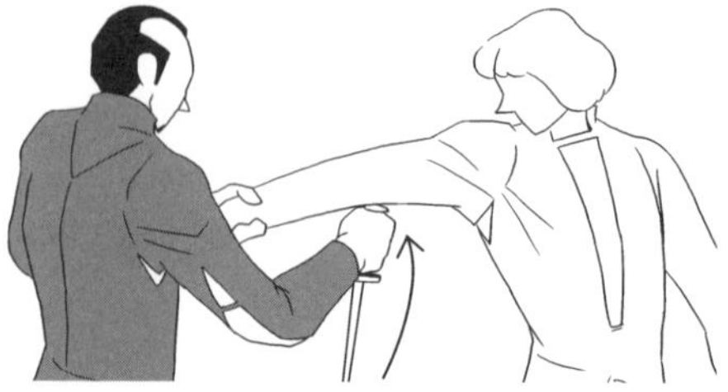

3

ダガーの柄頭で肘の関節を下から殴りつけます。ヴェイルは、この後に首への攻撃を加えています。

第4章
ハーフソード

ハーフソードと鎧概説

剣を抜き二つに持つ時、剣は強くなり、突きは真に括目すべし。

（Johannes Liechtenauer）

革・篭手・目。見つけ出すべき隙
覚え置くべし、全ての武器について。体の隙に先を。

（Johannes Liechtenauer）

ハーフソードの歴史

ハーフソードは、14世紀に始まる鎧の重防御化に対応して、14世紀中頃に編み出されたとされる剣の用法で、右手で剣の柄を握り、左手で刃を握って戦うスタイルです。剣を握ることで、相手の攻撃を強固に防ぐことが可能になるだけでなく、鎧の僅かな隙間に正確に剣を差し突くことができるようになりました。

ハーフソード術は、刺突を主な攻撃法とし、その他にも、切っ先や柄頭を使って相手の体を引っ掛けたり、剣を梃子の代わりに使ったりと、剣というよりも槍やショート・スタッフの使い方に似ているのが特徴です。

ハーフソード術は、鎧を着ていない時でも有効です。リーチこそ短くなりますが、通常の剣の持ち方ではまともに戦えないほどの接近戦で威力を発揮します。

なお、ハーフソードで戦う時は、剣の形状も重要な要素になります。中世初期頃の、刃が平行なタイプの剣では、幅が広くてハーフソードにした時に扱いにくいのです。

鎧について

できる限り軽量に、動き易く、かつ最大の防御を提供すべく、当時の技術と頭脳の粋を結集して製作された鎧を装備した戦士は、中世の戦場で遭遇する最も恐るべき敵でありました。それまでの鎧は金属の輪を連結させた「メイル」が主流でしたが、14世紀頃に金属のプレートをキャンバス地の裏に鋲止めした「コート・オブ・プレート」が登場して以後、金属板を使用した鎧が急速に発展し、15世紀には鋼鉄のプレートが全身をくまなく覆うほどになります。

よく、鎧は「重くて動きにくい」といわれていますが、当時の鎧は、大体20～35kgほどで、現代の兵士の装備が約40kgであることを考えると、かえって軽いくらいです（しかも、鎧の場合は、重量が全身に分散されるので、体感重量はさらに軽くなります)。また、きちんと作られた鎧は、動きをほとんど制限しません。関節部は、着用している人間よりも可動範囲が広いぐらいですし、鎧で完全武装した状態で宙返りしたり、鐙を踏まずに馬の背に飛び乗ったりした記録も残っています(現代で実証した人もおり、決して記録が誇張されたわけではありません)。また走るスピードも、鎧を着けていない人とほとんど変わらないそうです。

とはいえ、鎧に欠点はないのかといえば、そうではありません。鎧の主な欠点は、スタミナを急激に消耗すること（超人的な体力を持つ人間でも5分間の戦闘が限界だと推測されています。特に、足を動かすたびに上げ下げする必要がある足鎧の重量が、体力を急激に消耗する原因になっているようです）や、通気が悪いので呼吸がし辛く、また熱が内部にこもって、あっという間に内部がサウナ状態になるといわれています。例えば、イギリス王ヘンリー五世の弟、ヨーク公エドワードは、アジャンクールの戦いで戦死しましたが、この時、彼の体には外傷が一切見られず、おそらく通気性の悪い兜や鎧、そして密集した兵士たちの体に押しつぶされたことよる窒息死と推定されています（筆者は、熱中症の可能性もあると考えています。戦いは10月でしたが)。

現代の我々は、鎧を着けた騎士のことをまるで現代の戦車のように考えがちですが、当時の考え方はそれとは異なります。フィオーレも、鎧を着けない戦闘では、たった一度のミスが命取りになるが、鎧を着ていれば複数回ミスしても問題なく戦えると解説していますが、当時の人たちは、鎧とは「相手の攻撃を防御するのに失敗した時の保険」であり、鎧を着ているからといって、相手の攻撃を物ともせずに突き進めるわけではないのです。

◆イタリア式とゴシック式

では、15世紀中頃の鎧を見てみましょう。この時代の鎧が、最も有名なタイプの鎧で、現在ヨーロッパの鎧といえば、だいたいこのタイプの鎧のことを指します。当時の鎧には大まかにゴシック式（ドイツ式とも呼ばれます)、イタリア式の二種類の潮流がありました。この本では、師匠と弟子を区別する手がかりとして、師匠にはイタリア式、弟子にはゴシック式の鎧を着せています。

イタリア式鎧

イタリア式鎧は、ミラノを中心に製作された鎧で、丸い感じのフォルムと簡素な外見が印象的です。その他の特徴を見ていきましょう。

1. 胸当てと腹当てをベルトとバックルで接続して、可動性を高めている。

2. 多くの場合、足の甲を守るサバトンという防具がなく、ブーツの甲にメイルを貼りつけているだけである。これは、イタリアでは重騎兵が発達していたので、鎧で防御できる足は省略されたのでしょう。

3. 肩当てが非常に大きい。このイラストではそれほどではありませんが、現存するものの中には、背中の部分で重なり合うほど巨大なものもあります。これほど巨大でも、腕の動きはほとんど制限されないそうです（ただ、重量はかなりあるそうです）。

4. 追加装甲が充実している。イラストでは、左肩前面にガードブレースと呼ばれる追加装甲が装着されていますが、他にも肘に追加装甲を装着することも一般的でした。女弟子のイラスト（P320参照）では、左肘に追加装甲がつけられています。これらの装甲は、一般的にピンで留められていました。

5. 左右非対称性が強い。これもイタリア式の特徴です。当時の鎧は、左半身は防御、右半身は攻撃を担当していたとされ、左側は防御性能を最優先に設計されていますが、右側は可動性能を優先した設計がされています。鎧を留めるバックルもこの思想を引き継いで、左側は蝶番、右側はベルトと分かれています。この区別は、それ以前の時代の伝統を引き継いだもので、おそらく片手武器を使った馬上戦闘に対応したものかもしれません。

イラストの兜は、アーメットと呼ばれるタイプで、イタリア式の鎧に多く見られます。頭部を完全に覆う、非常に複雑な兜です。後頭部の円盤状の金具は、顔の下半分と首を防御するパーツを止めているベルトを防御しているものです。

イタリア式の鎧は、西ヨーロッパ全域で人気があった鎧で、各地でイタリアからの輸入品、またはコピーが作られていました。

■イタリア式鎧

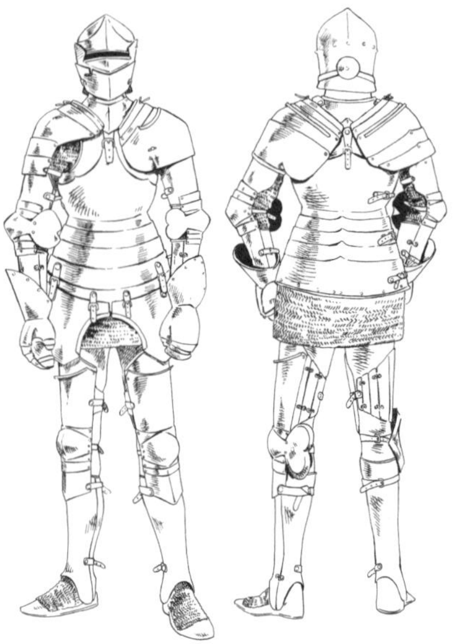

ゴシック式鎧

ゴシック式鎧は、イタリア式の鎧を基に、ドイツ（神聖ローマ帝国）地域の要求に合うように発展させた鎧です。細身で鋭角的なフォルムが特徴的な鎧で、アウグスブルクやニュルンベルクなどが生産の一大拠点として知られています。また、鎧の縁をユリの形に切り出したり、筋を打ち出したりと、装飾的な要素が強いのも特徴といえます。これは、おそらく当時主流だったイタリア式鎧に対抗して、市場を開拓しようという試みなのかもしれません。その他の特徴を見ていきましょう。

1. 胸当てと腹当てをリベットで接続している。イタリア式は、可動性を重視してベルトで接続していましたが、戦闘中にこのベルトが切断されると、腹当てが落ちてしまうという欠点がありました。ゴシック式では、多少の可動性を犠牲にして、この欠点を克服しています。反対に、腕鎧は上腕部と前腕部がイタリア式のように一体式ではなく、分割されているものが多く見られます。

2. 可動性向上のため、イタリア式に比べて蛇腹の重ね合わせが多い。ところが、この改良は、鎧を脆弱化させることになってしまいました。当時の鎧は、非常に精巧に作られていたので、何らかの打撃で関節部の板が変形したら、その部分が引っかかったり、詰まったりして動かなくなってしまうことがあったのです。そのため、ゴシック式の鎧は、可動部分を多くして動きやすくなった代わりに、衝撃に対しては脆弱になってしまっています。

3. 可動性を増すために、板が覆っている面積がイタリア式に比べて小さい。また、板そのものの厚さもイタリア式に比べて若干薄く、重量が軽減されている代わりに防御性能自体はイタリア式よりも劣っていました。ゴシック式の登場する時期は、戦闘の形式が、騎馬から徒歩での戦いに移行していった時期なので、それに対応して、着用者の疲労をできる限り軽減するための工夫なのかもしれません。

4. イタリア式と違い、左右対称に近い設計。これも、徒歩で両手用の武器を使用する戦闘法が主流になったので、以前のような「左半身は防御、右半身は攻撃」という役割分担の意味が薄れてきたのだと思われます。

■ゴシック式鎧

イラストに描いた兜は、サレットと

いうタイプです。アーメットより構造が簡単で、着用も楽なので、全ヨーロッパで爆発的な人気を博しました。

これらを総合すると、イタリア式は騎馬での戦闘を前提にした防御力重視の鎧で、ある程度の打撃を受けることを考慮に入れた設計でした。一方のゴシック式は、徒歩での戦闘を重視し、防御性能を犠牲にして機動性を増すことで相手の攻撃を避けたり受け流したりすることを重視していたとみなすことができるでしょう。

◈鎧を破るための戦闘法

いかにして鎧を打ち破るか、当時提案された解決法はふたつ、すなわちハード面とソフト面の改善でした。

■鎧の部位とターゲットエリア

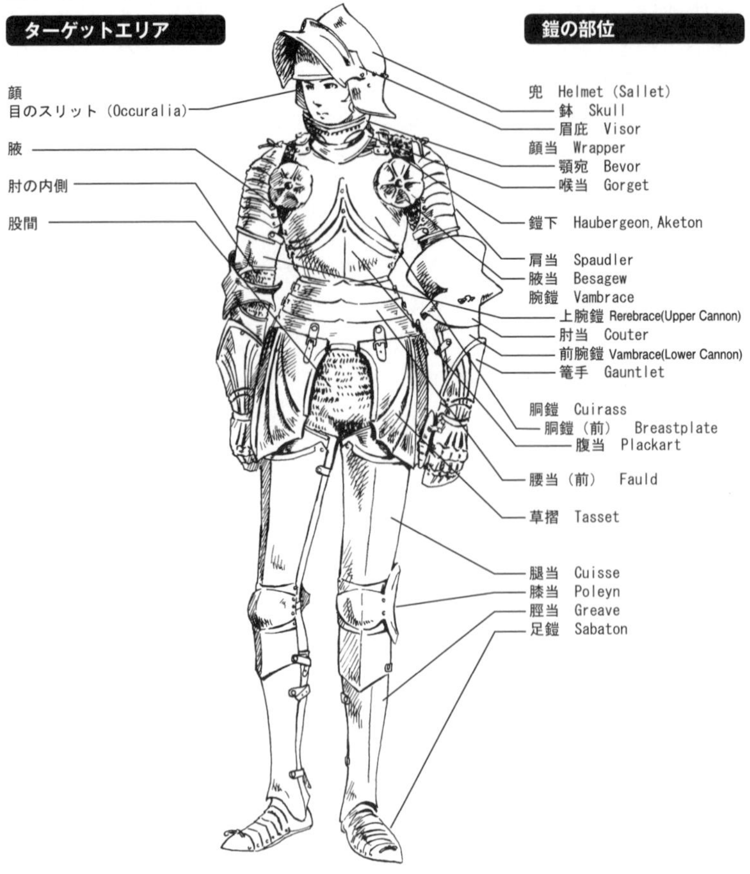

ソフト面の改善は、既存の武器の使用法を改良することです。ドイツ式武術では、対鎧用の戦闘術はHarnischfechtenと呼んで区別しています。冒頭に引用した暗号めいた文（革・篭手～）は、リンゲックの解説によると、最初の行は攻撃すべき箇所を示し、次の行は攻撃方法を示しているということです。簡単にいうと、武器の形状如何にかかわらず、無理に鎧を打ち砕こうとせず、刺突で鎧の継ぎ目などの隙間や関節部の内側を攻撃せよということです。すなわち、鎧を着けた相手に対しては、顔（特に目のスリット）・脇の下・手のひら・篭手の内側（篭手のカフの部分から手首へと攻撃します）・膝の後ろ・股間・手足の関節の内側を攻撃するのです。

一方のハード面の改善は、新たな武器の開発と、既存の武器の改良です。つまり、ポールアックスやメイスなど、衝撃を利用して、鎧を破壊する必要なく相手を殺傷することのできる武器の登場や、より強大な威力を持つ両手用の武器の開発、その他にも剣の先端を細くして刺突力を高めたりすることが挙げられます。

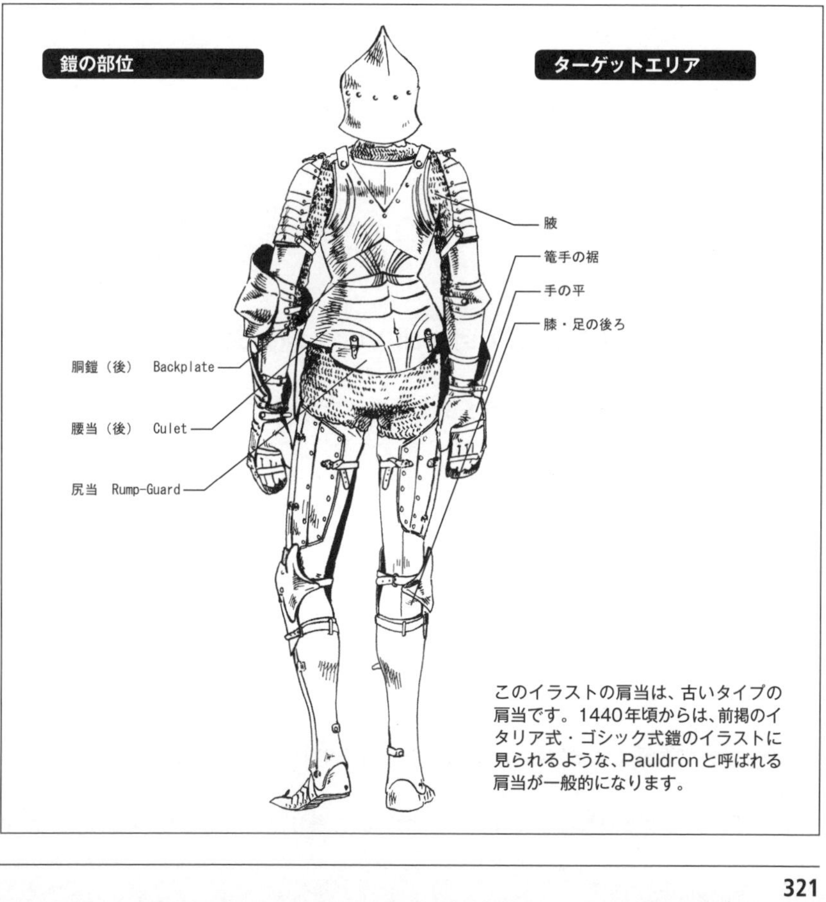

このイラストの肩当は、古いタイプの肩当です。1440年頃からは、前掲のイタリア式・ゴシック式鎧のイラストに見られるような、Pauldronと呼ばれる肩当が一般的になります。

ハーフソードの構え

『偽十字』の構え(Posta di Croce Bastarda)

剣を斜めに構えた姿勢です。両手のひらを下に向けて剣を握ります。イラストでは、剣を斜めに構えていますが、ドイツ式の『第三』の構えのように剣を体の前面に構えるという解釈もあります。この構えは、相手の攻撃を素早く受け流し、カウンター攻撃に適しているとされています。

『真・十字』の構え(Posta di Vera Croce)

相手に背中を向けた状態で、剣を構えた姿勢です。相手に背を向けて攻撃を誘い込み、そこを受け流してカウンターをかける、防御主体の構えです（このイラストでは相手は右側にいます）。

上段『毒蛇』の構え(Posta Serpentino lo Soprano)

最も基本的で攻撃的な構えです。この構えから繰り出される素早い突きを、獲物に噛みつく毒蛇にたとえたのでしょう。また、ドイツ式ハーフソード術の『第一』の構えと同じです。

『第二』の構え（The Second Guard）

　ここからは、ドイツ式武術の構えを解説します。剣をひきつけて持ち、切っ先を相手の顔に向けた構えで、ロングソードの『鋤』の構えに相当します。

『第三』の構え（The Third Guard）

　この構えは、剣を体の前方に横に構えた姿勢で、ロングソードの『愚者』の構えに相当します。

『第四』の構え（The Fourth Guard）

『第二』の構えから、剣の柄を胸の高さまで引き上げた構えで、ロングソードの『屋根』の構えに相当します。この構えは、ある意味特殊な構えで、馬上でのランスを抱え込むやり方に相当します。使用例を挙げると、『第二』の構えで相手に突きを入れ、そこから『第四』の構えに移行して剣をしっかりと体に固定し、全体重をかけて相手のメイルを突き破ります。

パイリング・ダガー2

ポニャードと、その用法が広まるにつれ、これまでのダガーも、その形状を変えていくことになります。ボロック・ダガーは、玉に当たる部分が延長されて鍔になったり、または玉の下の部分に鍔状の突起がつきます。

剣と似通った形状のクゥィロン・ダガーは、サイドリングがつくようになり、さらに鍔の先端が切っ先の側に湾曲したり、S字型の鍔を持つようになります。このタイプのダガーは16世紀前半に、最も人気があったと思われ、様々な形があります。

右図（上）の鍔の先についたボタン型の突起は、相手の剣を受けた時にダガーを捻ると、フックの役割をして相手が剣を引き抜くのを妨害する効果があるのです。また、このように相手の剣をロックした後、自分のダガーを強く押し込むことにより、相手の剣をレール代わりにして、相手に切りつけることもできます。

右図（中）のように特殊な進化をしたダガーもあります。このダガーは、相手の剣を捕らえるための「腕」がついています。

時代が下り、レイピア術がより刺突に特化していくにつれ、ダガーもその技術の変化に対応するために変化を余儀なくされました。斬撃に対応するための強度が必要でなくなり、一方で精緻かつ高速化するレイピアの動きに対応するため、ポニャードは軽量化されていきます。刃の幅が細くなり、その代わりに刃の厚みが増していくことによって、ダガーもまた、刺突専用の武器へと変わっていったのです。スペインでは、相手の剣を捕らえることよりも、効果的に受け流すことを主目的に、一直線に長く伸びた鍔と、手をすっぽり覆うほどの「殻」がつくようになります。

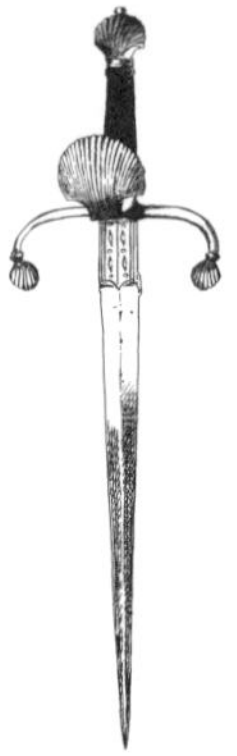

ポニャード。
フランス製。
1600年

ポニャード。
イタリア製。
1560～1570年）

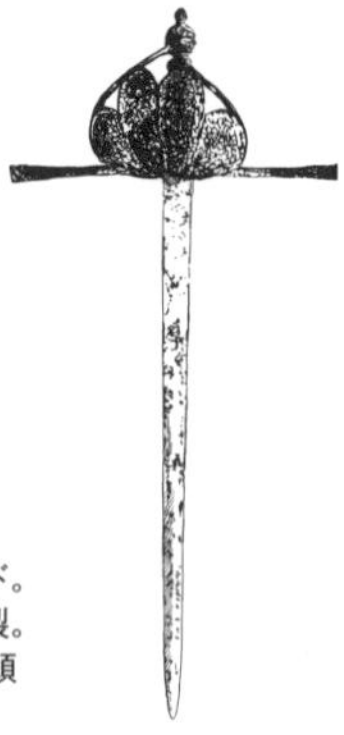

ポニャード。
スペイン製。
17世紀初頭

ハーフソード技1

首引っ掛け
Neck Hook

出典：Fiore(Getty), 34r.　Fiore(Pisani), 26r.

〔ダガー技32〕と同様の技で、フィオーレは、相手を確実に引き倒すことが可能で、両者の距離が近すぎる時に使う技だとしています。

1

戦っているうちに両者が接近しすぎてしまいました。

2

師匠は、左足を弟子の右足の後方に踏み出しつつ、剣を首の後ろに引っ掛けます。そして、そのまま足越しに弟子を投げ飛ばします。

ハーフソード技2

キーロック
Strong Key

出典：Fiore(Getty), 33v, 34v. Gladiatoria, 10r.　Knight/Armoured, p. 78.

ここでは、バインドの状態から関節技をかける方法を2種類解説します。ひとつ目は、普通のキーロック、もうひとつは、剣を梃子の代わりに使って関節を極める技です。なお、グラディアトリア・フェシトビュッフには多くのバリエーションが収録されています。なお、グラディアトリアとナイトは、下からの突き上げに対するカウンターとしてこの技を使っています。

1

両者、バインドに入っていますが、弟子が師匠の切っ先を横にのけようとしています。

2

師匠は素早く踏み込みつつ、左手を弟子の右手の上から脇の下を通すように突っ込みます。そして、左腕を巻きつけるようにして弟子の腕を極めて、弟子の腕を折るか、投げ飛ばします。

3 別バージョン

こちらでは、バインドの状態から始まります。弟子は自分の剣を、師匠の剣の上から右腕の下を通るように突き入れます。

4

弟子は、剣を時計回りに捻って、師匠の腕を極めます。

ハーフソード技3

『真・十字』の構えからの攻撃

Cross Guard Play

出典：Fiore(Getty), 33r.　Fiore(Pisani), 25v.

『真・十字』の構えは、相手の攻撃を待ち受けてカウンターする構えです。ここでは、その最も一般的な使用法を解説します。

1

師匠は『真・十字』の構え、弟子は『鉄の門』の構えをとっています。『鉄の門』の構えは、鎧での戦闘で有効だとフィオーレが主張する、ハーフソード以外の唯一の構えです。

2

弟子の突きを、踏み出しながら横へと受け流します。

3

弟子の切っ先を横へと押し流しつつ、自分の切っ先を弟子の顔、または胸に向けます。

ハーフソード技4

『真・十字』の構えに対するカウンター
Counter to the Cross Guard Play

出典：Fiore(Getty), 35r.

1

師匠が『真·十字』の構えから、弟子の剣を受け流そうとしています。

2

弟子は、剣から左手を離して、師匠の右肘をつかみます。

3

肘を押して、師匠を回転させ、背中を攻撃します。フィオーレは、この技は頑丈な鎧を着ているものに対して有効であるとしています。

ハーフソード技5

『第一』の構えからのカウンター

A Defence from the First Guard

出典：Ringeck/Tobler, p. 320.　Knight/Armoured, pp. 66, 67.

ここからは、ドイツ式のハーフソード術の解説をします。この技では、下からの攻撃を止めるのに、相手の剣を横から押さえるように止めていますが、ナイトは、相手の前腕に自分の前腕をぶつけるようにしてブロックしています（Toblerの解釈より）。

1

師匠は『第二』の構えで、『第一』の構えをとっている弟子の腋の下を狙っています。

2

師匠が突き上げてくるのを、弟子は自分の剣を、師匠の剣と右手の間に突き入れて、師匠の攻撃をブロックします。

3

弟子は素早く構えを『第二』に移行しながら、師匠の剣を押し下げます。

4

師匠の剣を押し下げて動きを封じつつ、師匠の右腋の下に突きを入れます。

ハーフソード技6

つけ替え
Zucken

出典：Ringeck/Tobler, pp. 321, 322.

この技はToblerの解釈によります。

1

師匠の攻撃を、弟子が受け流します。

2

師匠は、素早く剣をつけ替えます。

3

師匠が弟子の腋に突きを入れます。

4

『第四』の構えに移行し、柄を胸に押しつけます。
そして、体重をかけて一気に押し込みます。

ハーフソード技7

グリップ破り

Freeing the Sword

出典：Ringeck/Tobler, p. 325.

これまでも見てきたように、相手の武器を咄嗟につかみ、横に払いのけるという行為は、中世の武術では決して珍しくありません。ここでは、相手がこちらの剣をつかんできた時の対処法を解説します（Toblerの解釈より）。

1

両者とも、互いの剣をつかんでいます。

2

師匠は、手を弟子の剣から離して、自分の剣を握ります。

3

剣の切っ先を、弟子の腕の上に持っていき、剣の刃で弟子の腕を押し下げるようにして、弟子の手を振りほどき、腋に突きを入れます。

ハーフソード技8

グリップ破り2

Freeing the Sword2

出典：Ringeck/Tobler, p. 326.　Knight/Armoured, pp. 62, 63.

この技は、相手が剣の中間部分を握ってきた場合の対処法を解説します（Toblerの解釈より）。

1

弟子が、師匠の剣の真ん中あたりを左手でつかんでいます。

2

師匠は剣を巻いて、柄を弟子の左手の上に持っていきます。

3

柄で弟子の腕を外側に押し下げて、弟子の手から剣をもぎ取ります。この時、剣が自動的に『第二』の構えの位置にくるので、そのまま弟子の腋に突きを入れるか、柄頭で弟子を打撃します。

ハーフソード技9

突き返し
Counter Thrust

出典：Ringeck/Tobler, p. 328.　Knight/Armoured, p. 79.

この項は、ふたつの技の組み合わせで成立していますが、どちらの技も『第二』の構えの状態から、いかに『第一』の構えを破るかという方法です。最初の技はダガーで、二番目の技もロングソードの章でたびたび登場する技術です（Toblerの解釈より）。

1

師匠が『第二』の構えをとってるところに、弟子が『第一』の構えから攻撃しようとしています。

2

素早く弟子の手の平に突きを入れます。

3 別バージョン

弟子が突いてくるところに、その弟子の腕の上に突きを入れて、弟子の突きを止めます。

4

素早く弟子の腕を押し下げて、腋に突きを入れます。

ハーフソード技10

『十字』構え破り
Second Guard Counter to the Displacement

出典：Ringeck/Tobler, p. 331.

相手が、こちらの攻撃を受け流した時のカウンターです。名前の通り、フィオーレの『十字』構えからのカウンターを破る技としても使えます（Toblerの解釈より）。

1

師匠の突きを、弟子が右足を踏み出しながら、両手の間で受けて防御しました。弟子は、このまま柄頭を師匠の首や手首に引っ掛けて引き倒したりできます。

2

師匠は、剣を弟子の右手へと滑らせて、そのまま下に押し込みます。剣を弟子の右手の方に滑らせることによって、弟子は師匠の力に両手ではなく片手のみで対抗しなければならず、楽に押し下げることができます。

3

弟子の顔に突きを入れます。

ハーフソード技11

剣取り
Sword Taking

出典：Ringeck/Tobler, pp. 333, 334.　Knight/Armoured, pp. 82, 83.

この技と似た技は、ロングソードの章でも解説しました。柄を上から押し下げるのではなく、下から押し上げるようにして相手の剣を奪う技です。

1

両者『第二』の構えからバインドの状態に入っています。

2

左手で、弟子の剣と自分の剣をまとめて握ります。

3

師匠は右足を一歩踏み出しながら、剣の柄を弟子の腕の下に持って行きます。

4

弟子の腕を下から押し上げて、剣を奪います。

ハーフソード技12

足越しの後ろ投げ
Back Lever Throw

出典：Ringeck/Tobler, pp. 335, 336.　Knight/Armoured, pp. 63-65.

この技は、同名の〔レスリング技39〕の応用です。非常に応用が利く技のようで、あらゆる武器術に応用されています（Toblerの解釈より）。

1

師匠が『第二』の構えから攻撃しましたが、弟子は師匠の攻撃を右側（師匠から見ると左側）に受け流します。

2

師匠は、弟子の力に抗わず、剣をわざと流しながら右足を弟子の左足の後方に踏み出し、柄頭を首に引っ掛けます。

3

柄頭で弟子の首を後方に押して投げます。

4 カウンター1

師匠が柄頭を首に引っ掛けてきたので、弟子は左手を剣から離して、師匠の左手をつかみます（ここからのイラストは、見やすいように、反対の視点で描いています）。

5

師匠の左手を押し下げながら、体にひきつけ、師匠を前方に投げます。

6 カウンター2

このバージョンでは、師匠が柄頭を引っ掛けてきたら、素早く体を捻って師匠の剣から逃れ、同時に切っ先を師匠の鎧の隙間に向けます。

ハーフソード技13

膝吊り上げ

Knee Hook

出典：Gladiatoria, 8r, 8v.

相手の足を持ち上げたり吊り上げたりして投げる技は、レスリングでは非常に一般的な技でした。当時の武術は、すべての武器が関連し合っていたので、ハーフソード術にも、レスリング術を応用した技が存在するのは当然のことです。ここで紹介するのは、剣を使って膝を持ち上げる技で、〔ダガー技29〕も似ています。

1

弟子が腕を上げて師匠の攻撃を誘っています。

2

師匠がつられて攻撃してきたら、左足を踏み込みざま、師匠の剣を『真・十字』の構え〔技3〕と同じ要領で払います。

3

そのまま、師匠の膝に剣を外側から引っ掛けます。

4

こちらに引きつけるように、師匠の膝を吊り上げます。

ハーフソード技14

篭手の内側への突き

Thrust into the Gauntlet

出典：Gladiatoria, 26v.

篭手の内側は、鎧の弱点のひとつです。手首の動きを確保するために篭手の裾は広げざるを得ず、そこから剣を突き入れれば、むき出しの手首を突き刺すことができます。特に初期の篭手は裾の広がりが大きいので、狙いやすかったのでしょう。

1

両者が胸と胸がぶつかり合うぐらいの接近戦をしています。この時、弟子は剣を引きつけておいて、注意深く師匠の篭手の内側に突きを入れます。そして、そのまま剣を押し込んで、師匠が剣の切っ先から逃げようとする動きを利用して、師匠の体を回転させ、背中から攻撃します。

ハーフソード技15

剣をつかむ
Grabbing the Sword

出典：Ringeck/Tobler, p. 323.

ここで紹介する技は、相手の武器をつかむ技の中でもかなりアグレッシブな技のひとつで、非常に強引かつ荒々しい印象を受けます（Toblerの解釈より）。

1

師匠が弟子の顔面に突きを入れようとしています。

2

弟子は、師匠の攻撃を引っ掛けるようにして受け流して、師匠の顔を突き返そうとします。

3

師匠は、弟子が突きを入れる前に、左手で弟子の剣をつかんで、横にどかしてしまいます。

4

弟子の剣をつかんだまま、右手の剣で弟子の股間を突き刺します。

5

もし弟子が咄嗟に飛び退こうとしたら、剣を握っていた手を離して、弟子が勢い余ってよろめいた瞬間に「つけ込んで」攻撃します。

ハーフソード技16

剣取り2

Disarm against an Unterstich

出典：Talhoffer(1467), pl. 66, 67.　Knight/Armoured, pp. 97, 98, 100.

相手の突きを受け流しつつ、その動きを利用して柄頭を左前腕に叩きつけ、相手の剣をもぎ取ることも可能です。ナイトは、この技を上段からの突きに対するカウンターとして使っています。

1

師匠の突きを、両手の間で受け流します。

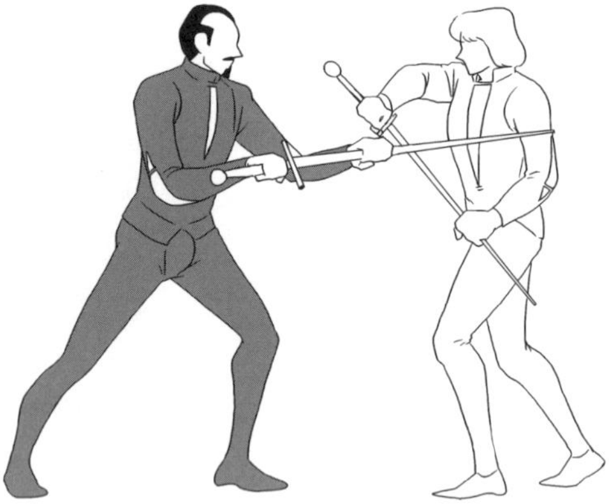

2

受け流しの勢いをそのままに、柄頭を師匠の左腕に叩き込みます。

3

弟子は、右手の柄を師匠の腕に引っ掛けて、手前に強く引いて剣をもぎ取ります。両者の剣の状況によっては、イラストのように師匠の剣を自分の剣で持ち上げつつ、柄で師匠の手首を押し下げるようにして、師匠の剣をもぎ取ります。

4 別バージョン

このバージョンでは、師匠の攻撃を受け流した後に、柄頭で師匠の顔面を打撃します。

中世の決闘

1386年、騎士ジャン・ド＝カルージュは、同じく騎士ジャック・ル＝グリをカルージュの妻、マルゲリートを強姦した罪で訴え、最終的に決闘裁判が認められました。

決闘は、馬上でのランスによる攻防から始まります。お互いに槍を抱えて正面から突っ込んでいったのですが、3交差目で両者のランスが砕け、戦いは馬上での斧の戦いに移行しました。互いに相手より優位な位置を取ろうと機動するうち、ル＝グリがカルージュを間合いに捕らえ、両手での渾身の一撃をカルージュに放ちます。

カルージュは、咄嗟に盾で斧の直撃を防ぎますが、カルージュの馬は、盾で軌道が変わった斧の一撃を首に受け、即死してしまいます。しかし、彼は崩れ落ちる馬の下敷きになることはなく、うまく着地に成功しました。

そのカルージュに、ル＝グリが突進します。彼は、斧の先端のスパイクでカルージュを串刺しにしようとしますが、すでに体勢を立て直していたカルージュは、馬の進行方向から飛び退き、斧のスパイクをル＝グリの馬の腹帯のすぐ後ろに突き刺しました。しかし、彼の斧はあまりにも深く馬に突き刺さったために、馬の突進する勢いで彼の手からもぎ取られてしまいます。

両者馬をなくし、剣を使った徒歩での戦いに移ります。両者激しく戦いますが、鎧で完全に防護された状態での戦闘のため、決着はなかなかつきません。

両者がかなり疲労してきた頃に、遂にル＝グリの剣が、カルージュの太腿を貫きます。剣が刺さったのを見たル＝グリは、剣を引き抜きざまに後方に飛び退きました。おそらく腿を刺されたカルージュが崩れ落ちるのを期待したのでしょう。ところが、カルージュは倒れず、反対にル＝グリに向けて飛び込み、彼の兜の天辺をつかんで前方に鋭く引き、地面に引き倒します。

いまや圧倒的に有利な状況に立ったカルージュは、ル＝グリの上に仁王立ちになり、彼の鎧を突き破ろうと剣で攻撃しますが、鎧を打ち破ることができませんでした。彼は四苦八苦している時にル＝グリが下から突いてこようとするので、カルージュは戦略を変えることにします。

彼は、ル＝グリの手から剣を叩き落すと、膝で彼の胸を押さえつけ、切っ先で突きを入れ続けますが、やはり成功しません。そこで、彼は剣を反対に返して、柄頭でル＝グリの兜を乱打しはじめました。

殴り続けるうち、ル＝グリの兜のバイザーを止めていた留め金が壊れてしまいます。そこでカルージュは、ル＝グリのバイザーを跳ね上げると、邪魔になった剣を投げ捨て、ダガーを抜き放ちます。

カルージュはここでル＝グリに、罪を認めるように言いますが、ル＝グリはそれを拒否し、自分は無罪だと言い張ります。そこでカルージュは、「ならば地獄に落ちるがいい！」とダガーを顎の下から脳へと突き刺して、ル＝グリの息の根を止めました。

第5章
殺撃

殺撃概説

> 己が身を柄頭で守り、恐るることなく両手で打つ。
>
> (Johannes Liechtenauer)

殺撃とは

殺撃は、雷撃(Tunrschlag)とも呼ばれる、ロングソードの技法のひとつです。剣を上下逆に、刃の部分を両手で握って柄の部分で相手を打撃したり、棒鍔を鉤のようにして相手を引っ掛けたりするのが主な用法です。

剣を上下逆に持つことで、剣の重心を移動させ、重量バランスを斧や棍棒に近いものに変えることで、打撃力を強化するのが第一の目的で、ロングソードの用法の中で最も強大な打撃力を誇る技です。また、名前もその強力無比な威力を暗示するものになっています。リーヒテナウアーは、この技を「破甲衝」と呼んでいますが、このSchlachenden Ortという単語は、剣の柄頭のことを指す言葉でもあります。

この技は、鎧を着た相手に特に有効だとされ、もうひとつの対鎧技法であるハーフソード術と相性がよい技である反面、鎧を着ていない状態での戦闘には不向きであると考えられています。とはいえ、タルホーファーなどのフェシトビュッフでは、鎧を着ていない状態で描写されているので、奇襲的に殺撃を使ったりしたのかもしれません。

殺撃の技自体は、どうも単純なものが多かったようで、フェシトビュッフでは、殺撃の技そのものではなく、殺撃に対するカウンター技の方が多く紹介されています。

殺撃の狙い

リーヒテナウアーは、殺撃で狙うべき箇所として、自分に最も近い部位を攻撃すべしと説いています。つまり、相手の前腕や脛などです。トブラーは、これについて、殺撃というのは動作がやや遅い技なので、攻撃中に相手のカウンターを食らう可能性をわずかでも減らすための戦略ではないかとしています。また、ロングソードでは禁じられていた、足への攻撃についても、殺劇は基本的に鎧で完全武装した状態で使用するので、足を攻撃する際に頭部を無防備にさらしても大丈夫と考えていたからではないかと推測しています。また、倒れた相手にとどめの一撃として殺撃を使っている描写もよく見られます。

最後に、この技を現代のレプリカ剣で使うのはあまり賢明とはいえません。というのも、レプリカ剣のほとんどは、鍔や柄頭といった部品を、主にコスト削減のため軟鋼を鋳造して作っているのです（当時は、刃と同じ品質の鋼を鍛造して製作していました）が、そのため、殺撃の凄まじい衝撃に部品が耐えられずに変形してしまう可能性があります。

剣術に対する誤解

「中世の剣術は、剣を力任せに振り回す単純なものだった」という言葉をよく耳にします。しかし、本書を読まれた方ならわかる通り、中世の剣術は単純からは程遠いものでした。では、どうしてこのような考え方が広まったのでしょうか。

それは、19世紀ヴィクトリア時代のイギリスに遡ります。当時は、学問一般に対する関心が高く、考古学などの発達もあって、中世に対する関心が大きく高まった時代でもありました（現在の武器や鎧の分類や名称、そしてそれらに関する混乱のほとんどは、この時代に生まれたものです）。

当時、すべての事象は、単純・原始的で劣っているものから、複雑で洗練され、優れたものに発展していくという一般常識がありました。その常識に従えば、武術の歴史というものは、素手や棒での殴り合いから始まって、最終的に、最高にして究極の武術である近代フェンシングに到達する「進歩」の道筋であるということになるのです。

では、彼らのいう「進歩」とはどのようなものでしょうか。最初に挙げた例文に答えがあります。それらのキーワードは、「力任せ」と「振り回す」というふたつです。

「力任せ」は「技術」の対極であり、当時の研究者からすると、究極の武術であるフェンシングの華麗な「技術」が完成する前の武術は、「技術」の反語である「力」のみに頼った武術だったと結論づけるのは当然のことだったのです。

「振り回す」ということについてはどうだったのでしょうか。フェンシングは、突きを主体とした武術です。したがって「突き」という「優れた」攻撃法が生まれる以前の武術は、「振り」という「劣った」攻撃方法を主体とする武術であったとするのが論理的な結論でした（さらに正確にいえば「でなければならなかった」のです）。その結論が固定観念として定着し、現在に至っているわけです。

殺撃技 1

打ち下ろし

Oberschlag

出典：Ringeck/Tobler, p. 358.　Knight/Armoured, p. 114.

殺撃の基本技です。ハーフソードの『第一』（または上段『毒蛇』）の構えから右手を剣身に移し変えて打ち下ろす技で、ハーフソードからの連携技ともいえます。

1

師匠が『第一』の構えをとっています。

2

右足を踏み出しながら弟子の左腕に柄を叩きつけます。

殺撃技2

すくい上げ
Unterschlag

出典：Ringeck/Tobler, p. 359.　Knight/Armoured, p. 115.

今度は下から打撃する技で、ロングソードの「切り上げ」に相当する技です。前述の「打ち下ろし」と同じく、ハーフソードから連携して奇襲技のように使っています。

1

師匠は『第三』の構えをとっています。

2

一歩踏み出しつつ右手を剣のグリップから剣身に移して、下から振り上げるように相手を打撃します。

殺撃技3

引き下ろし

Dragging down

出典：Talhoffer(1467), pl. 37, 38.　Knight/Armoured, pp. 116, 117.

こちらの殺撃を相手がブロックした時の対処法です。当然ですが、受ける側は、剣の平で受け止めるようにしましょう。さもないと、受け止めた衝撃で、自分の剣の刃が、ザックリと手に食い込みます。

1

師匠が殺撃を繰り出そうとしています。

2

師匠の攻撃を弟子が受け止めました。

3

師匠は、剣の鍔で、弟子の剣を引っ掛け、そのまま弟子の剣を引き下ろします。

4

弟子の剣を引き下ろしたら、素早く逆に押し込んで弟子の顔面を柄頭で打撃します。

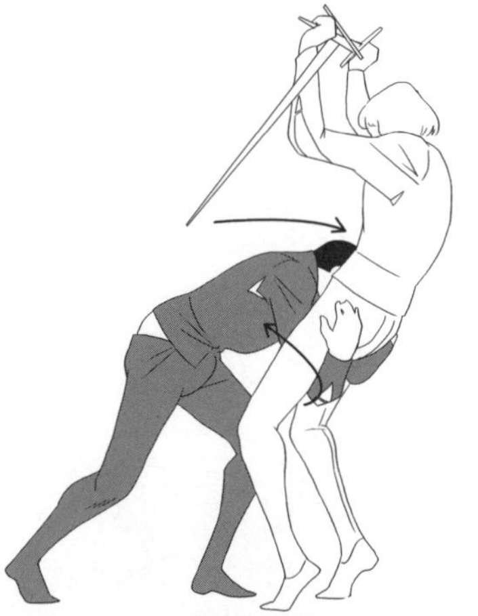

5 別バージョン

弟子が殺撃を受け止めたら、師匠は自分の剣を捨て、弟子の両足を内側から抱え込みながら、頭で弟子の胴を押して投げます。

殺撃技4

殺撃に対するカウンター投げ

Unarmed Wrestling against the Mortschlag

出典：Talhoffer(1467), pl. 29, 63-65.

自分が剣を取り落としてしまった時、または自分が剣を抜く暇がなかった時に、相手の懐に飛び込んで相手を投げる技です。相手の体の横から抱え込むようにして持ち上げる面白い投げ方をしています。タルホーファーの図29で紹介されている技は、投げ方こそ同じですが、殺撃のカウンターとしてではなく、普通の投げ技として使っています。

1

剣を落としてしまった弟子に、師匠が追撃をかけようとしています。

2

弟子は、身をできるだけ低くして師匠の攻撃の下をかいくぐる様に飛び込みます。この時、弟子は真っ直ぐ師匠に突っ込んでいくのではなく、師匠の体の外側（この場合は師匠の右側）にくるように斜めに飛び込みます。

3

弟子は、右手を師匠の腕の上を通して、師匠の首の辺りをつかみます。一方の左手は、師匠の右足を外側から抱え込みます。

4

右手で師匠の体を前に引き下ろしつつ、左手で師匠の足を持ち上げて、師匠を吊り上げます。

殺撃技5

剣取り1

Disarm against the Mortschlag 1

出典：Ringeck/Tobler, p. 354.

〔技3〕「引き下ろし」であったような、相手の殺撃を受け止めた時の対処法です。

1

弟子の殺撃を師匠が受け止めます。

2

剣の鍔で、弟子の鍔を引っ掛けます。リンゲックは、この動きを「柄頭を相手の剣の上を通して」と解説していますが、これは実際に柄頭を弟子の剣の上を通すのではなく、「剣を傾けて鍔を引っ掛ける」動きを表現したものと思われます。

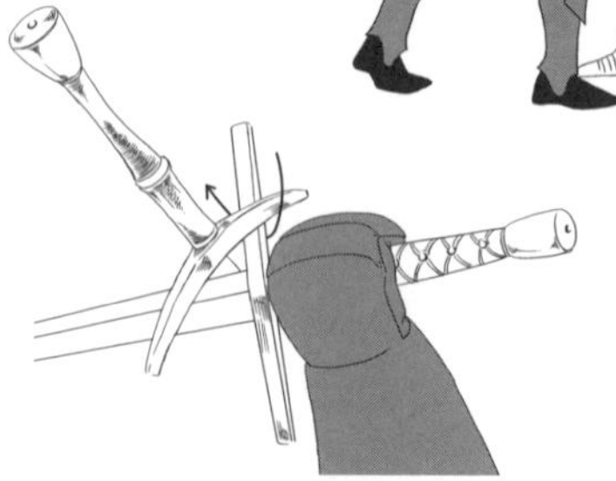

3

師匠は、引っ掛けた弟子の剣を、右側上方に引いて剣を奪います。

殺撃技6

剣取り2

Disarm against the Mortschlag 2

出典：Ringeck/Tobler, p. 355.

前の技と同様に、相手の鍔に剣を引っ掛けて、相手の剣を奪います。

1

弟子の殺撃を止めます。

2

師匠は、右足を踏み込みつつ、自分の剣の柄を、弟子の剣の下を通すようにして、弟子の剣の鍔に引っ掛けます。

3

そのまま弟子の剣を引き抜きます。

殺撃技7

首打ち

Der Hallß Schlag

出典：Talhoffer(1459), 91r.　Talhoffer(1467), pl. 58.

　タルホーファーは、ハーフソードに対するカウンターとしてこの技を紹介しています。ハーフソードの間合いの短さを利用して、相手の間合いの外から殺撃を打ち込みます。

1

師匠がハーフソードの『第二』の構えをとっています。

2

師匠が突いてきます。弟子は左足を後ろに引いて師匠の突きの間合いの外に出、同時に殺撃を師匠の首に打ち込みます。

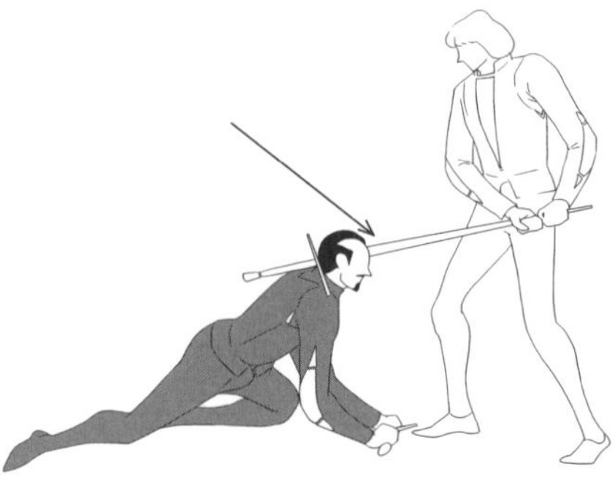

3

状況に応じて、師匠の首に鍔を引っ掛けて、前方に引きずり倒します。

第6章
武装格闘術

武装格闘術概説

◆武装格闘術とは

武装格闘術は、ドイツ語ではKampfringenと言い、戦場でわが身を守る最後の砦ともいえる技術です。技そのものは、鎧を着ていない状態でのレスリングと違いはほとんどありません。違いといえば、通常のレスリングでは、寝技があまりないのですが、武装格闘術では、相手を組み敷いた状態で、いかにダガーを使うかという技術が含まれています。

鎧の名称について

当時の武器防具、特に鎧に詳しい方なら、プレートアーマーとかプレートメイル、チェインメイルやスケイルメイル、ラメラアーマーといった種類があるのをご存知でしょう。では、当時これらの鎧はどのように呼ばれていたのでしょうか？

実は、上記の名称は、すべて当時の呼び名ではなく、ヴィクトリア朝期の学者が、鎧の形式の分類法として、便宜的につけた名前です。プレートとついているものは、鋼鉄の板を使用した鎧。チェインメイルは、金属の輪を連結させて編み上げた鎧。スケイルメイルは小札を裏地に縫いつけて作られた鎧。ラメラーアーマーは小札同士を編み上げて作られた鎧(日本の鎧もこの分類に入ります)、という分類がなされました。

では、当時の呼び方はどうなのでしょうか。俗にいうチェインメイルは、ただ単純に「メイル」と呼ばれていました。ヴィクトリア朝期の学者は、なぜかこの「メイル」という単語を「鎧」全般を差す言葉として使ってしまったのです。

では、「メイル」以外の「鎧」はどうだったかですが、単にハーネス(Harness)と呼ばれていたようです。これはヨーロッパ共通の名称だったようで、フランスではHarnois、ドイツではHarnischと呼ばれていました。

鎧（プレートアーマー）の価格

1441年、イングランドの騎士サー・ジョン・クレッシーは、自分用にミラノ製の出来合いの鎧を8ポンド6シリング8ペンス（2000ペンス）で、従士用に鎧を5ポンド（1200ペンス）～6ポンド16シリング8ペンス（1640ペンス）の価格で購入したという記録があります。比較材料として、15世紀のロングボウ兵は日給6ペンス、マン・アット・アームズ（サージャント以上の重武装兵、上位平民兵士から騎士・貴族階級までを指す言葉です）は日給12ペンスなので、騎士用の鎧は、マン・アット・アームズ約半年分の給料に相当します。

別の例では、1471年にサー・ジョン・パストンという騎士が肘にクロスボウの矢を受けたので、彼の兄が医者を派遣した記録が残っています。医者はジョンの傷が癒えるまでの2週間、彼の面倒を見たのですが、その費用がなんと5ポンド（驚異のマン・アット・アームズ100日/人分）です。ジョン自身は費用が高すぎるとぼやいている（ついでに文無しになりました）ので、おそらく医者が過剰請求（もしくは旅費・危険手当込み）しているのでしょう。

もうひとつの比較として、鎧の材料である、鉄と鋼の価格で検証して見ましょう。1ポンド（453g）当たりの鉄の価格は、1400年で0.84ペンス、1500年で0.44ペンスで（なぜか1400年は鉄の価格が他の年代に比べて倍近くなっています）、鋼の場合は、1ポンド当たり1400年で1.60ペンス、1500年で1.20ペンスです。ということは、クレッシーの鎧は、単純計算で、1400年の相場で鋼1250ポンド（566.25kg）分の価格ということになります。実際の鎧は25～35kgほどの鋼と革なので、最終価格が原材料費の20倍近いという高付加価値商品ということになります。

最後に、クレッシーが購入したこれらの鎧は「出来合い」の鎧で（一応購入者の体に合うようにある程度の修正が施されるようですが）、いわゆる「二級品」ということに注意してください。オーダーメイドの鎧ならこれの数倍はするでしょうし、装飾などを施し、熟練した職人の監督した「超一級品」となると、おそらくこれの数十倍の値がついてもおかしくありません。高級な鎧は、小規模の軍隊と同じ価値があるほどのものでした。

余談ですが、鎧の製作期間が、どの程度かかったのか記しておきます。1473年、当時イングランド領だったカレー市の守備隊所属の騎士サー・ジョン・パストン（冒頭に紹介したあのパストンの2年後の姿です）が、ブリュージュの鎧職人と鎧の新規製作について契約し、その後1475年1月に鎧と馬を受け取りにフランダース地方に赴いています。このことから、鎧の製作期間は発注から受領まで1年数カ月かかると計算できます。

武装格闘術技 1

足越しの投げ

Throw over the Leg

出典：Ringeck/Tobler, pp. 306, 307.

ここで紹介する技は、普通のレスリングでもよく登場する技です。リンゲックの紹介している鎧を着た状態でのレスリング技の特徴は、相手の足を自分の両足で挟み込んで、固定している点です。おそらく、鎧を着ている状態では、足を大きく開けないので、それに対処する方策かもしれません（Toblerの解釈より）。

1

両者つかみ合っている時に、師匠は、弟子の前に出ている足の方の腕（この場合は左腕）を注視しています。そして師匠は機を見て、弟子の左腕を、右手で外側から叩いて、弟子の腕をそらします。

2

弟子の左足後方に踏み込み、倒します。

3 別バージョン

このバージョンでは、師匠は両足で、弟子の左足を挟み込むことで、逃げ道をふさぎます。そして、左手で、弟子の顔面・頭部を打撃します。

4

弟子がショックから回復する前に、師匠は両手で弟子を後方に投げ飛ばします。

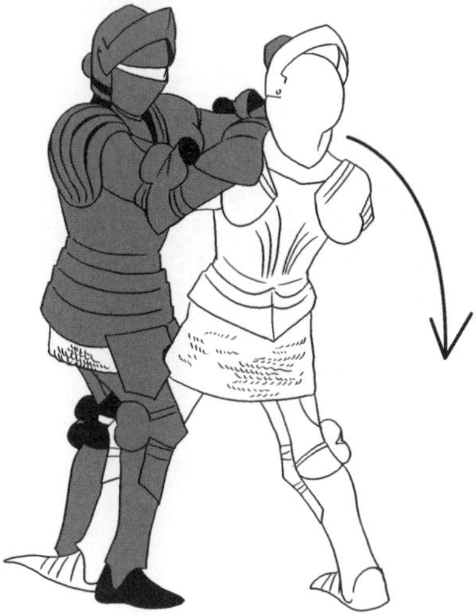

武装格闘術技2

足越しの投げ2

Throw over the Leg 2

出典：Ringeck/Tobler, p. 308.

この技は、〔技1〕「足越しの投げ」を左右反転させたものです。リンゲックによると、相手が最初の足投げをかわした時に、素早くこの技に移行して相手を投げると解説しています。それを受けて、トブラーはこの技と、前に紹介した技を合わせて、通常のレスリングで紹介した、「三格闘」の第二の技〔レスリング技5〕に相当する技であると結論づけています（Toblerの解釈より）。

1

弟子の右足の後ろに左足を踏み込み、両手で弟子の体を押して、後方に倒します。

2 別バージョン

このバージョンでは、弟子の右足を両足で挟んで固定しつつ、後方に投げています

武装格闘術技3

秘技1：足越しの投げ
Verborgnen Ringen 1: Throw over the Leg

出典：Ringeck/Tobler, p. 310.

秘技とは、リンゲックの本に登場する一連の技のことです。相手の関節を破壊する技が中心で、非常に破壊力があるとされ、そのために一般の目には触れないように秘密にされていた技だと説明しています（Toblerの解釈より）。

1

弟子が、師匠の両手をつかんでいます。師匠は、弟子の左手首を右手で打って、弟子の腕を横に払います。

2

両腕で、弟子の左腕をつかんで、胸に引きつけます。

3

右足を、弟子の左足の後方に踏み出し、左手で弟子の腕を引きつつ、右手で弟子の体を後方に押して投げます。

武装格闘術技４

秘技2：ストレート・アームバーによる投げ
Verborgnen Ringen 2 : Throw with Straight Armbar

出典：Ringeck/Tobler, p. 311.

ストレート・アームバーをかけて、相手の腕を折りつつ、または痛みを与えつつ投げる技です（Toblerの解釈より）。

1

弟子が師匠の手首をつかみましたが、しっかりとは保持てきていません。

2

それを見て、師匠は右手で弟子の右手首をつかみ、前方に引き出します。弟子の右腕が十分に伸びたところで、左手で弟子の右肘をつかみます。

3

そして左足を弟子の右足の前に出します。同時に右手で弟子の腕を引きながら、左手で弟子の肘を押し下げて、弟子に痛みを与えつつ投げます。

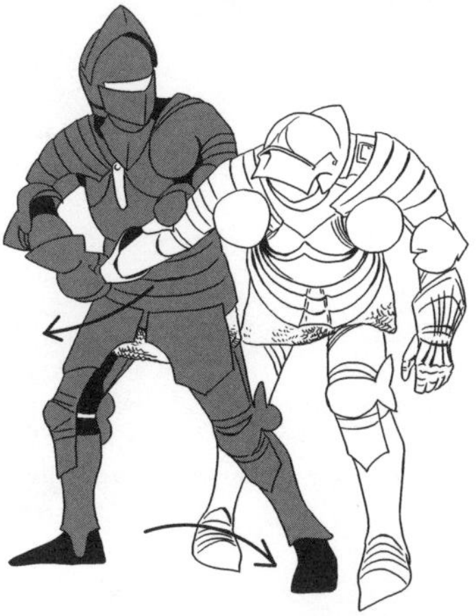

4 別バージョン

このバージョンでは、弟子の肘を胸で押しつぶすようにして、腕を折ります。鎧の胸当ての部分は、円形をしているのですが、この部分を金床のように使って腕を折ります。後の時代になると、胸当てに峰がついて角度が急になるので、より効果的に腕を折ることができます。

武装格闘術技5

秘技4：回転式アームバー

Verborgnen Ringen 4 : Turn-out Armbar

出典：Ringeck/Tobler, p. 313.

胴体をつかんできた腕を、体を回転させながら折る技です（Toblerの解釈より）。

1

弟子が師匠の右脇腹をつかみにかかっています。

2

師匠は、素早く反時計回りに回転しつつ、右腕を弟子の左肘に叩き込んで腕を折ります。

武装格闘術技6

秘技5：膝折り

Verborgnen Ringen 5 : Knee Break

出典：Ringeck/Tobler, p. 314.

鎧を着た状態での殺打は、普通のレスリングの殺打とは違う点があります。それは、鎧で防護されているために、隙を作り出すための打撃はほとんど効果がないということです。そのため、鎧をつけた状態で繰り出す殺打は、直接的にダメージを与える技が中心になっています（Toblerの解釈より）。

1

弟子の膝を踏みつけて折ります。鎧のほとんどの部分は、人体の関節と同等か、それを上回る稼動範囲を持っているので、弟子の膝を折ったり、または痛めつけることが可能なのです。

武装格闘術技７

秘技7：指折り

Verborgnen Ringen 7 : Finger Break

出典：Ringeck/Tobler, p. 316.

この技は、篭手のタイプによって技が変わります。当時の篭手には、5本指タイプとミトンタイプ（親指のみ独立）の2種類ありました。5本指タイプならば、普通の指折りを使えますが、ミトンタイプの篭手では、指をつかむことができず、無理に指を折ろうとしても、4本の指すべての力で抵抗されてしまうため、指を折ることが非常に難しいのです。このようなミトンタイプの篭手に対しては、篭手の袖口の部分をつかんで腕の動きを制限します（Toblerの解釈より）。

1

指をつかんで反対側に曲げ、折ります。

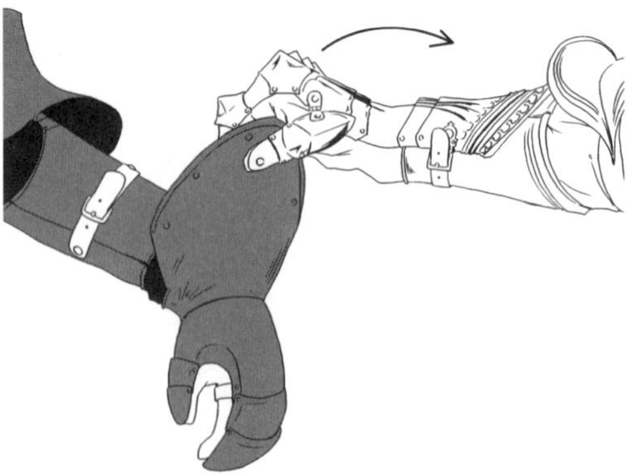

2 別バージョン

篭手の袖口をつかみます。こうすることで、弟子の動きを制限します。

武装格闘術技８

足吊り上げによる殺撃破り

Leg Lift Throw against Mortstöße

出典：Gladiatoria, 30v.

この技は、当時の鎧の防御力がどの程度ものだったかを判断する材料になります。殺撃は、いかに剣で鎧を破るかというコンセプトの元に生まれた技術ですが、それでも腕でブロックすれば防げると、当時の人たちは鎧の防御力の高さを信じていたに違いありません。

1

弟子は、師匠の武器をすべて叩き落した後、殺撃で止めを刺そうとしています。

2

師匠は、弟子の殺撃を両腕を交差して受け止めつつ、弟子へと踏み込みます。

3

素早く弟子の腕の下に入り込んだ師匠は、右手で弟子の左足を持ち上げつつ、左手で弟子の胸を押して後方に投げます。

武装格闘術技９

足越しの投げ

Throw over the Leg

出典：Gladiatoria, 32v.

1

師匠が弟子を捕まえようと手を伸ばしています。

2

弟子は、師匠の右肘を左手で押して、師匠の腕を逸らします。

3

素早く踏み込んで、右足を師匠の右足の後方におきます。そして、師匠の体を右腕で抱えるような感じでつかみ、後方に投げます。

武装格闘術技10

吊り上げ投げ
Body Lift

出典：Gladiatoria, 33r.

相手の体を抱え込み、片足を持ち上げて投げる技です。原本では「持ち上げる」となっていたので、当時の分類としては、肩車のように相手の体を持ち上げて地面に叩きつける技なのかもしれません。

1

両者組み合っている時に、弟子は左腕で師匠の右肘を内側に押します。

2

素早く師匠の体を右腕で抱えるように持ち、師匠の体が前のめりになるように押し下げます。

3

師匠が前のめりになったところで、左手で師匠の右足首を吊り上げます。

武装格闘術技 11

押さえ込み1

Pin Hold 1

出典：Duelling, p. 119.

ここからは、寝技についての解説になります。寝技とはいっても、相手を押さえ込むよりも、ダガーで止めを刺すまで相手を押さえつける技といったほうがいいでしょう。そのため、柔道などの寝技に比べると、ずいぶんと簡単なものに見えるかもしれません。なお、ここでの出典は、フォン・ダンツィヒによって引用された、マルタイン・フントフェルツの技です。本自体は1452年に書かれたとされていますが、技そのものの起源はそれよりもはるかに古く、おそらく14世紀後半までにさかのぼる可能性があります。

また、フントフェルツは、相手を押さえ込む際に、常に相手の右手側にくるようにと忠告しています。当時、ダガーは右腰に装備していたので、相手の右側に位置することで、相手がダガーを抜くのを邪魔したり、または相手のダガーを奪ってしまうのです。

1

師匠が弟子を倒しました。師匠は、右膝を弟子の足の間に入れるように膝をつき、左手または左腕で弟子の喉を押さえます。そして、自分のではなく、弟子のダガーを抜いてしとめます。この時ですが、原本では、弟子が咄嗟にダガーを抜いて攻撃してくる場合があるので、あわてて取り押さえようとしないように警告しています。

武装格闘術技12

押さえ込み2
Pin Hold 2

出典：Duelling, p. 120.

この技は、相手の腕を押さえ込む技で、相手の足を封じていません。そのため、できるだけ早く相手の息の根を止める必要があります。また、この技は左右両方のバージョンがあります。

1
仰向けに倒れた弟子の腕を両足で挟み込み、もう一方の腕を左手で押さえ込んで動きを封じ、ダガーで仕留めます。

武装格闘術技13

腕折り
Armbreak

出典：Duelling, p. 121.

この技には、ふたつのバージョンがあります。

1
うつぶせに倒れた弟子の肘を、膝で押さえ込み、腕を引き上げてへし折ります。もうひとつのバージョンでは、弟子の体の上に座り込んで、腕を引き上げて折ります。

武装格闘術技 14

目潰し
Blinding

出典：Duelling, p. 120.

この技は、起源が非常に古いと考えられている技です。というのも、ここで出てくるサーコート（Geworffen）は、この本が書かれた当時はほとんど見られなくなっているからです。サーコートは、鎧の上に着る服の一種で、12世紀末頃に登場し、14世紀後半から使用例が減少していきます。よって、この技は、サーコートが広く使われていた約200年の間に開発され、それが原本が執筆された15世紀中頃まで伝承されてきたといえます。また、この技は、この本で解説している技の中で、最も「汚い」技であり、もはや技術とかそういったものとは関係ない技でもあります。

ここで師匠が着ているサーコートは、どちらかというとマントのようなもので、15世紀イタリアを中心に着られていました。現在では、フィレンツェにあるアンドレア・デル・カスターニョの肖像、ロンドンのナショナル・ギャラリーにある『サン・ロマーノの戦い』にも描かれています。

1

師匠を仰向けに倒した後、弟子は、師匠のサーコートの一部を切り取って、兜のスリットに詰めて視界を奪います。原本によると、切り取る部分が泥で汚れていれば、より効果的であると解説しています。もしくは、師匠を投げる時に、泥や埃で視界が奪われるように投げます。または、師匠を投げた後に、ダガーで付近の泥や土を掬い取って相手の顔面にぶちまけます。

武装格闘術技15

押さえ込み3
Pin Hold 3

出典：Gladiatoria, 56r.

1

仰向けに倒した弟子の上に、師匠の左足が、弟子の足の間にくるように乗りかかり、左腕で弟子の喉を押しつぶすようにします。そして、ダガーで弟子を仕留めます。

武装格闘術技16

キャメル・クラッチ
Camel Clutch

出典：Gladiatoria, 56v.　Duelling, p. 121.

キャメル・クラッチは、プロレス技のひとつで、うつ伏せに横たわった相手の首を、後ろに反らせて痛めつける技です。その基準からすると、この技は純粋なキャメル・クラッチではありませんが、技の原理が似ているので、この名前にしました。

1

うつ伏せになった弟子の背中を、右膝で押さえつけ、左手で弟子の兜のバイザーをつかんで後方にねじり上げます。そして、右手のダガーで止めを刺します。原本では、この他のバージョンとして、目を抉り出したり、両手で頭を後ろに反らせて首の骨を折る技が紹介されています。

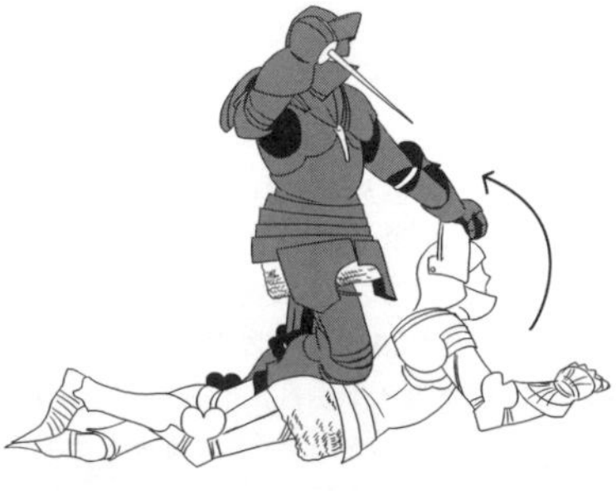

武装格闘術技 17

押さえ込み4
Pin Hold 4

出典：Gladiatoria, 57v.

1

師匠を後方に投げた後、弟子は、右足を師匠の両足の間に置くようにのしかかり、左肘で師匠の右肩をしっかりと押さえつけます。そして、師匠の兜のバイザーを跳ね上げて、ダガーで顔面を刺します。

武装格闘術技 18

押さえ込み5
Pin Hold 5

出典：Gladiatoria, 58r.

地面に倒れた相手が、立ち上がろうと足を上げたところを、その足を抱え込むようにして固定する技です。この技は、鎧を着けているため、普段よりも勢いをつけるために、動きが大きくなってしまうところを狙った技だと思われます。

1

師匠が仰向けに倒れていて、弟子は師匠の左側に位置しています。師匠が立ち上がろうと足を振り上げたところを、右膝を両足の間に入れるようにして跪き、左手で師匠の足を抱え込みます。そして、師匠の右手首を左手にとり、動きを封じてから、右手のダガーで止めを刺します。

第7章
槍

槍概説

徒歩での戦いは、槍より始まる。
己が守るべきもののため、両者は立ち上がる。

(Johannes Liechtenauer)

鎧を着た槍の戦闘

鎧で完全武装した騎士たちの決闘では、槍・剣・ダガーの3種類の武器（時折それに盾が付随します）を持って戦われたことが記録に残っています。騎士の戦闘といえば馬上で槍を使ってぶつかり合うものがよく知られていますが、果たして決闘において常に騎乗戦闘が行われていたのか、確実な証拠は残っていません。馬上槍試合（ジョウスト）の種類の中に「戦場のジョウスト」と呼ばれる真槍を使った試合がありますが、果たしてそれが決闘なのかというと疑問です。筆者は、騎乗での決闘は、両者の合意が得られた時のみ行われたと考えています。

また、当時のフェシトビュッフ（とりわけタルホーファーのもの）を見ると、最初に騎士たちが槍を投擲武器として使用している場面が多く描かれているのに驚きます。中世後期の鎧に対して槍を投げても、ダメージを与えるのはほぼ不可能ですから、戦闘開始直後にいきなり槍を投げつけて、そして剣で戦うというのはあまりにも効率が悪すぎます。トブラーは、この問題に対して、決闘裁判は古代ゲルマニアの時代から続く風習なので、おそらく投槍が主要武器であった頃の名残が、ある種の儀式となって当時まで残っていたのではないかと推論しています。

しかしながら、槍を投げずにそのまま戦闘に入る状況も描かれています。これは、決闘の様式によるのか、それとも決闘以外の状況での戦闘を想定していたのか、現在では知る由もありません。

槍のスペック

当時、槍は非常にありふれた武器でした。そのために武器庫などで保管されることが少なく、結果として現代まで残ったものは少ないのが現状です。現在まで残ったものも、サイズや形状は、地域や時代によって大きな差異があります。当時の槍の分類は基本的に現在のものほど厳密ではないのですが、一般的なフェシトビュッフなどに描かれている槍の描写からの類推では、大体全長180～240cmの間、重量はおおよそ2、3kgといったところでしょうか。

穂先の形状は、木の葉型のものが多いのですが、メイルを貫通させるための細長いタイプの槍や、狩猟用のボア・スピアのように穂先のすぐ下に棒状の張り出しがついているもの、ひし形のものもあります。

柄の材質は、一般に思われているような樫ではなく、強さと軽さを兼ね備えたトネリコが基本的に使われていました。また、絵画資料などから、槍の柄は、穂先に向けて徐々に細くなっていたようです。古代ギリシアの槍も同様に先細りで、片手で握る時の持ち手の位置を後ろに下げる（そしてリーチを伸ばす）働きがあったので、中世の槍の柄の形状も、古代ギリシアのそれと同様の効果を期待していたのかもしれません。

◆フィオーレの槍術

フィオーレの槍術は、他の槍術とは大きく異なる特徴があります。それは、槍を握る両手の間隔が狭いということです。中には剣のように両手をくっつけた状態で握っているものもあり、一体こんな持ち方で大丈夫なのかと思えるほどです。これについては、槍がそれほど長くないので特に問題なかったのか、それともフィオーレの癖だったのか、定かではありません。

槍の構え

① 右『正・鉄の門』の構え（Tutta Porta de Fero Destra）

槍を体の前にやや斜めに傾けて立てた姿勢です。その他の武器の『鉄の門』の構えに共通して、防御に優れた構えとされています。フィオーレは、右斜め前方に踏み込みながら、相手の槍を左側に払うのが一般的な用法としています。

② 高貴なる『窓』の構え（Nobele Posta di Finestra）

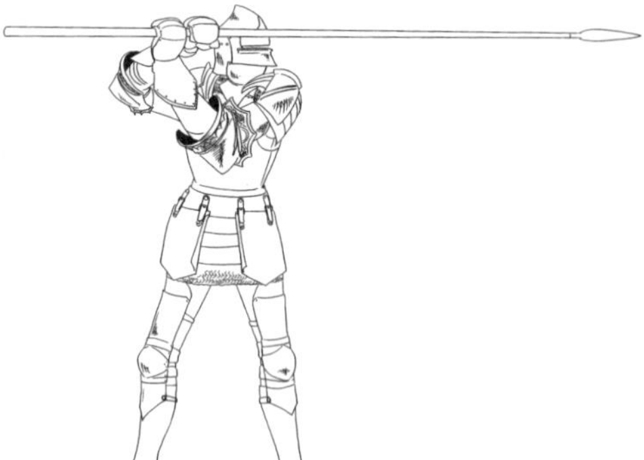

この構えは、ロングソードの『窓』の構えとほとんど同じですが、フィオーレは、どういうわけかこの構えに「高貴な」という言葉をつけ加えています。彼によれば、突きを防御するのに適している構えだそうです。

③『猪の牙』の構え (Posta de Dente di Chinghiaro)

敵に背を向け、槍を後方に立てた構えです。相手の攻撃を誘い、自分の槍が、相手の槍と自分の体の間にくるように移動して防御します。また、槍の穂先を敵に向ければ、左『窓』の構えに移行できます（相手は右側にいます）。

④『真・十字』の構え (Posta de Vera Croce)

同名のハーフソードの構えと同じ姿勢の構えです。使用法もハーフソードとまったく同じです（相手は左側にいます）。

⑤ 左『窓』の構え (Posta di Finestra Sinistra)

相手に背を向けるように立ち、両手を交差させて槍を水平に構えます。フィオーレは、突きを繰り出すのに有効な構えだとしています（相手は左側にいます）。

槍技 1

『猪の牙』からの防御
Guard from Dente di Chinghiaro

出典：Fiore(Pisani), 16r.　Fiore(Getty), 40r.

ここで紹介する技は、『猪の牙』の構えからどのように攻撃を防ぐかという方法です。基本的に、相手が自分の体の左右どちらの側からきているのか見て、それとは逆の方向に移動しつつ体を反転させて、槍で相手の槍を払いのけます。こうすることで、相手の槍の攻撃線を封じつつ反撃できるのです。

1

師匠が『猪の牙』の構えをとり、弟子は普通に攻撃しようとしています。

2

弟子が突いてくるのを、師匠は反対側に踏み込みつつ、自分の槍で弟子の槍を払いのけます。そして、弟子に攻撃します。

槍技2

受け流し
Displacing

出典：Fiore(Getty), 39v.

『鉄の門』・『窓』の構えなどの、自分の体の前に槍を持つ構えからの防御法です。基本的にドイツ式剣術の「受け流し」、または「受け突き」と同じ原理です。

1

師匠は高貴なる『窓』の構えをとっています。

2

弟子が突いてきたところを、斜め右に踏み込みます。同時に交差した両手をほどきながら、槍を体の左側にもっていきつつ、弟子の槍を払い、同時に弟子に突きを入れます。

3 カウンター

弟子は、素早く槍を反転させて、石突の部分で師匠の槍を右側に払いのけ、攻撃します。

槍技3

払いのけ
Striking aside

出典：Gladiatoria, 2v.

突き入れてきた相手の槍を払いのけ、カウンターを入れる技です。

1

弟子が師匠の顔目がけて全力で突いてきます。師匠は、槍を体の前に、穂先を上に向けた状態で構えています。

2

弟子の突きを、石突の部分で下から払い上げます。

3

そのまま穂先を弟子に向けて突き入れます。

槍技4

第四技
Das Vierd Stuckch

出典：Gladiatoria, 3r.

ここで紹介する技は、一連の技がセットになったものです。相手の槍を抱え込むようにして封じ、非常に特徴的な剣の持ち方で攻撃します。ちなみに、剣での攻撃は、原文では「剣を投げる」と説明しています。これは、実際に投げるのか、または、単純に剣で「力一杯突く」ことなのか、解釈はまちまちです（筆者は、後者の考え方が一番適当だと思っています）。なお、この本では紹介しませんでしたが、フィオーレのハーフソードの構えに『射手』の構え（Posta Sagittaria）というものがあります。これは強力な突きを繰り出せる構えだからということです。また、別の箇所でも、槍や剣を「投げる」という単語が出てきますが、状況からみて「突き」を強調した言葉のようです。

1

師匠が槍を投げました（原文にはこの槍をどう防ぐのか書いてないので、おそらく外したのでしょう）。弟子は、素早く全力で師匠を突きます。

2 カウンター

師匠は、弟子の攻撃を左手で払いのけます。

3

そのまま弟子の槍を抱え込み、槍の柄をしっかりと握り締めて、弟子の槍を封じます。

4

剣を抜いて、弟子に「投げつけ」ます。

第8章
ポールアックス

ポールアックス概説

而して、全ての身も心も気高き者は、自らの高潔にして栄誉ある天職を全うせんと、高貴なる武芸、すなわち前に挙げた武器（ポールアックス・槍・ダガー・両手剣・片手剣）の根源たるポールアックス術を第一に修練させるのだ。

（Le Jeu de la Hache）

◆ポールアックスの歴史

ポールアックスは、14世紀頃に、徒歩戦で重武装の相手を打ち倒すため、歩兵用の両手斧から発展したとされる武器です。その後、当時の戦術形態が騎馬戦から徒歩戦に移っていくにつれ、騎士階級の間に急速に広まっていきました。

当時では、騎士の武装といえば、馬上ではランス、徒歩ではポールアックスが主武器であり、補助用として剣とダガーを装備するというのが一般的でした。

さて、ポールアックスは、ある意味非常に誤解されている武器です。よくPoleaxeと綴って「長い柄のついた斧」であると解説されていますが、正しい綴りはPollaxeで、「頭（をカチ割る）斧」という意味があります（もっとも、現在ではPoleaxeでも正解とするようです）。そしてアックスという名前がついていながら、現存する武器・絵画資料共に、大多数のポールアックスは、斧ではなくハンマーの一種です。

さらに混乱を増す要因として、当時のポールアックスの呼称があります。ポールアックスは、当時の文書ではLa Hache（フランス語）、La Azza、Aza（イタリア）、Der Agst（ドイツ）と、単純に「斧」と呼ばれていることが多いので、文献に出てくる「斧」がはたして普通の戦斧なのか、ポールアックスなのかわからないのです。他の特別な呼び名としては、Aza del Tricuspis「三尖斧」（ピエトロ・モンテ）、Secures Lateres「死の斧」（マイアー・ラテン語）、Mordagst「殺斧」（マイアー・ドイツ語）というものがあります。また、ジョージ・シルバーがいう「バトルアックス」もひょっとしたらポールアックスを指しているのかもしれません。

◆ポールアックスの形状

豪華で独創的な装備を好む騎士の愛用武器ともあって、ポールアックスは非常に多くのバリエーションがあります。あまりに多くのバリエーションがあるので、ヴィクトリア時代の学者などは、ポールアックスの一種を特別に「リュセーン・ハンマー」(図：様々なポールアックスを参照）と呼んだほどです。

とはいえ、基本的なレイアウトは共通しています。ポールアックスは、長い柄の先端に刺突用のスパイクがつき、そのスパイクの根元にハンマー（または斧刃)、及びベク・ド・フォーコンと呼ばれるスパイクがつきます。これらの頭部は、スパイク状の頭部を持つ釘で固定されるので、上から見ると武器の形が十字形に見えます（釘の頭が平たいものもあります)。この形から、Le Jeu de la Hacheでは頭部の

■ポールアックス各部の名称

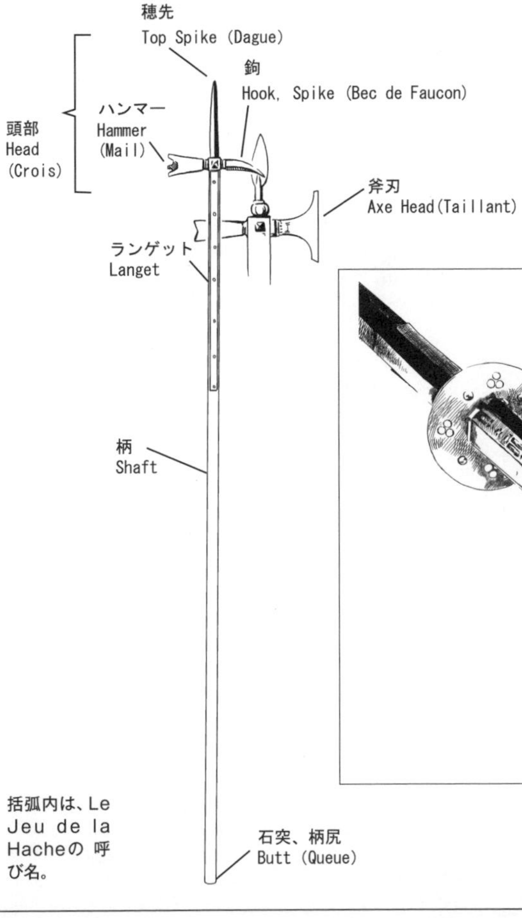

括弧内は、Le Jeu de la Hacheの 呼び名。

■ポールアックス頭部の形状

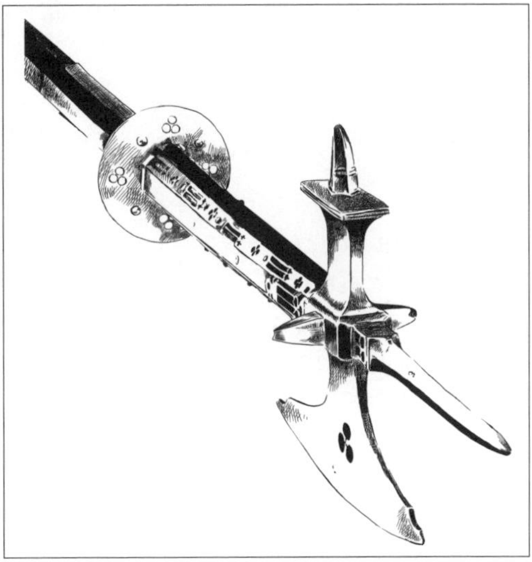

英国ロイヤル・アーモリー所蔵。

ことを「十字」と呼び、相手の武器や攻撃を受け止めたりするのに使っています。

頂点のスパイクは、一般的には四角錐型のものが一般的でしたが、槍の穂先のような木の葉状のものもあります。ハンマーは、断面図が円形または細身の四角形が多いようで、打撃面に数本のトゲのようなものが突き出しているものが非常に多く見られます。これは、おそらく打撃の威力を高めるのと同時に、鎧のわずかな段差に引っ掛けることで、打撃の衝撃を逃さないようにする工夫なのかもしれません。

柄にランゲットという金属板をつけて、相手に柄を切り落とされないようにすることも一般的で、持ち手のところに円形の鍔をつけることもあります。柄尻には、スパイク状の石突きをつけることが多いようです。タルホーファーのフェシトビュッフには、相手を引っ掛けるための鉤がついているものが描かれています（図：フェシトビュッフのポールアックスを参照）。

◆ポールアックスのスペック

ポールアックスの長さは、ピエトロ・モンテによると「背の高さに1ハンド加えた長さ」としています（1ハンドは約10cm）。その他の資料によると、全長1.2～1.8m、重量2～3kgほどが標準的なスペックのようです。また、ポールアックスの中には短いタイプのものがあり、これは全長1mほどで、重量も1～2kgほどです。

■様々なポールアックス

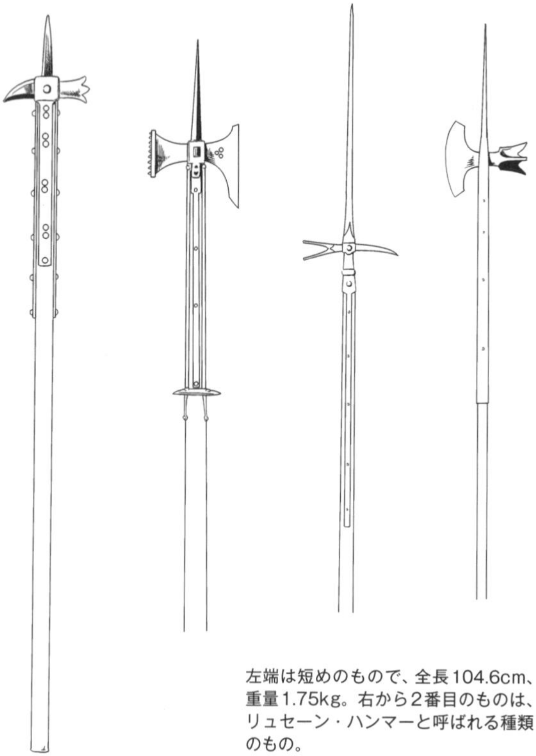

左端は短めのもので、全長104.6cm、重量1.75kg。右から2番目のものは、リュセーン・ハンマーと呼ばれる種類のもの。

◆ポールアックス術

■フェシトビュッフのポールアックス

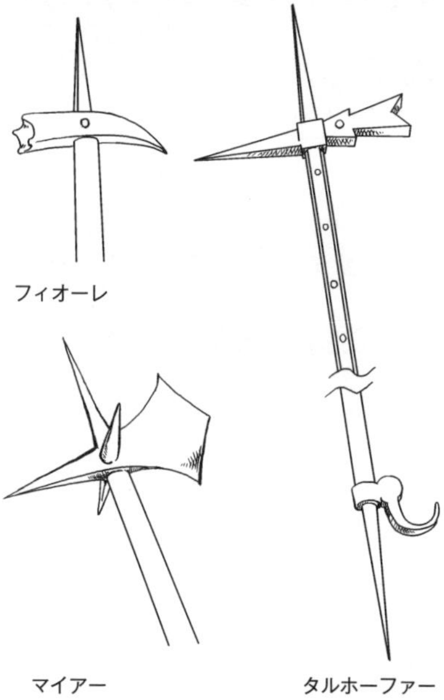

複雑な形状をした武器の特徴として、非常に多様な攻撃方法があるのがこのポールアックスの特徴です。ハンマーで殴ったりスパイクで突いたり、ベク・ド・フォーコンで相手の足や首を引っ掛けて引きずり倒したりするのは当然として、十字形の頭部で相手の武器を受け止めたり、相手の武器を引っ掛けて脇にどけたり、柄で相手を押し返したりという戦法も知られています。

騎士の必需品ということで、ポールアックス術は、当時のフェシトビュッフの多くにその操法が解説されています。しかし、ポールアックス術を専門に解説している本は、15世紀初頭に書かれたというLe Jeu de la Hache（『斧の戦』）というフランスの本だけでした。

この本を研究したアングロによると、フランス式ポールアックス術は、相手の顔面や足に素早い突きを繰り返して、相手の体勢を崩してから頭部のハンマーで攻撃する方法が一般的ということです。

フィオーレは、「もしも相手の斧を地面に叩き落すことができる状況になったら、とにかく相手の斧を叩き落すべし」と、興味深い言及をしています。この一文は、ポールアックスは頭部が地面に届くほどに下がった時が最も脆弱である、とフィオーレがみなしていたことを意味します。

ポールアックスの構え

ポールアックスの構えは、ショートスタッフや槍の構えと基本的に共通しています。これは、形状が似ていることもあるのでしょう。

❶『短い毒蛇』の構え（Posta Breve la Serpentina）

ハーフソードにも同名の構えがあります（本書未掲載）。素早い突きを繰り出すのに適し、相手の攻撃を受け流すのに有効な構えとされています。

❷『貴婦人』の構え（Posta di Donna）

相手に強烈な一撃を与える攻撃性の高い構えです。また、ロングソードの構えと同様に、相手の攻撃を地面に叩き落すこともできます。

フィオーレは、この構えを『猪の牙』の構えに対抗するものだとしていますが、『猪の牙』は本のどこを探してもありません。次の『鉄の門』の構えの解説に「私、『鉄の門』は『貴婦人』に対抗するものなり」と書いてあるので、おそらくフィオーレが勘違いしたのだと思われます。

3 『長い尾』の構え (Posta di Coda Longa)

ロングソードの『尾』の構えと同じで、武器を後方に置いた姿勢の構えです。相手の攻撃を誘い込んで、それを打ち払うのが主な目的と思われますが、フィオーレは、この状態から大きく弧を描いて振り下ろされる強力な一撃で、相手の武器を地面に叩き下ろすことを強調しているので、意外と攻撃的な構えなのかもしれません。彼はまた、この構えを『窓』の構えに対抗するものとしています。

4 『窓』の構え (Posta di Finestra)

『長い尾』の構えに対抗する構えで、槍の左『窓』の構えに相当します。フィオーレは右腕を後ろに引くことを強調しているので、ここに何かの工夫があるのでしょう。彼によれば、相手を幻惑する構えであり、打ち下ろすと見せて素早く構えを変えることができるとしています。

ポールアックス技1

駆け込み
Running-in

出典：Talhoffer(1459), 133v, 134r.

いきなりポールアックス術と関係ない技ですが、相手がとどめとばかりに打ち下ろしてくる武器の下をかいくぐって投げ飛ばします。

1

弟子が、ポールアックスを『屋根』の構えに持って、師匠を攻撃しようとしています。

2

弟子が斧を振り下ろしてくるところに、一気に突っ込みます。

3

そのまま弟子の右腕の下を潜り抜けます。そして体を回転させつつ、左手を弟子の足の間に通し、右腕で弟子の体を抱え込みます。右手で弟子の上半身を前方に倒しつつ左手で弟子を持ち上げて投げ飛ばします。

ポールアックス技2

つかみ投げ
Double Grip Throw

出典：Talhoffer(1459), 135v.

　またポールアックス術とはあまり関係ない技です。相手の両手を抱え込んで投げるという少々毛色の変わった投げ技を使っています（Hullの解釈による）。

1

師匠が弟子のポールアックスを叩き下ろしました。

2

師匠は自分のポールアックスを捨て、右足を弟子の足の前に踏み出します。それと同時に右腕を弟子の両腕の上から、左手を、弟子の両腕の下から通します。そして、両手で弟子の左腕をつかんで弟子の両腕を封じます。

3

左足を弟子の背後に踏み込み、弟子の両手を引いて投げます。

ポールアックス技3

転ばし
Tripping

出典：Fiore(Getty), 36v.

フィオーレの技は、時代が古いこともあって、非常に豪快な技が多いです。ここでは、相手の咄嗟にとる反応を利用して、相手を転ばす技を紹介します。

1

弟子が、師匠の攻撃を防御して間合いを詰めます。

2

弟子は、ポールアックスを師匠の足の間に突っ込みながら、左手で師匠の視界をふさぎます。こうすると、人間は思わず後ろに下がって視界を確保しようとしますが、この時弟子のポールアックスに引っかかって転ぶことになります。

ポールアックス技4

防御からの打ち下ろし

A Parry followed by the Oberhau

出典：Talhoffer(1467), pl. 88, 89.

　ドイツ式のポールアックス術は、『屋根』の構えから打ち下ろしてくるという攻撃的なものが多いのが特徴です。

1

両者『屋根』の構えをとっています。

2

師匠が打ち下ろしてくるのを、右足を踏み込みながら柄尻の部分で受け流します。

3

左足を踏み込むか、または右足を後ろに引きながら、師匠に攻撃します。もしくはイラストのように鉤で師匠を引っ掛けて引き倒します。

ポールアックス技5

足への引っ掛け
Leg Hook and the counters

出典：Talhoffer(1459), 72v.　Talhoffer(1467), pl. 83-86.

バインドの状態から、相手の足を引っ掛ける技と、それに対する一連の攻防です。

1

両者バインドの状態にあります。ここで、師匠は「剛く」バインドしています。

2

弟子は、師匠の力に逆らわずに、自分のポールアックスを反時計回りに巻いて、鉤を師匠の足に引っ掛けて引き倒します。

3 カウンター1

師匠は、左足を弟子の後方に踏み込み、ポールアックスの柄で弟子の喉を強く押して、後方に投げます。

4 カウンター2

師匠の行動を見て、弟子は師匠の背後から右手を首に回します。そして、師匠の首を抱え込むようにして足越しに前方に投げます。

5 カウンター3

弟子に投げられそうになった師匠は、左手を弟子の後方から首に巻きつけて、自分ごと弟子を引きずり倒します。

6

倒れた際に自分の体勢が悪ければ、右手を弟子の両足の間に突っ込んで、股間の辺りをつかみ、ひっくり返します。

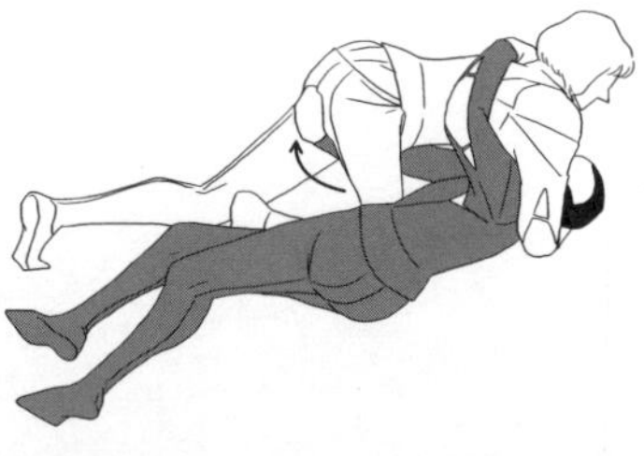

ポールアックス技6

首への引っ掛け

Neck Hook

出典：Talhoffer(1459), 73r.　Talhoffer(1467), pl. 90-94.

首へ鉤を打ち込んで引っ掛ける方法と、それに対するカウンターです。

1

師匠が弟子の足へ鉤を打ち込もうとするのを、弟子が柄尻の部分で防御します。

2

師匠の首に鉤を打ち込んで引っ掛けます。

3

そして、弟子は体を反転させつつ師匠を引き倒します。

4 カウンター

弟子に首を引っ掛けられたら、師匠は自分の武器を捨てて数歩踏み出して、弟子のポールアックスの柄を両手でつかみ、右手側の柄を持ち上げます。

5

弟子の腕の下を潜り抜けて、右腕を弟子の首に後方から巻きつけて、〔技5〕のように、弟子を前方に投げます。

ポールアックス7

殺打に対する受け流し

Parry against a Murder-Stroke

出典：Mair, p. 127.

ここでの「殺打」は、レスリングの「殺打」とは違い、上から打ち下ろしてくるハンマー、または斧刃による打撃のことです。ここでは、相手の「殺打」をさばいてからの攻防を解説します。

1

弟子が『屋根』の構え、一方の師匠は『梯子』の構えをとっています。

2

弟子の攻撃を左側に受け流します。

3

そして、素早く弟子の股間を突きます。

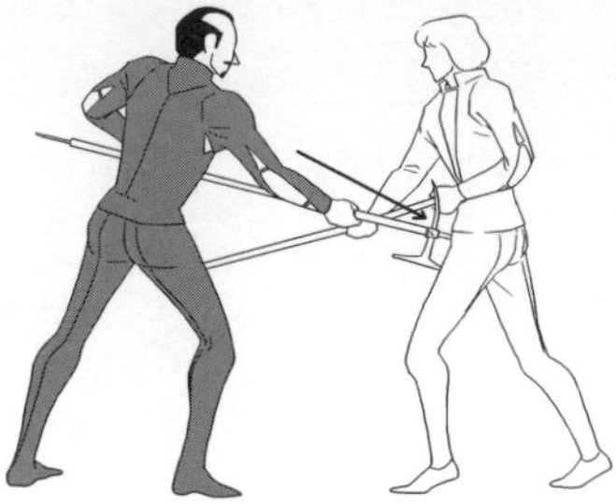

4 カウンター2

師匠の突きを、柄尻の部分で受け流します。

5 カウンター3

そして右足を踏み込みつつ、師匠の頭部を打撃します。

6

もしも師匠が、これを防御したら……。

7

素早く斧を回転させて、石突きで師匠の顔を攻撃します。

8 カウンター

師匠は、右足を一歩引きつつ弟子の攻撃を受け流し、押しやります。

9

もしも弟子が武器を引いて逃れたら、弟子の防御の開いた部分を攻撃します。

10 カウンター

師匠の攻撃を右側に受け流し、師匠の顔面に突きを入れてから、間合いをとります。

第9章
ファルシオン

ファルシオン概説

もしもメッサーを学ぶのならば、まずは汝を高潔たらしめよ。
人が汝にへつらうか、それとも親身に忠告しているのか見極めよ。
さすれば汝は真の理をもちて、汝の敵を打ち破るであろう。
（Johannes Lecküchner）

◆ファルシオンの歴史

ファルシオンは、片刃の剣の一種です。正式な剣よりも安価に製造でき、耐久性が高く、操作が簡単とあって、剣を買うことのできない平民階級に好まれました。平民階級の兵士が戦うのは彼らと同じく軽武装の兵士なので、長く広く使われたのです。

騎士たちの間でも、その強力な切断力を買われて、戦場で使われることが多々ありましたが、時代が経つに従って、ファルシオンは騎士階級の武器として使われることは稀になっていきます。とはいえ、剣よりも安価で取り扱いが容易であるということもあり、日常用の武器として、ファルシオンはよく使われていました。

ファルシオンという名前自体は古フランス語のFauchonに由来し、Fauchon自体はラテン語で「鎌」を意味するFalxからきていると推定されています。その名の由来が示すとおり、相手を断ち切ることが主目的の武器です。起源そのものについてはアラビア文化圏のシミターがヨーロッパに取り入れられたとする説もありますが、ゲルマン民族のサクスから発達したという説の方が有力です。

■グロスメッサーのグリップ

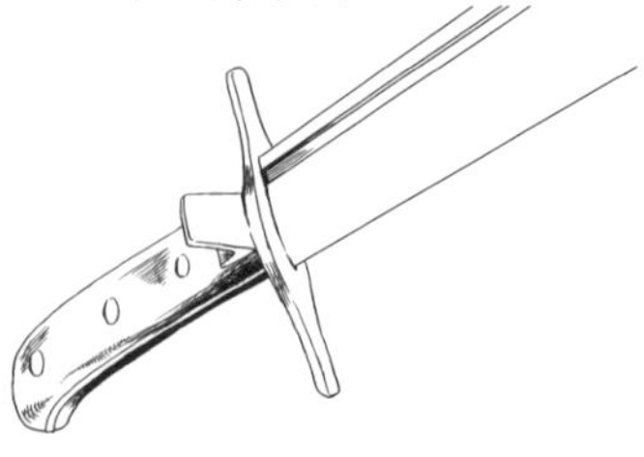

ドイツでは、「大きいナイフ」を意味するグロスメッサー（または、省略してメッサー）というファルシオンに似た武器があります。また、クリークス

メッサーと呼ばれる、メッサーの両手剣バージョンもあります。ドイツのメッサーは、手の甲を守る働きがある張り出しが鍔の部分についています。

◆ファルシオンのタイプ

　ファルシオン（またはメッサー）には、形式上ふたつのタイプがあります。ひとつはシミターのようなタイプで、もうひとつは先端が太くなっている肉切り包丁のようなタイプです。一般的に、前者のタイプが最も一般的で、肉切り包丁型のファルシオンは比較的早く流行から外れてしまいます。また、非常に稀なタイプとして、内反りのファルシオンもあります。

　また、ファルシオンは一般的に片刃といわれていますが、シミター型のファルシオンの多くは、先端部が両刃になっていて、裏刃で切りつけ足ることもできるようになっています。

　そして柄の構造も、スケール・タンという、茎を柄の材料でサンドウィッチして、リベットで止める方法が使われることが多くあります。この方法は当時の剣には使われていず、基本的にナイフや鉈などの実用品に使われている技法です。これは、ファルシオンが剣よりも一段下の、武器というよりも道具に近い見方をされていたということの証拠でもあります。

■ファルシオンのタイプ

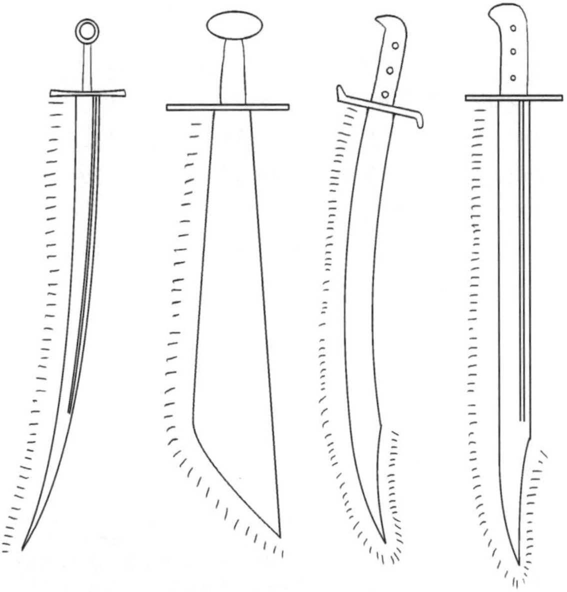

印は刃のついている部位を示す。

◆ファルシオンのスペック

おそらく、現在最も有名なファルシオンは、コンヤーズ・ファルシオンと呼ばれているファルシオンです。このファルシオンは、イギリスのダラム大聖堂に保管されている肉切り包丁型のファルシオンで、伝説によると1063年に、騎士サー・ジョン・コンヤーズが、当地を荒らし、人を食い殺していた猛毒の魔獣を退治するのに使ったという伝説の武器です。しかし、これまでの研究によると、装飾などのスタイルから、このファルシオンは約1260年頃の製作だとされています。また、剣の刃の部分に研ぎなおしたり磨り減った痕が見られるため、このファルシオンはかつて実戦に使用されたことがあると考えられています。円盤型の柄頭には、片面に「翼を広げた鷲」、裏側には「三頭のライオン」が刻まれ、青銅製の鍔には、ワイバーンが掘り込まれています。木部が露出しているグリップ部は、トネリコの木で作られています。

■コンヤーズ・ファルシオン
(Conyers Falchion)

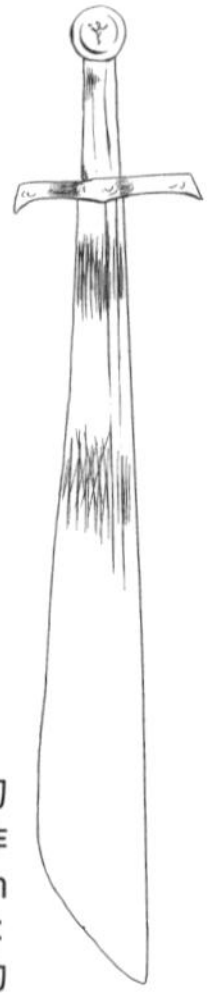

全長：89cm／刃渡り：74cm（製作当時は推定77cmほど）／刃の厚み：根元の部分で約4mm／鍔の幅：約170mm／重量：1.3kg（製作当時は推定1.35kg）

ソープ・ファルシオン

もうひとつのタイプのファルシオンの代表作は、ノーフォーク博物館にあるソープ・ファルシオンと呼ばれる剣です。13世紀後半から14世紀前半に製作されたとみられ、刃の部分に無数の切り込みがあるので、おそらく実戦に使われたと考えられます。また、切っ先付近の刃の峰は、刃のようになっています。柄頭は真鍮製で、竜のような模様が彫られています。

■ソープ・ファルシオン
(Thorpe Falchion)

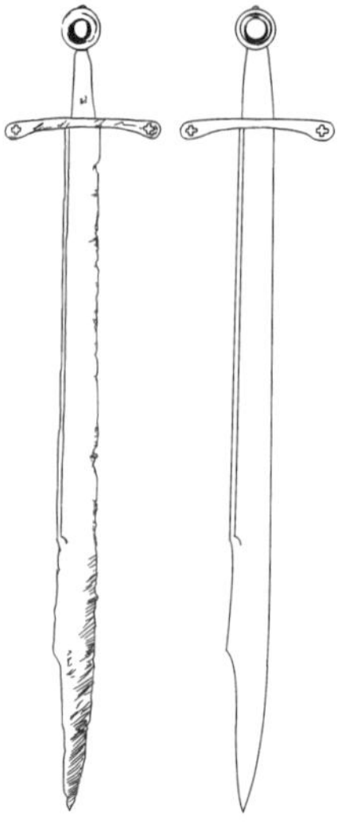

右は、ソープ・ファルシオンの推定復元図。全長：95.6mm／刃渡り：80.3cm／刃の厚さ：最大2.5mm／重心：鍔から9mm／重量：905g

デュサック

デュサックは、練習用のメッサーから発達した武器です。武器とはいっても戦闘用の武器ではなく、練習・スポーツ用のものです。木製または鉄製で、湾曲した刃と護拳のついたグリップが共通する特徴です。16世紀後半になると、ファルシオンやメッサーは現役から姿を消し、その練習武器であるデュサックもその存在理由を失うはずでした。しかし、デュサックは、実用武器を練習するための道具から、スポーツ用の武器へとその役割を変えて存続することになります。

一応、マイアーのフェシトビュッフには、デュサックで槍などと戦う方法が解説されていますが、これは、デュサックが実用の武器として使用されていたというよりは、元々のメッサーの用法がデュサックのものに置き換わったと解釈するほうが自然だと考えられます。

■デュサックの形状

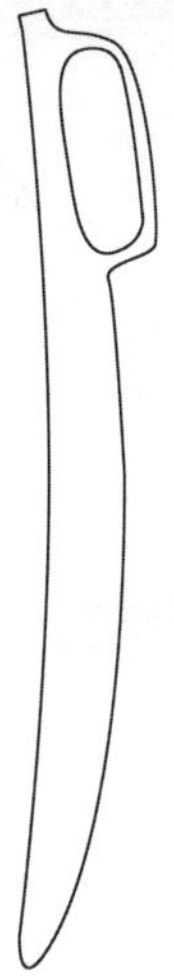

◆ファルシオンの用法

基本的に、ファルシオンの使い方は、剣と大きく変わりありません。ドイツでは、メッサーの技法は、片手剣ではなくロングソードの技法に直接的に関係しているとされ、ロングソードの4つの構えや5つの「奥義」も名前こそ違いますがそのまま使用されています。刺突も多く使われますが、やはり基本の攻撃方法は斬撃で、メイヤーは実に16種類もの特殊な斬撃法を記録しています。

ファルシオンの構え

❶『見張り』の構え (Wacht)

『見張り』の構えは、ロングソードの『屋根』の構えに相当するもので、この構えからの一撃は、相手の攻撃を叩き落したり、相手の間合いの外から攻撃できるとされています。メイヤーによると、準備万端の状態で、相手が隙を見せる瞬間を「見張って」いる姿勢がこの構えであるとしています。ちなみにスペインの剣士メンドーサ・イ・キサーダは、この構えをアストゥーラ・アフリカーナ、『アフリカの星』と呼んでいます。

❷『突き受け』構え (Gerade Versatzung)

この構えは、ロングソードの『突き』構えに相当する構えで、メイヤーによると「最も安全」な最良の構えだとしています。また、デューラーは、この構えを『尾』の構えの一種に対抗する構えとしているようです。

③『猪』の構え (Eber)

剣を地面と平行にしたまま腕をだらりと下げた姿勢で、ロングソードの『鋤』の構えに相当します。メイヤーは、この構えは右の構えのみで左に構えることはないとしていますが、デューラーのフェシトビュッフには、左『猪』の構えとおぼしきものが描かれています（イラストで弟子のとっている構えがデューラーの左『猪』の構えです)。

④『舵』の構え (Steer)

ロングソードの『雄牛』の構えに相当する構えで、メイヤーは、あらゆる技を繰り出すことのできる、最高の構えのひとつであるとしています。

⑤『保塁』の構え (Bastey)

ロングソードの『愚者』の構えに相当する構えです。保塁とは、城壁につけられた構造物で、一般に塔や、巨大な台のような形状をしています。メイヤーの時代には、なぜこの構えが『保塁』と呼ばれているのか不明になっていましたが、彼自身は、土台たる保塁が上に乗っている建物を支え、守っているように、この構えが下半身を防御しているからだと推測しています。

ファルシオン技1

第一の教練

The First Drill

出典：Meyer, p. 124, 2.4v.

メイヤーのデュサックの章には、基本的な技術の訓練法が記されています。これは、個々の技についての紹介がメインである他のフェシトビュッフには、まったくといっていいほど書かれていない、貴重な資料です。ここで紹介するのは、素振りについての教練法の一部を抜粋したものです。他の武器についても、おそらくこれと同様の方法で素振りを行っていたのでしょう。

1

まずは『舵』の構えをとります。

2

右足を一歩踏み出しつつ、剣を振り下ろします。剣は完全に振り切らず、途中で止め、『突き受け』の構えで停止します。

3

切っ先を下ろしつつ柄を上げ、剣を頭の左に持っていき、丁度剣を顔の脇で振りかぶるように持っていきます。同時に、左足を右足にひきつけます。

4

右足を踏み出しつつ剣を振り下ろします。これを大体3～4回繰り返します。

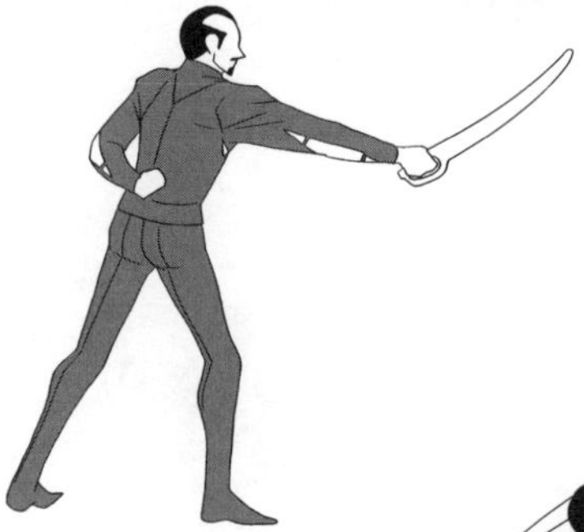

5

剣を振り下ろした状態です。前方に進みきったので、今度は後ろに下がります。

6

右足を左足に引きつけつつ、剣を〔図3〕の状態に持っていきます。

7

そして左足を後方に踏み込みながら、剣を振り下ろします。この作業を数回繰り返し、最初の地点に戻ります。

ファルシオン技2

挑発

A Device and Example, Teaching how You Shall Provoke Your Opponent so that He Goes up, Such that You may Injure His Right Arm

出典：Meyer, p. 139, 2.21r.

ずいぶんと長い名前ですが、要するに相手の攻撃を誘って、その右腕に切りつける技です。

1

師匠が『見張り』、弟子は『横』構えの一種をとっています。『横』構えは、剣を横殴りに切りつける構えです。

2

師匠が剣の裏刃で弟子に切りつけます。この時、師匠は、弟子が下から自分の腕に向けてカウンターをかけてくるのを注意します。なお、裏刃で切りつけているのは、片手剣の「飛び込み切り」という技法で、相手の防御の上を飛び越えて切りつける技です。

3

弟子が下から切り上げてくるのを見た師匠は、素早く剣を引いて、次の一撃の準備をします。

4

弟子の右手に横殴りに切りつけます。

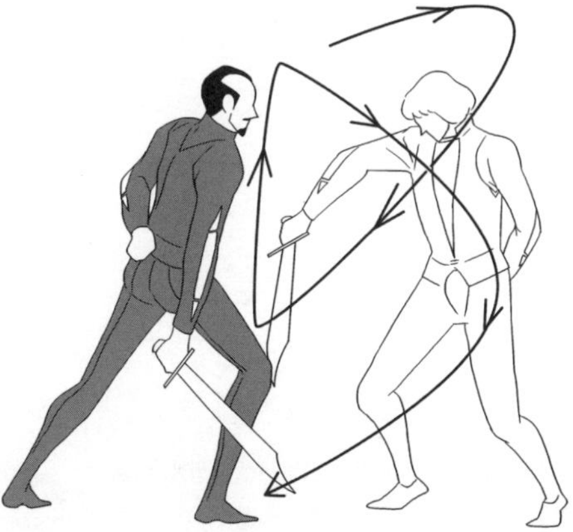

5

そして、間髪を置かずに十字に切ります。

ファルシオン技3

下を潜るようにしての突き

How You shall Run under His Cuts, and Jab in Front of His Chest so that He must Make His Face Open

出典：Meyer, p. 157, 2.42v, 2.42r.

相手の上からの攻撃を受け止め、その後素早く体を沈めながら突きを入れる技です。英語の技名は「胸に突きを入れるので、相手は顔を無防備にせざるを得ない」という意味ですが、この部分についての解説がないので、少々尻切れトンボな印象を受けます。

1

師匠は『猪』の構えで、弟子の攻撃を待ちます。

2

弟子の攻撃に、右足を一歩踏み出しながら、表刃が上にくるように剣を反転させ、弟子の攻撃を受け止めます。なお、この姿勢を『弓』の構えといいます。

3

右足を踏み込みつつ体を沈めて、弟子の胸を突きます。

新発明の武器1

ここでは、タルホーファーとフィオーレのフェシトビュッフから、彼らの考えた新発明の武器を紹介します。

1.目潰し入り斧

挿絵によると火炎放射器のような描写がされています。鉄製の筒を木製の柄に取り付けたもので、フィオーレは「重く・残虐で・必殺の」斧と呼んでいます。相手の顔に中身をパッと振りかけた後に、この斧、または別の武器で滅多打ちにして止めを刺すようにして使います。

中に入れる粉の材料は以下の通りです。ハーブの一種のタイムの汁を天日かオーブンで乾燥させ、粉末にしたものをひとつまみ。それに当時化粧に使われていた、肌を腫れ上がらせる効果のあるプレタという花(Fior di Preta)の粉を1オンス(約28.3g)加えたものです。このほかに、代替として腐食剤や焼杓剤として医療品として使われるルットリオ(Rutorio、Ruttorio)という薬を使うこともできます。

この武器の欠点は、目潰し攻撃が外れてしまうとたちまちに不利になるということで、フィオーレも最初の一撃が外れると、この斧は役立たずになるといっています。また、フィオーレは、この武器は「知識のために」解説しているのであって、実際に使うべきではないとしています。

2.仕込みキャンデリエール

キャンデリエール(燭台)というのは、アウルスピスのスパイク部分が短くなった武器で、イタリアで使われていました。

フィオーレのフェシトビュッフに登場するこの武器は、キャンデリエールの頭の部分が着脱可能になっていて、頭部と柄が鎖かロープでつながれています。フィオーレはこの武器で相手の足を絡めとって引き倒し、その後しばらくの間、彼を引きずりまわした後、息も絶え絶えな相手を袋叩きにして勝負を決めるのだと解説しています。

(P430に続く)

ファルシオン技4

受け流しからのつかみ

Parry and Grappling

出典：Talhoffer(1459), 119v, 121v.　Talhoffer(1467), pl. 224, 225, 230.

相手の攻撃を受け流して、流れた腕を抱え込む技は、タルホーファーの十八番ともいえるでしょう。

1

師匠が『憤怒』の構えから弟子を攻撃しようとしています。

2

師匠の攻撃を、弟子が受け流します。この時、弟子は左手上腕で剣を支えることで、師匠の攻撃の勢いに対抗しています。この姿勢は、剣とバックラー術の『弓』の構えと同じものです。

3

左腕で、師匠の右腕を捕らえ、師匠の頭めがけて攻撃します。タルホーファーのフェシトビュッフでは、このイラストのように、師匠に当たる人物が咄嗟に左手で頭をかばう様が描かれています。

4 別バージョン

腕を抱え込んだ後に突きを入れるバージョンもあります。

ファルシオン技5

ハーフソードからの剣取り

Halfsword Disarm

出典：Dürer(Messer), No. 8, 9.

ハーフソードの状態で、自分の剣を使って相手の剣を奪う技です。ロングソードを使うハーフソード術にもこれと似た技があります。

1

弟子の攻撃を、師匠がハーフソードで受け止めます。

2

師匠は、自分の剣を相手の剣と接触させたまま、自分の剣を弟子の腕に巻きつけるように動かします。ひょっとしたら、ここで師匠は、左手で弟子の剣と自分の剣を一緒につかんでいるのかもしれません。

3

剣を梃子の代わりに使って、弟子の剣を捻り上げて奪います。

ファルシオン技6

受け流し切り

Displace and Strike with the Pommel and the Blade

出典：Wallerstein, pl. 57.　Dürer(Messer), No. 30.

　相手の攻撃を剣を捻りながら受け流し、攻撃する技です。剣を捻って表刃を上に向けた状態で相手の攻撃を受けるというのは、片手剣で度々見られる技法で、相手の剣を受け流しつつ攻撃態勢を整えるために使われています。また、相手の手を柄頭で打撃しつつ切りつけるという技は、ロングソードにも同様の技があります。

1

両者向き合っています。ここでは、師匠が『突き受け』の構えを、弟子が『見張り』の構えをとっています。

2

弟子が切りつけてくるのを、師匠は剣を捻って受けます。まず表刃を上に向けるようにして、剣の平で弟子の剣を受け、そのままイラストのように剣の柄を持ち上げつつ弟子の剣を脇に滑らせます。

3

一歩踏み込みながら、剣を翻し、柄頭で弟子の右手を打撃し、同時に首めがけて切りつけます。

ファルシオン技7

後ろへの投げ
Throw over the leg

出典：Wallerstein, pl. 59.　Dürer(Messer), No. 34.

いつもの投げ技ですが、ここでは、自分のファルシオンの柄で相手の手首を引っ掛けて捻り、相手の手首を固めてから投げています。この手首の固め技は、フィオーレの〔ダガー技7〕の原理を応用しています。

1

弟子の攻撃を師匠が受け止めています。

2

素早く柄頭を弟子の手首の上を通して引っ掛けます。

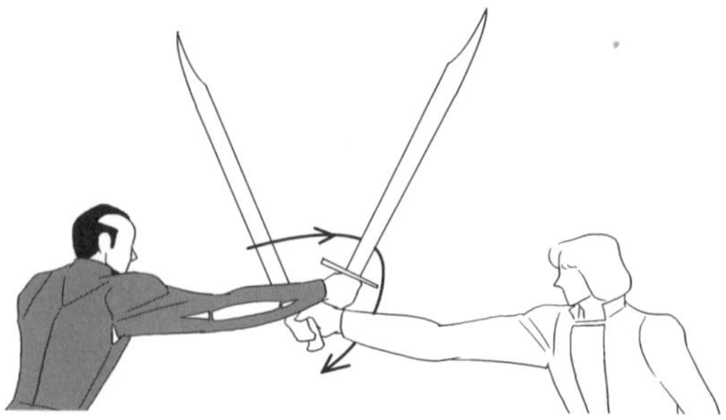

3

剣を時計回りに捻って弟子の手首を捻り上げつつ引き寄せます。同時に左足を弟子の後方に踏み込みます。

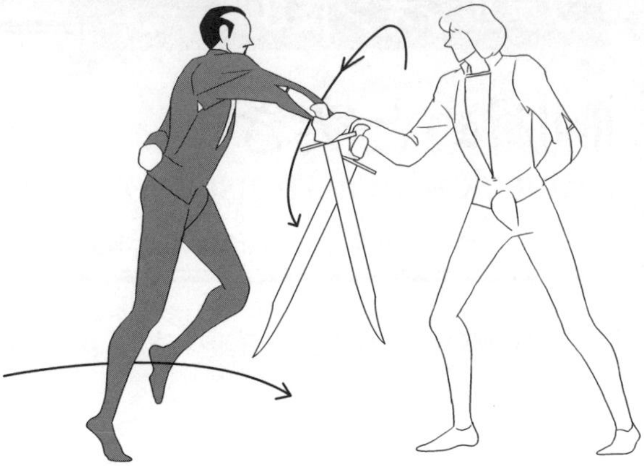

4

左手で弟子の首を押して後方に引き倒します。

ファルシオン技８

腕固めと突き

Armlock with a Thrust into the Neck

出典：Wallerstein, pl. 60.　Dürer(Messer), No. 35.

原理的には前の技と同じですが、右手ではなく左手で相手の右手を固めています。

1

弟子が上から切りかかろうとしています。

2

右足を踏み込みながら、弟子の攻撃を剣の平で受け止めます。

3

左手を、弟子の右腕の上に内側から外側へと通します。

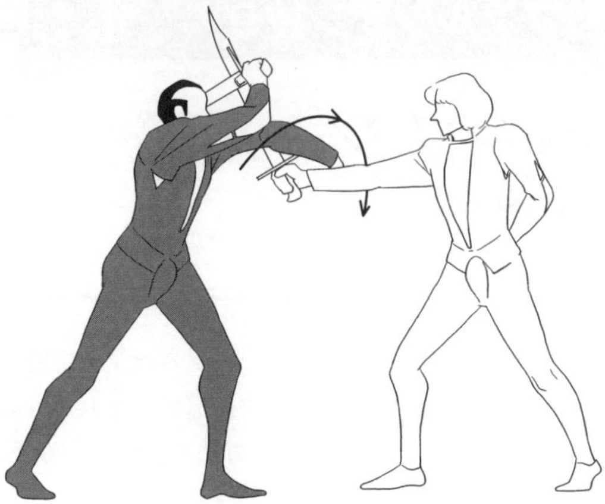

4

そして、弟子の柄頭を左手でつかんで、そのまま左腕を弟子の右腕に巻きつけるようにして捻り上げます。

5

そして、弟子の右手の下を通すようにして、弟子の首を突きます。なぜこのような複雑な方法で攻撃するのか原文にはありませんが、おそらく弟子の左手に右手がつかまれるのを防ぐためと思われます。

ファルシオン技9

ハーフシールド

Halfschilt

出典：Talhoffer(1459), 122v.

ハーフシールドは、剣とバックラーを揃えて突き出す技法です。タルホーファーはメッサー（ファルシオン）術に関して、それなりの数の技を残していますが、中でも異色なのが、「一対多数」の方法を書いているところです（本書未掲載）。そもそもフェシトビュッフそのものは「一対一」の戦いが基本なので、複数の相手に対する技法そのものが、ほとんどないのです。では、タルホーファーはなぜメッサーの項目で一対多数の技を解説しているのかというと、メッサーは決闘用の武器というよりも、護身用の武器であるので一対一の正々堂々の戦いばかりではないという事実を反映しているのでしょう（Hullの解釈による）。

1

両者相対しています。

2

弟子の攻撃を、ハーフシールドで受け止めます。

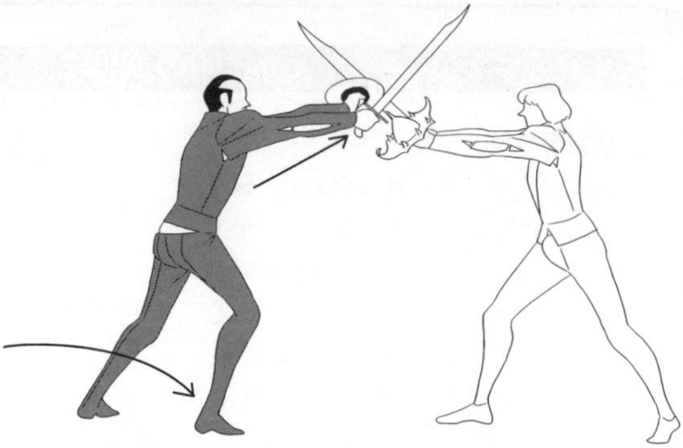

3

弟子の剣を、自分の剣で、叩き下ろすか押し下げて封じます。

4

左足を踏み込みながらバックラーで弟子の顔を打撃し、同時に剣で弟子の右腕に切りつけます。

新発明の武器2

3.決闘用の剣・ダガー

柄頭にスパイクを持ったもの、剣身の中ほどに刃がついていない部分があるもの、剣身の中ほどに円盤型の鍔がついているものなどが考えられました。右図のタルホーファーの剣は、それをさらに発展させ、鍔にスパイク、または鋭利な刃をつけています。

専用のダガーもまた多く紹介されています。ここで紹介しているダガーは、柄頭が釘抜きのような形状をしています。これは、おそらく鎧の隙間に突っ込んで、無理やりにこじ開けたり、鎧を破壊したりするためのものと考えられます。右のボロックダガーは、鞘の部分に複数本の投擲用のスパイクが納められています。

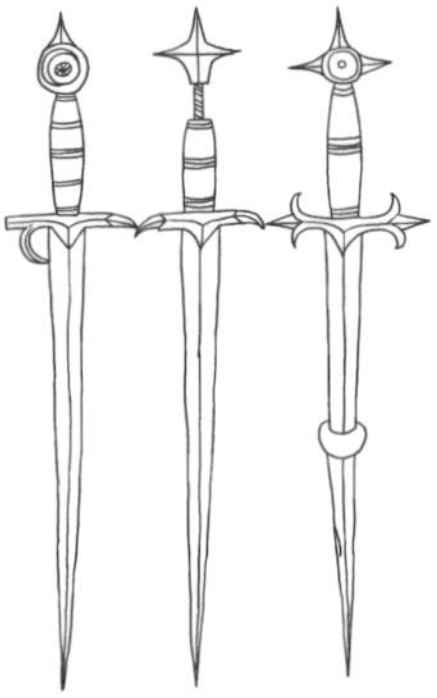

決闘用の剣。左端の剣はフィンガーリングが、真中の剣はネジ式の茎がついている。右端の剣の刃についている円形のものは、ハーフソード時に左手を守る鍔

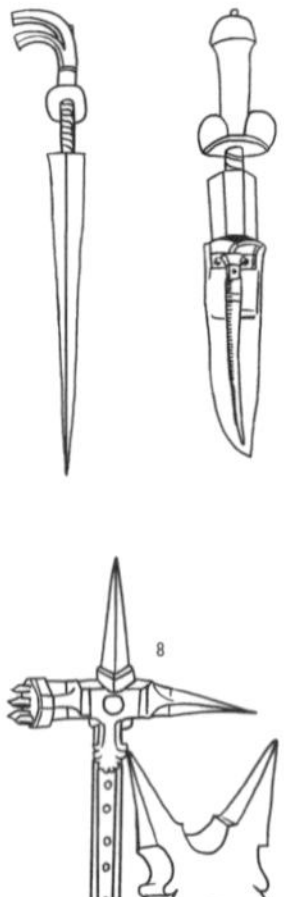

決闘用？のダガー。左のダガーは鎧を破壊するための「くぎ抜き付きラウンデルダガー」で、右側のものは投擲用スパイク（またはナイフ）を3本鞘に収めたボロックダガー

4.組み立て式可変ポールアックス

タルホーファーのフェシトビュッフには、組み立て式のポールアックスの絵が描かれています。

この絵から推測するに、石突き用のアタッチメントふたつ（図5のスパイク単一と、図6のフック付きスパイク）・頭部を留めるための釘用のアタッチメントふたつ（図3のスパイク状の頭部のものと、図4の雄羊の頭を象ったもの）・図2のランゲット付きの頭部のスパイクひとつ・図7の頭部のハンマーひとつと、図8の組み立て完成図（別の頭部と石突きがついています）が描かれています。

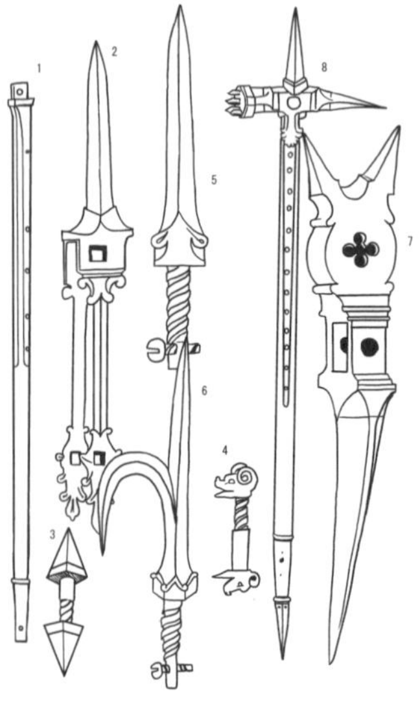

第10章
片手剣とバックラー

片手剣とバックラー概説

そもそもバックラーは、最も一般的で、最も広く使われる武器であり……
……そして、身体を危険から防ぐものでありながらも、身体よりもはるかに小さいものであるがゆえに、「身体よりもはるかに小さい盾で体をすっぽりと覆う」という不可能を可能にする手法を身につける事が必要なのである。

(Giacomo di Grassi)

片手剣とバックラーの歴史

片手剣とバックラーのコンビは、中世で最も一般的だった武装といえます。戦場では、多くの一般兵が、剣とバックラーを装備していましたし、平時でも若者が剣とバックラーをチャラつかせて歩き回り、血の気の多いグールプが喧嘩で切り合うのもよくある光景でした。このため、剣とバックラー（に代表される武術）は、しばしば為政者から治安悪化の源泉と見なされ、武術を教える道場や教室は折りに触れ法律で厳しく統制されたほどです。

現存する中世最古のフェシトビュッフである『I.33』は、剣とバックラーの戦闘法のみを解説したものですから、この組み合わせが、当時非常にポピュラーだったという証明になるでしょう。

片手剣の進化

片手剣は、最も起源の古い剣であるといえます。中世の剣は、ケルト文明の剣を起源とする武器です。基本的なデザインは、バイキングの時代からほとんど変わりませんでしたが、14～15世紀になると、そのデザインに大きな変化が現れます。

まず、切っ先が非常に鋭く、剣身が三角形に近い形になります。また、それまでほぼすべての剣にあった「樋」が、あまり見られなくなりました。これらの変化は、鎧の発展と密接に関係しているといわれています。オークショット分類法（巻末語句解説参照）のXVとXVIIIに属する剣が、このタイプの好例です。

次に、剣の鍔の形状が変化します。形状は様々だったものの、どれも棒鍔の基本形から大きく外れることはありませんでしたが、15世紀にはフィンガーリングと呼ばれる金具が、鍔の前につくようになります。この頃、剣をしっかりと固定でき、コントロールしやすいという理由で、人差し指を鍔に引っ掛けるようにする持ち方が広まりました。この時、鍔に引っ掛けた人差し指を守るための金具がフィンガーリングです。いったん始まってしまえば、その後の変化は非常に早く、様々な形状・様式の鍔が研究・開発され、剣の形状は大きく変化していきました。

◆片手剣のスペック

片手剣は、一般的に全長約90cm、重量700g～1.5kg、平均約1kgが一般的な数値です。

タイプXIX

現在、イギリスのロイヤル・アーモリーが所有する「タイプXIX」は、鍔にフィンガーリングがついたヨーロッパ由来の剣としては、最も古い例のひとつとされています（現存する最古のものは1350年頃制作）。エジプトのアレクサンドリア武器庫に戦利品、もしくは贈答品として納められ、人の手に触れることなく保存されていたのか、保存状態はほぼ完璧でした。剣身の鍔元のリカッソと呼ばれる部分に、ナシュキ書体のアラブ語で、この剣が武器庫に収蔵された年代（西暦1432年）が記されていたことから、オークショットは制作年代を1400～1420年と推定しています。

柄頭は球形で、黒色の塗料が錆止めとして塗られています。刃の形状は断面が6角形で、樋が剣身の中ほどまでつけられ、丁度樋が終わるところに、製作者の刻印が刻まれています。

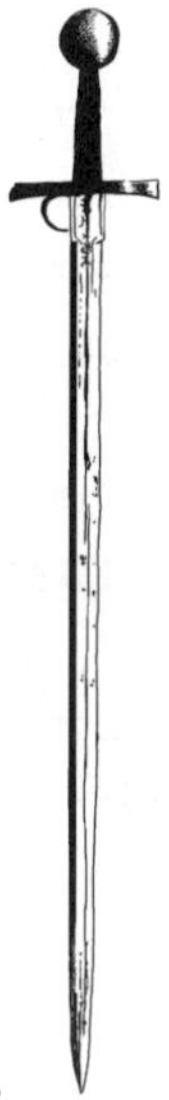

■タイプXIX
刃渡り：81.2cm。

モンツァの剣

以前にも紹介したモンツァの剣、またはエストーレ・ヴィスコンティの剣は、1698年以前にミラノ公エストーレ・ヴィスコンティの棺から発見された剣です。彼は1413年1月17日に戦死しているので、それ以前の製作だと断定できます。オークショットは、この剣を「非常に良好な保存状態」で、「軽量でバランスの良い」剣だとコメントしています。スペックを見る限り、剣の重量は重い部類に属するのですが、バランスやグリップの形状により、実際よりも軽く感じるのでしょう。刃の形状は、タイプXVに属します。

■モンツァの剣
全長：87.5cm／刃渡り：71cm／刃の幅：約5cm／重量：1.54kg。

タイプXVIIIa

ウォーラス・コレクション所蔵の有名な剣で、実用性を徹底的に追求した優美さと簡潔さを合わせ持っているといわれています。製作は1440～1460年頃のフランドル（またはフランダース）製と推定されています。柄は黒い角製で、金メッキした青銅製（別の文献では鉄製）の柄頭に溶け込むように整形されています。ただ、銅製の鍔は、作りも金メッキも雑で、さらに鍛造ではなく鋳造と思われ、この部分は19世紀に修復された可能性があるとされています。

■タイプXVIIIa
全長：105.5cm／刃渡り：88.3cm／刃の幅：4.1cm／重量：1.34kg。

タイプXIV

非常に特徴的な形状をした、これまた非常に有名な剣で、現在ニューヨークのメトロポリタン美術館に収蔵されています。1325～1350年頃の製作とされ、刻文のあるタイプとしては現存する唯一の14世紀の剣と考えられています。

この剣の最大の特徴は、なんといってもその幅です。これによって、剣の三角形の輪郭が大きく強調されています。また、樋には現在でも解読されていないのですが、贈答用または奉納用と考えられている刻文が刻まれています。オークショットは、刻文の書体が、トレド大聖堂所蔵のカスティリア王、勇王サンチョ四世（1298

年死去）の剣の刻文に酷似しているとしています。

鍔は青銅製で、銀の針金で縦縞に象嵌されています。これは、バイキング時代によくあった装飾法ですが、当時では稀なものです。同じく青銅製の柄頭には、銀象嵌でウェルギリウスの『アイネイアス』から引用したSUNT・HIC・ETIAM・SUA・PRAEMIA・LAUDI（ここに再び、美徳がその報酬を得る）という言葉が刻まれています。

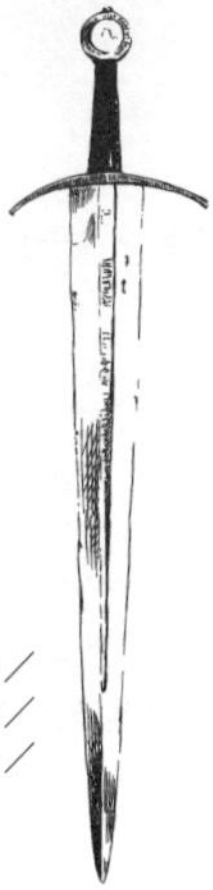

■タイプXIV
全 長：102.3cm／
刃渡り：81.3cm／
刃 の 幅：8.9cm／
重量：1.67kg。

バックラー以外の盾について

バックラーの紹介の前に、同様の防具である盾について解説します。盾は、世界最古の防具のひとつで、鎧の発展に押される形で、次第にその姿を消していきますが、中世後期やルネッサンス期までは、現役で活躍していました。ただし、我々が想像しているような下が尖った形状の盾は、この当時、すでに姿を消しています。騎士たちはタージと呼ばれる騎乗で槍を使う戦闘に特化した盾を使っていましたし、徒歩の一般兵士たちは、四角形・円形・楕円形といった、体をより効率的に防御できる盾を使っていました。

そして、当時のフェシトビュッフには、あまり盾を使った戦闘法は記されていません。というのも、盾は戦場で使うものであり、決闘などの個人戦ではスピードが遅く、バックラーと比べて、あまり効果的ではないとされていたからです。

様々な盾

ヒーターシールド（Heater Shield）

盾と聞いて、まず最初に思いつく形状は、涙型の下部が尖ったものでしょう。現在、ヒーターシールドと呼ばれるこの形状の盾は、10世紀頃のカイト・シールドから発展したものです。当初は、騎乗した状態で最大面積をカバーするため、肩から膝まで覆うほどのサイズでしたが、鎧が発展するにともなって小さくなり、14世紀には大きめのバックラー程度のサイズになりました。

木を張り合わせた芯に、リネン・キャンバス地、もしくは革を表面に接着して補強したものが一般的です。背面には、首から吊るす目的のストラップのほか、2本から3本の皮製のベルトがついていました。また、腕を守るパッドなどが入ってい

■ヒーターシールド

右：テュートン騎士団総団長（在任1239～40年）テューリンゲン方伯コンラッド二世の盾。テューリンゲンの紋章を、型押しした革で表している。ライオンが戴いていた王冠は紛失。左：盾のストラップ。イギリス、シェッピー島のミンスターにあるサー・ロバート・シューランドの墓碑。1320～1325年頃製作。

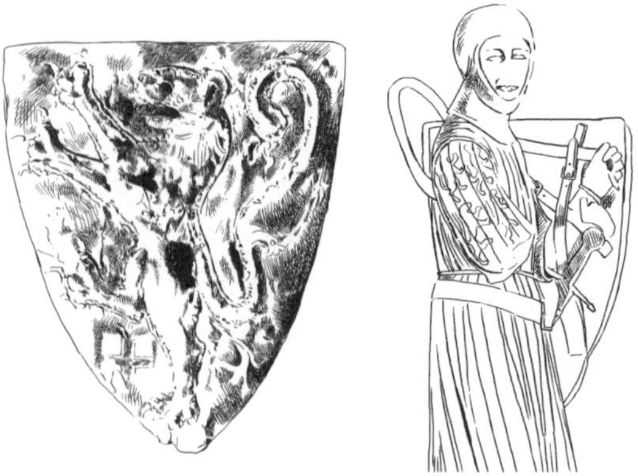

たものもあります。塗料で模様を描いたり、型押しした革に金銀箔を貼って装飾しました。

イタリアでは、カイト・シールドから発展したと思われるインブラッキアトューラと呼ばれる盾がルネッサンス期に至るまで使われていて、いくつかのフェシトビュッフにも用法が登場しています。形状は大きく湾曲したカイト・シールドといった感じで、底辺にスパイクがついているものがあります。

タージ（Targe）

当時の騎士たちが、馬上槍試合で主に使用していた盾は、タージと呼ばれています。形状は様々ですが、外側に反り返った四角形のものが一般的でした。正面から見た時、左上隅に、槍を通すための切れ込みが入っているのが大きな特徴です。背面には、首から吊るすためのベルト、腕を通すための輪と、握りの代わりになる輪が取りつけられています。ちなみに、タージ（Targe）というのは英語名ですが、他にもTargetなどと呼ばれることもあります。名前からもわかるとおり、現在「目

■タージ

右：ニューヨークのメトロポリタン美術館所蔵のタージ。塗り潰されていたゴッツマン家（ニュルンベルク近郊の帝国騎士家）の紋章が修復された状態。1450～1475年頃の製作。縦56cm、横40.5cm、材質：木、革、リネン、ジェッソ。左：裏側。下のV字型のストラップの左側の輪に腕を通し、右側のストラップを握る。または両方の輪に腕を通して、槍などを握る。

標」という意味で使われるターゲットの語源でもあります。当時のドイツ語ではTartsche、Tartzenと呼ばれていました。

しかし、注意して欲しいのは、タージという単語は「小型の盾」全般を指す言葉でもあることです。特に当時は語句の定義が非常に曖昧なので、この本の分類が必ず当てはまるわけではありません。

ロッテラ（Rottella）

ロッテラは、腕にくくりつけるタイプの円形または楕円形の盾で、英語ではラウンド・シールドとも呼ばれます。当時の図絵から判断すると、平たいもの、もしくはお椀型に膨らんでいるものの二種類があったようです。直径75cmが標準的な大きさで、背面には腕を通すための輪と、握りがついていました。

アグリッパのフェシトビュッフから、ロッテラを使った戦闘法。

パヴィーズ（Pavise）

パヴィーズという盾には、ふたつの種類があります。最も一般的なものは、クロスボウを使う兵士を守るための長方形の盾で、下端に地面に固定するためのスパイクがついています。もうひとつのタイプは、ボヘミアン・パヴィーズと呼ばれる手持ち型です。バルト海沿岸地方から広まったとされる、盾とバックラーの中間にあたるもので、盛り上がりが中央部を上下に走っているのが特徴です。背面は、手で

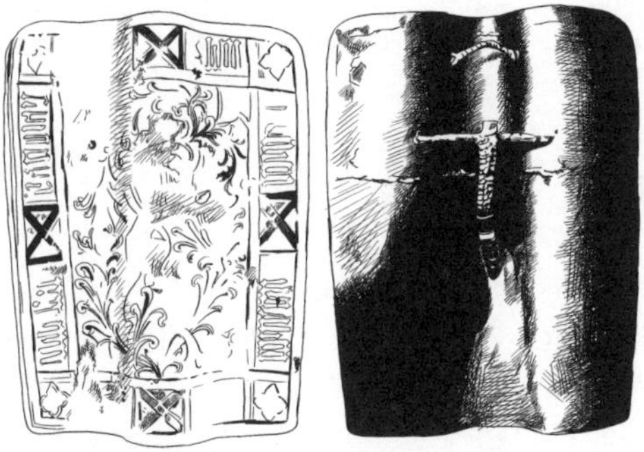

右：ニューヨークのメトロポリタン美術館所蔵のパヴィーズ。15世紀。中央には、普通とは逆に左を向いた猫科の獣が描かれ、外周には聖アンデレの十字架と、「nmr」の繰り返しが描かれている。縦57cm、横42cm。
左：同パヴィーズの裏面。T字型のグリップが見える。

ディ＝グラッシによるパヴィーズの持ち方。

持つためのT字型の握りが付いていますが、当時の図絵には、腕を盛り上がりに沿って通すための輪と握りが付いているものもあります。イタリアでは、タルガ（英語のタージと同じです）とも呼ばれていました。ディ＝グラッシによると、盾を斜めにして、一方の角を相手の中心線に持ってくるようにすると、盾で視界が妨げられることがないとしています。

その他

特殊な盾として、ハンガリアン・シールド（Vngrischen Schilt）というものがあります。グラディアトリア・フェシトビュッフに登場する盾で、前腕を包み込むような細長い形状の盾で、拳の先がスパイク状に尖っているのが特徴です。現存する盾の中には、引き出し式の剣が仕込まれているものもあります。

そのほかには、決闘用の大盾や、街の夜間警部隊用の盾に小型のランタンを組み合わせたランタン・シールド、銃を仕込んだものもあります。

■ハンガリアン・シールド

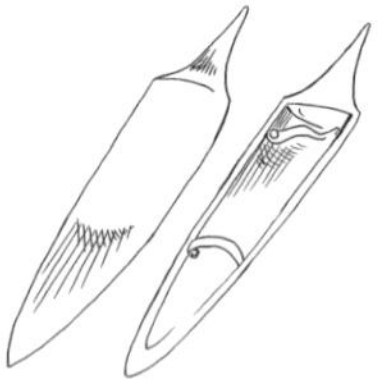

■決闘用の大盾

両端には刺突用の先端と、相手の首を引っ掛けるくびれがある。

■ランタン・シールド

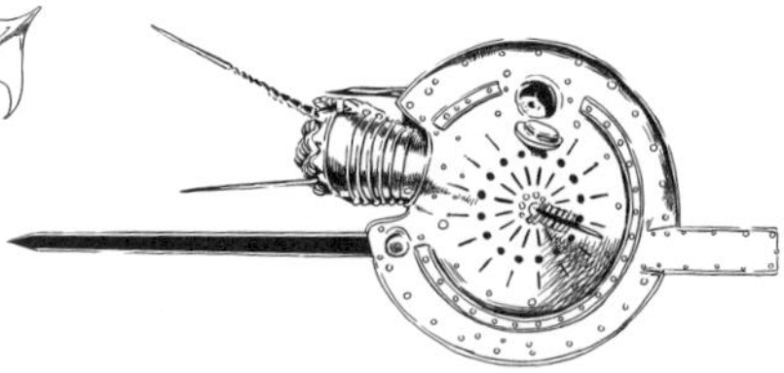

ウィーンの美術史博物館所蔵。16世紀（博物館の表示では17世紀）イタリア製。拳の上方に短いスパイク、下に回転式で収納可能な剣を備える。盾の中央には、鋸歯つきのスパイクがある。蓋つきの穴は夜間戦闘用のランタンの覗き窓。

◆バックラーについて

バックラーは、携帯性・機動性に優れた手持ちの小型盾で、ヨーロッパ中で広く使われてきました。スコットランドやウェールズのように、土地の起伏が激く、戦闘で機動力が重視される地域では特に好まれていたようです。

形状は単純なものから奇怪なものまで多様ですが、直径30cm程度の円盤状の本体に、「ボス」と呼ばれる半球形の膨らみを設け、内側に取っ手をつけたものが一般的です。材質も、鉄製のものが多かったようです。イタリアでは小型のもの、イギリスでは大型のものが好まれましたが、主要武器の扱いの邪魔にならず、また相手をつかむのにも適しているという理由で、小型のものが優れていると考えられていました。

相手を攻撃する目的のスパイクがついていたり、「ボス」の頂点をとがらせてスパイク状にしたものも多く見られました。特にイギリスでは長いスパイクが好まれたようで、16世紀にはその長さを10～12インチ（約25.4～30cm）に規制する法律が出されました。つまり、それ以上の長さのスパイクが人気だったということです。

■様々なバックラー

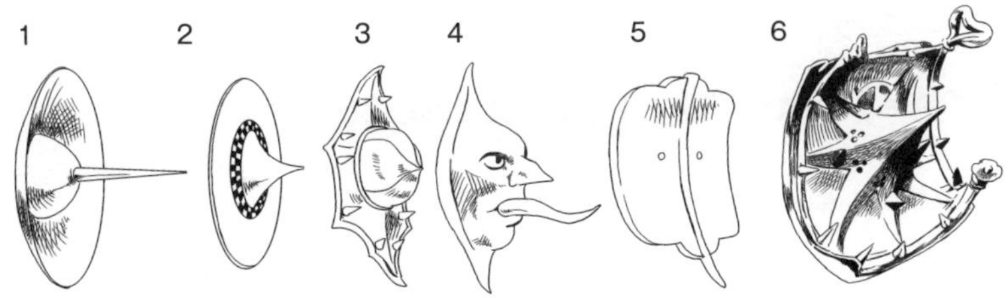

1：イギリス式バックラー／2：グラディアトリア・フェシトビュッフに登場するチュッテニアン・バックラー(Chuttennischen Pucker)／3：タルホーファーのバックラー／4：パウルス・カルの人面バックラー／5：デューラーのバックラー／6：ナイトの本に掲載されていたドイツ製のバックラー。木製の本体に金属製のボスとフレーム。

◆バックラーの用法

身体の近くに構える盾と違い、バックラーは持った左手を真っ直ぐ相手に突き出すように構えるのが特徴です。スパイクを備えたものであれば、バックラーで殴りつけるという使用方法も一般的でした。また、技のなかには、剣とバックラーを揃えて攻撃・防御するものが散見されます。攻撃の際、右手を切り落とされないようにする目的以外に、防御時に相手の力に押し負けないようにする意味もありました。ただし、両手を用いるということは、攻防どちらのケースにおいても相手の手が1本あまることになりますから、よほど用法に注意しないとスキだらけの状態となります。

とはいえ、「頭部をガラ空きにしてしまう」という理由で、禁止されていたロングソード術の足への攻撃も、バックラーという独立した「防御」があるために、安全に攻撃できるようになりました。

バックラーによるバインド。イェルク・ブロイ・スケッチブックより。

片手剣とバックラーの構え

❶『第一』の構え (The First Guard: Sub Brust)

バックラーの構え方については、中世最古のフェシトビュッフ『I.33』から紹介します。『第一』の構えは、バックラーを前に構え、右腕を胸の下に置いて、剣を体の左脇に構える姿勢です。バックラーの存在を除けば、シルバーの『偽のガーダント』の構えと同じです。また、マンチオリーノは、この構えを『腕下』の構えと呼んでいます。

❷『第三』の構え (The Third Guard: Humero Sinistro)

『第三』の構えは、剣を左肩の上に構えた姿勢です。マンチオリーノは剣を左腕の上に構える姿勢で『腕上』の構えと呼んでいます。

③『第六』の構え（The Sixth Guard: Pectori）

『第六』の構えは、剣を胸に引きつけた姿勢で、突きの準備姿勢として考えられています。剣を握った手首が捻られているのが特徴ですが、元々のイラストが非常に抽象的なので、手首がどの程度捻られているのが不明です。

④『弓』の構え（Vidipoge: Fiddle Bow）

前に伸ばした左手の上に剣を乗せた姿勢で、左腕で支えた剣で、相手の攻撃を受け流す構えです。名前の由来は、バイオリンの前身であるフィドルという楽器を弾いている格好に似ているところからきています。

⑤『つかみ』構え（The Clutch）

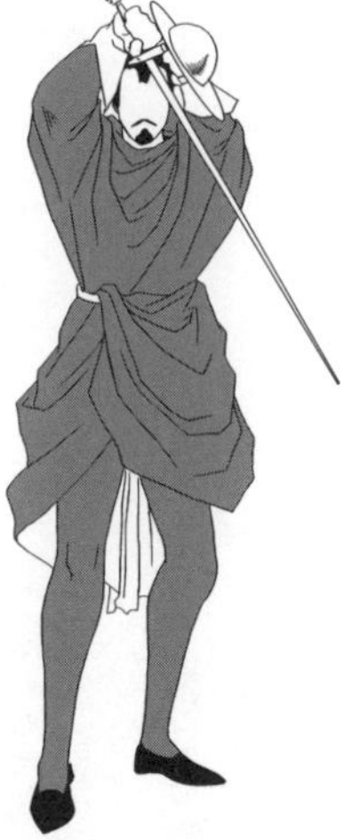

剣とバックラーを頭上に構え、切っ先を左足に向けた構えです。シルバーの『真のガーダント』の構えとほぼ同一の姿勢で、同じように防御に優れた構えであると考えられます。

⑥『特殊突き』構え（Specificata langort）

右肘を前に出し、肘から先を体の左脇後方に流すようにした構えです。非常に特殊な構えで、ハンドによると、ロングソードの『変移』の構え（本書未掲載）に相当すると考えられています。右上方から斜めに切りつけ、腕が相手と一直線になったところで上腕の動きを止め、肘から下だけをそのまま切り下ろした状態の姿勢で、攻撃をかわされた時、またはわざと攻撃を外して、そこに「つけ込んで」きた相手に奇襲をかけるための構えだとされています。

片手剣とバックラー技１

突き返し
Counter Thrust

出典：Talhoffer(1459), 120r.

相手の突きを受け流しながら突きを入れる技です（Hullの解釈を元に修正）。

1

師匠は『第一』、弟子は『第六』の構えをとっています。

2

弟子が突いてくるのをバックラーと剣で受け流します。

3

そのままバックラーを弟子の顔に叩き込みながら、剣で胸に突きを入れます。

片手剣とバックラー技2

第一の技法

The First Technique of the Buckler

出典：Ringeck/Tobler, pp. 188, 189.

リンゲックのバックラー術は、マイアーの技と同様に、幾つもの型を組み合わせて一連の攻防を作り出しています。この技は、バインドの状態から連続して攻撃することで、相手を守勢に追い込んでいく一連の技を解説しています（Toblerの解釈より）。

1

師匠は『屋根』の構え、弟子は『鋤』の構えをとっていま

2

師匠の攻撃を、弟子が受け止め、バインドに入ります。

3

師匠は、弟子の剣を押し下げつつ、切っ先を弟子に向けて突きを入れようとします。

4

弟子は、師匠の突きを左に逸らします。

5

剣をそらされた師匠は、剣を巻きつつ自分の剣を弟子の剣の「弱い」部分に持っていき、弟子の剣を押し込んで、切っ先を再び弟子に向けます。

6

弟子は、師匠の剣をさらに左へと逸らします。

7

弟子が防御しようとするあまり、自分の剣とバックラーを遠くに離しすぎてしまいました。その隙を逃さず、師匠は左足を踏み込みながら、今までとは反対側から弟子の頭部に切りつけます。

片手剣とバックラー技3

第三の技法
The Third Technique of the Buckler

出典：Ringeck/Tobler, pp. 192, 193.

攻撃をわざと外してからフェイントをかけます（Toblerの解釈より）。

1

両者対峙しています。

2

弟子に上から切りつけます。しかし、師匠はこの攻撃をわざと外し、剣を下まで振り切って、『変移』の構えにもっていきます。弟子は、師匠の攻撃を防御しようと剣とバックラーを上げています。

3

師匠は、間髪を入れず弟子の剣を横に払います。

4

そして、師匠は左足を踏み込みつつ剣を巻いて、弟子の頭に左側から切りつけます。弟子は、これを剣とバックラーを合わせた「ハーフシールド」という体勢で受け流します。

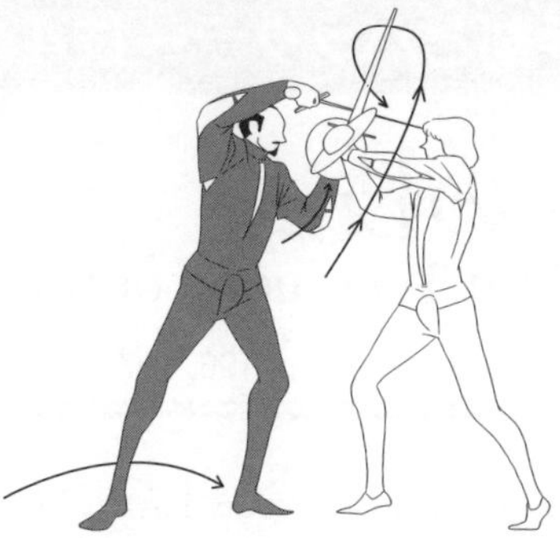

5

師匠は剣を巻いて弟子に切っ先を向けなおします。この時、師匠は弟子の剣と自分の剣を常に接触するようにして、弟子の剣の動きをけん制します。

6

弟子は、剣とバックラーを上げて、師匠の攻撃を受け流します。

7

師匠は、自分のバックラーを押し上げて、弟子の両手の動きを封じ、その間に剣で弟子の足に切りつけます。

片手剣とバックラー技4

第五の技法

The Fifth Technique of the Buckler

出典：Ringeck/Tobler, pp. 196, 197.

相手の防御をこじ開けて、突きを入れる技を「飛び込み切り」といいますが、ここでは〔ロングソード技44〕と同様に「上から裏刃で切りつける」技と解釈しています。「飛び込み切り」には「重なり合う相手の剣とバックラーの間をこじ開けるように剣を叩き込む」とする解釈もあります。

1

両者対峙しています。

2

師匠は、右足を踏み込みながら剣を捻って、裏刃で切りつける「飛び込み切り」で弟子を攻撃します。弟子はハーフシールドでこれを受け止めます。

3

弟子が、師匠の剣を十分に上に跳ね除けなければ、師匠はそのまま弟子に突きを入れることができます。もしも弟子が師匠の剣を十分に上に跳ね除けた場合、師匠は、剣の切っ先を一杯に下げて、剣を弟子の防御の後ろにねじ込みます。

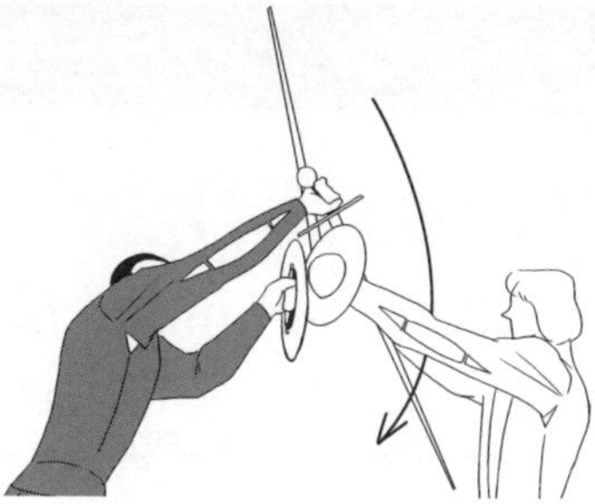

4

ねじ込んだ剣を時計回りに巻いて、弟子の剣とバックラーの間の隙間にねじ込み、こじ開けるようにして切っ先を弟子に向けて、突きを入れます。

5

弟子は、師匠の突きを剣とバックラーを上に上げて受け流します。

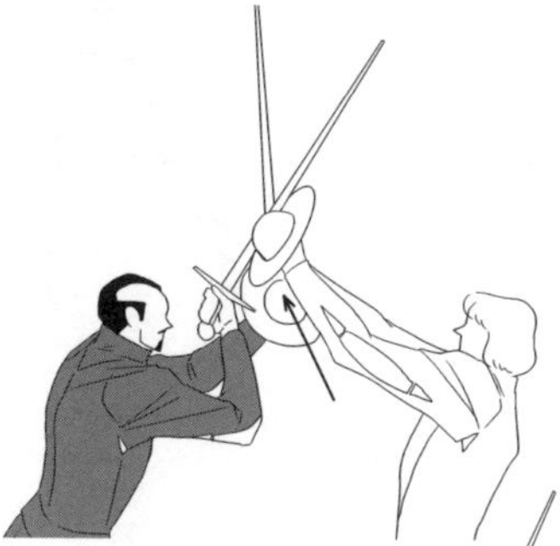

6

師匠は、自分のバックラーで弟子の腕を下から押し上げて封じ、その隙に剣で弟子の足に切りつけます。

片手剣とバックラー技5

第六の技法

The Sixth Technique of the Buckler

出典：Ringeck/Tobler, pp. 198, 199.

バックラーを持った状態でのハーフソードの技法と、そこからさらに剣から右手を離して相手のバックラーを奪い取るというかなり特殊な技です。

1

師匠は、ハーフソードの状態で弟子と対峙しています。

2

弟子の攻撃を右足を踏み込みつつバックラーで受けます。

3

右手を剣から離し、左手の剣とバックラーで、弟子の剣を左へと押しやります。

4

右手で、弟子のバックラーの左縁をつかみます。

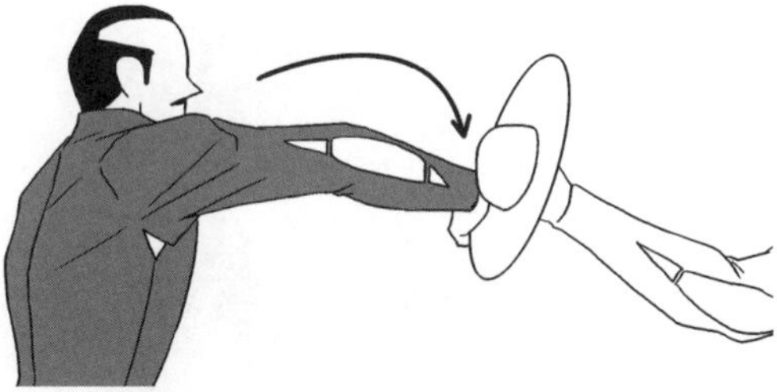

5

弟子のバックラーを時計回りに回転させて、バックラーをもぎ取ります。

片手剣とバックラー技6

被せ切り
Uberschneiden

出典：Talhoffer(1467), pl. 238.　Knight/Buckler, p. 50.

以前にも説明した通り、片手剣とバックラーの最も基本的な用法は、攻撃する右腕を、バックラーが常にカバーするように使うことですが、この技はそういった基本を知らない（ものの道理を知らない）相手に対処する技です。

1

両者対峙しています。

2

弟子が不用意に突きを繰り出してきます。師匠は、左足を引いて弟子の攻撃をかわしながら、弟子の右腕に切りつけます。同時に、万が一のため、バックラーで体をカバーします。

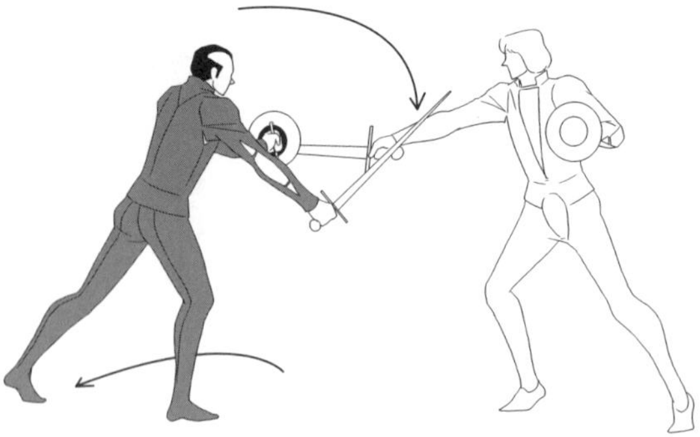

片手剣とバックラー技7

肘押し
Elbow Push

出典：Talhoffer(1467), pl. 234, 235.

肘を押しやることで、相手の体を回転させたり、動きを封じたりするのは、腕の抱え込みに並ぶタルホーファーの得意技のひとつです。この技は、相手の肘をバックラーで押すのですが、状況によってはバックラーで殴りつけて肘を痛めつけることも可能だと思われます（バックラーにスパイクがある場合は特に効果的でしょう）。

1

弟子が上から切りつけてきます。

2

師匠は、剣を握った手首を返すようにして、弟子の剣を受けます。同時にバックラーで、弟子の右肘を押しやります。

2

弟子の肘を押し込んで、弟子の体を回転させ、がら空きの背中を攻撃します。

片手剣とバックラー技8

突きに対する防御

Of the Defence of High Warde at Sword & Buckler

出典：Di Grassi, K3, p. 46.

16世紀後半のイタリア式武術家、ジャコモ・ディ＝グラッシの技を紹介します。技名の原文に、上段の構えからのカウンター技とありますが、実際には上段の構えが欠片も出てきません。また、足運びが特殊なものである点にも注意してください。これは、イタリア式の伝統的な歩法が、技術の進歩の発展に伴って変化したものと思われます。この足運びは、後のレイピア術などに受け継がれていきました。

1

師匠が『下段』の構え（剣を下げた姿勢）、弟子が『横』構え（剣を握った手を横に伸ばして、切っ先を相手に向けた構え）をとっています。

2

弟子が突きで攻撃してきます。師匠は、左足を右斜め前方に踏み込みながら、バックラーで弟子の剣を受け流します。ディ＝グラッシは、『横』構えの相手に対しては、相手を自分の体の外側に置き、バックラーと剣を相手の剣のできる限り近くに位置させるのが最良の方法だとしています。

3

可能であれば、バックラーで弟子の顔を殴りつけ、剣で弟子を攻撃します。

片手剣技1

『真・十字』の構え

Posta di Vera Croce Play 1

出典：Fiore(Getty), 20r, 20v, 21r.

ここから紹介する技は、片手で剣を使い、もう一方の手に何も持っていない時の戦闘法です。しかし、ロングソードを片手で持った状況での戦闘法と考えたほうがいいかもしれません。

『真・十字』の構えといえばハーフソードの構えで、ロングソードの構えには入っていませんでした。しかし、フィオーレは、自分のフェシトビュッフに自分の技すべてを記しているわけではありませんので、ひょっとしたらロングソードの構えの中にも、『真・十字』の構えがあるのかもしれません。とはいえ、ハーフソードと片手剣の違いはありますが、実際の使用法は変わりません。

1

弟子が『真・十字』の構えをとっています。

2

師匠の突きに対して、弟子はまず右足をわずかに師匠の攻撃線の外側にくるように踏み込み、剣で師匠の攻撃を払いながら左足を斜め左前方に踏み込みます。

3 別バージョン

別バージョンでは、弟子は師匠の攻撃を下から跳ね上げるようにして受け流しています。同時に左手で師匠の右手を捕まえたり、剣を叩き落したりします。

4

弟子が剣を受け流した後、左手で右手首をつかむか、師匠の腕を抱え込んで師匠の剣を封じ、その隙に師匠を攻撃します。

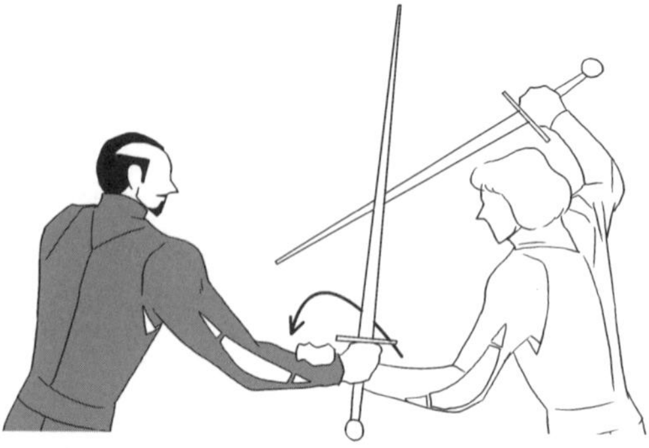

5 剣取り

ここでは、弟子が師匠の剣の柄をつかんでいます。弟子が、手を反転させて師匠の剣をつかんでいるのに注意してください。

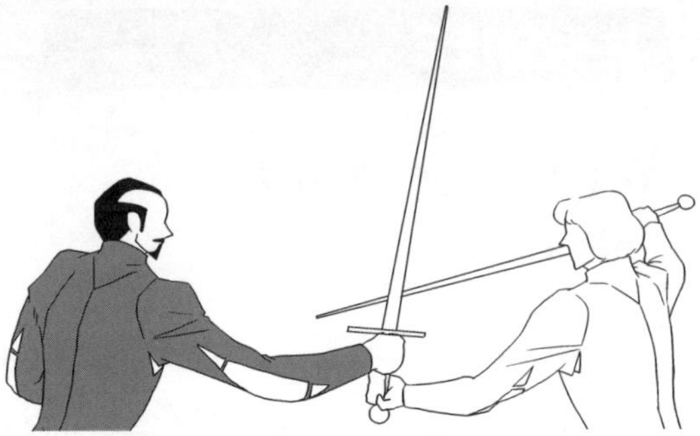

6

師匠の剣を反時計回りに回転させて剣をもぎ取ります。

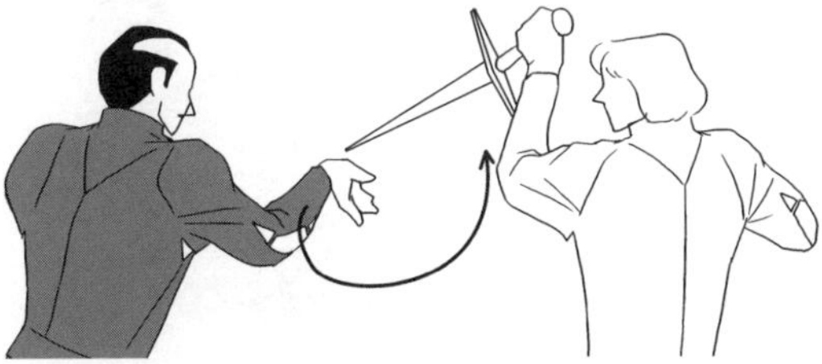

片手剣技2

ギロチンカット
Guillotine Cut

出典：Fiore(Getty), 21r.

肘押しで相手を回転させて、背後から喉を押し切る技です。

1

弟子が、師匠の攻撃を受け止め、師匠の肘をつかみます。

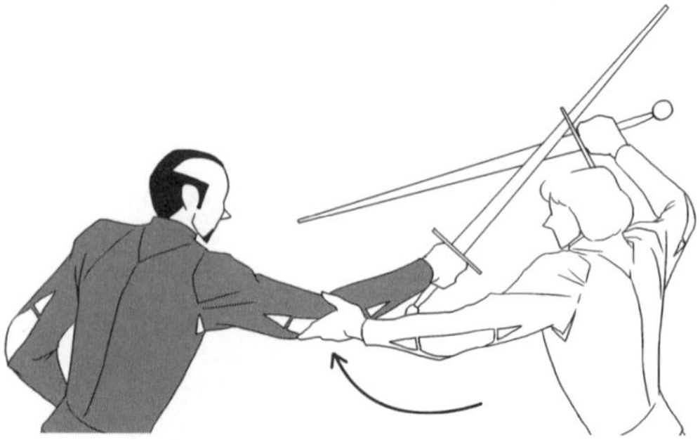

2

師匠の肘を押しやって、回転させ、すかさず背後から剣を師匠の喉に押しつけて、喉を切り裂きます。

第11章
騎乗戦闘

騎乗戦闘概説

「乗馬技術に優れるが剣術は得意でない者」は、「剣術に優れるが乗馬技術は人並みである者」よりも優位に立てるとさえ言えるのである。

（Alessandri, A. & André, E.）

騎乗戦闘の歴史

騎乗しての戦闘は、騎士の騎士たる所以であり、おそらく当時の騎士たちが最も徹底して教え込まれた技術であるといえます。しかし、フェシトビュッフが一般的になる15世紀には、重装騎兵による突撃は、パイク兵や銃器の発展により、過去のものとなりつつありました。そのためか、多くのフェシトビュッフでは、騎乗戦闘に関しての記述は短いものが多いです。特に16世紀に入ると、その記述は基本的に馬上槍試合に関するものがほとんどになります。

通常我々が騎士の戦いと聞いて思い浮かべるのは、長大な馬上槍を掲げて、真正面から一直線に敵目がけて突撃するという図ですが、初期のフェシトビュッフなどに紹介されている技の多くは、決闘や馬上槍試合のための技というよりは、遭遇戦などのような戦場用の技が多いのも特徴です。

馬術と武術

日本でも、武士の最も重要な技術を要約して「弓馬の道」といいました。冒頭の引用文にもあったように、当時の武士や騎士たちは、経験から「剣術や組打ち術がどれほど敵より劣っていても、馬術にさえ優れていれば、いくらでも状況を逆転できる」と知っていたのではないでしょうか。

馬術に優れていれば、馬をコントロールして自分に有利な位置をとることができます。馬上での戦闘の場合、相手の左後方に位置すれば、圧倒的に有利な状況で戦いができました。ただし、相手も同じくこちらの背後をとろうとするので、当時の騎乗戦は、二次元で行われる戦闘機のドッグファイトのような様相だったと考えられます。また、馬上で安定した姿勢を維持できれば、より力強く、素早く、自信を持って攻撃できるという利点もありました。いかに怪力無双の英傑であろうとも、鞍の上で姿勢を保てず、踏ん張ることができなければ、簡単に引きずり倒されてしまうでしょう。

さらには、疾駆する馬の運動エネルギーをうまく利用して攻撃するのも重要な技術のひとつだったといえます。

◆スポーツとしての馬上槍試合

馬上槍試合は、トーナメント（騎士たちがその技量を競った競技会）の中心をなすイベントで、中世・ルネッサンス期最大のスポーツとして知られていました。ルールや形式は様々なものがありますが、基本的に両者正面から突撃して、規定回数までに相手を落馬させることが目的です（別ルールとして、槍が命中した場所によって得られる点数の合計で競うやり方などがあります）。

このタイプの槍試合には、「平和な」ジョウストと「戦争」のジョウストの二種類があり、前者は、鎧に滑らず、また相手に刺さらないように、王冠型の穂先の突いた槍を、後者は戦場用の鋭い切っ先を使用します。ただ、その場合も、相手の馬を攻撃するのは重大なルール違反とされていました。その反面、戦争では相手の馬を積極的に狙うことが推奨されています。

その他にはメレー（またはトーニー）という競技もあります。ジョウストより古い起源を持つ競技で、騎士の集団が敵味方両陣営に分かれて、棍棒または刃のついていない剣で集団戦を行う競技です。本来は軍事訓練で、幅数kmにも渡る広大なエリアで行われていました。しかも、できるだけ本物の戦場に近い環境で訓練したいということで、使用する武器・防具は実際に戦争で使用するものと同じものでした（つまり真剣です）。一応相手の殺傷ではなく、相手を捕まえて身代金を取るのが目的なのですが（捕虜の拘束などは、通常、騎士の従士が行います。捕虜が抵抗した時に、手に持った棍棒で頭を殴りつけて失神させ、その隙に相手を縛り上げて安全な場所に引きずっていくことが主な役割です）、状況によっては実際の戦争よりも死傷者が出る可能性があったことも想像に難くありません。

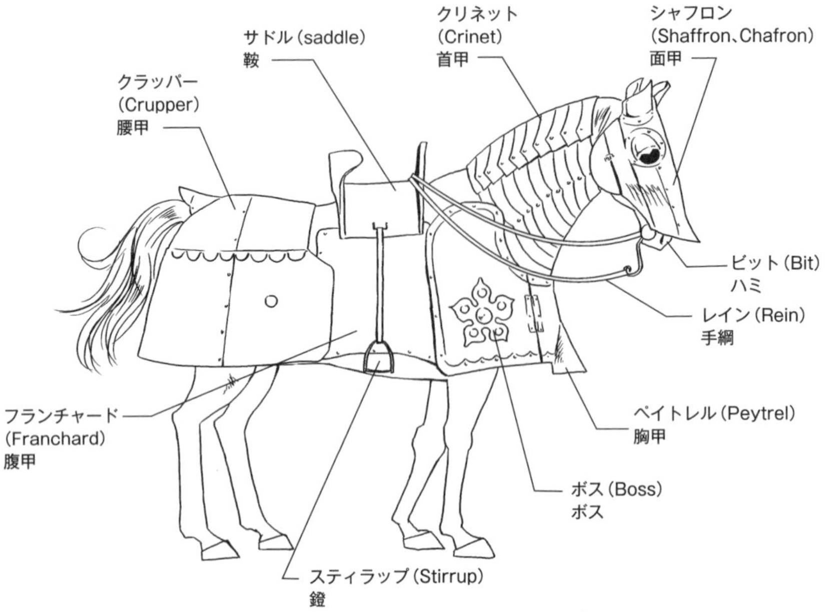

◆馬鎧

中世では大多数の馬はほとんど防具をつけずに戦場に赴いていました。しかし、一部の裕福な騎士たちは、自分の乗馬を守るための防具を開発します。一般的な防具は、シャフロンと呼ばれる頭部を防護するもので、鉄製のほかに皮製やメイルのものがあります。胴体は初期には布製、後に鉄製のプレートが胸につけられ、それが次第に発展して、全身を覆うほどのものになります。

◆馬上での剣術について

15世紀のポルトガル王ドュアルテ一世（世界史に興味のある人なら、エンリケ航海王子の兄といったほうがわかりやすいと思います）は、中世で最も初期の馬術指南書を書いていますが、そこで彼は、馬上での剣術についても解説しています。

王によると、馬上での剣術には、水平切り・逆手切り・切り下ろし・突きの4種類の攻撃法があり、そのなかでも水平切りと逆手切りは、相手が正面から迫ってきている時に最上の攻撃方法であるとしています。

そして、切り下ろしは、徒歩の敵または動物に対して有効だが、騎乗の敵にはほとんど使われることがないと解説しています。さらに王はつけ加えていて、剣を切り下ろす際には、日本刀のような引き切りをしないよう、忠告しています。剣を引きながら切る引き切りは、自分の足や馬も一緒に切ってしまうことが多いからだそうです。王によると、正しい方法は、剣をしっかりと握り、自分の全体重を乗せて打ち込むことだそうです。

また、メレー（集団騎馬戦）においては、馬を急旋回させたり、その場に止まって戦うことを強く否定しています。臨機応変に対応し、ひとたび相手を倒したら、その相手は放っておいて、速やかに次の相手に向かうという戦法を繰り返し、最終的に試合場の反対側に出るように勧めています。簡単にいうと、馬を引き返したり止めたりせずにひたすら前進させ、その過程で近づいてきた相手を手当たり次第に攻撃するということなのでしょう。王によると、この方法ならば、見物人の目にとまりやすく、攻撃を強く打ち込むことができ、馬を不必要な旋回やダッシュで疲れさせず、自身の疲労を最小限に食い止められるとしています。

馬上での武器

フェシトビュッフで取り上げられている武器には、遭遇戦を想定しているためか、槍・投槍・剣・レスリング・クロスボウなど多岐にわたります。また、騎馬対騎馬の技術だけでなく、対歩兵用の技や、徒歩で騎兵と戦うための技なども収録されています。実際の騎士たちは、時代にもよりますが、槍（ランス）、盾と片手剣のほかに、鞍の前輪からメイス（戦闘用の棍棒）または斧、さらには両手剣（ロングソード）をぶら下げているのが一般的な装備でした。

騎乗戦闘構え

❶『第一』の構え

『第一』の構えは、ドイツ式馬上剣術の基本的な攻撃用の構えです。右手に剣を握り、剣身を左腕に乗せた姿勢で、この構えから「袋切り」と呼ばれる強力な攻撃を放つことができます。

❷『第二』の構え

剣を顔の横に掲げて、切っ先を相手に向けた構えで、ロングソードの『雄牛』の構えに相当します。

③『第三』の構え

剣を右脚の脇に下げ、切っ先を相手に向けた構えで、ロングソードの『鋤』の構えに相当します。

④『第四』の構え

柄頭を鞍頭（鞍の前面の弓なりになった部分）に乗せ、切っ先を相手に向けた構えです。この構えは特殊な構えで、いくつかの剣取りの技を終えた時の姿勢です。

⑤『第五』の構え

『第五』の構えは、ハーフソードの構えです。体の前方に斜めに持ちます。

⑥『猪の牙』の構え (Posta Dente di Cenghiaro)

馬上槍術の最も基本的な構えで、フィオーレは2種類あるとしています。ひとつ目は槍を相手に向けた状態、もうひとつは槍先を下げた状態で、構えの名前などから、おそらく後者のほうが一般的な構えだと考えられます。切っ先を下げることで、相手が槍を使って、こちらの槍を跳ね除けることができなくなります。また、この構えは、相手の馬の頭部や胸部を突いたり、下から跳ね上げるようにして相手の槍を打ち払い、そのまま相手を突くなどの使用法があります。ドイツ式では、槍の穂先を下げた構えを『第一』と呼んでいます。

⑦『防護』の構え (Cover)

この構えには正式な名前はありません。槍を頭上に構え、左手で支えます。穂先は相手、または下を向きます。この構えを紹介しているのはタルホーファーで、クロスボウを持つ相手に対して、自身の槍の陰に体を隠している時に使われています。

騎乗戦闘技 1

『第一』の構えからの突き

Thrust from the First Guard

出典：Ringeck/Tobler, p. 362.

この技は、相手の槍をはじきながら、自分の槍を相手に命中させる技です。一見そうは見えませんが、ロングソードの「受け突き」と同じ原理です。

1

両者正面から突っ込んでいきます。この時、師匠はいかにも疲れた風を装って、自分の槍を左下に下げます（この構えを、ドイツ式武術では『第二』と呼んでいます。

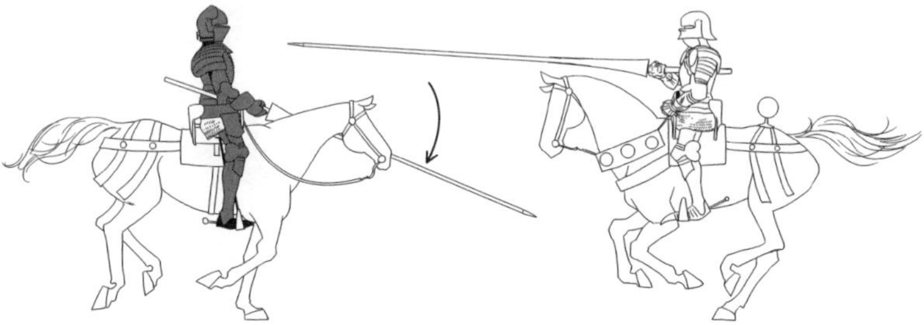

2

師匠は、左下から槍を跳ね上げて、弟子の槍を右上方に跳ね上げます。師匠は、そのまま槍同士を接触させ、自分の槍を、弟子の槍に沿って滑らせていきます。そうすることで、弟子の槍がガイドの役割をはたし、持ち手、すなわち弟子に自然に命中することになるのです。

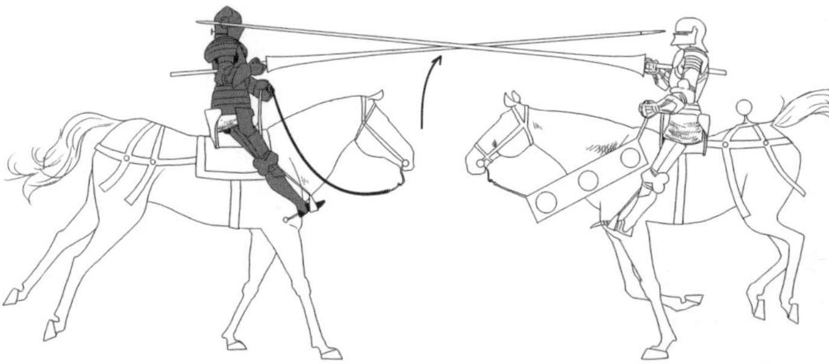

騎乗戦闘技２

『尾』の構え

Coda Lunga Play

出典：Fiore(Getty), 44r.

『尾』の構えは、フィオーレの馬上剣術の構えで、剣を左脇に構えた姿勢です。基本的にはロングソードの「受け突き」と同じ原理です。

1

師匠が『尾』の構えをとっています。剣を左脇に構え、相手の攻撃を横に払いのけます。

2

弟子の攻撃を払います。この時切っ先を相手の顔に向けるようにし、弟子の顔を突きます。

騎乗戦闘技3

『尾』の構えに対するカウンター

Counter against Coda Lunga

出典：Fiore(Getty), 44v.

1

弟子が『尾』の構えをとって師匠の攻撃を受け流そうとしています。

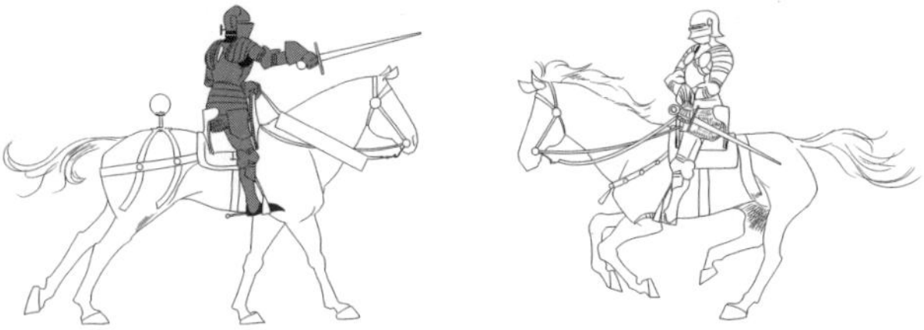

2

師匠は、剣の切っ先を後ろに倒して、弟子の防御を避け、そのまま弟子の顔に柄頭を叩きつけます。

3

その後、弟子の後頭部に切りつけます。

騎乗戦闘技4

後方からのつかみ

Grab from behind

出典：Fiore(Getty), 45r. Fiore(Pisani), 33r.

この技は、逃げる相手を追跡して、馬から引きずり下ろす技です。

1

弟子の左後方から近づいて、弟子の兜の右頬の部分を後ろからつかみ、引き倒します。もしも相手が兜をかぶってない時は、髪の毛、または右腕をつかんで引きずり下ろします。

2 カウンター

もしも後方からつかまれたら、手綱を右手に移し替え、師匠の右手を、左手で抱え込むようにします。この後どのようになるのかフィオーレは解説していませんが、おそらく師匠の右腕の関節を極めるのでしょう。

騎乗戦闘技5

手綱取り
Pulling the rein

出典：Fiore(Getty), 45v. Fiore(Pisani), 33v.

相手の手綱を引っ張って馬を急旋回させ、その後に馬で体当たりをすることで相手の馬を倒します。手綱をとる時に、馬の首越しに腕を伸ばしているのは、体当たりの衝撃の方向と、馬の旋回する方向を一致させて、より確実に馬を倒すためだと思われます。

1

すれ違いざまに、弟子の馬の首越しに手を伸ばして、ハミ（馬の口に噛ませる馬具）に近い部分の手綱をつかみます。

2

弟子の手綱を一杯に引っ張り、同時に自分の馬を弟子の馬にぶつけます。

3 カウンター

師匠が手綱をとろうとしたところに、右手で師匠の首を抱え込みます。こうすると、弟子を倒した時に、弟子と一緒に引きずり落とされるので、師匠はおとなしく手綱を放すしかありません。

騎乗戦闘技6

袋切り
Taschenhaw

出典：Ringeck/Tobler, p. 366. Talhoffer(1467), pl. 258-260.

「袋切り」は、相手の攻撃を下から跳ね上げる技で、腰に下げたポーチから物を取り出す動きに似ているところからつけられた名前だと思われます。非常に多くの技が派生していて、おそらくドイツ式馬上剣術で重要な位置を占めていた技だと思われます。

1

師匠は『第一』の構えをとっています。

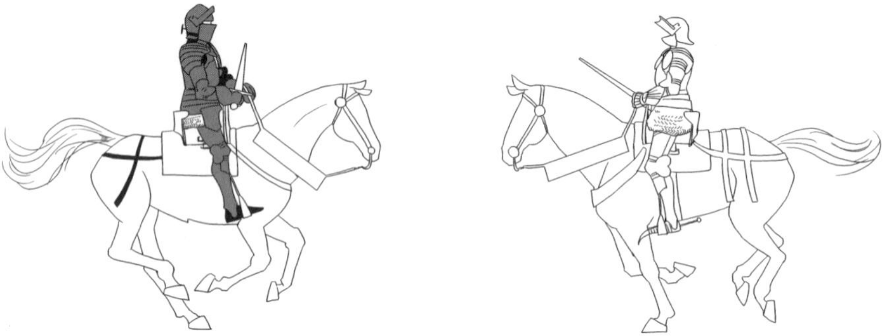

2

弟子の攻撃を下から跳ね上げ、そのまま弟子の頭部に切りつけるか、顔に突きを入れます。この時もしも弟子が攻撃を防いだら、素早く表刃を使って弟子の手綱か、弟子の右足に切りつけます。

3 「袋切り」からの投げ技

弟子の攻撃を跳ね上げた後、右手を弟子の首に投げるようにして、柄頭を弟子の首の後ろに回します。

4

左手で剣の柄頭をつかんで引き寄せ、弟子を鞍から引きずり下ろします。

騎乗戦闘技７

対騎兵技

Spear on Foot against a Chavalryman

出典：Fiore(Getty), 46r. Fiore(Pisani), 34r.

理論的には、十分な長さの槍を持った歩兵は騎兵に対して圧倒的な優位に立てるとされています。ただ、その優位も歩兵が勇気を持って踏みとどまった場合で、人生の大半を厳しい訓練に費やした巨大な人馬の集団が、こちらを殺す気満々で突っ込んでくるのを見て冷静でいることのできる人間はほとんどいないといえるでしょう。ここでは、そういった精神的なことは脇に置き、歩兵が冷静でいられた時の対処法を紹介します。

1

師匠が槍を構えて突っ込んできます。弟子はこれを『猪の牙』の構えで待ち受けます。

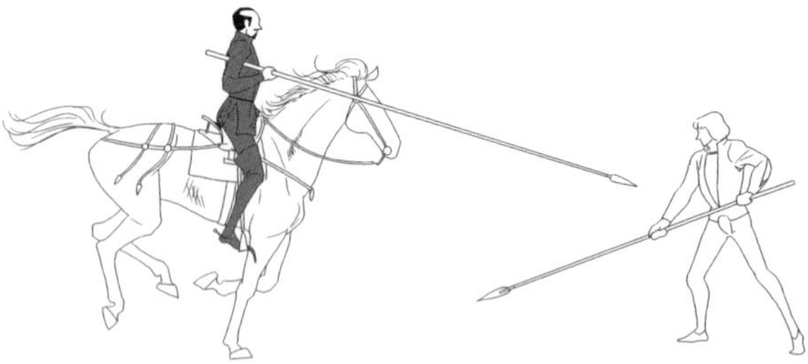

2

弟子は、右足を左に一歩踏み込み、次に左足を右斜め前方に踏み込みます。同時に、槍で、弟子の槍を左に払いのけます。そのまま弟子の槍をガイド代わりに、自分の槍を滑らせて、師匠の胸、または顔を突きます。しかし、筆者の感想ですが、フィオーレの足捌きは相変わらず足がもつれそうになる動きです。これは彼の癖のようなものなのでしょうか。

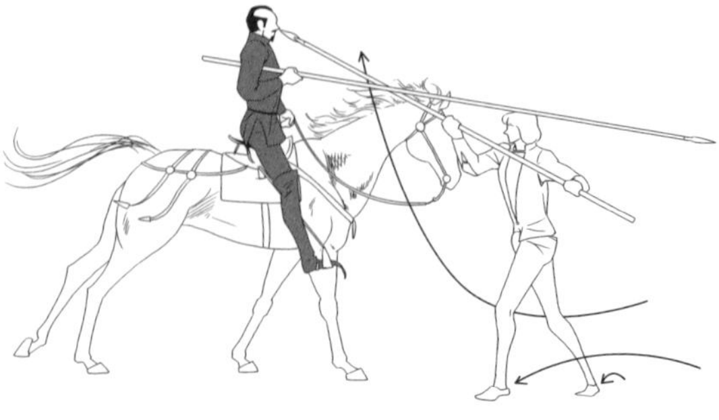

ランスレスト

中世の鎧の多くには、胸の部分にランスレストと呼ばれる突き出しがついています。このランスレストですが、槍を支えるための器具というのが一般的な解釈ですが、これはLance Rest（直訳すると「槍掛け」）という名前からきている誤解で、槍の重量を支えることが、主な機能ではありません。

では実際の役割は何かというと、槍が前後に動かないように固定することです。ランスには、グラッパーという円盤状の金具が持ち手のすぐ後ろに取りつけてあります。このグラッパーをランスレストに噛ませることで、槍が滑らないようになり、コントロールが増すのです。

しかし、ランスレストの最も重要な機能はそれではありません。

ランスレストの登場以前には、ランスが目標に命中した時の衝撃は、手首と肩にかかっていました。数百kgにもなる人馬一体の塊が時速数十kmの速度で衝突するその衝撃が全てこの部分にかかるわけで、槍が後ろにすっぽ抜けたり、手首や肩を痛めたり脱臼したりするのもよくあったでしょう。

ランスレストは、この衝撃を受け止め、胴鎧に伝達する機能があるのです。ランスレストから伝わる衝撃は、プレート製の胴鎧全体に拡散し、そこから上半身に均等に伝わることで使用者の腕や肩を怪我から守るのと同時に相手に最大限のダメージを与えることが可能になったのです。

また、ランスレストの中には、木をネジ止めして、そこにグラッパーを食い込ませるもの、ピン止め式の着脱可能のもの（イタリア式の鎧に多かったようです）など様々な種類があります。

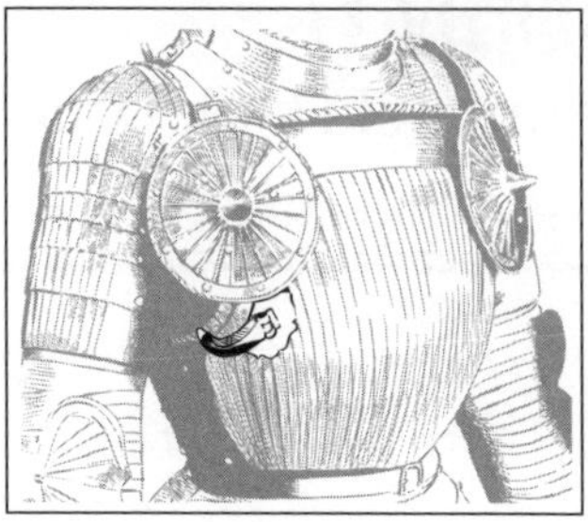

マクシミリアン式の鎧についたランスレスト。ドイツ、1515～25年

15世紀後半の『ボーシャンプ・ページェント』に描かれたランス。握りの後ろにグラッパーがついているのが見えるが、画家はグラッパーの前後を逆に描いている

騎乗戦闘技8

剣取り
Pommel Hook Disarm

出典：Talhoffer(1467), pl. 255.

ドイツ式の片手剣では、ここで紹介するように手首を返して攻撃を受ける技法がよく見られますが、これは相手の攻撃を受け流す際に非常に有効に働きます。特に馬上では有功だったようで何度も登場しています。イラストでは片手剣を使用していますが、片手持ちロングソードなど、柄が長い武器のほうが成功の確率が高いでしょう。

1

弟子の攻撃を手首を返して受けます。

2

手首を元に戻しつつ相手の剣を流します。

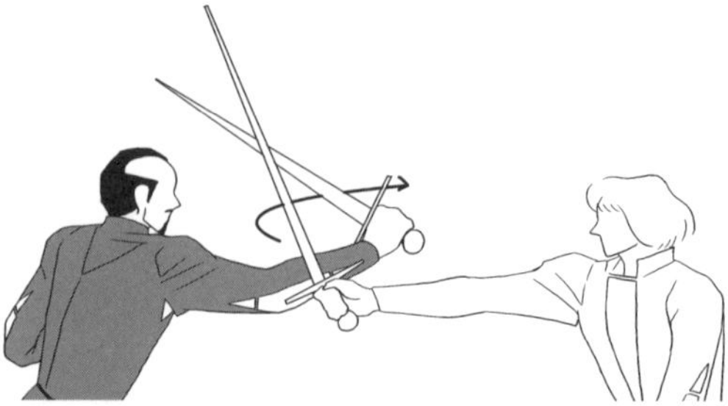

3

柄頭を弟子の手首に引っ掛けます。

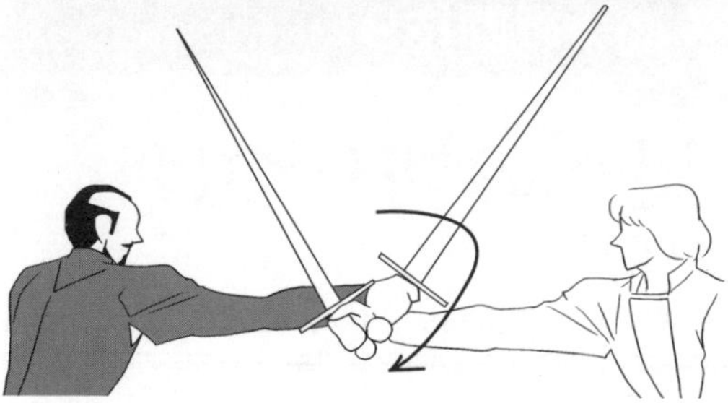

4

剣を引き寄せて、弟子の剣を奪います。この時の姿勢が『第四』の構えです。

騎乗戦闘技９

足への切りつけ
Leg Cut

出典：Talhoffer(1459), 124v, 125r. Talhoffer(1467), pl. 252, 253.

手首を返した受け流しから、足に切りつける技です。この技は、非常に単純かつ高速なので、一瞬ですれ違う馬上戦では特に有効だったと思われます。イラストでは、見易さのために馬を簡略してあります。

1

師匠の攻撃を手首を返して受けます。

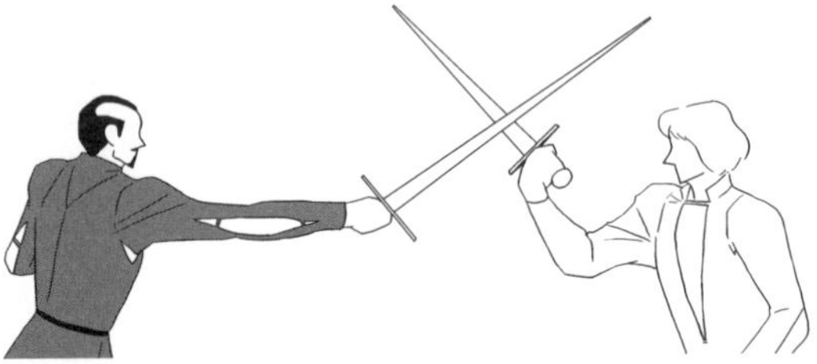

2

捻った手首を戻します。

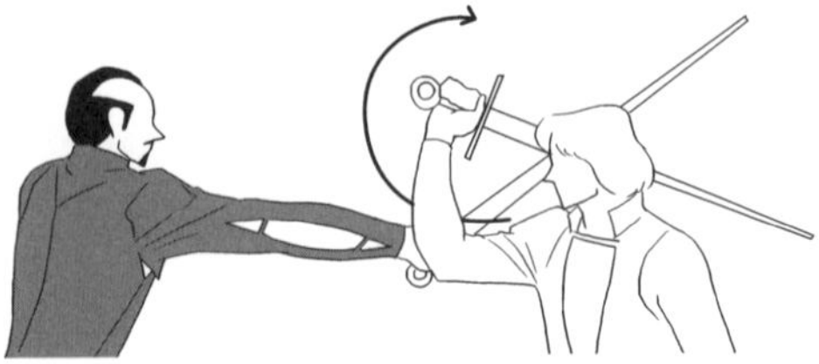

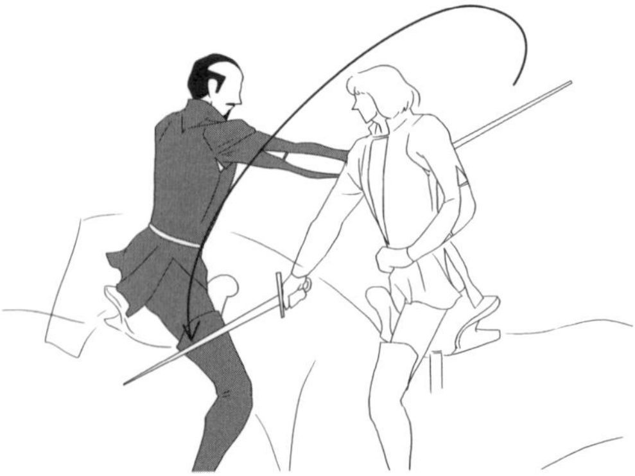

3

足、またはその他の部位を攻撃します。

第12章
ショートスタッフ

ショートスタッフ概説

ショートスタッフは、すべての長柄武器の基礎となる武器である。
（Joachim Meyer）

◆ショートスタッフの歴史

ショートスタッフは特にドイツで人気のあった武器です。それも一般市民の護身用としてだけではなく、さらに上の階級、誰あろう自称「最後の騎士」神聖ローマ皇帝マクシミリアン一世もスタッフ術の愛好家でした。

スタッフはまた、槍・パイク・ハルバード・ビルといった長柄武器の「基礎を学ぶための武器」でもありました。マイアーが、ショートスタッフのことを一貫して「槍」と呼んでいることからも（ドイツ語版ではSpiess、ラテン語版ではHasta)、当時ショートスタッフを練習用の槍と見なしていたことがわかります。

メイヤーはショートスタッフをHalbstang（ハーフスタッフ）と呼んでいて、これより長いロングスタッフを半分の長さにしたものという位置づけであるようです。

◆ショートスタッフのスペック

一般的なショートスタッフの長さは、全長150～210cmほどで、180cm前後が標準的な長さです。材質は、槍と同様トネリコが一般的とされています。

ショートスタッフの部位名称は、基本的に槍と同じです。棒を握った前方の先端を「穂先」、後端を「石突」、その間の部分を「柄」と呼んでいます。ただ、メイヤーは少々違った分類をしていて、穂先に近い「弱い」部分・前の手に近い部位・両手の間・後ろの手の後方の四部分に分割しています。これは、相手の攻撃を受け流す時の方法を基準にした分類法です。

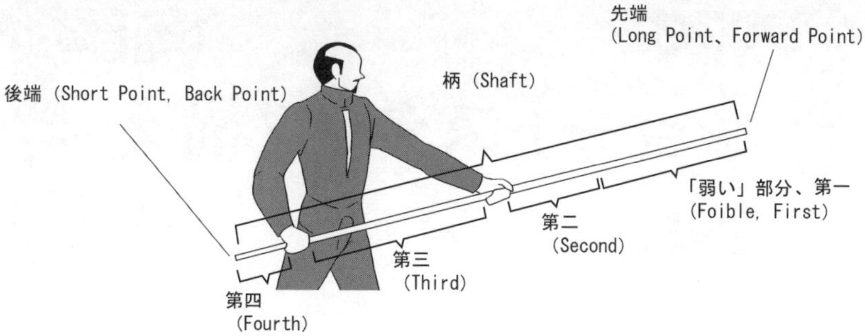

◆握り方

ショートスタッフ（と長柄武器）の握り方には、二種類の握り方があります。通常の握り方は両手の甲が別の方向を向いている握り方で、古いフェシトビュッフに多く見られます。一方、両手の甲を同じ方向に向けた持ち方は比較的新しいもので、マイアーがこの種の握り方を好んで使っています。この握り方は、武器の両端を素早く入れ替えたりするのに適した握り方で、基本的に武器の中央部を握る時に使います（スタッフ術では、この握り方をハーフスタッフと呼んでいます）。

17世紀のボナベンチューラ・ピストフィーロによると、最初の握り方（彼は自然な握り方と呼んでいます）は、持った感じが自然で、刺突や斬撃が楽にできる反面、持ち主は手の切り替え方に熟練が必要としています。一方のハーフスタッフ式の持ち方は、斬撃と逆手突きを行うのに適している反面、手の切り替えが難しく、至近距離での戦いにはあまり向いていないとしています。そして、どの持ち方を選ぶかについては、使い手の受けてきた訓練や状況によって変わってくると主張しています。

刺突で攻撃する時は、両手で押し出すように突く方法と、後ろの手で押し出した武器を、前方の手の中を滑らせるようにして突く方法の二通りがあります。

■スタッフの持ち方

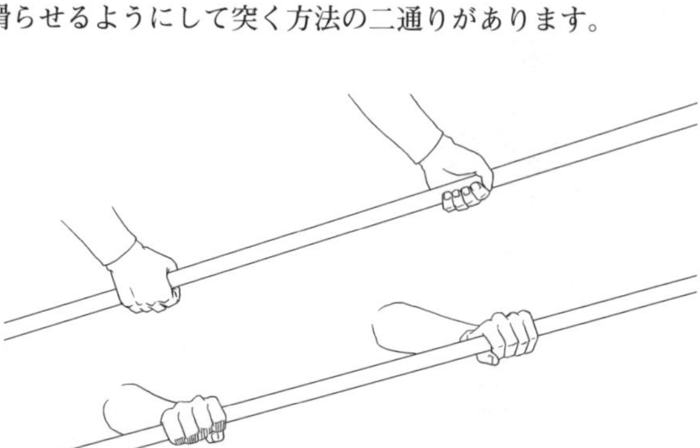

上が通常の持ち方、
下がハーフスタッフでの持ち方。

ショートスタッフ構え

①『上段』の構え (High Guard, Oberhut)

ショートスタッフの構え方は、後の長柄武器でも使用するので詳しく取り扱いたいと思います。この構えは、棒で打ちかかる構えです。メイヤーによると、棒は左右どちらに構えてもかまいませんが、常に左足を前に出すようにします。足の間隔も、前足（左足）を踏み込めるようにやや狭めて立ちます。

②『中段』の構え (Middle Guard, Mittelhut)

棒を脇に、穂先を相手に向けた構えで、メイヤーによると、最も多用される構えです。剣などの『突き』構えに相当し、マイアーは『強』構え、メイヤーは『突き』構えと呼んでいます。

③『下段』の構え (Low Guard, Underhut)

『中段』の構えから穂先を地面に落とした構えです。穂先の向く方向は、状況に応じて右・左・中心と変わります。

④『横』構え (Side Guard, Nebenhut)

棒の中間を持ち、穂先を後方に、石突を前方に向けます。

⑤『梯子』の構え (Rudder Guard, Steürhut)

攻撃用と防御用の2種類のバージョンがあります。防御用は、石突きを頭上に掲げ、穂先を前方の地面に垂らします。攻撃用は、防御用の構えから、穂先を後方に回した構えです。

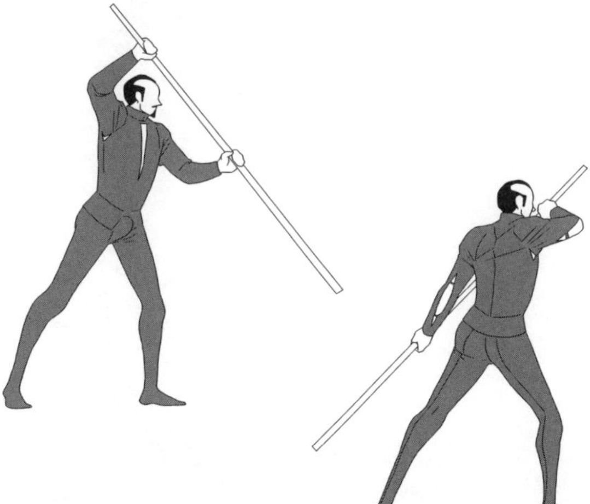

ショートスタッフ技1

『下段』の構え
Low Guard Combat

出典：Meyer, 3.19v, p. 251.

相手の突きを棒を捻るように回転させて受け流し、即座に突き返す技です。この棒を捻るように回転させる方法は、様々な武器・地域・年代のフェシトビュッフに登場する、最も基本的な技といえます。

1

師匠は『下段』の構えをとっています。メイヤーは、この時膝を十分に曲げて、体を前に低く倒すように薦めています。

2

弟子の突きに対し、棒を捻るようにして、右から左へと受け流します。この時、師匠の棒は『中段』の構えの位置（つまり相手に穂先が向いている位置）で停止するようにします。

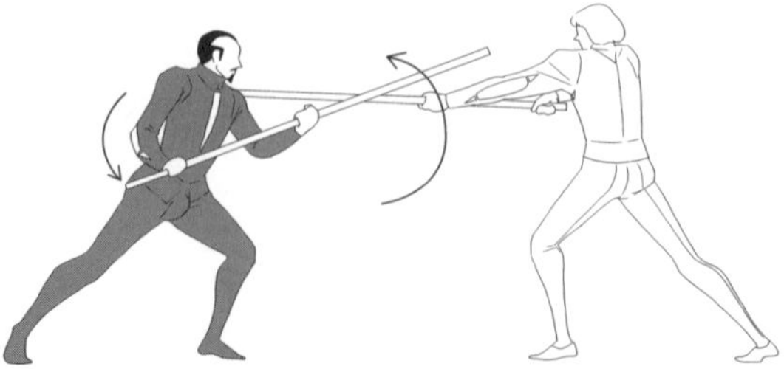

3

弟子が体勢を整える前に、前足を踏み込みつつ顔に突きを入れます。

ショートスタッフ技2

『横』構えからの攻撃
Fight from the Middle Guard

出典：Meyer, 3.21r,

大車輪のように棒を回転させて相手をけん制し、打ちかかる技です。

1

師匠は『横』構えをとっています。

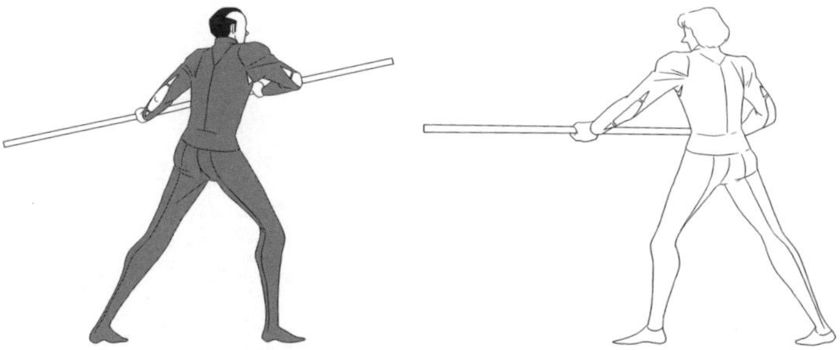

2

弟子が間合いに入ったら、左手を離して、右手だけで、棒を弟子の顔目がけて、横殴りに右から左へと振ります。メイヤーは、片手で攻撃する理由を、スピードがより速くなるからと答えています。この時、師匠は左足を踏み込みます。

3

頭上を一回転した棒を左手でつかみ、上から弟子の頭部、または棒目がけて打ち下ろし、『下段』の構えに移行します。

4

もしも、弟子が『下段』の構えをとった師匠の顔目がけて突いてきたら、師匠は右足を素早く右斜め前方に踏み込みつつ、棒を半回転させて、弟子の攻撃を石突きの部分で払い、即座に石突きで弟子の顔を突きます。

ショートスタッフ技3

脳撃・冠撃
Hirnschlag, Schöfferschlag

出典：Meyer, 3.23v, 3.24r, 3.24v, pp.254, 255.

この技は、片手で握った棒を相手の頭部に打ち下ろす奇襲技です。メイヤーは、相手にこちらの意図を察知されないようにし、また相手の棒を何らかの手段によって即座に反応できない状態にしておくことが非常に重要であるとしています。

1

両者穂先の部分でバインドの状態に入っています。この時、師匠は弟子の顔に突きを入れようとしていると見せかけます。

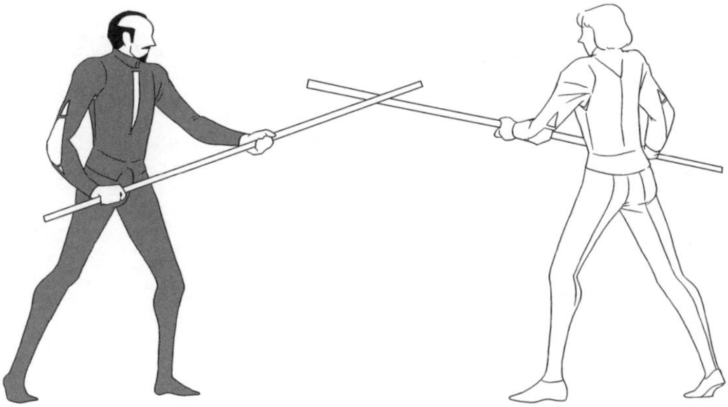

2

弟子が見せかけに引っかかった瞬間に、右手を跳ね上げて、棒を力一杯に振り回し、左手を離します。

3

右手一本で棒を握った状態で、右足を踏み込みつつ弟子の頭部を打撃します。

4 冠撃

冠撃は、右手を逆手に握った状態で打ち込みます。もっとも、メイヤーの説明は少々曖昧なので、この解釈が間違っている可能性はあります。

ショートスタッフ技4

上段のバインドからの攻防
The First Upper Bind from the Right Side

出典：Mair, pp. 10-11.

ここからは、マイアーのショートスタッフ術を紹介します。マイアーの技は、互い違いに攻守を入れ替えて、比較的長めの攻防を作り出しているのが特徴です。

1

上段でバインドの状態です。師匠は、弟子が「剛く」バインドしているのか見極めます。

2

もしも弟子が「剛く」バインドしていたら、左足を踏み込みつつ棒を回転させ、弟子の目に突きを入れます。

3 カウンター1

師匠が前のように左足を踏み込みつつあります。

4

弟子は、左足を左に踏み込みつつ、棒で師匠の攻撃を打ち下ろします。

5

素早く石突きで師匠の顔を突きます。

6

もしも師匠がこの攻撃を防いだら……。

7

右足を踏み込みつつ棒を回転させて師匠の頭部を打ちます。

8 カウンター2

左足を後ろに下げつつ、弟子の打ち込みを払います。

9

そして、弟子の顔を素早く突きます。

ショートスタッフ技5

上方から胸への突き

Two Thrusts to the Chest from Above, both on the Left Side

出典：Mair, pp. 42. 43.

ハーフソードやダガーでも紹介されていた通り、相手の武器をつかむというのは、ヨーロッパでは結構頻繁に行われていた行為で、槍やスタッフでも同様でした。ここで紹介する技は、相手の武器をつかんで、そこからかなり複雑なバインドに持ち込む技と、そのカウンターです。

1

両者『梯子』の構えで、突きを入れようとしています。

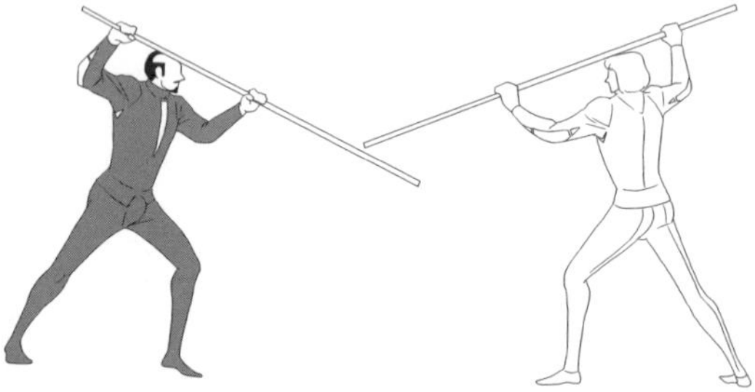

2

弟子は左足を踏み込みながら、師匠の腕の間を通すように師匠の左胸を突きます。

3 カウンター1

弟子が突いてきたら、師匠は左手を棒から離して、弟子の穂先近くをつかみます。

4

そして弟子の左肘の上から腋の下に棒を通します。

5

右足を踏み込んで体の右側を弟子に向けて、弟子の体をロックします。おそらく腋の下に突っ込んだ棒で弟子の左腕を後方にねじ上げているのだと思われます。

6 **カウンター2**

ロックされた状態です。

7

素早く自分の棒を捨てて、左足を師匠の右足の後方に踏み込み、右手で師匠の右膝をつかみます。そして師匠の右足を吊り上げつつ、左手を師匠の体に回して投げます。

ショートスタッフ技6

投げからの押さえ込み
A Throw from which He is Restrained

出典；Mair, pp. 44, 45.

この技は、前半が棒を使っての攻防、後半が接近してのレスリングと分かれています。

1

両者構えています。

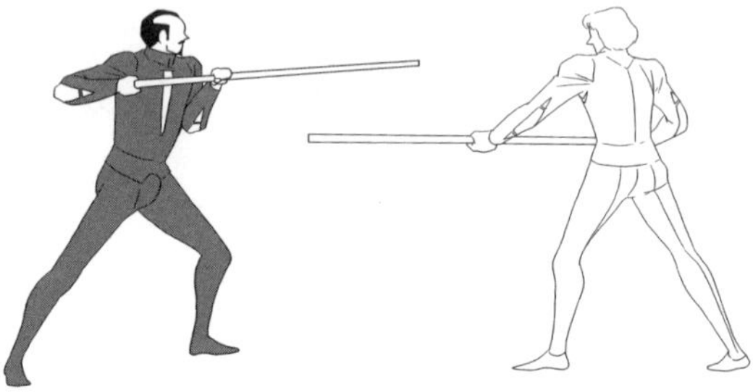

2

師匠は、左足を踏み込みつつ、弟子の顔を突きます。原文のテキストでは、この攻撃をなぜか「飛び込み切り」と呼んでいます。

3 カウンター1

棒を巻くようにして師匠の攻撃を払い、そのまま右足を踏み込んで師匠の胸に突きを入れます。

4 カウンター2

突いてきた弟子の棒を、右足を踏み込みつつ、両手の間で受け流します。

5

棒を捨て、弟子の股間を両手でつかんで、弟子をひっくり返します。ここでは、弟子の腰を抱えるようにつかんでひっくり返すと解釈しました。

6

弟子を倒したら、右足を弟子の両足の間に踏み込み、即座に弟子の股間に右膝を叩き込みます。

7

左足を弟子の右足に絡ませて封じます。同時に弟子の両手を押さえ込むか、喉を締め上げ、体重を弟子の体全体にかけて押さえ込みます。

8 カウンター

師匠が膝を股間に叩き込もうとしています。この時、弟子は両手の自由をとにかく確保します。

9

師匠が覆いかぶさってくるのを、片手（この場合左手）で顔をつかみます。ただつかむのではなく、親指を師匠の顎に引っ掛けて、他の指を目に突っ込んで抉り出します。同時にもう一方の手で、師匠の股間にパンチを叩き込みます。さらに、師匠の足の間に挟まれた足（この場合右足）を真っ直ぐに伸ばしてから、一気に膝を引き上げて、師匠の股間に膝蹴りを打ち込みます。

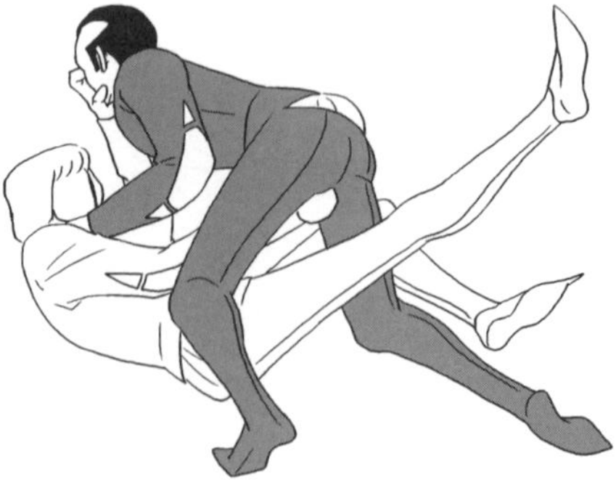

第13章
ロングスタッフ

ロングスタッフ概説

ロングスタッフ、モリスパイク、またはジャベリン、もしくはこれに類する「完全な長さ」を超える長さの武器は、その他すべての武器（すなわちショートスタッフ、ウェルシュ・フック、パルチザン、グレイヴなど）の長所を使用者が使いこなせない場合については、これらの武器よりも優位に立てるのである。

(George Silver)

◆ロングスタッフについて

マイアーは自著の中で、このロングスタッフという武器を、ラテン語でLancea、ドイツ語でLangenspiess（長槍）と呼んでいます。同様にシルバーもロングスタッフをモリスパイク（「ムーア人の長槍」という意味の「モーアズ・パイク」のなまった言葉で、パイクと同義）や、ジャベリン（当時では、ジャベリンという単語は、パイクと同義の言葉でした）と常にセットで取り上げていました。つまりロングスタッフは、独立した武器というよりも、練習用のパイク（長槍）もしくはそれに類するものとしての意味合いが強い武器ということです。

こういった非常に長い武器は、しっかり陣形を組んだ集団戦でその真意を発揮します（シルバーもその事は否定していません）が、反面、個人戦では取り回しが悪く、扱いにくいのです。そのためか、ほとんどのフェシトビュッフではロングスタッフ（パイク）の用法は解説されていません。たとえ掲載していたとしても、イラストがついている例は少ないのが現状です。メイヤーは、武器が長いので、本のレイアウト的に詳細な挿絵を載せることが困難だと言及しています。

◆ロングスタッフのスペック

ロングスタッフの長さは、一般的にショートスタッフの2～3倍とされています。フェシトビュッフに見るロングスタッフは、マイアーで約3m、メイヤーは3.6～5.5mほどの長さがあります。シルバーは、ロングスタッフ（またはパイク）は12フィート（365.7cm）から18フィート（548.6cm）まで、2フィートごとに長さを区分していました。材質は、基本的にトネリコが使われ、重量は、大体3〜5kgほどです。

ディ＝グラッシによるロングスタッフの持ち方

ディ＝グラッシは、当時よく使われていたと思われる、二種類の持ち方について、その欠点を挙げています。スタッフの中央部分を持つ方法は、武器の取り扱いやすさを重視し、疲労を軽減させようとする人が好む持ち方ですが、間合いが短くなり危険だとしています。また、スタッフの端を持つ方法は、「筋肉は強いが心は弱い人」が好む持ち方で、間合いはあるが、取り回しがあまりにも難しすぎ、体力を無駄に消耗するとしています。

彼の推奨する持ち方は、石突きの部分から腕の長さほどの所を右手で握り、左手は右手の前方を緩めに握ります。そして、攻撃時には、左手の中を槍が滑るようにして突きます。日本の槍術とまったく同じ用法です。

■ディ＝グラッシによるロングスタッフの握り方

ディ＝グラッシの握り方は、「戦場での武器の使用法を解説するものではない」と本人が但し書きをつけています。

ロングスタッフの用法

ロングスタッフのような長大な武器は、その長さのために、細かい動きや素早い切り替えしができないので、フェイントは基本的に推奨されていません。

ディ＝グラッシは、相手のスタッフを「常に」叩き落すように薦めています。その長さゆえに、相手の攻撃を避けにくく、また一度叩き落されてしまうと、素早く武器を構え直すのも難しいため、相手に大きな隙を与えることができるからです。

スイスのパイク兵は、槍の後端部を持って、槍を高く掲げて上から突くように用い、また、ドイツのランツクネヒトのパイク兵は、槍の中間部を持ち、下から突き上げるように使ったという記録があります。ドイツ・フランス国境付近の町、ストラスブルクの住人だったメイヤーが、ロングスタッフの中央を持つ構えを、『戦場』の構え（戦場で防御に使われる）と呼んでいますから、ランツクネヒトのパイク兵がパイクの中間を持って戦ったという間接的な証拠になるかもしれません。

ロングスタッフ構え

①『上段』の構え（High Guard, Oberhut）

パイクの穂先を上に向けた構えで、上から叩き落すように殴りつける目的のものです。どの程度の高さまで穂先を上げるかは書かれていませんが、極端に高く上げる必要はないようです。ディ＝グラッシは、なぜかこの構えを『下段』と呼んでいます。

②『開き』構え（Open Guard, Offenhut, Custodia Aperta）

『開き』構えとは、スタッフやポールアーム術で、一般的に『上段』の構えを差す時に使われる言葉で、まれに『自由』の構えとも呼ばれます。ロングスタッフ術の場合、左右の大きく異なるバージョンがあります。

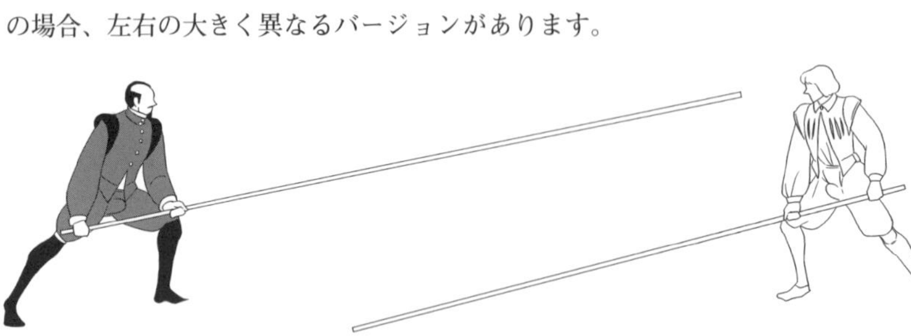

左『開き』構えは、左足を大きく前に踏み出し、右手を石突に、左手を左膝の辺りに置いた姿勢です。最大の相違点は穂先で、この構えでは、穂先を上に向けています。

右『開き』構えは、右足を前に出し、穂先を地面に落とした姿勢で、体を低めに下げます。左手は石突付近を握り、右手は右膝に来るようにします。

③ 突き用『上段』構え (Oberhut zum Stoß)

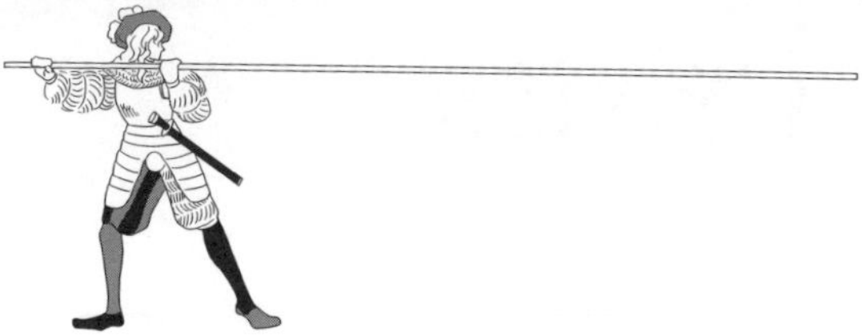

　スタッフを胸の位置に上げ、左手を胸元に、右手を後ろに引いた姿勢で、名前の通り、突きを入れるための構えです。この構えは、パイクの戦いを描いた当時の絵画やイラストに時折登場します。前から2列目以降の兵士が、前列の兵の肩越しにパイクを突き出している時の構えです。ルネッサンス当時、ヨーロッパ最強を謳われたスイス長槍兵が好んで使った構えのようです。

④『抑え』構え (Dempffhut)

脚を大きく広げて立って石突を右腿の内側に固定し、左手をできるだけ伸ばして柄をつかみ、穂先を上げます。この構えは相手のパイク、または他の長柄武器を上から叩き落として制圧し、また相手を間合いに入れないための構えです。

⑤『防壁』・『交差』構え (Schrankhut, Custodia Cancella)

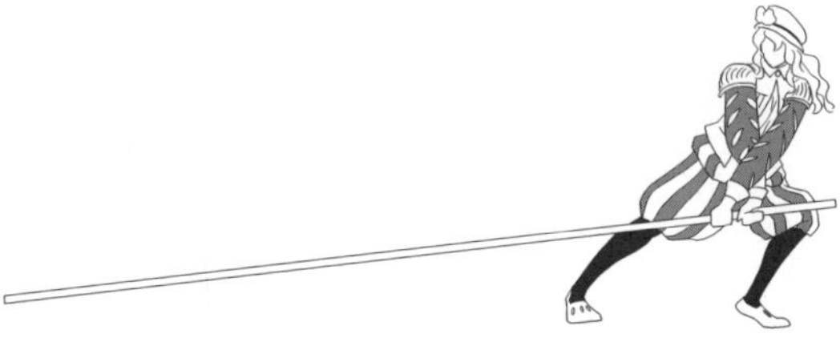

　フィオーレのポールアックス術にこれと似た構えがありますが、向きが逆です。この構えの意味は不明ですが、おそらく左足・左手を前にした通常の構えから、咄嗟に右足を斜め右前方に踏み込んだ状態を表した構えだと思われます。

ロングスタッフ技1

巻き替え
Durchwinden

出典：Meyer, 3.43v, p. 271.

相手の突きを、巻きながら受け流して反撃する技です。

1

弟子が『中段』の構え（本書末掲載）、またはスタッフを体の前に構える姿勢をしている時、師匠は左側から弟子のスタッフにバインドします。そして、弟子にあたかも突きを入れようと見せかけます。

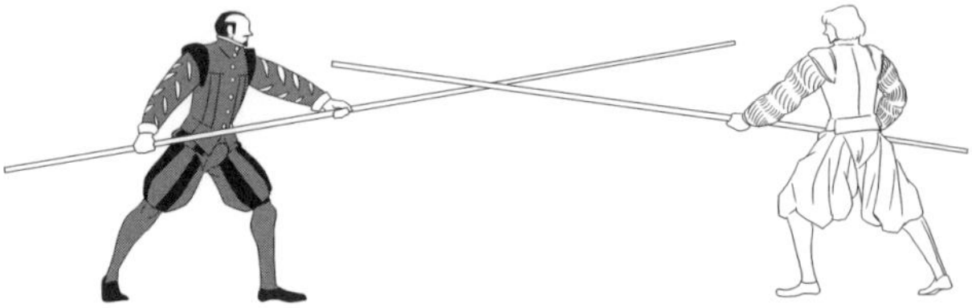

2

弟子が先手とばかりに突いてきたら、師匠は右手を反時計回りに巻きます。こうすることで、左手を支点にしてスタッフが旋回して、弟子の攻撃を左に押し流します（原文には書かれていませんが、挿絵では師匠が右側に踏み込んでいるように見えます）。

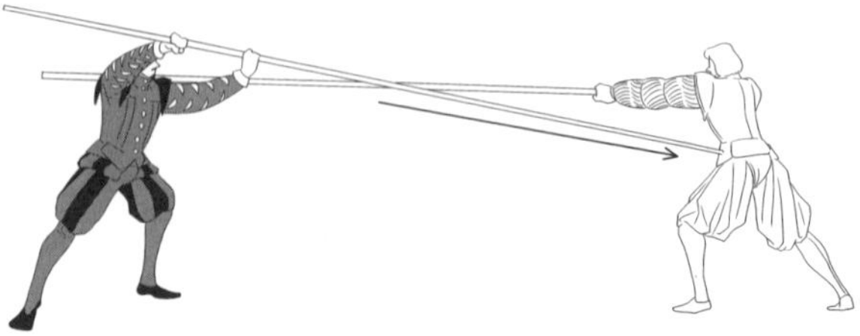

3

弟子に突きを入れ、間合いの外に後退します。

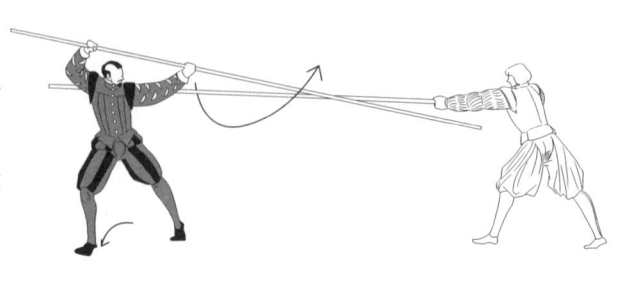

ロングスタッフ技2

「弱い」部分と「強い」部分での左側でのバインド二本・第一
The First Two Binds from the Left Side with the Weak and Strong

出典：Mair, pp. 56, 57.

1

両者対峙しています。

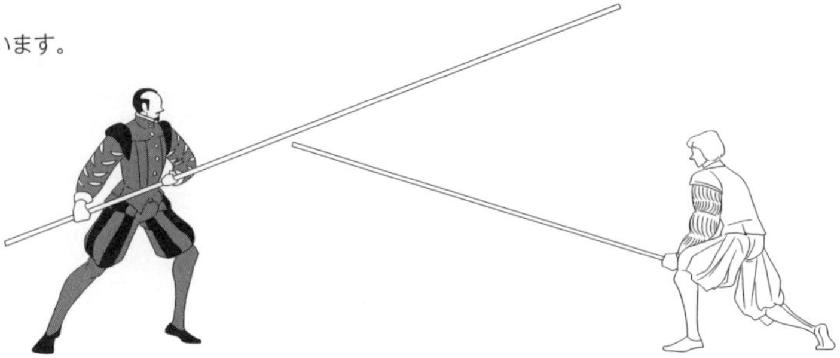

2

師匠は右足を右斜め前方に踏み込みつつ弟子に突きを入れます。

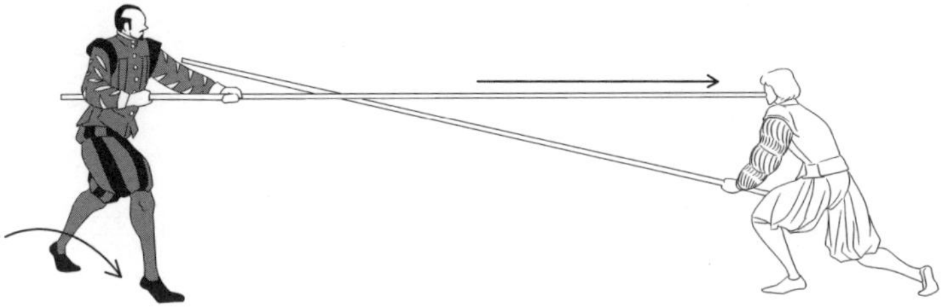

3 カウンター

師匠の攻撃を受け流します。

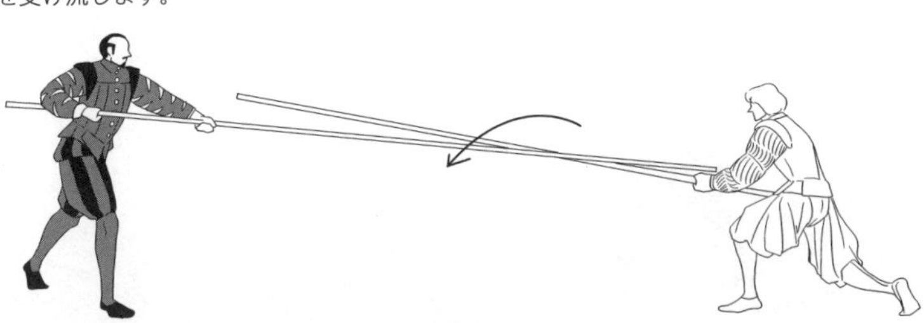

4

右足を踏み込みつつ師匠の胸に突きを入れます。

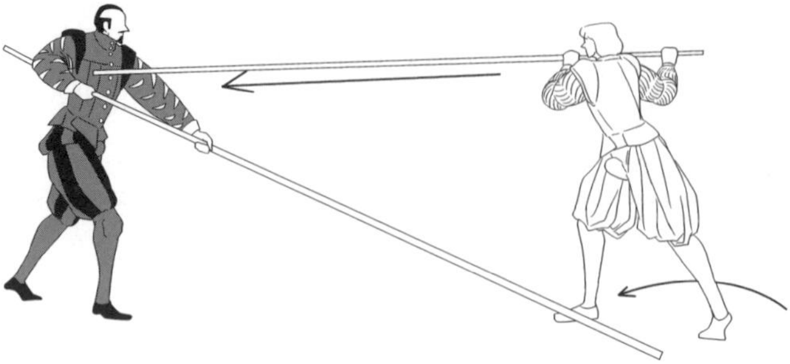

5

もしも師匠がこれを受け流したら、右足を後ろに引きながら、スタッフを地面に降ろし、右手を頭上に掲げます。

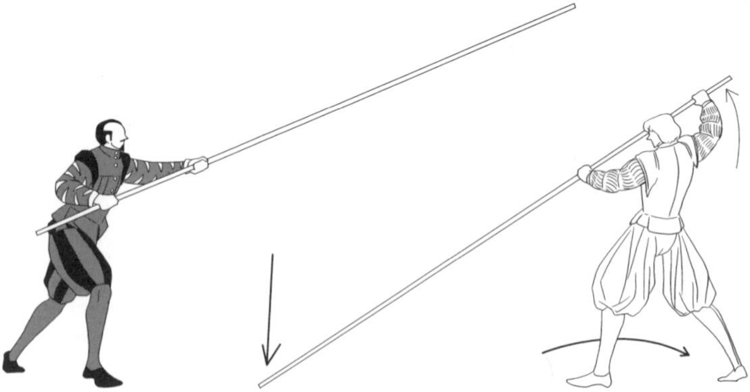

6

右足を踏み込みつつ、上げた右手を下ろすことで穂先を跳ね上げ、師匠の胸を突きます。このようにしてスタッフを跳ね上げるのは、取り回しが難しいスタッフを素早く扱うためと、右手の動きによってスタッフが旋回して、師匠のスタッフを払いのける働きがあるためです。

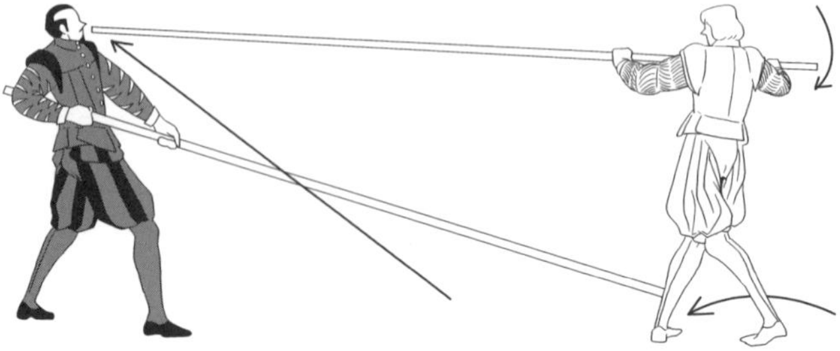

7 カウンター

弟子の攻撃を受け流します。

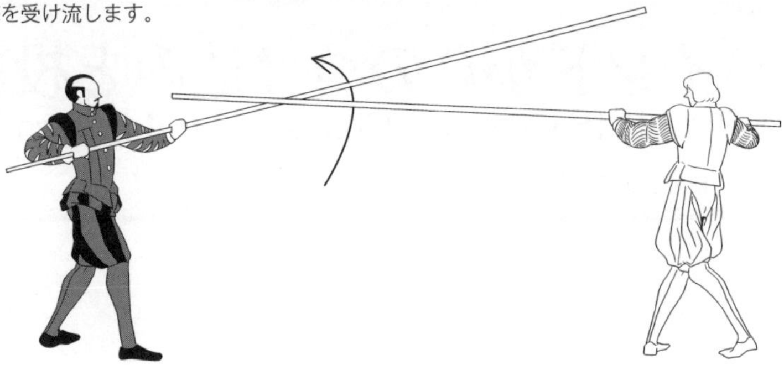

8

右足を下げながらスタッフを頭上に掲げます。

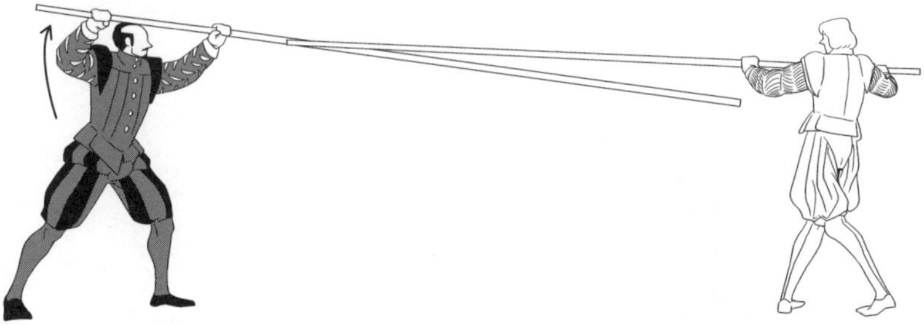

9

弟子に突きを入れます。もしも弟子が防御したら、右足を引いて間合いの外に逃れます。

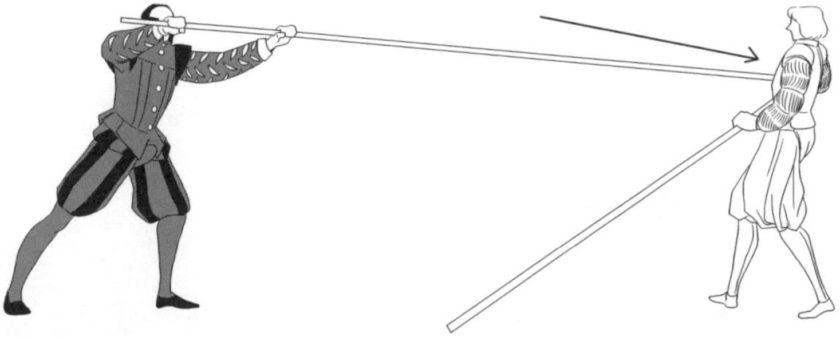

ロングスタッフ技3

バインドからのつけ込みと投げ

A Bind Followed by a Charge-in and a Throw

出典：Mair, pp.78, 79.

1

師匠は、スタッフの右側の「強い」部分でバインドしています。

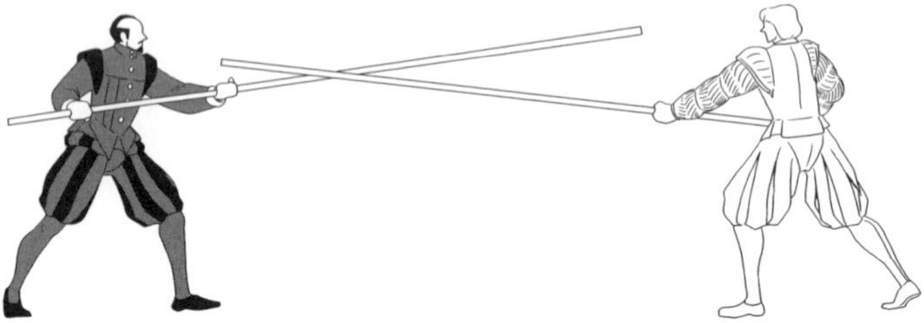

2

弟子のスタッフの下を素早く潜り抜けて弟子の左側を突きます。

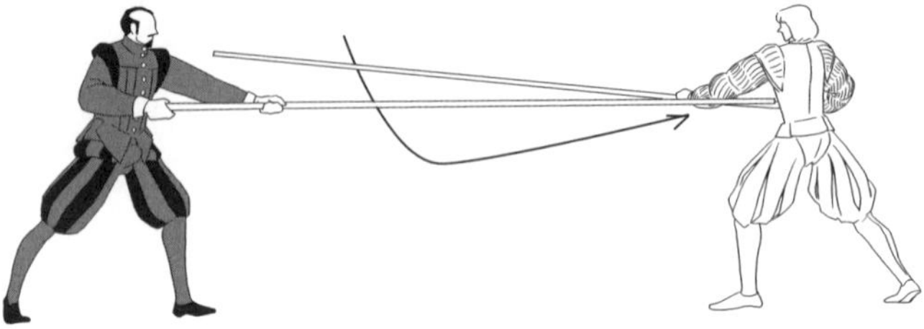

3 カウンター

師匠の攻撃を、両手の間で受け流します。

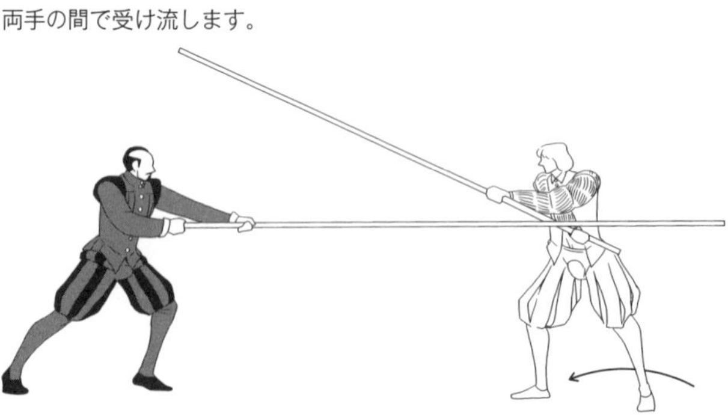

4

両者のスタッフが接触した状態のまま、スタッフを頭上に掲げて師匠のスタッフを上にそらし、師匠の目、または胸を力の限り突きます。異様な体勢の突きですが、マイヤーの本にはよく見られる状態です。しかし、原文のドイツ語版では、Halben Spieß「ハーフスピア（ハーフスタッフ）」という単語が出てくるので、これを採用するならば、スタッフの前後を入れ替え、腕を交差させない体勢で突きを入れる技となります。

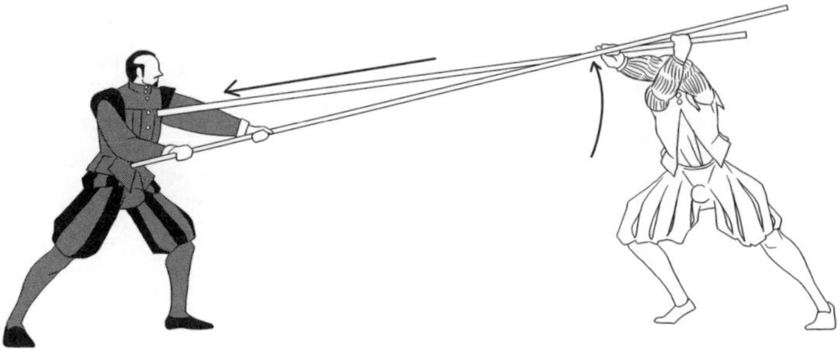

5 カウンター

師匠は、自分のスタッフを捨てて、右足を右前方に踏み込みながら、左手で弟子のスタッフを払います。

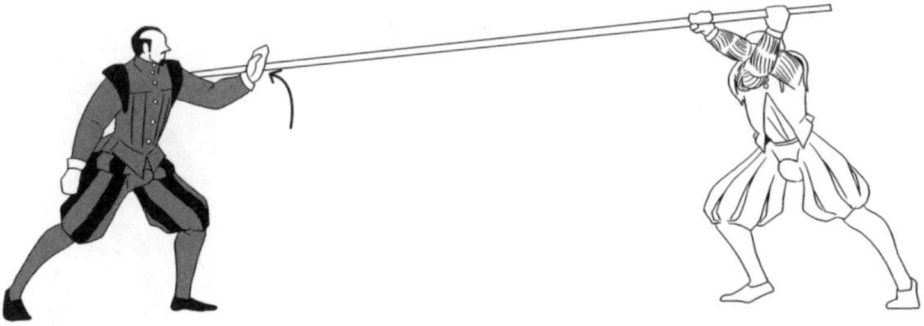

6

そして、弟子のスタッフの中央部分を右手でつかみます。

7 カウンター

相手に自分のスタッフをつかまれたら、右手をスタッフから離して踏み込みます。原文にはありませんが、その後の展開から推測して、弟子はスタッフを頭上に掲げてその下を潜り抜けています。そして師匠の右肘のすぐ上をつかみます。

8

さらに踏み込みつつ、左手を右腕の下を通して、師匠の左肘の辺りをつかみます。

9

両手で力の限り師匠を吊り上げながら、自分の頭を左腕の下を通しながら体を反転させます。

10

そのまま背中に背負う感じで持ち上げます。原文ではここで終わっていますが、おそらく柔道などの稽古で受け身が取りやすいよう、投げる寸前で動きを止めている状態を差していると思われます。

第14章
クォータースタッフ

クォータースタッフ概説

クォータースタッフと呼ばれる、我が祖国の武器でなら……
6人までなら同時に。

（Richard Peeke）

◆クォータースタッフの逸話

1625年、イングランドの船員リチャード・ピークは、スペイン軍の捕虜になり、裁判にかけられることになりました。どうもスペイン人はイングランド人の格闘能力を試してみたかったようで、まず「ティアーゴ」という名前のスペイン人と、レイピアとダガーを使って戦うよう命令されます。

ピークがティアーゴを組打ちで倒したのを見ると、スペイン人たちは、彼にさらなる戦いをする準備はあるかと尋ねます。そこで、彼は「祖国の武器である」クォータースタッフでならと快諾します。ふたりのスペイン人剣士が進み出るのを見たピークは、「6人までなら」同時に戦ってみせると豪語し、最終的に3対1の決闘が始まりました。

ピークに渡されたスタッフは、ハルバードの頭部を外したもので、通常よりも短いものでしたが、結局戦いはピークの勝利に終わり（相手の3人は、死亡、重症、レイピアを叩き落されて戦闘継続不能）、スペイン政府は彼をイングランドに送還したのです。いくらスタッフがレイピアよりも強力な武器とはいえ、当時ヨーロッパ最強と謳われたスペイン式剣術の使い手3人を、同時に戦って勝利できたのは、ピークが相当の腕の持ち主だったといえるでしょう。

以上の内容は、ピークが送還された翌年の1626年に、自身の手によって出版したものですから、眉唾物である可能性もありますが、当時のイングランド人が絶大なる信頼をクォータースタッフに寄せていたことを裏づける資料となっています。

クォータースタッフの歴史

クォータースタッフは、ロングボウと並んで、イングランドを代表する武器です。非常に安価（1527年の裁判記録では凶器として使われたクォータースタッフの時価を1ペンスとしています）で、効果的なため、旅行者の護身用、スポーツなどの娯楽用などとして幅広く使われていました。また、剣と比べて殺傷力が比較的低い（低いといっても程度問題で、全力で殴れば一撃で人を殺せます）ので、喧嘩の時にも使われていました。

シルバーは、クォータースタッフは、個人戦においてはウェルシュフックを除いた最強の武器で、剣とバックラーを装備した敵なら、ふたり同時に戦えるとしています（ただし、戦場においては攻撃力不足で好ましくないともいっています）。理由は、パイクなどのクォータースタッフよりも長い武器に対してはスピードに勝り、それ以下の長さの武器に対してはリーチで勝るという利点があるからです。

また、クォータースタッフ術は、棒状の物体なら何でも武器として代用できるいう利点があります。前出のハルバードの頭部を外して即席スタッフに変えた話や、オールをスタッフの代わりとして使ったりした記録が残っています。

クォータースタッフという名前

クォータースタッフという武器の名前は、実のところ比較的最近まで一定していません。当時の文献では、Quarter-Staff、Club、Cudgel、Stave、Staff、Short Staff、Balstaff、Balkstaff、Tipstaffなどと呼ばれています。では、なぜクォータースタッフという名前が出てきたのでしょうか。ワグナーは、これまで提唱された4つの説を紹介しています。

1. 1589年の記録から推測

当時の材木は、まず一定の長さ（24フィート、7.32m）に製材され、それを4分の1の長さに切ってクォータースタッフを作ったところからきているという説。これは、この方法で作られる棒の長さが約180cmと、通常のクォータースタッフよりも短くなってしまうという反論があります。

2. 長さの基準から

使用する人の身長と、その身長の4分の1を足した長さの棒を使ったからという説。

3. 握り方から

ワグナーが、最も説得力があるとしている説で、スタッフを4等分して、右手で中央を、左手で石突から全長の4分の1の位置を握るところからという説。

4. 攻撃方法から

「クォーター」というのは、中世・ルネッサンス期のイングランド武術の技法で、大きく弧を描いて打ち込む最強の攻撃方法です。この攻撃方法からその名前がきているという説。

クォータースタッフのスペック

シルバーは、クォータースタッフの長さを「理想の長さ」であるべきとしています。この長さは「直立した状態で棒を左手で握って真っ直ぐ立て、右手をできる限り上に伸ばして、その棒をつかむ。そして、その棒の長さに、棒を握った右手と左手の間の分の長さを足した長さ」で、だいたい7フィート（213.3cm）から9フィート(274.3cm)の範囲に収まるとしています。その直径は意外と太く、大体2.5～3.8cm。重量は2～2.5kgです。

形状は、刺突力を高めるために両端が尖っているものが多く見られます。

クォータースタッフの用法

クォータースタッフの握り方ですが、スタッフや槍などとは逆で、右手が前でスタッフの中央を握り、左手は後ろで後端付近を握りました。クォータースタッフの部位・名称は、この握り方をした時の、手の位置との関係によって分類され、先端は通常の攻撃用、後端は相手が近接してきた時に使う、というように前後の役割がはっきりしています。また、突きが主体のほかのスタッフ術とは異なり、クォータースタッフ術では打撃が基本です。その打撃力は凄まじく、シルバーは最も基本的な防御技術は、相手の攻撃の勢いがつく前に叩き落すことだとしています。また、フェイント技を推奨していることも大きな特徴といえます。

最後に、シルバーは、両手剣の扱いについて「クォー

両端が尖っているスタッフ。後端（下）には鉄のキャップがついていますが、先端（上）にはキャップはつけられていません。

■クォータースタッフの握り方と部位名

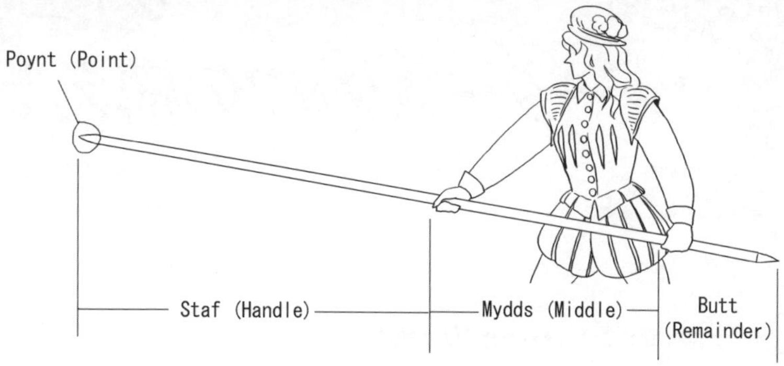

シルバーによる名称。カッコ内の名称はワイルド（18世紀）による。

タースタッフと同様に使う」と書き残していることから、クォータースタッフ術は、両手剣術の操法がかなり取り入れられているのでしょう。筆者の推測ですが、右手を前におくクォータースタッフの独特の持ち方も、両手剣術の影響が強いのだと思われます。

クォータースタッフの構え

❶『上段』の構え（High Ward）

シルバーは、クォータースタッフの構えを「先端が上を向いている構えはふたつ、下を向いている構えはふたつ」の、4つの構えがあると規定しています。ここで紹介する構えは、『上段』と銘打っていますが、実際にはドイツ式の『梯子』の構えです。ちなみに、我々が普通に想定する上段の構えは、『開き』構えと呼ばれています。頭上に打ちかかってくる攻撃を受け止める構えで、スウェットマンによると、この構えは、夜間での戦闘に最も適した構えだとしています。なお、Wardという単語は、「打ち払う」という意味で、現在のGuardという単語にあたります。

❷『下段』の構え（Low Ward）

最も基本的な構えとされる構えです。先ほどの『上段』と同じく、この構えも通常の『下段』構えとは違い、ドイツ式の『中段』の構えに相当します。

③『聖ゲオルギウス』の構え（St. George Guard）

イングランドの守護聖人にして武術の守護聖人である聖ゲオルギウスが、邪竜を退治した時に使ったとされる構えです。おそらくドイツ式の『憤怒』の構えの一種（P10の図版の最も右の人物を参照）から発展したと思われ、水平に持った武器を頭上に掲げ、上から振り下ろされる攻撃を受け止めるために用いられます。頭上を強力に防護する構えですが、反面ほかの部位をガラ空きにしてしまう構えでもあります。そのためでしょうか、シルバーはこの構えを自身の書で解説していません。

クォータースタッフ技1

もしも敵の力が強い場合

If Your Opponent is too Strong

出典：Silver/ Instruction, p. 304.

1

師匠が上から打ちかかってきます。

2

この時、師匠は女弟子よりはるかに力が強いので、師匠の攻撃をヘタに受けてしまうと、かえって自分のスタッフを叩き落されてしまいます。そこで、女弟子は、前足を後ろにステップバックして後ろに下がり、師匠の攻撃を外します。この時、女弟子は自分のスタッフを下げることで、自分のスタッフが偶然に師匠の攻撃に当たってしまうのを防止します。

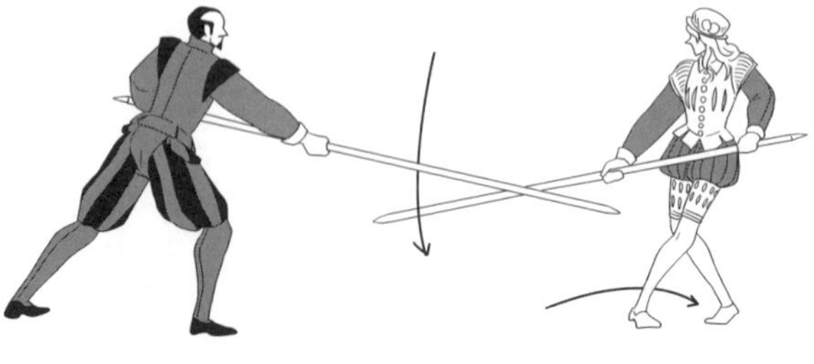

3

師匠が体勢を立て直す前に、片手突きを師匠に放ち、即座に間合いを外します。

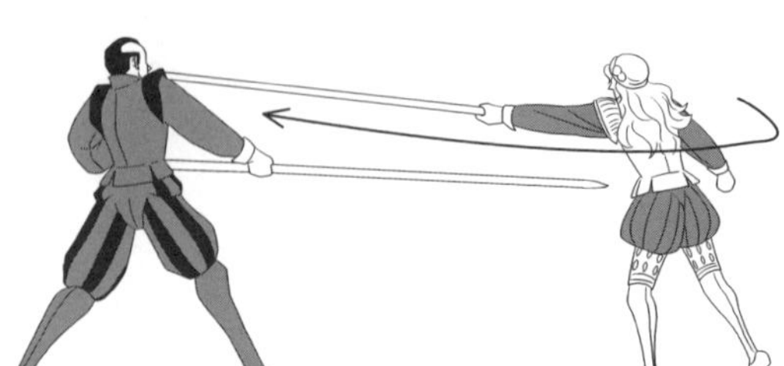

クォータースタッフ技2

相手が上から打ちかかってきた場合

If He lye a Loft with His Staff

出典：Silver/ Instruction, p. 304.

この技のシチュエーションは、前の技と同じですが、今度はこちらの力が十分にある場合です。

1

師匠が上から攻撃してきます。弟子は、『下段』の構えをとって、師匠のスタッフと自分のスタッフの間の距離をできうる限り詰めて（もしくは師匠の攻撃線の至近において）、師匠の攻撃に備えています。

2

師匠の攻撃が十分な勢いを得る前に、師匠のスタッフを横に叩き落とします。

3

師匠が体勢を立て直して後ろに下がる前に片手突きで攻撃し、素早く間合いを外します。もしも師匠の体勢の立て直しが早かった場合、無理に攻撃せずに間合いを外します。

クォータースタッフ技3

逆手持ち
Reversed Grip

出典：Silver/ Instruction, pp. 305, 306.

逆手持ちは、左手を前、右手を後ろにした握り方で、正式な持ち方ではありませんが、シルバーは「この方が使いやすいという人もいる」ということで紹介しています。この技は、基本的に相手の武器をつかんで近接戦闘に持ち込む技で、比較的距離をおく傾向のあるイギリス式武術の中では異色の技です。シルバーは、もしもこの技を通常の持ち方で実践する場合は、単純に左手で相手のスタッフをつかめば対応できるとしています。

1

両者バインドの状態にあります。

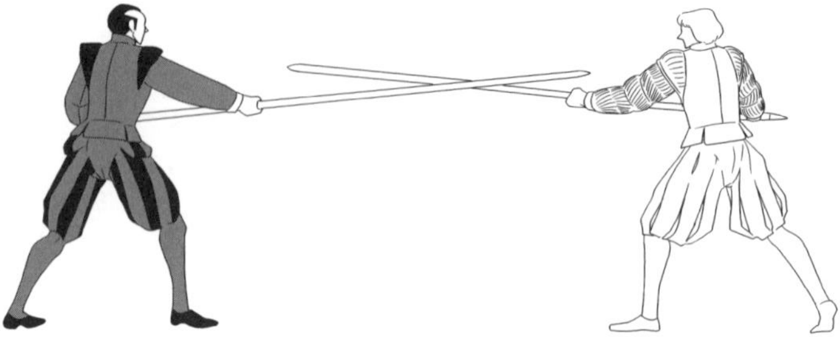

2

弟子は、右手を素早く左手のそばに滑らせ、師匠のスタッフを左手でつかみます。シルバーは「親指を下に」つかむと書いているので、おそらくイラストのように逆手に握ると考えられます。弟子が、左手で師匠のスタッフをつかむ前に、右手を左手の近くに滑らせたのは、バランスが悪くなることで自分のスタッフが使えなくなるのを防ぐためでしょう。

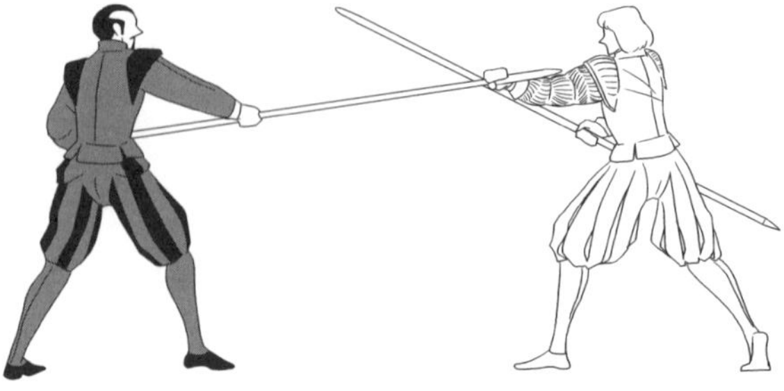

3

師匠のスタッフを封じたら、自分のスタッフを反転させます。原文にはありませんが、この後の状況から、弟子は、師匠のスタッフを強く引いていると推測できます。

4

後端で師匠を突き、間合いの外へと後退します。

5 相手が弱い時

もしも相手の力がこちらよりもはるかに弱い場合は、スタッフを引いた時に相手がこちらに飛んできます。スタッフを回転させる時間的余裕は無いので、相手を素早く投げ飛ばします。

6 相手が強い時

もしも相手がこちらよりも強い場合は、こちらが引き込まれる前に、手を放して間合いを取ります。

クォータースタッフ技4

『下段』構えからのカウンター
Defence from the Low Guard

出典：Swetman, p. 135.

スウェットマンのクォータースタッフは、挿絵から判断する限り、約180cmほどと通常のクォータースタッフよりも短くなっていますが、これが実際にこの長さなのか、それとも挿絵のスペースに合わせるための変更（この時代にはよくあることです）なのかは不明です。

1

弟子の顔への突きを両手の間で受け流します。

2

そして、素早く片手突きで攻撃します。その後、スタッフを戻し、素早く間合いを外します。

クォータースタッフ技5

下方の攻撃に対する防御
Defence against a Low Attack

出典：Swetman, p. 136.

腰より下に対する攻撃を防御する方法です。

1 突き

弟子の突きをスタッフを巻いて横に払いのけます。この時、スタッフが地面にぶつかって、スタッフの動きが止まってしまわないように注意してください。

2 打撃

弟子が脚目がけて攻撃しています。師匠は、突きの時と同じように防御するか……。

3

スタッフの先端を、体の前大体60～90cmほどの、攻撃がくる側の地面（この場合、左側）について、右手をスタッフから離し、左手でスタッフを立てます。こうすることで、師匠は自分の体を完全にガードできます。

クォータースタッフ技6

夜の戦い
Fight at Night

出典：Swetman, p. 139.

スウェットマンは、著書の中で非常に興味深い、クォータースタッフを使った夜間の戦闘に関する項目を書き記しています。彼によると、もしも夜に何者からに襲撃を受けた場合の対処法は3つあるとしています。ひとつ目は『上段』の構えをとること。ふたつ目は、もしも相手をけん制するだけの長さのスタッフを持っているのなら、先端を相手に向けて相手を近づけないようにすること。そして最後は、とにかく逃げることです（原文ではTrust thy heel「汝の踵を信じよ」となっています）。ここでは、最初の対処法を解説します。

1

『上段』の構えをとって頭部を守ります。スウェットマンは、闇夜には、ほとんどの人間が本能的に頭に切りつけてくると解説しています。そのため、夜間に襲撃を受けた時の最重要事項は、とにかく頭を防御することです。

2

弟子の頭部への攻撃を両手の間で受け止めます。

3

彼によると、夜間での戦闘では、距離をとることは厳禁で、できる限り相手に肉薄するように薦めています。攻撃は基本的に突きで行われ、状況が許せばスタッフを反転させて後端で突きます。

クォータースタッフ技7

フェイント
Falsifie

出典：Swetman, pp. 152, 153.

1

師匠が上から打ち下ろしてきます。弟子は、これを防ごうとスタッフを頭上に掲げます。

2

師匠は、攻撃をそのまま打ち下ろさずに、引きつけます。

3

そして、弟子に突きを入れます。

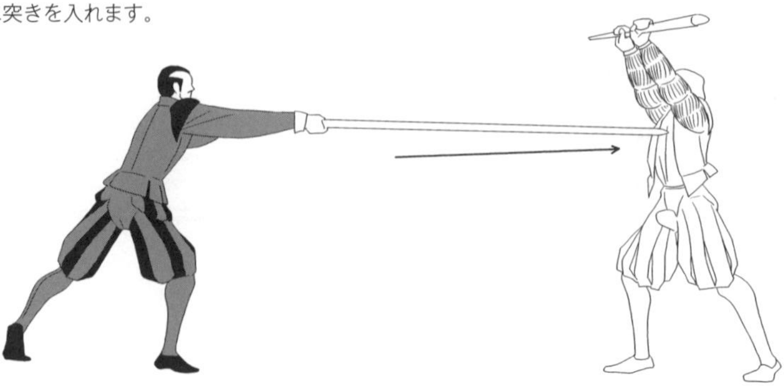

4 カウンター

彼は、このフェイントに対する反応として、2種類の反応を挙げています。技量の無い人は、カウンターを入れることを考えずに、ただ自分の身を守ることのみに終始します。そして、師匠の行動（最初の打ち下ろしと突き）それぞれに反応します。熟練者は、イラストのように、最初の段階で、即座に（おそらく後退しながら）間合いの外から突きを入れます。師匠の動きは、「フェイント→攻撃」という二動作必要なので、即座に突きを入れれば師匠はなすすべがありません。

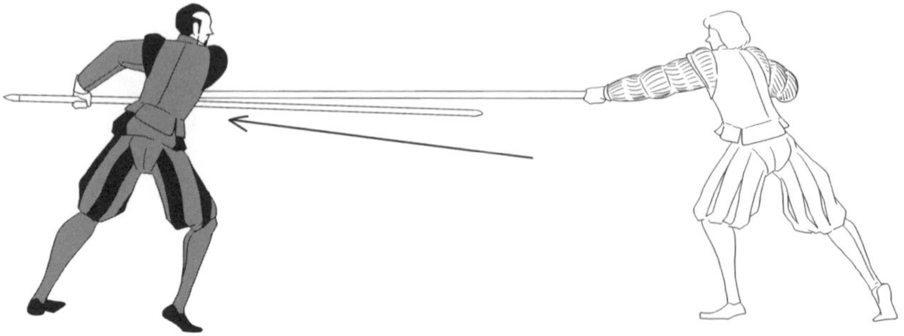

第15章
ウェルシュフック

ウェルシュフック概説

……そして、アマゾネス達を鞭打ち、ルシファーの女を寝取るような、あの傲岸不遜のウェールズ人が、ウェルシュフックの十字の下に、悪魔の真の僕となると誓ったのだよ。一体あの諸悪の根源を何と呼べばいいのか！

（シェークスピア『ヘンリー四世第１部』第二幕四節）

◆ウェルシュフックの歴史

ウェルシュフックは、「Welsh」の名の通り、ウェールズ地方を起源とする武器です。とはいえ、この武器が文献に登場する頃には、ウェールズだけでなくイングランドにも広まっていました。冒頭に引用したシェークスピアの文章からもわかる通り、当時の人々にとって非常になじみ深い武器であるのと同時に、丁度クォータースタッフがイングランドを象徴するように、ウェールズ地方を象徴する武器という認識があったことを示しています。

この武器の名前は非常にバラエティーに富んでいて、Welsh Hookの他に、Forest Hook、Forest Bill、Welsh Bill、Welsh Glaive、Bush Scythe、Wood Bill、Watch-men' s Bill、Hedging Billなどと呼ばれています。その名前からして、森林地帯で高枝や下生えを伐採するための道具から発展してきたものでしょう。実際、最も古いウェルシュフックについての言及は、1481年に出版された、12世紀の民話を翻訳した本で、そこにはウェルシュフックは農機具の一種として登場しています。また、その名前にビル、フック、グレイヴという名前がつくことから、これらの武器と同様の機能、操作を有する武器だと思われます。そこで、この項では、ウェルシュフックだけでなく、ビルについても解説することにします。

◆ビルとは

ビルは、中世後期に登場した、イングランドを代表する武器です。枝の伐採などを行う同名の農機具から発展した武器で、農民の召集兵が使い慣れていて、かつ鎧を着た相手に対しても非常に効果が高いということで、イングランドの歩兵武器の主力をなすに至りました。

同時に大陸でも広く使われ（イングランド起源かは不明ですが）、特にイタリアでは、ロンコーネ（またはロンカ）と呼ばれ、広く使われていました。とはいえ、形状は大きく違い、イングランドのビルは斬撃に適した構造で、一方のイタリア式のビルは刺突に適した構造になっています。また、イングランドでは、ブラックビル、ブラウンビルなどの表記があり、おそらく何らかの分類があったと考えられていますが、その詳細については不明です。

ヨーロッパ本土でパイク兵の密集陣が主流になったあとでも、イングランドではビル兵を軍の主力としていました。しかし、1596年に政府はパイク兵を主要兵科とすることを決定し、トレインド・バンド（イングランドの市民召集兵の中から選抜された精鋭兵によって構成された部隊）の装備をビルからパイクに変更しました。これ以後、ビルは主力武器としての座を追われ、戦場から姿を消すことになります。

ビルを使っての枝払い。農民は内反りと思われるメッサーを腰から下げている。Opus Ruralium Commodorum（1495年）より。

■イングランド式（左）とイタリア式（右）のビル

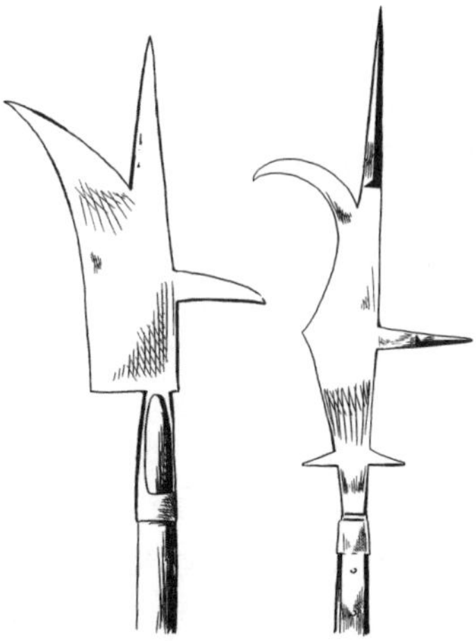

最強の武器、ウェルシュフック

先ほど解説したように、ウェルシュフックは当時かなり一般的な武器でした。ウェルシュフックが軍用武器として認識されていた証左となるのが、1483年にリチャード三世が2000本のウェルシュフックを発注した記録です。この年は、リチャード三世の戴冠年にあたり、同時に彼に敵対する貴族たちが反乱を起こした時期でもあるので、大規模な反乱に対する軍備拡張計画の一環としての発注だったと思われます。彼は、そのわずか2年後のボスワースの戦いで命を落とすことになりますが、その際率いた兵力は5000人～8000人といわれ、もしこの戦いのために2000本のウェルシュフックを用意したのだとすれば、各地の守備兵の数を考慮に入れてもかなりの大量発注だったといえるでしょう。こんな事例からも、ウェルシュフックの評価が高かったことがわかります。

その評価を裏づけるかのごとく、シルバーなどの剣士たちは、この武器を最強クラスの武器と位置づけていました。特にシルバーは、ウェルシュフックをしてあらゆる武器の中で最強と結論づけているほどです。

しかし、意外にも、この武器がイングランドの外に広まることはありませんでした。イギリス国外に唯一現存するウェルシュフックは、スイスにある1本のみです。この1本に対してイギリス式武術の研究者であるワグナーは、武器のソケットが、イギリス製の武器特有のタイプであることから、これはスイスの兵士が使ったというよりも、ウェールズ王の末裔で、伝説の傭兵隊長である「赤い手」のオーウェンことオーウェン・ローゴックの部隊がスイスでの戦いで破れた時の戦利品だと結論づけています。彼はハプスブルグ家の下で1375～1376年までスイスで活動していたので、ワグナーが正しいのなら、この武器はその時期に鹵獲されたものとなるでしょう。

ウェルシュフックのスペック

さて、評価が高く一般的な武器でありながら、ウェルシュフックがどのような武器であるか、つい最近まで不明でした。その形状に関しての数少ない言及のひとつは、1613年に日本を訪れたイギリス人ウィル・スミスの言葉で、彼は日本の薙刀に関して「ウェルシュフックに似ている」と記しています。

ウェルシュフックは、棒の先に鎌状の刃を取りつけ、その鎌の根元からほぼ直角のフックが伸びています。そしてそのフックから鎌と同方向にスパイクが伸びている形状をしています。刺突用として鎌にスパイクを追加している例もあります。

ワグナーによると、ウェルシュフックの頭部は、長さ30cmほどで、その頭部の重量は、同じ長さのスタッフと変わりない程度だそうです。シルバーによると、ウェルシュフックとクォータースタッフの長さは同じ「理想の長さ」（つまり全長210～270cmほど）なので、武器の重量はクォータースタッフとほぼ同じ約2kgということになります。一方のビルは少々短く、約150～180cmほどとされています。しかし、この長さが柄の長さなのか、それとも頭部まですべて含めた全長なのかは不明です。

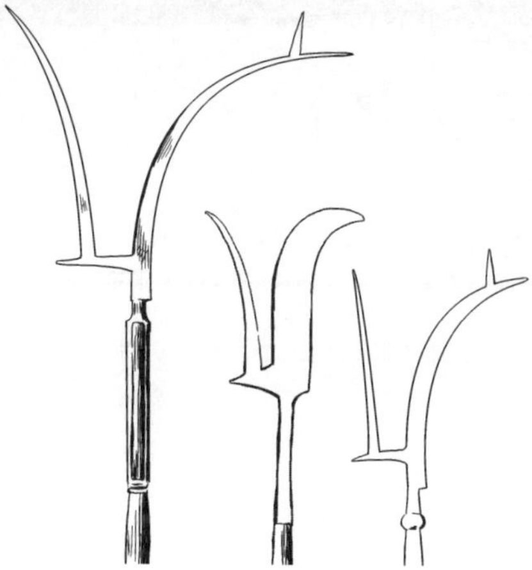

■各種ウェルシュフック

◆ウェルシュフックの用法

ウェルシュフックやビルの用法は、基本的にクォータースタッフと同じです。しかし、ただの棒であるクォータースタッフとは違い、ビルやウェルシュフックには複雑な形状の頭部がついています。

この頭部は相手を切ったり、引っ掛けたりするだけでなく、叉の部分で相手の武器を受け止めたり、相手の武器を挟み込んで脇に逸らしたりと多様な使用法があります。また、重量がクォータースタッフとほとんど変わらないため、操作感においてもクォータースタッフ同様扱いやすく、スピードも同等という、いいことづくめの武器といえるでしょう。

ウェルシュフック技1

フック1

Hooking

出典：Silver/ Instruction, p. 309.

相手の武器を脇にのけて、相手の体を引っ掛けて引きずり倒す技です。

1

武器の叉の部分で、弟子の武器を受け止めるか、挟み込みます。そして、そのまま武器の頭部を弟子の手へと滑らせて、弟子の手を攻撃します。

2

弟子の手に武器を命中させたら、弟子の武器を右側にのけます。

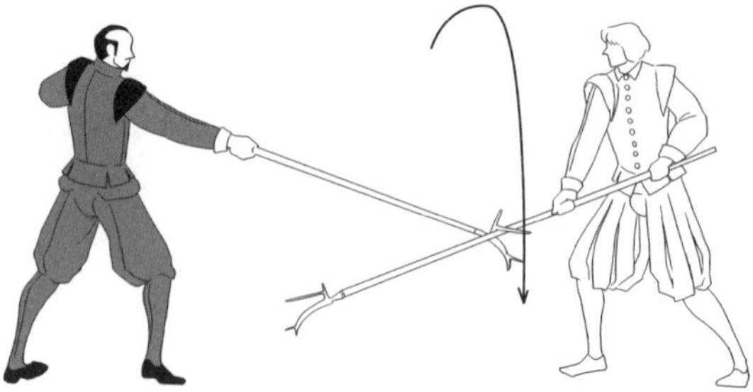

3

弟子の頭・首・腕または脚を引っ掛けて、手前に引き倒し、即座に離れて間合いをとります。

ウェルシュフック技2

フック2

If You cast His Staff so far out that Your Bill slyde not up to His Hands

出典：Silver/ Instruction, p. 309..

前述の技と同じですが、相手の手を攻撃するには遠すぎる場合の技です。

1

師匠は、弟子の武器を止めましたが、相手の手まで滑らせるには遠すぎます。

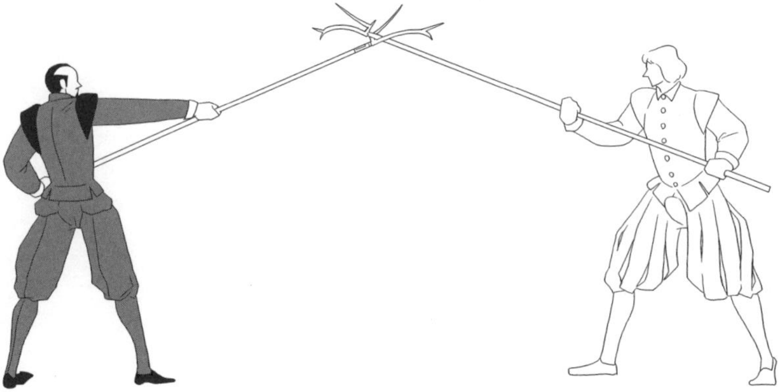

2

師匠は、左手を頭部から1ヤード（約90cm）のところに持っていって握ります。そして片手で武器を扱って弟子の足を引っ掛け、手前に引き倒します。この時、右手は万が一相手がつかみかかってきた時に備えます。

ウェルシュフック技3

相手の武器を引っ掛ける

If You can reach within the Head of His Byll

出典：Silver/ Instruction, p. 309.

この技は、自分の武器の頭部が、相手の武器の頭部にやっと届く時に使います。このことから、比較的遠い間合いで使われる技だと考えられます。

1

師匠と弟子が接近しています。

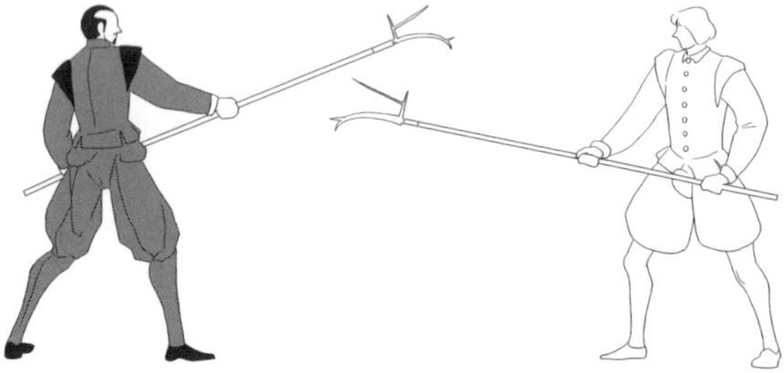

2

師匠は、素早く自分の武器の頭部を、弟子の武器の頭部に引っ掛けて、手前に引き寄せつつ、そらします（この場合は下に押し込んでいます）。

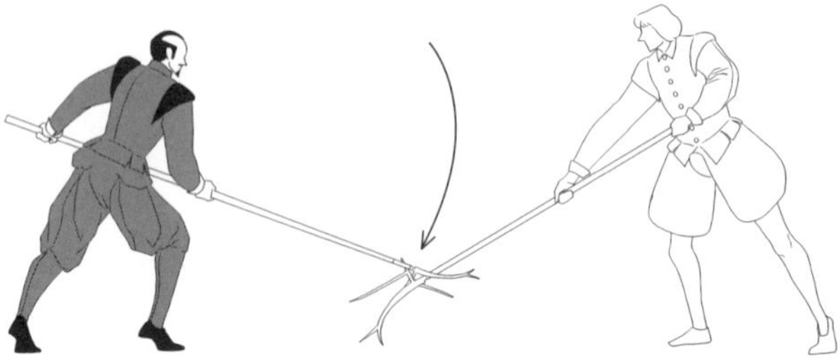

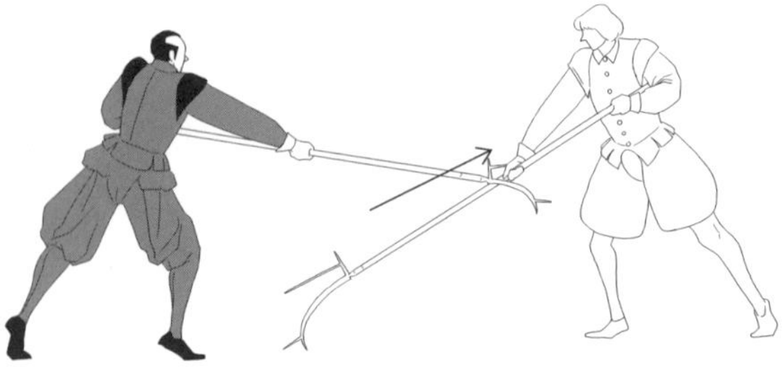

3

そして、師匠は武器を弟子の手へと滑らせていきます。

ウェルシュフック技4

相手が武器を下げている時
If He lye alow with His Bill

出典：Silver/ Instruction, p. 310.

1

弟子が、武器を下に下げています。

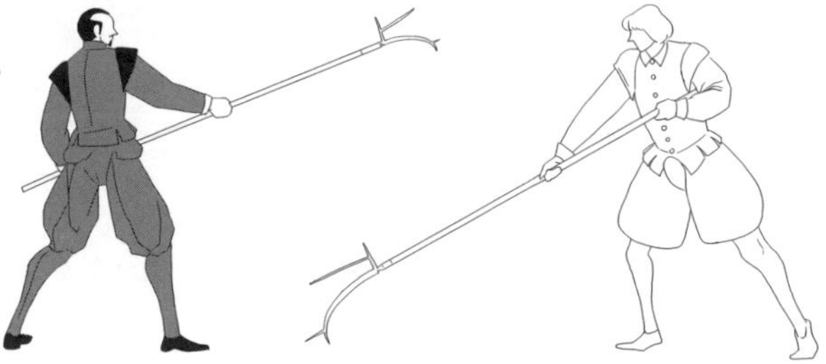

2

師匠は素早く武器を捻って横にし、弟子の武器を上から押さえ込みます。

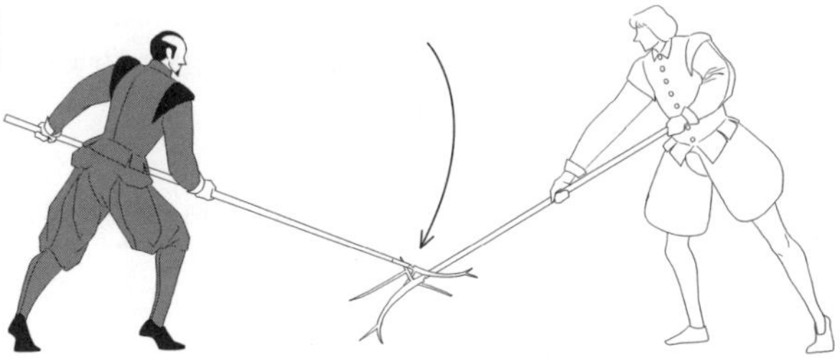

3

片手突きで弟子の手を攻撃し、間合いをとります。

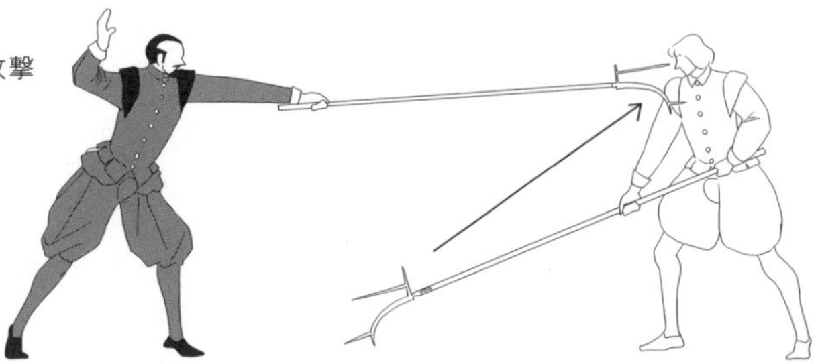

フェシトビュッフ未掲載武器

フェシトビュッフは、決闘裁判から護身、戦争にまでいたる、非常に幅広い戦闘術を解説していますが、いくつかの武器（当時かなり一般的だった）について、まったくとり上げられていません。ここでは、そういったフェシトビュッフに登場しなかった武器を紹介しましょう。

1.アウルスピス　Ahlspiess

アウル・パイク（Awl Pike）とも呼ばれ、錐状のスパイク（アウルは千枚通しの意）を、スパイクと同じ程度の長さの柄に固定した武器です。スパイクの鍔元には、円盤型の鍔がついています。多くの絵画資料に登場するだけでなく、決闘用としてかなり一般的な武器で、その外見から想像がつくように、鎧の隙間（とそこを守るメイル）を刺し貫くために考案されました。操法に関しては、おそらくハーフソード術・槍術・ポールアックス術を流用していたのでないかと思われます。

2.エストック　Estoc, Tack

エストックは、刺突専用のロングソードです。ロングソードの剣身の部分が巨大な針になっていて、鎧の隙間を正確に突くことを目的にしている武器で、先ほど紹介したアウルスピスの剣バージョンともいえます。この武器はそれなりに人気があり、決闘で使われていたにもかかわらず、フェシトビュッフに登場しなかった理由は、形状が剣そのものなので、おそらく専用の技術を発展させるのではなく、ハーフソード術を応用したのでしょう。

3.メイス・斧　Maces & Axes

鎧が重防御になるにつれ、衝撃によって敵を打ち砕く武器の需要が急激に増えていきます。そこで一大ブームを巻き起こしたのが、メイスと斧でした。中世中頃までのメイスは、木製の柄に青銅製または鉄製の頭部をキャップのようにつけたもので、非常に軽量で単純な構造をしていましたが、15世紀にはフランジド・メイスと呼ばれる、金属板を複数枚、放射状に溶接した頭部を持つ、全金属製のメイスが主流になります。これらの武器で、馬上などでの使用を考慮したものは、片手でも使える程度の重量と長さに抑えられています。剣などと違い、トップヘビーな武器で、反応などは遅くなりますが、それでも十分なスピードと機動力を持ちました。たいていの騎士は、徒歩の場合はベルトに挿すか、騎馬の場合には鞍の前輪からぶら下げていたようです。

第16章
バックソード

バックソード概説

持ち歩くにも、鞘から抜くのにも、素早く動くのにも、斬るにも、突くのにも力強く疾い。軽く鋭いショートソードはなんと雄々しい武器であるのか。そして無数の兵士たちが密集しぶつかり合い、片手剣・両手剣・バトルアックス・ハルバード・ブラックビルなどの無数の武器が、互いを害しようと、時に頭を、顔を、体を守ろうと様々に動き、時に人々が余りに密集するために腰より下を攻撃できない戦場において、腕を高く掲げ、柄で己が手を、腕を、頭を、顔を、体を守る。強靭なその柄は、何とに堅き守りであるのか。

(George Silver)

バックソードの歴史

バックソードは、ルネッサンス期のイングランドの戦場用の片手剣です。籠状の柄の形状から、バスケット・ヒルト・ソードと呼ばれる一連の剣の一種で、片刃（または切っ先4分の1の部分のみ両刃）で、ほかの剣よりも背の部分が分厚くなっているところから、バックソード、すなわち「背を持つ剣」と呼ばれています。そのほかの籠状の柄を持つ剣は、スコットランドのブロードソード（クレイモア、またはクレーフ・モー）、イタリア（特にヴェネツィア）のスキアヴォーナなどがあります。ここでは、これら一連の剣を単純にバックソードとして分類します。

バスケット・ヒルト

バスケット・ヒルトは、籠状の柄のことです。中世末期から複雑化する柄の最終発展形ともいえるこのタイプの柄は、その構造の複雑さとは裏腹に、単一の起源があるのではなく、全ヨーロッパ各地で独立して誕生したものと思われます。

ワグナーによると、イングランドでは、1520年頃に発展が始まり、その20年後にはほぼ完成形に到達していると記していますが、彼によると、当時のイングランドおよび低地スコットランド（イングランドと国境を接する地域です）は、このタイプの柄を高地スコットランド（ハイランドとも呼ばれるスコットランドの奥地）起源と捉えていて、スコットランドでは「ヘランド・ヒルティス」、イングランドでは「アイリッシュ・ヒルト」と呼ばれていました。なお、なぜスコティッシュがアイリッシュなのかというと、現在のスコットランド人は5世紀頃のアイルランド移民の子孫だからです。

初期のバスケット・ヒルトは、鋼鉄の棒を組み合わせたものですが、後期になると、さらなる防御力の向上を図るため、板状のものが主流になります。籠の裏には革が張られ、籠の隙間に入り込んだ切っ先から手を守るのと同時に、柄を捕まれる危険性を軽減しました。また、初期のバスケットヒルトの多くには棒鍔が付属していますが、時代が下るにしたがい、棒鍔のないタイプが増えてきます。

バスケット・ヒルトの機能は、当然ながら手の防御ですが、このタイプの柄が必要となった要因そのものについては、いまだに明確な回答がなされていません。ルネッサンス期に入って剣術の様式が変わり、以前よりも手を守る必要が生じたという説もありますが、このタイプの柄に対してワグナーは、篭手の代替として発展してきたという説を提唱しています。篭手といっても鎧のような正式な篭手から、手袋にメイルを貼りつけたものまで様々な種類がありますが、彼によると、それまでは篭手をつけて戦っていたのを、篭手が使われなくなってから手を防御する必要性が生じたということです。

ただ、このタイプの柄には咄嗟に剣を抜くのが難しいという欠点があります。シルバーは、イタリア人がバスケット・ヒルトを嫌う理由として、奇襲された時に慌てて剣を抜こうとして、グリップではなく籠のほうをつかんで剣を抜いてしまい、そのまま斬殺されてしまうのを嫌ったからだと記しています。

■初期のバスケット・ヒルト例1

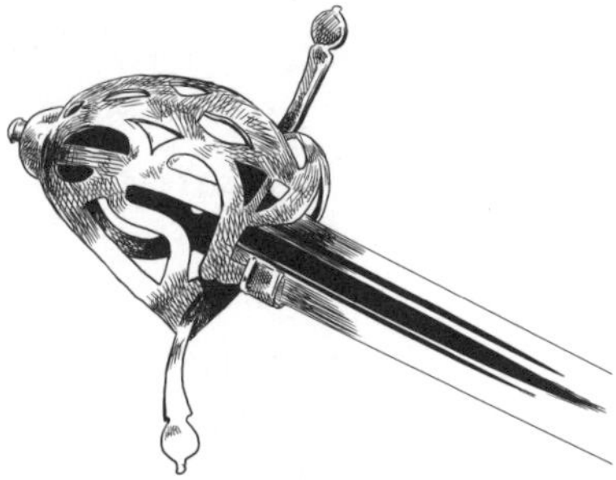

16世紀後半の高地スコットランド製のバスケットヒルト。このタイプはリボン状の模様からリボン・ヒルトとも呼ばれる。

■初期のバスケット・ヒルト例2

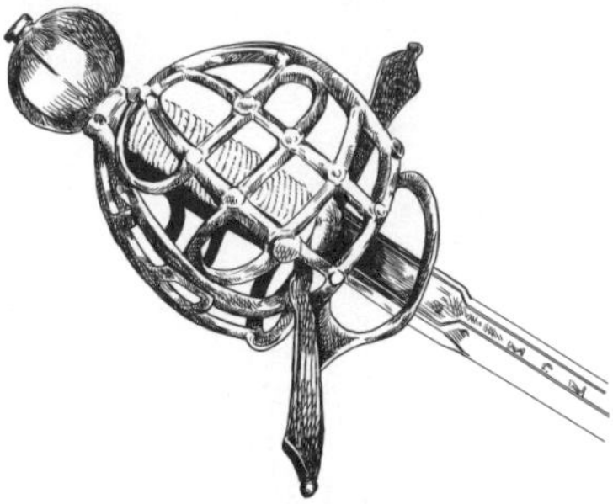

おそらくドイツ製と思われるバスケット・ヒルト。

■中後期のバスケット・ヒルト例

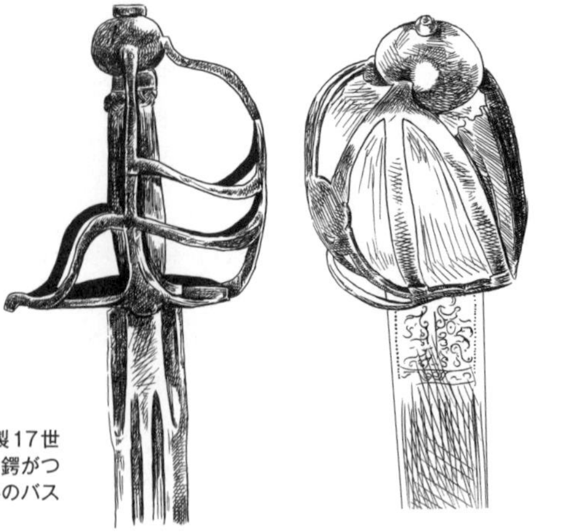

左：モーチュアリー・ヒルト、イングランド製17世紀中頃。イラストでは見えないが、円盤型の鍔がついている。右：16世紀後半から17世紀前半のバスケット・ヒルト。革の内張りが残っている。

◆バックソードのスペック

バックソード、もしくはシルバーのいうショートソードの長さに関しては、シルバーがその長さの求め方を解説しています。まず、ダガーを持った左手を真っ直ぐに伸ばします。次に右手に剣を持ち、右手を後方に引きます。この時、肘は窮屈にならない程度に自然に曲げます。こうして剣を持った時に、剣の切っ先がダガーを超えない程度の長さが、その人にとって最適の長さだとしています。

この方法から導き出される剣の長さは、ワグナーによると刃渡り90cm以下、重量は約1.2～1.3kgということで、バスケット・ヒルトの重量が加わっても、中世の片手剣と比較して特に重いということはない範囲に収まっているといえます。

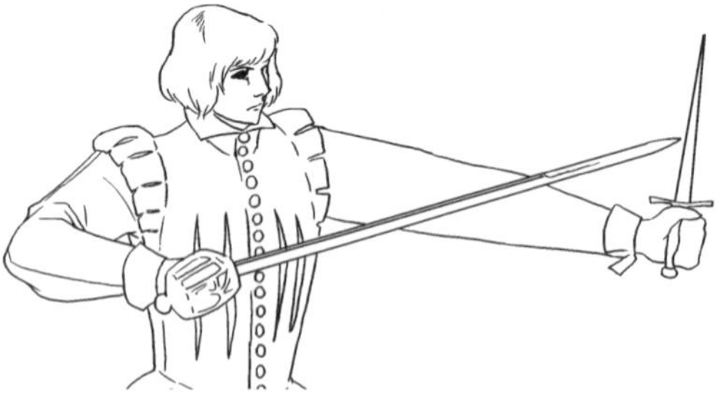

シルバーによるバックソードの理想的な長さ。

筆者は、イギリス製のバックソードのデータをあまり持ち合わせていないので、代わりにスキアヴォーナを紹介します。スキアヴォーナは、ヴェネツィアで発展した剣で、当時ヴェネツィア共和国に雇われていたバルカン半島出身の傭兵がもっていた剣が起源といわれています。スキアヴォーナという名前自体「スラブ女」という意味で、彼ら傭兵たちの出身民族を指しているといわれています。その最大の特徴は、この剣にはありませんが、猫の頭部のような形状の柄頭です。

■スキアヴォーナの柄

全長：109cm／刃渡り：94cm／重量：1.4kg／重心：鍔から11cm。
製作：イタリア、17世紀中頃。

◆バックソードの用法

バックソードのような片手剣を扱う上で特に重要と考えられている技法は、「刃を立てる」ことです。よくヨーロッパの剣は棍棒のようなものだと誤解されていますが、実際のところ、ヨーロッパの剣は精密な操作を必要とする武器です。そのため、目標に命中した時に刃を正確に立てるということが重要になるのです。

この問題は片手で剣を扱う際に特に大きくなるようで、18世紀の剣士ジョン・ゴッドフリーは、片手で切りつける時に剣が手の中で回転してしまい、正確に刃が立つのは10回中1回程度で、残りは剣の平で殴る羽目になると述べています。

なお、ルネッサンス期に一般的になる、人差し指を鍔に引っ掛ける方法は、刺突の時に剣を安定させるだけでなく、切りつけた時に剣が手の中で回転するのを防止する役割がありました。

もうひとつの特徴としては、「引き切り」という技法があります。中世のフェシトビュッフには、この技法についての言及がないので、おそらくルネッサンス期頃に確立されたと考えられます。日本刀でも一般的に行われている操法で、剣が命中したら、そのまま押し込むのではなく、剣を手前に引くことで、より深く切ることを目的としています。

バックソード構え

❶ガーダント（Gardant）

イギリス式剣術を代表する構えで、True Gardant、Perfect Gardantとも呼ばれます。その名の通り防御に非常に優れた構えです。体を真っ直ぐに立て、右手を頭上にもっていき、剣の切っ先を左膝に向けた姿勢で、剣を体からなるべく離さないようにします。『吊り』構えの一種ですが、剣の切っ先が前方でなく後方に向いているのが最大の違いです。

❷偽のガーダント（Bastard Gardant）

ガーダントの構えの手を胸の位置まで下げた構えで、シルバーはこの構えは相手をつかみにかかる時か、ダガーやバックラーのような補助武器を持っていない限りとるべきではない、としています。

バックソード技1

相手が接近せずに攻撃してきた場合

If He do strike and not come in

出典：Silver/ Instruction, p. 273.

相手が接近することなく攻撃してきた時の技です。この技は他の武術ではあまり推奨されないリポストの技術を使っています。リポストが嫌われるのは、防御・攻撃というふたつの動作を行う間に相手が体勢を立て直してしまうからですが、イギリス式剣術では、より確実に防御するという基本戦術から、リポストを採用しています。

1

師匠の攻撃をガーダントで受け止めます。

2

師匠が踏み込んでこないとみた弟子は、剣をバインドから外します。

3

師匠の頭部に横から切りつけ、素早く後退して間合いを外します。

バックソード技2

相手が頭上から切りつけてきた場合

If He lye a Loft and strike… at your head

出典：Silver/ Instruction, p. 273.

ここで紹介するのは、他の武術と同じ、攻撃によるカウンター技です。身の安全の確保を最重視するイギリス式らしく、後退しながらのカウンターにより、万が一相手の出方を読み違えても、最悪の事態を避けることができます。

1

師匠が上から切りつけてきます。弟子は、切っ先を上げたストッカータという構えをとっています。

3

後退しながら師匠の手・腕または柄を突きます。

バックソード技3

インブロカータ破り

If He lye variable upon the Imbrocata

出典：Silver/ Instruction, p. 277.

インブロカータとは、シルバーが『吊り』構えを呼ぶ名称で、剣の柄を頭上に掲げて切っ先を下げた構えで、その名の響きの通り、イタリアから輸入された構えです。そして、当然というべきか、シルバーはこのイタリア式の構えを破る技を紹介しています。

1

師匠がインブロカータの構えをとっています。弟子は切っ先を上にして師匠の剣と自分の剣との距離を近づけ、咄嗟の反応ができるようにします。

2

いきなり師匠の剣と自分の剣を交差させ、師匠の剣を力の限り払いのけます。

3

即座に突き、または斬撃で攻撃します。その後、素早く後方に下がって間合いをとります。

バックソード技4

バインドの状態で相手が押し込んできた場合

If He come to the Close Fight with You

出典：Silver/ Instruction, p. 278.

相手が押し込んできたのを受け流しつつ、相手の手を柄で叩き落として攻撃する技で、ドイツ式のロングソード術に似通った技がいくつか存在しています。

1

両者バインドの状態にあります。この時、両者の切っ先は上を向いています。この状態で、弟子が押し込んできました。

2

師匠は、弟子の攻撃を受け流しつつ、自分の柄を弟子の手の上にもってきます。

3

手の甲で弟子の手を素早く、そして力強く叩き落します。

4

師匠は踏み込みつつ、弟子の顔に柄を叩き込みます。状況によっては、柄で殴る変わりに頭部に切りつけたり、投げ技をかけます。そして、いつものごとく素早く後退して間合いの外に出ます。

バックソード技5

危ない攻撃
A Dangerous Blow

出典：Swetman, p. 132.

最後に、シルバーと同時代人のスウェットマンの技を紹介します。ロングソードの「回り込み」と同じ技です。

1

師匠は、切っ先を弟子に向けたまま、剣を左胸に引きつけます。この姿勢をシルバーはモンターナと呼んでいます。名前の通りイタリアから輸入された構えですが、本場のイタリアでは「逆突き」(Punta Riversa)と呼んでいます。

2

弟子の胸めがけて突きを入れます。弟子はこれを防御します。

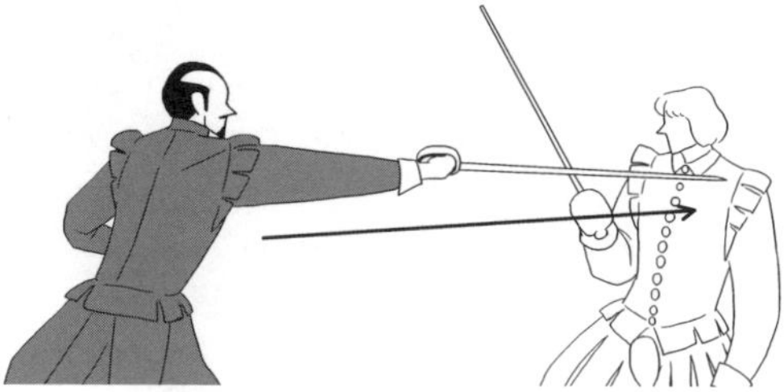

3

弟子が防御したら、師匠は剣を巻いて、弟子の右側頭部を攻撃します。

リーヒテナウアー十八傑

パウルス・カルは、1470年代に書かれたと思われる自身のフェシトビュッフの中で「リーヒテナウアー十八傑（正確には「リーヒテナウアー・グループ」）」と題した、自身と彼の師匠（「万人の師」ステットナー）を含めた18人のドイツ式武術の剣士たちを紹介しています。

これらの18人がなぜ選ばれたのか、またこの「十八傑」がどのような意味を持つのか、様々な解釈がされています。現在最も可能性の高い解釈は、当時鬼籍に入っているリーヒテナウアーとその高弟たちの顕彰であるという説です。筆者の推測ですが、おそらく始祖リーヒテナウアーから自分へと繋がる、ドイツ式武術の継承の正当性を主張しているという考え方もできます。

これら18人の何人かはフェシトビュッフを著しています（リンゲックなど、この本の読者にはなじみの名前も見えます）が、半数以上の剣士たちは名前以外に知られていません。また、彼らの多くがドイツ中・南部からハンガリー、ポーランドなどの東欧諸国出身であることから、おそらくドイツ式剣術はドイツ中・南部から東欧諸国を中心に広まったと考えることもできます。

なお、「十八傑」は以下の通りです。（括弧内は、原文のつづりです。また。地名はわかりやすいように現代の日本名にしてあります）

1. ヨハンネス・リーヒテナウアー（hanns liechtenauer）
2. ペーター・ヴィルディガンス・フォン＝グラーツ（peter wildigans von glacz）
3. ペーター・フォン＝ダンツィヒ（peter von tanczk）
4. ハンス・スピンドラー・フォン＝ズノイモ（hanns spindler võ czuaÿm）
5. ランプレヒト・フォン＝プラハ（lanprecht von prag）
6. ハンス・サイデンファーデン・フォン＝エアフルト（hanns seyden faden võ erfürt）
7. アンドレス・リグニッツァー（andre liegniczer）
8. ヤコブ・リグニッツァー（iacob liegniczer:）
9. ジーグムント・シニング・アイン＝リンゲック（sigmund amring）
10. ハルトマン・フォン＝ニュルンベルク（hartman von nurñberg）
11. マルタイン・フントフェルツ（martein hunczfeld）
12. ハンス・ペグニッツァー（hanns pägnuczer）
13. フィリップス・ペルガー（phÿlips perger）
14. ウィルギル・フォン＝クラクフ（vilgily von kracå）
15. 「ブラウンシュヴァイクのダガー使い」ディードリッヒ（dietherich）
16. 「オーストリア皇太子の格闘王」ユダヤのオト（ott jud）
17. 「万人の師」ステットナー（stettner）
18. パウルス・カル（pauls kal）

第17章
ハルバード

ハルバード概説

ハルバードとビルは、刺突であろうと斬撃であろうと、あらかじめ決められた通りの動きしかしないのであるが、そもそもハルバード兵やビル兵は、パイクやその他の武器が密集する戦列を食い破り、統制を破壊するのを目的として訓練されており、その目的においては、今日行われているこのような操法というのは理にかなっているのである。

(Giacomo Di Grassi)

◆ハルバードの歴史

ハルバードはルネッサンス期に非常に広く使われた武器で、斧と槍、そして鉤を組み合わせた形状をしています。その名称は、ドイツ語のHalm（スタッフ）とBarte（斧）を組み合わせたHellebarde（Hellen BartenまたはHellenparten）の英語訛りです。イタリアでも、この武器はAlabardeなどと呼ばれていました。そこから、ハルバードは単一の場所で発展し、そこから名前と一緒にヨーロッパ各地に広まっていったと推測されます。

ハルバードが発明されたのは、スイス地方だと推定されています。最初にハルバードが記録に登場するのは、13世紀のスイスの詩で、「(ハルバードは) あまりにも鋭く研ぎ澄まされていたので、これの直撃を受けたものは、誰であれ確実に斃れた」と描写されています。ここで出てくるハルバードが、現在我々が考えるハルバードと同一のものか疑問がありますが、少なくとも15世紀後半には、ハルバードは両手剣やパイクと共に、スイスの民族武器として、ヨーロッパ全土に衝撃を与えることになります。

戦場では、スイス軍は部隊をVorhut（前衛）、Gewalthut（中央）、Nachhut（後衛）の3つの密集陣に分割します（この分類や名称は、中世のバトルと呼ばれる制度をそのまま引きずっているだけで、実際の運用とは関係ありません）。それぞれの密集陣は、中央に部隊旗を置き、その周囲をハルバード兵が取り囲み、さらにその周囲をパイク兵が取り囲む（その周囲を銃兵が護衛する）という構成でした。

スイス軍の密集陣の中央に位置するハルバード兵の役割は、部隊旗や楽隊、士官の護衛のほかに、パイク兵の戦列を打ち抜いて、密集陣内部に切り込んできた敵を排除することでした。ゆえに当時のスイス人は、ハルバードが密集陣中央部での大混戦に最も適した武器だと考えていたとわかります。また、本章冒頭の引用文にもある通り、イタリアなどにおけるハルバード兵の役割は、パイク兵の密集陣を切り開くことでした。しかし、銃器の発展などから、16世紀半ばにはハルバード兵は姿を消すことになります。

主力武器としての価値をなくしてからも、ハルバード自体は下士官の象徴として使用され続けます。ナポレオン時代などでは、隊列を整えたり、後ろに下がる兵士を戦列に押し戻したりするのに使われていました。

ちなみに、ハルバードは、ブルゴーニュ公シャルル豪胆公をナンシーの戦いで討ちとり、ブルンガンディア戦争を終結させ、当時の大国のひとつであったブルゴーニュ公国を事実上滅亡させた、文字通り歴史を変えた武器でもあります。

◆ハルバードのスペック

ハルバードは、時代によって形状が大きく変わります。現在の我々がイメージするハルバードは、だいぶ後のもので、初期のものは非常に単純な形をしています。時代が下るにつれ、斬撃に使う部位の形状が斧に近くなり、同時に刺突用のスパイクが細く、長くなっていく傾向があります。一般的な全長は150～210cmで、重量は2.2～3.1kgです。シルバーは、ハルバードは特に決まった長さは無いが、一般的に150～180cmほどと述べ、17世紀のボナヴェンテュラ・ピストフィロは、全長4アーム（約244cm）が適切な長さとしています。

■様々なハルバード

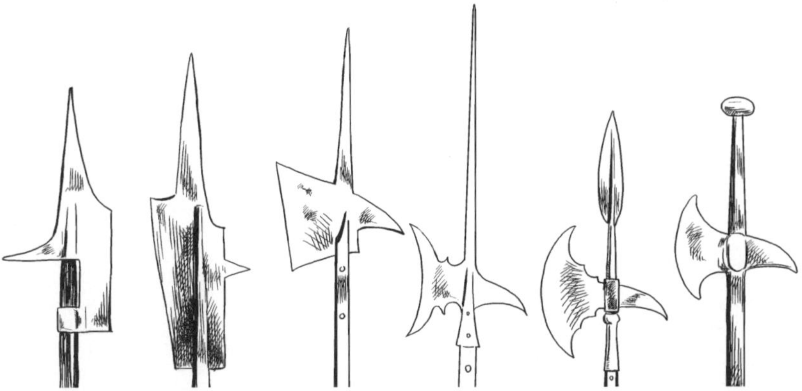

右端はメイヤーのフェシトビュッフに登場する練習用ハルバード。

◇ハルバードの用法

武器の形状からも連想できる通り、ハルバードは切る・突く・引っ掛ける・柄で打つなど多様な攻撃方法をもちます。特に刃を使った斬撃は強力で、ディ＝グラッシは、ハルバードの斬撃は、パイクの柄を切り落とすだけでなく、相手が咄嗟に受け止めようと構えた剣（とおそらく人間）をも切断する威力があると述べています。

16世紀のフランス人医師アンブロワーズ・パルは、ハルバードで頭部を打たれた兵士の記録を残していますが、その兵士は左側脳室（脳のほぼ中心部）まで一撃で打ち抜かれていました。彼が兜を着用していたのか不明ですが、ハルバードの一撃が凄まじい威力を持っていることがわかります（しかし、もっと凄まじいのがこの兵士で、頭と脳を真っぷたつにされながらも、そのまま医師のところまで自力で歩いていき、普通に会話し、手当てを受けた後にそのまま宿舎に歩いて帰っていったそうです。しかも、彼が最終的に死んだのは3日後で、最期の瞬間まで普通に会話できたということです）。

反面、頭部の形状が複雑なので、相手を突いた時に、武器が服など色々なものに引っかかってとれなくなりやすく、動きも大振りになる傾向があるとしています。

シルバー、マイアー、メイヤーの3名は、ハルバードは基本的にショートスタッフとほぼ同様の操法で扱うとしています。ただ、ショートスタッフ術と違い、斬撃により比重をおいた操法をしています。ディ＝グラッシは、ハルバード、ビル、パルチザンそしてジャベリン（原文ではスピェード）は実質的に同じ武器であり、操法も同じだとしています。

■パルチザンとスピェード

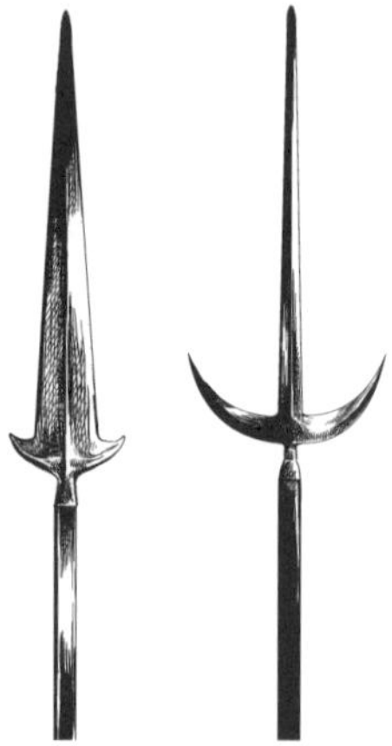

左がパルチザン、右がスピェード。スピェード（Spiedo）は、イタリアの槍の一種で、パルチザンに似ています。

ハルバード構え

① ディ＝グラッシの構え（Di Grassi's Guard）

ディ＝グラッシによると、ハルバード、ビルやパルチザンなどの武器には、構えがひとつしかないと述べています。イラストでは、原本に忠実にビルを持たせていますが、ここで注目して欲しいのは、手の位置がほかの人たちに比べてかなり前にきていることで、彼はこのような武器は中央部分を持つように薦めています。また彼は、足の置き方は相手と逆にすべきと述べています。

② 交差『変移』構え
（Mutatorius Cancellatus, Geschrenkten Wechsel）

左足を前に出し、左手を右手の下に置いた構えで、左肩の上から斜めに切りつけた時の構えです。

ハルバード技１

『上段』の構え破り

Against High Guard

出典：Meyer, 3.38r, p. 265.

ハルバードの技は、その頭部の形状を利用して、相手の武器を引っ掛ける技が多いのが特徴です。

1

弟子が『上段』の構えをとっています。メイヤーによると、この構えをとっている人間は、突きに対して過剰に反応する傾向があるそうです。そこで、師匠は弟子の顔めがけて突きを入れようと見せかけます。

2

弟子が師匠の突きを叩き落とそうと、ハルバードを振り下ろしてきます。一方の弟子は、横に踏み込みながら武器を引きます。

3

弟子のハルバードめがけて上から切りつけ、武器を引っ掛けます。

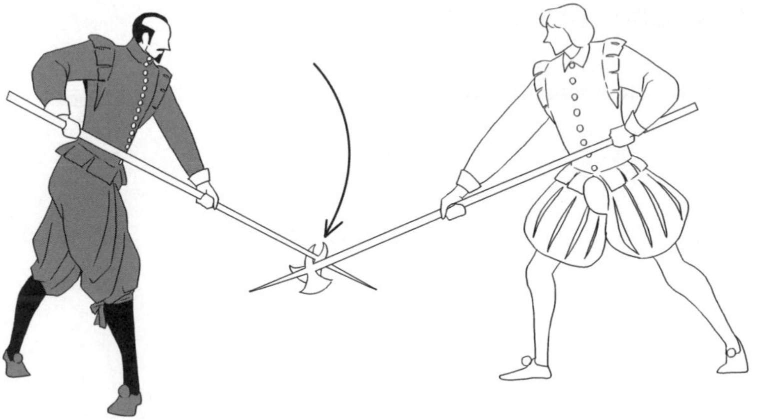

4

弟子のハルバードを引いて弟子の体勢を崩し、返す刀で弟子に突きを入れます。

ハルバード技2

『下段』構えに対するカウンター2本
Two Counters against Low Guard

出典：Meyer, 3.38r, p. 265. Agrippa, p. 99.

1 カウンター1

弟子が『下段』の構えをとっています。師匠はどの構えでもかまいませんが、メイヤーによると『突き』構えが理想だとしています。

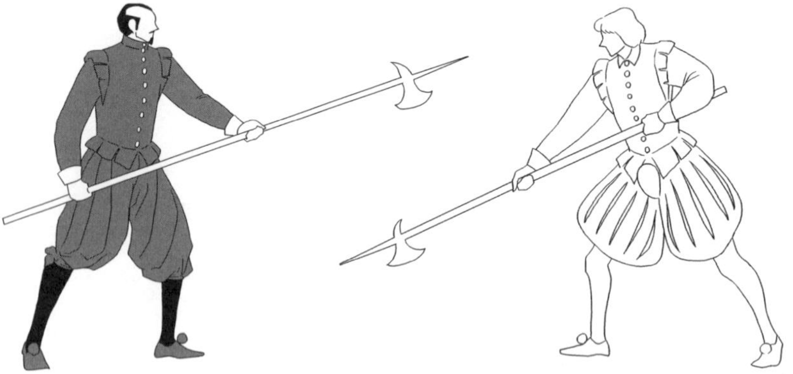

2

弟子の武器を上から押さえつけ、弟子の出方を待ちます。

3 カウンター2

師匠は、突きのフェイントを入れます。

4

弟子がフェイントに釣られてハルバードを跳ね上げてきたら、素早く自分の武器を引いて武器が接触するのを防ぎます。

5

弟子の武器の下を潜り抜け、弟子の横腹を突き、その後間髪を入れずに喉を突きます。

ハルバード技3

上段でのバインド
A Bind with an Upper Block

出典：Mair, pp.92, 93.

1

両者とも、武器の頭部でバインドしています。

2

素早く武器を巻いて、斧の天の部分で弟子の武器を引っ掛けます。

3 **カウンター1**

弟子は、師匠の武器を押し上げます。

4

素早く自分の武器を、師匠の武器から外します。そのまま武器を引き下げて、師匠の胸または顔を突きます。

5

もしも師匠がこれを防御したら、ハルバードを師匠の顔の前に持っていって、隙のある部分を攻撃します。

6 カウンター2

弟子の突きを武器の前部で払います。

7

右足を踏み込みつつ、武器の前後を入れ替えて、今度は石突きの部分で弟子の武器を更に横に払います。

8

武器を回転させて弟子を突きます。もしも弟子が後ろに下がって攻撃を外したら、武器を打ち込んで弟子を押し込みます。

9 カウンター3

師匠の攻撃を自分の武器の前方と後方で受け流して素早く間合いを外します。

ハルバード技4

バインドから上段での巻きと下段防御

A High Wind from the Bind, with a Low Block

出典：Mair, pp. 96, 97.

1

師匠は、ハルバードを胸よりも上にして、弟子の目に狙いをつけています。

2

右足を右斜め前方に踏み出しつつ弟子の頭部に打ち込みます。

3 カウンター1

師匠の攻撃を受け流してバインドに入ります。

4

そして、武器を師匠のハルバードの下を潜り抜けさせたら、師匠のハルバードを下へと押さえつけます。

5 カウンター2

弟子が武器を押さえ込んできたら、師匠は力の限り武器を押し上げつつ、左足を踏み込んで弟子の顔に突きを入れます。

6

もしも弟子が、師匠のハルバードを押し返して防御したら、右足を弟子の左足の前に踏み込んで、石突きの部分を弟子の両手の間に通します。ます。

7

ハルバードを持ち上げて、武器の柄で弟子の右腕を下に、左腕を押し上げて倒し、弟子の頭部を殴りつけます。

8 カウンター3

師匠が押してきたら、左手の持ち方を逆手持ちに変えます。そして左足を後ろに引きつつ石突きで師匠を攻撃します。

ハルバード技5

バインドからの引き倒し

Two Upper Pulls from the Bind

出典：Mair, pp. 104, 105.

ハルバードの引っ掛けとそのカウンター、近接しての投げとそれへのカウンターと多様な技が見られます。

1

両者バインドの状態です。

2

師匠は右足を踏み込んで、弟子の首にハルバードを引っ掛けます。

3 カウンター1

師匠が首に武器を引っ掛けてきたら、弟子は、素早く自分の武器を師匠の首に引っ掛けて、力の限り引き倒します。

4 カウンター2

左足を左斜め前方に踏み出し、石突きの部分で弟子のハルバードを払います。

5

そして、右足を弟子の左足の後ろに踏み込んで、石突きを弟子の首に引っ掛けて後方に投げます。

6 カウンター3

弟子は、左手で師匠の右肘をつかんで押し上げ、投げを回避し、さらに前方に押しやって師匠を投げます。

7

倒れた師匠の後頭部に向けてハルバードを振り下ろします。

ハルバード技6

押し上げ返し
Counter against Lift-Up

出典：Di Grassi, p. 68.

最後に、イタリアのディ＝グラッシの技法を紹介します。

1

両者のハルバードの頭部を突き合わせた状態で、弟子が師匠の武器を押し上げようとしています。

2

一歩踏み出しつつ武器を回転させて、石突きで弟子の腹部または腿を打ちます。

3

持ち方を変えて、弟子に切りつけます。

第18章 レイピア

レイピア概説

（なぜレイピアがすべての武術の根幹なのか）、それはつまり騎士・隊長そして勇敢なる兵士たちにとって、レイピアこそが彼らが勇猛にして名誉ある真の男の証であり、自らに与えられた不正を正す権利を持つ武器であるからなのだよ。

（Vincentio Saviolo）

◆レイピアの歴史

レイピアはルネッサンス期を代表する武器です。戦場での使用をまったく考慮していない、純粋な市民用として誕生したレイピアは、イタリア・ルネッサンスと共にヨーロッパ全土に広まることになります。しかし、レイピアという武器は、非常に幅の広い言葉で、当時のフェシトビュッフでは刺突主体の真のレイピアのほかに、刺突斬撃両用の剣（スパダ・ダ・ラト）もまたレイピアと呼ばれていました。ここでは、これら2種類の剣をまとめて「レイピア」として紹介します。

なお、時折混同している本がありますが、レイピアとタック（エストック）はまったくの別物です。レイピアは平時用の剣ですが、タックは刺突専用のロングソード（または両手剣）で、柄もシンプルなデザインをしています。ただし、レイピアの刃が長く、太くなるにつれ、レイピアとタックの違いが曖昧になり、16世紀後半頃には混同して使われるようになります（どうも通常よりも大きなレイピアをタックと呼んでいたようです）。

◆レイピアとは？

一般的にレイピアといえば刺突専用の細身の剣という印象が強いのですが、そのデザインはかなり多様で複雑なため、研究書も混乱しているのが実情で、レイピアとは何かについて書こうとすれば、論文が1本できてしまうほどです。

レイピアに似た武器は、スペインの「エスパーダ・ロペーラ」があります。エスパーダ・ロペーラは、刺突斬撃両用の剣で、1468年に最初に記録に登場し、15世紀後半に人気を博します。1474年には、フランスで、おそらくエスパーダ・ロペーラのフランス版と思われる「エスペー・ラピエール」という剣が記録に登場します。ラピエールという言葉は「ひったくる」「引き裂く」という意味があり、この剣の特性からきた名前と思われます。イタリアでは、同様の平時用の剣はスパダ・ダ・ラトと呼ばれていました。

この中でレイピアの起源である可能性が最も高いものは、スペインの剣だと考えられています。1532年のイギリスには、フランス語の「ラ・ラピエール」を「スペイン剣（Spannyshe sworde）」と記録したものがありますし、マイアーもレイピアのことをドイツ語版では「ラピール」、ラテン語では「スペイン剣（Ensis Hispanicus）」と呼んでいます。同時代人にとって、レイピアはスペイン起源の武器であるという認識があった証拠でしょう。興味深いのは、当時の人たちはレイピアという武器自体はスペインが起源であるとしていながら、その武器を使う技法の方はイタリア起源だと認識していることです。

ちなみに、名前自体はフランス語の「ラピエール」または、引っ掻くという意味のあるスペイン語の「ラスパール」からきているというのが有力な説です。シェークスピアもこの説をとっていて『ロミオとジュリエット』で、メルキュリオがレイピアと思われる武器で刺された時に「人を引っ掻き殺す猫よ！犬よ！」と叫んでいるのは、レイピアという武器と「引っ掻く」という意味をかけている（そして観客もそれをわかっている）わけです。

さて、イタリアは、レイピア術の本場としてヨーロッパ中に知られることになりますが、意外にもその導入はほかの地域よりも遅れていました。導入以前も、多くのイタリアの剣士たちが、刺突を重視した剣術を発展させていたものの、その武器はレイピアではなく、刺突斬撃両用のスパダ・ダ・ラトでした。イタリアに真のレイピアが登場するのはワグナーによると1575年で、他の地域よりも1世紀遅れて登場したということです。当時のイタリア人はレイピアをスパダ・ダ・ラト・ア・ストリスキアと呼んで、それまでのスパダ・ダ・ラトと厳格に区別していました。

◆レイピアと決闘

前述の通り、レイピアは軍事用の剣ではありません。では、レイピアという特殊な剣が開発され、それに対応する特別な武術を研究発展させる意義とは何だったのでしょうか。

それは「決闘」です。最初の引用文にもある通り、レイピアとはすなわち「自己の名誉と正義を体現し、それを実力で証明するための」決闘用の武器なのです。このレイピア＝決闘＝名誉＝正義という公式は、イタリア起源のもので、イタリア・

ルネッサンスの拡大と共に各地へ輸出され、それぞれの場所で甚大な被害をもたらすことになります。ワグナーとハンドは、イタリア人自身は、理念はさておき決闘自体は避ける傾向にあったと結論づけていたようですが、もともと「決闘裁判」の伝統が強かったイギリスとフランスでは、イタリア式の決闘哲学を額面通りに受け取り真面目に実践してしまい、数千もの死者を出しました。しかも、その死者のほとんどが相打ちです。

この「相打ち」こそが、シルバーを激怒させたレイピア最大の特徴であり欠点でした。ではなぜ、相打ちということが頻発したのでしょうか。

刺突の誤解

レイピアは、基本的に刺突を主要な攻撃法とした剣です。その根本にあるのは、「刺突による傷は致命傷になりやすいが、斬撃による傷は致命傷を与えられない」という理念です。これは、4世紀のローマ時代の著述家ウェゲティウスによって最初に記述され、以降ルネッサンス期の様々な人によって「定説」として繰り返されてきた考えです。

しかし、この理論は実際にはうまく働きません。確かに刺突では重要器官を傷つけやすく、致命傷を与えやすいのですが、人間は、体を貫通するほどの傷を負ったり、時には心臓を刺し貫かれてもかなりの長時間行動できることが知られています。つまり、刺突による攻撃は、致命傷を与えやすいが、相手を戦闘不能にする能力、ストッピングパワーがないのです（その反対に、斬撃は相手の戦闘能力を奪うことに適しているが、致命傷は与えにくいということになります）。

したがって、レイピア同士による戦闘では、両者致命傷を負いながらも戦闘不能には至らず、延々と互いを突き刺しあい、最終的には両者相打ちになることになります。

ところが、この現象にも思わぬ効果がありました。シルバーによると、レイピアのあまりの死傷率の高さに、若者の乱闘騒ぎが減少したというのです。本来、若者たちは剣とバックラーで乱闘騒ぎをよく起こしていました。片手剣ならば、威力を手加減できるためか、怪我こそすれ死者はあまり出なかったようですが、レイピアが導入されると、死者の数が一気に増大し、それに伴って若者たちは武器を使っての乱闘騒ぎを起こさなくなったというのです。

レイピアのスペック

ここまでレイピアについての問題点を色々と提示してきましたが、これは「刺突によって致命傷を与える」という基本設計の理念が決闘において圧倒的に不向きで

■レイピア1

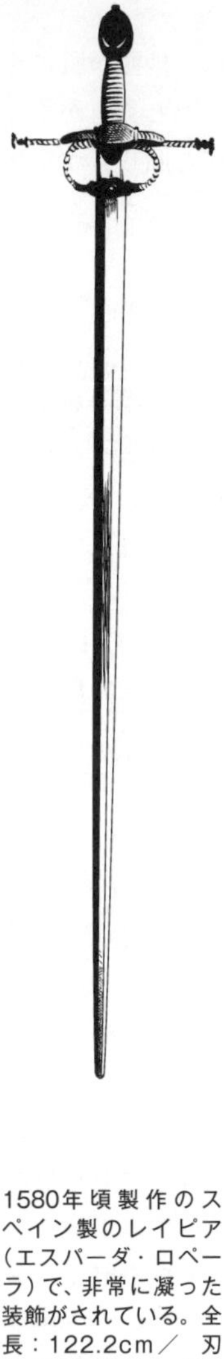

1580年頃製作のスペイン製のレイピア（エスパーダ・ロペーラ）で、非常に凝った装飾がされている。全長：122.2cm／刃渡り：107.3cm／刃の幅：3.1cm／刃の厚さ：0.47cm／全幅：23.1cm／重量：1.19kg／重心：柄頭の先端から35.5cm。

■レイピア2

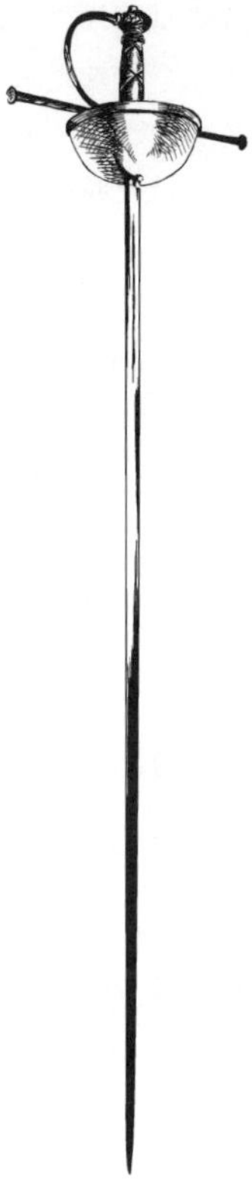

1640年頃製作のスペイン製のレイピア。全長：118cm／刃渡り：107cm／重量：1.25kg／重心：棒鍔の位置から12cm。

■レイピア3

1590年頃製作のドイツ製のレイピア。剣身は切っ先から刃渡りの3分の1まで鋭い両刃をもっていて、斬撃による攻撃ができる。全長：124cm／刃渡り：109cm／刃の厚さ：1cm／重量：1.4kg／重心：棒鍔の位置から12cm。

■レイピア4

1580～1600年頃製作のレイピア。豪華な装飾が施されているが、製作地域は不明。モンドシャインによると、このレイピアは一度柄を交換した可能性があり、そのためにややトップヘビーで扱いにくくなっている。全長：130.8cm／刃渡り：115.5cm／刃の幅：2.3cm／刃の厚さ：0.63cm／全幅：18cm／重量：1.27kg／重心：柄頭の先端から31.7cm。

あっただけで、その理念を達成するための道具としては、レイピアは他のあらゆる武器よりも優れているといえます。

長さに関しては、多くの剣士たちが「切っ先を地面につけた時に、柄頭が腋にくる長さ」がいいとしています。ロングソードの章を読んだ読者はピンとくるかもしれませんが、この長さはヴァーディが提唱するロングソードの長さと同じです。オランダの剣士、ティボールは、切っ先を地面につけた時に、柄が臍の高さにくるレイピアがよいと主張しています。

現存する実物を見ると、刃渡り1m前後、全長1～1.2mのものが一般的です。これは、ほかの形式の片手剣と比べるとはるかに長く、両手剣に匹敵する長さです。このような長大な剣身を持つ剣の操作性を向上させるために、剣身を細くして重心を持ち手に近づける工夫がされました。といっても、剣の一撃で折れてしまうような華奢なものではありません。レイピアの刃のつけ根付近は十分な厚さがあるので、根元付近で剣を受けるようにすれば、たとえ両手剣であっても折られることはないようにできているのです。

重心の位置は、大抵のもので鍔から約10cmで、通常の片手剣と変わりありません。ただ、剣の全長が長いために、素早く振り回したり、バインドの状態から脱出するのには不向きという欠点があります。実際、レイピアに批判的な剣士の多くがレイピアの欠点として、その過剰な長さを挙げています。

柄の形状はそれこそ非常に多くのバリエーションがあります。初期のレイピアは、棒鍔とフィンガーリングだけの単純なものでしたが、刺突がより重視されてくると、手を防護するために、柄の形状が複雑化していきます。この柄の形状は地域や時代によって好みがあったようです。

特に有名で特徴的なのはスペイン発祥のカップヒルトと呼ばれるタイプの柄で、現在のフェンシングのエペなどにも採用されています（『三銃士』でダルタニアンなどもこのタイプを使っています）。これは半球状のカップをグリップの前面につけたもので、手の防御に非常に優れていました。スペインでは、法律により宮廷などの公的な場所で紳士が佩用できる唯一のタイプのレイピアとされています。

これらすべてを総合した重量は約1～1.5kgほどで、これは当時の片手剣やロングソードに匹敵する重量です。この重量は、相手のレイピアを受け流しながら突き入れるのに必要な慣性を生み出す原動力であるのと同時に、特に初期のレイピアがしばしば対峙したロングソードなどの伝統武器に対抗するため、必要な強度を持ち合わせた結果でもあるのです。ただ、ワグナーによると、イングランドのレイピアはほかの地域よりも軽い傾向があるとしています。

最後に、レイピアの長さがどれほどか、この本に出てきた幾つかの武器と比較してみたのが、右上の図です。比較のために身長155cmの女弟子を並べてみました。中世からルネッサンス期の成人男性の平均身長は、約160～170cmとされているの

■レイピアとほかの武器との長さの比較

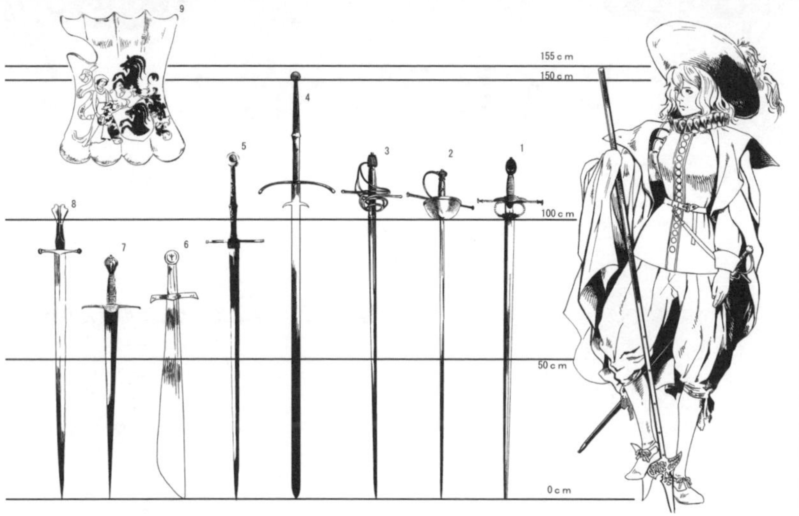

1：レイピア1（P569掲載）全長122.2cm
2：レイピア2（P569掲載）全長118cm
3：レイピア3（P569掲載）全長124cm
4：モンタンテ（P593掲載）全長153cm
5：ロングソード（P57掲載）刃渡り91.4cm
6：コンヤーズ・ファルシオン（P410掲載）全長89cm
7：モンツァの剣（P11掲載）全長87.5cm
8：タイプXVIIIa（P434掲載）全長105.5cm
9：（参考）タージ（P436掲載）縦56cm

で、だいたいの目安になるかと思います。

◆レイピアの用法

　レイピアは非常に攻撃的な武器で、その長さを最大限に活用するよう用法が組み立てられています。防御は、基本的に相手の攻撃を斜め前方、または横に踏み込んで避けるか、または受け流しますが、バインドすることはほとんどありません。相手のレイピアとの接触は基本的に避け、相手が見せた隙を即座に攻撃することが求められます。その根底に存在するのは、幾何学と梃子の原理で、このふたつの原理を使って、自らを安全な位置におきつつ相手を倒す最適解を導き出すのです。

　そして、レイピア術では、それまでの武術とは脚の置き方が違います。レイピア術では、右足（前足）を相手に向け、左足（後足）を前足と直角になるように置きます。また、よくレイピア術を現代のフェンシング術に例えることがあるのですが、実際にはこれらふたつの武器術は、ある程度の共通点は持ちながらも、まったく別物といっても過言ではありません。そもそも相手の攻撃を横移動でかわすというレイピア術の基本中の基本がフェンシングではできないのですから、その他も推して知るべしです。

レイピアの構え

レイピアの構えは16世紀半ばにアグリッパによって、基本4種類に整理されます。これらの構えは､剣を抜き放った状態を第一とし、そこから剣を90度ずつ回転させたものです。ここでは、アグリッパと、レイピア術の大家サルバトール・ファブリスの構えを中心に紹介します。イラストで、左の構えがアグリッパ、右がファブリスです。

■アグリッパによるレイピアの構えの概念

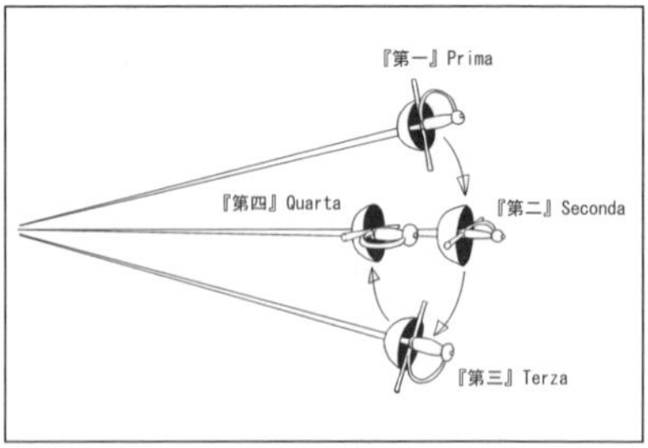

① 『第一』の構え（Prima）

第一の構えは、切っ先を相手に向けた状態の剣を高く掲げ、表刃を上に向けた構えです。かつては『インブロカータ』と呼ばれ、非常に強力な突きを繰り出せる構えとして知られていました。アグリッパがこの構えを『第一』としたのは、剣を鞘から抜いた時に、剣がこの位置にくるからだそうです。また、彼の構えの多くで両足の間隔が狭いのは、全身後退を素早く行うためです。

アグリッパ　　ファブリス

ファブリスの構えは、体を「く」の字に曲げる、非常に腰に悪そうな姿勢を特徴としています。これは、相手が攻撃できる範囲を狭めるのと同時に、体の重要な部分をできる限り遠ざける働きをしています。

②『第二』の構え (Seconda)

剣の表刃を右側に向けた、相手の剣を横に逸らした時などの構えです。

③『第三』の構え (Terza)

剣の表刃を下に向けます。かつては『ストッカータ』と呼ばれた構えで、人間が自然にとる構えとして、最も多用されました。アグリッパは、相手との距離をとって身を守るのに適した構えだとしています。

④『第四』の構え (Quarta)

剣の表刃を左または上に向けた構えで、相手との距離を保つのに有利だとされています。ほかにも『第三』の構えから相手の剣を横に払いながら突いた時の姿勢として多く登場します（ここではアグリッパの構えだけを取り上げています）。

5 スペイン式構え (Spanish Guard)

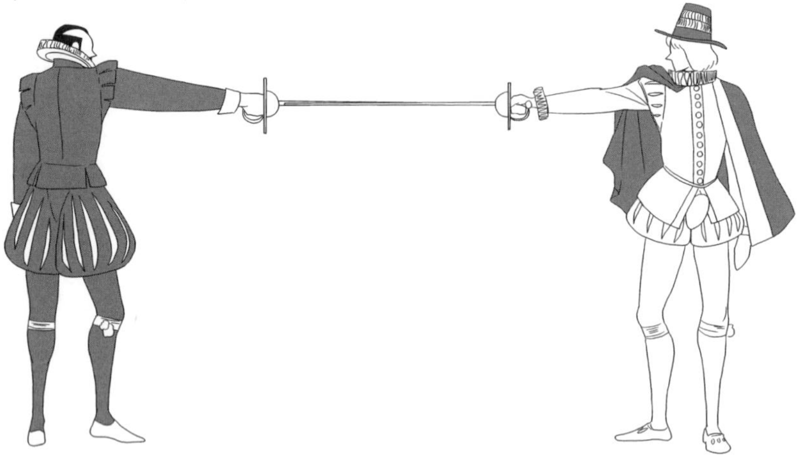

当時ヨーロッパで最も恐れられていたといわれている、スペイン式剣術「ラ・ベルダデーラ・デストレッツァ」の構えです。非常に印象的かつ全然強そうでない独特の構えで、前足のつま先を相手に向けて、後ろ足を前足と直角になるように置くというレイピア術独特の足を置き方をしています。完全に棒立ち状態で、左手も何をするともなく自然に垂らしています。

また、スペイン式剣術は、その間合いも独特です。通常、レイピアは間合いを大きくとる傾向にあるのですが、イラストからわかる通り、スペイン式では、自分のレイピアの切っ先が相手の鍔にぶつかるくらいの近さまで接近しています（それでも、長大なレイピアの刃のために、互いの距離はかなり離れています）。さらに、このイラストを見れば、スペイン人がなぜ「カップ・ヒルト」タイプの鍔を開発し、世代を超えて使い続けたか、わかるでしょう。

レイピア技1

接触回避
Schifar la Spada Contraria

出典：Agrippa, p. 17.

この技は、相手がこちらの剣を横に払いのけようとした時に、相手の剣をかわして一気にカウンターをかける技で、レイピア術の基本技です。

1

『第一』の構えをとっている師匠のレイピアを、弟子が横に払いのけようとしています。

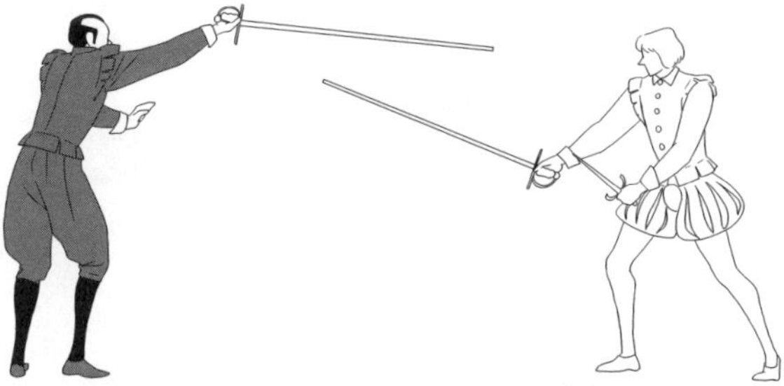

2

師匠は、レイピアの切っ先をわずかに下げて弟子の剣をかわすと同時に、前に踏み出します。

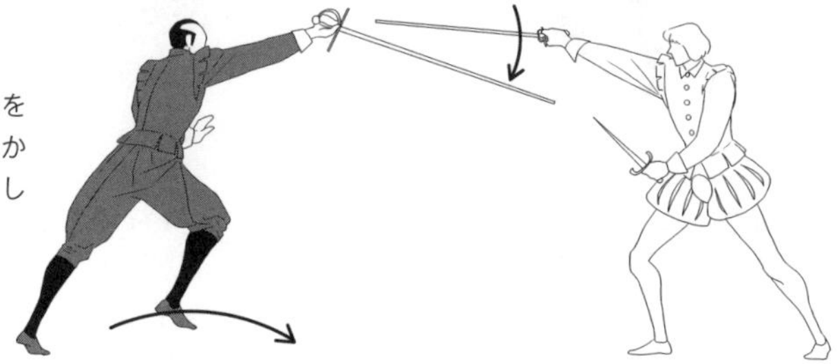

3

師匠は、弟子の右半身に狙いを定めます。そして剣を回転させて別の構え（この場合は『第四』）に移行しつつ弟子を突きます。ここで構えを変えるのは、アグリッパによると、相手のダガーやバックラーを避けるためだそうです。

レイピア技2

突き返し

Counter Thrust – from 2nd to 4th

出典：Agrippa, p. 21.

相手の突きを横に受け流しつつカウンターを入れる、レイピア術の基本技です。

1

弟子が『第二』の構えをとっている師匠に突きを入れようとしています。

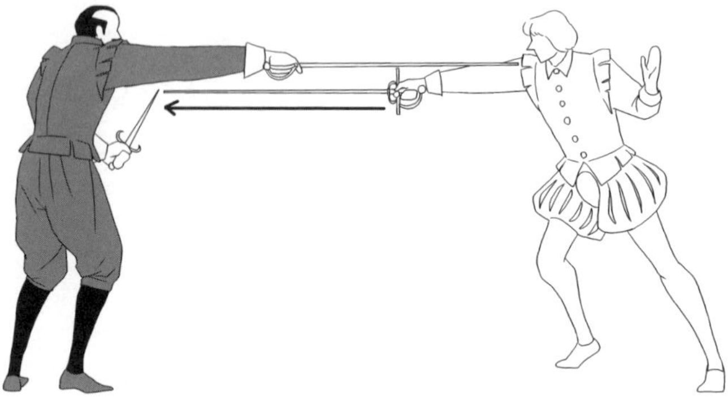

2

師匠は左足を後ろに下げながら、『第四』の構えに移行し、弟子の剣を左へと受け流します。同時に、弟子は自らの勢いで師匠の剣に刺し貫かれてしまいます。

レイピア技3

誘発
Provocation

出典：Agrippa, p. 47.

この技は、前述のふたつの技の複合形ともいえます。相手の「接触回避」を誘い出したのち、「突き返し」を使って反撃します。

1

両者『第二』の構えをとっています

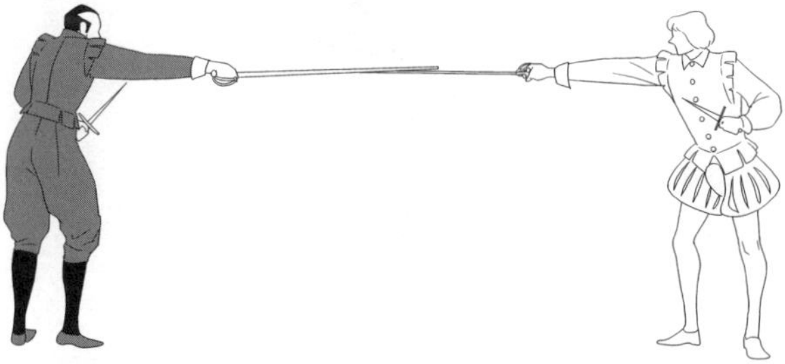

2

師匠は、剣を下げて弟子の剣に触れるか、弟子の剣を叩き落そうとします。これは、弟子が、剣の接触を避けてカウンターを入れようとする行為を誘い出すためのものです。

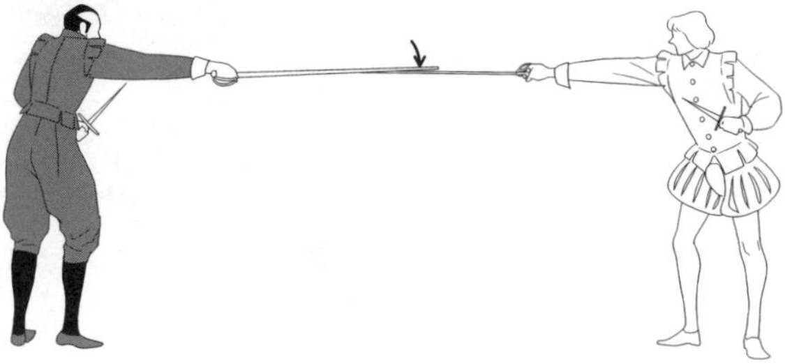

3

弟子が突いてきたら、師匠は構えを『第四』に変えて、弟子の剣を受け流しつつ弟子に突きを入れます。

レイピア技4

サイドステップカウンター
Side Step Counter Thrust: From F to K

出典：Agrippa, p. 70.

相手の攻撃を斜め横に踏み出してかわし、同時にカウンターを叩き込むという、レイピア術の精緻ともいえる技です。

1

師匠は『第二』、弟子はどの構えでもかまいませんが、ここでは『第三』の構えをとっています。

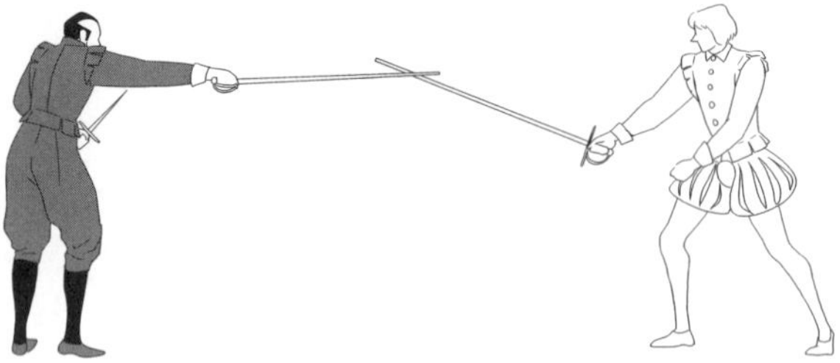

2

師匠が一気に突いてきます。弟子は斜め左前方に踏み込みつつ、レイピアを右側に持っていきます。

3

師匠の攻撃は外れ、弟子の攻撃は師匠自身の勢いによって命中しました。

モンテの鎧1

1509年、ピエトロ・モンテという人物が『Collectanea』という本を出版しました。この本は、軍事に関するすべてを書き記しているのですが、そのなかで彼はトーナメント、戦争、馬上槍試合、徒歩戦闘に関する武器・防具についての系統だった情報を記しています。ここでは、現代の研究家であるアングロが2000年に記した『The Martial Arts of Renaissance Europe』のモンテについての記述から、当時の人が鎧についてどのような考えを持っていたのか紹介します。

1.基本コンセプト

軽量さ・防護力・動きやすさ、この3つが鎧の重要な要素です。しかし、これらをすべて高水準で満たすことは極めて難しいので、多くの場合は状況に応じて3要素のバランスを調整します。

2.鎧下

鎧下は、詰め物をした着物で、鎧の下に着用します。モンテによると、絹で裏地を張り、股間を完全に覆うべきであるとしています。背後を十分に防護し、動きを妨げない程度に腰骨の上の辺りの内張り（または詰め物）を除くとしています。メイルを腕や腋の下につける際には、袖は十分に強く、スペースに余裕を持たせ、柔らかい革で覆うことによって楽に腕を伸ばすことができるようにすることがよいとしています。

3.手袋・篭手

手袋や篭手は、手の平の部分が皮製、または布製ですが、左手は、相手の武器をつかみやすいように、手の平の部分にメイルを貼り付つます。当然のことながら、手袋は槍を投げたり、剣を長時間握り続けられるように柔軟であることが必要です。モンテは、クローズド・ガントレットと呼ばれる特殊なタイプの篭手に否定的です。このタイプの篭手は、手を完全に覆って、剣を篭手に固定してしまうものですが、彼によると、このタイプの篭手は、かえって手を急速に疲労させるとコメントしています。

4.足

足の防具の正面は、背当よりも板を厚くすべきだとしています。というのも、この部分は敵の攻撃を良く受ける箇所だからです。当然ながら、可能な限りの動きやすさを追求することが重要だとしています。

（P590へ続く）

レイピア技5

レイピアとダガー

Rapier & Dagger, Fifth Technique

出典：Meyer, 2.104v, p. 222.

レイピアとダガーの組み合わせは、当時非常に一般的な戦い方でした。この組み合わせのポイントは、剣とダガーの両方で相手の攻撃線を閉じてしまう（具体的には、レイピアとダガーの切っ先を近づける）ことにあります。ここでは、メイヤーの技を紹介しますが、彼はアグリッパのシステムを採用していないので、構えにもロングソードなどの伝統武器の名前がついています。

1

弟子は通常の構え、師匠はダガーを『上段』の構えに、レイピアを『下段』に構えています。

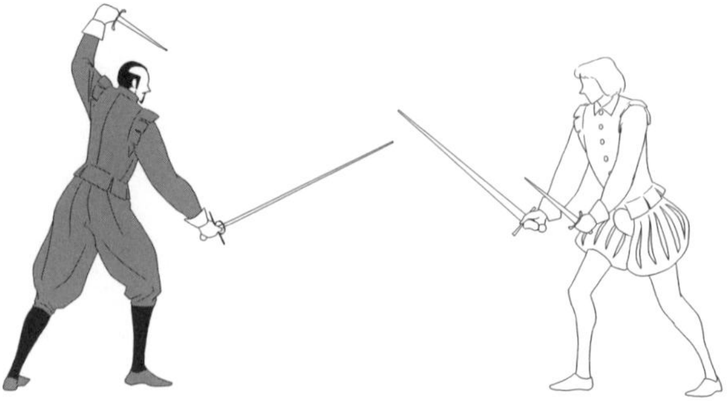

2

弟子が突いてきます。師匠は、レイピアを『突き』構えに変更しながら、左手を右手の上にくるようにもってきて、レイピアとダガーを交差した体勢で、弟子の突きを上方に受け流します。

3

左足を踏み込みながら、弟子のレイピアを右側に押し出します。

4

弟子のレイピアをダガーで押し込みつつ、師匠は自分のレイピアを弟子のレイピアから離さずに、弟子を突きます。

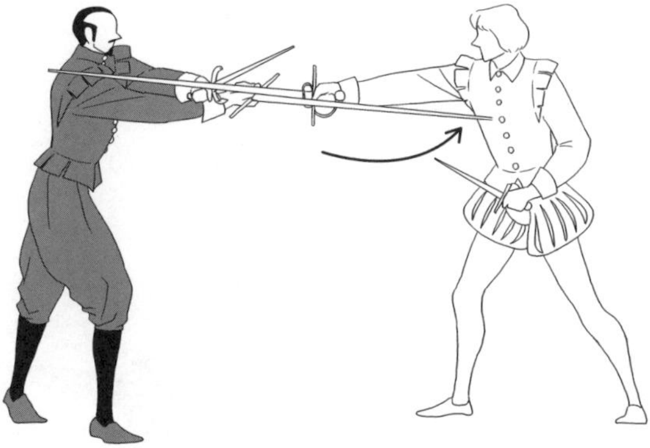

5

師匠はダガーで顔を守りながら、右手のレイピアを左肩に持っていき、弟子の剣に切りつけます（ここでは、フォーゲングの解釈に依拠した動作を採用しましたが、剣ではなく、後退しつつ弟子に切りつけるという解釈もできます）。原文には、足の動きについては何も書いていませんが、おそらく後退しながら切りつけると思われます。

レイピア技6

誘い込み
Inviting

出典：Agrippa, pp. 71, 72.

アグリッパによると、この技は相手が圧倒的に強い場合、または追い詰められた時に使う、一発逆転の技として紹介しています。後のレイピア術では、ジラータ（Girata）と呼ばれ、咄嗟にのけぞる事で相手の突きをかわしながら攻撃する技とされています。

1

師匠が女弟子を追い詰めています。女弟子は『第三』の構えをとっていますが、師匠にレイピアを払われるのを警戒して切っ先を下げ、師匠が『第一』の構えから突いてくるのを持ちうけます。

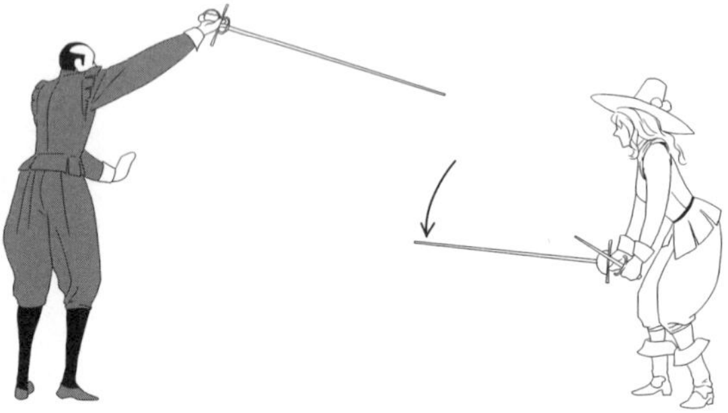

2

師匠が突いてきたら、女弟子は頭を右側に下げつつ右足を斜め右前方に踏み込みます。

3

師匠の攻撃を避けつつ、突きを叩き込みます。女弟子の姿勢がおかしなことになっているのは、当時の「収縮－拡散」という美意識によるもので、構えという「収縮」した状態から一気に「拡散」したことを表現しているのです。

レイピア技7

モンテーノ
Montano

出典：Swetman, p. 114.

　モンテーノは山という意味があります。なぜこの技が「山」なのかというと、イタリア式武術では、裏刃を使って下から上に垂直に切り上げることを「山」、すなわちモンタンテ（両手剣のモンタンテと混同しないようにしてください）と呼んでいるので、おそらくその関係からついた名前だと思われます。スウェットマンによると、この技は素早さが重要だとしています。

1

師匠は左膝を地面につくほどに落とし、レイピアと体を下げます。この時左手をどうするかについては言及がありません。

2

弟子のレイピアをダガーで跳ね除けながら、一気に体とレイピアを跳ね上げます。この時、師匠の左手は右手の下にきます。イラストでは、弟子が攻撃してきたところにダガーを使っていますが、弟子が攻撃してこなくても、この技は有効です。

3

レイピアの柄をできる限り高く持ち上げて、弟子の胸または肩を突き、素早く後退して距離をとります。

レイピア技8

ケープ

Parry with a Cape

出典：Meyer, 2.106r, 2.106v, p. 223.

ケープ（マント）は、レイピアの補助武器として使われていました。ディ＝グラッシによると、この技は偶然発見されたものが正式なものとして取り入れられたそうです。相手の剣を打ち払ったり、または押さえ込んだりするだけでなく、攻撃にも使われました。しかし、すべての剣士は、ケープよりもダガーの方が優れているとみなしていました。

ケープは肩口の部分をつかんで腕に巻きつけるようにして装備します（アグリッパがもっとも詳しい方法を書き残しています）。古い時代には、ケープをきつめに巻いていましたが、後には比較的ゆるく巻いたケープを体の前にカーテンのように垂らして障壁代わりに使っています。ともあれ、すべての剣士に共通するのは、ケープの端が、相手側にくるように反時計回り（または、内側から外側）に巻きつけていることです。

ここで紹介するのは、ケープで相手の攻撃を打ち払う方法です。メイヤーはこの方法が最も良い方法であると述べています。

1

師匠がケープを左腕に巻いて待ち構えるところに、弟子が上から切りかかってきます。

2

まず、弟子の剣を自分のレイピアで受け止め、勢いを殺します。

3

勢いを十分殺したら、ケープを巻いた左腕で弟子の剣を打ち払います。そのまま左手で弟子の剣を押さえつけ、右手のレイピアで弟子を攻撃します。

レイピア技9

ケープ投げ
Cape Throwing

出典：Agrippa, pp. 85, 86.

ここではケープを攻撃に使う方法を紹介します。この技自体は、バイキングの時代にも知られていて、相手を生け捕りにする時や、戦いを止めようとする時などに使われたという記録があります。当時のケープはかなり厚手のもので、おそらくレイピアを同等またはそれ以上の重さがありました。これだけの重量が、あの長いレイピアの刃にかかるので、振りほどくまで、相手のレイピアは実質的に使用不能になります。さらにケープの投げ方によっては、ケープが相手の腕と剣に巻きつくように絡みつき、ケープを振りほどくことすら不可能にできるようです。その他の使い方としては、相手の顔めがけて投げつける方法もあります。

アグリッパのケープ術は、左手にダガーを握った状態で使うところがほかの剣士と違います。

1

師匠は『第一』、弟子は歩幅を短くとった『第三』の構えをしています。

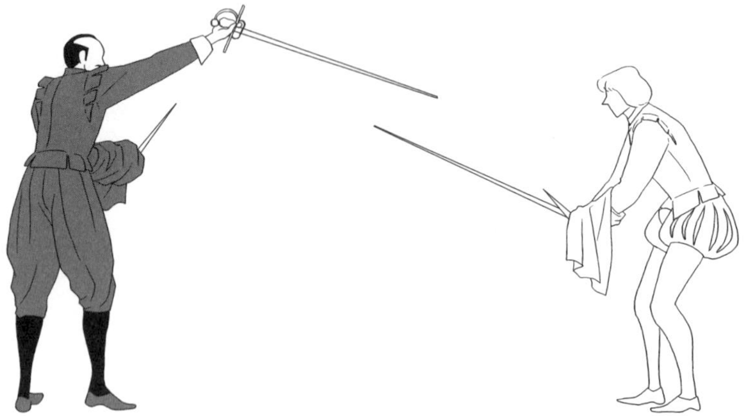

2

弟子が動かないと見た師匠は、『第四』の構えに移りながら、左手のケープを緩めます。

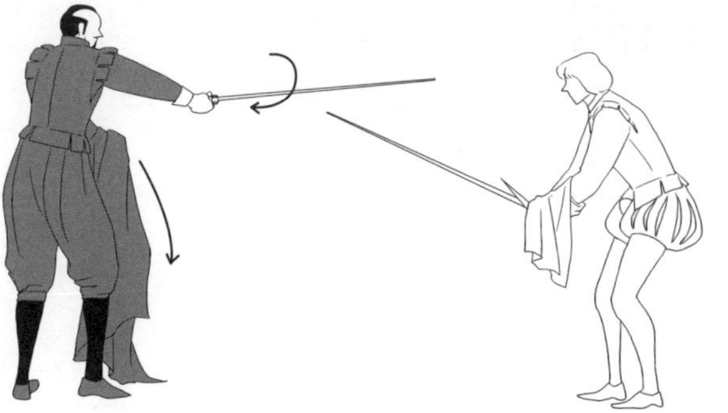

3

師匠は再び『第一』の構えに戻りながら弟子のレイピアと自分のレイピアを接触させます。同時に、ケープを弟子の剣めがけて投げつけます。

4

ケープの重さで弟子がレイピアを使えなくなっている間に、弟子に突きを入れます。

レイピア技10

剣と円盾
Sword and Round Target

出典：Di Grassi, p. 53(Document pagination).

円形のタージを使った技法を紹介します。タージは、ルネッサンス期においても現役として戦場で活躍していた補助武器ですが、戦場では役に立っても決闘などには不向きな武器と考えられていたようです。

ここで紹介するのは、おそらくシールド・プッシュ、またはシールド・バッシュと呼ばれ、おそらく古代ローマ時代から存在していると思われる技です。よくいわれるシールド・バッシュと違うのは、盾で相手を殴りつけるのではなく、自分の盾で相手の盾を回転させるか、相手の盾を相手の体に押しつけて、相手の行動を妨害しています。

1

師匠は剣を『上段』の構えに持っています。

2

後方の右足を引き寄せます。

3

相手が間合いに入ってきたら、一気に踏み込んで、盾を弟子の盾にぶち当てます。原文には書いてありませんが、その後の状況などから、弟子の盾を外側から内側に回転させるようにぶち当てて、弟子の盾を相手に押しつけ、弟子の右腕の動きを邪魔するようにしていると推測されます。

4

師匠は、弟子の盾と左腕の上越しに剣で刺します。

モンテの鎧2

5.胴鎧

モンテは、馬上槍試合の鎧と、徒歩戦の鎧を区別しています。胴鎧は、背当よりも板を厚くすべきだと書いています。また、一般的に胴鎧の上に更にもう一層の鎧を着込むことが行われているともしています。彼は、この追加装甲をSupra Pectusと呼び、アングロはこれをPlacate（腹当）と訳しています。

背当に関しては、動きやすさを重視し、その他の部位よりも薄く軽量にします。相手が背中を攻撃するのではという可能性については、要約すると「敵の背後を取るのは簡単だから敵に背後を取られる心配はしなくていい」そうです。モンテは、別の提案として、追加装甲をあえて外すかわりに、金属製の盾を使うようにとも提案しています。

6.兜

モンテは数章に渡って様々な種類の兜を考察しているそうですが、基本的に前面を厚く後頭部を薄く作ることと、耳の部分に膨らみを作って、そこに穴を開けて音を聞き取りやすいようにするように薦めています。

7.腕鎧

モンテは特に前腕と腋の下の防護を注意すべしとしています。この理由は、前腕は敵の攻撃を最も受ける箇所であり、腋の下は最もよく狙われる攻撃目標であるためです。また、イタリア式の大型の肩当は、重くて動きにくいと批判的で、ドイツ式の小型の肩当を推奨しています。

8.材質

軽量かつ強い鎧を作るのには最高品質の鉄と鋼が必要不可欠です。モンテは、ドイツのインスブルック産の鋼が最良であるとしています。インスブルックではクロスボウによるテストが行われていて、当時その重要性を増していた銃器による攻撃すら耐えうるといわれていたそうです。当時の人は、この高品質の源は、インスブルックの水によるものだと考えていたようですが、モンテはもっと単純に「職人の腕だ」と結論づけています。

9.軽量鎧vs重量鎧

モンテは軽量鎧のほうが有利であるとしています。軽量のほうが柔軟で動きやすく、相手の攻撃を避けやすくなるからです。一方の重量鎧は、体を動かす時にバランスを崩しやすくなるので、結果的に動きが鈍くなると解説しています。

第19章
モンタンテ

モンタンテ概説

◆モンタンテの歴史

モンタンテは、現在のポルトガルやスペインのあるイベリア半島で独自に発展した両手剣です。普通の剣を大きくした形状のものと、ドイツの両手剣ツヴァイハンダーと同形状の2種類があります。ただし、ドイツの両手剣と比べると、モンタンテは細身で軽量です。

戦場では、モンタンテはその長大さから戦列を組むのに向かず、部隊の前衛に配置された散兵の装備として使われていました。その他には、武術の訓練時や試合で対戦者を分ける際、両者の間にモンタンテを突っ込んで止めるという使われ方をしています。マイヤーズとヒックによれば、現代スペイン語の「間に割って入る」という意味の「meter el montante」は、モンタンテのこの使用法からきていると説明しています。

モンタンテがその真価を発揮するのは、多数を同時に相手にする時です。両手剣が複数の敵を相手にする時に有効という考え方は、スペインだけでなくヨーロッパ各地で共有されていたようで、ディ＝グラッシは、両手剣は複数の相手と同時に戦うのに適し、そのために軍旗を護衛する部隊の武器として採用されていると書き残しています。

本章では、ポルトガルの将軍ディエゴ・ゴメス・デ・フィグエイレードが1651年に執筆した本から、モンタンテの練習用の型を紹介します。彼は型をそのまま使うのではなく、型に含まれる技を状況に応じて組み合わせるよう忠告しています。

◆モンタンテのスペック

マイヤーズとヒックは、スペイン王立武器庫所蔵の伝ガルシア・デ・パレーデス所有のモンタンテのデータを記載しています。このモンタンテはツヴァイハンダー式の形状をしていて、棒鍔の前に刃のないリカッソと呼ばれる部分をもち、ハーフソードの技法を使えるようになっています。

◆モンタンテの用法

■モンタンテ

マイヤーズとヒックの寸法によったモンタンテ。刃にある印は、重心の位置。全長：153cm／刃渡り：114cm／刃の幅：3cm／柄の長さ：39cm／鍔の幅：28cm／鍔の太さ：最大1.5cm／鉤（第二の鍔）の幅：8cm／切っ先から鉤までの距離：106cm／重心：棒鍔から13cm／重量：2.25kg。

モンタンテの用法には、スペイン式剣術の用語が使われています。攻撃の名称は以下の通りです。

タルホ（Talho）：
右から左への斬撃。スペイン語ではTajo。

レベツ（Revez）：
左から右への斬撃。スペイン語ではReves。

アルティバーソ（Altibaxo）：
上から下への斬撃。スペイン語ではAltibajo。

モンタンテ・ネグロ（Montante negro）：
剣の平を使っての打撃。

意外かもしれませんが、モンタンテは、タルホとレベツ、つまり横になぎ払うようにして使うのが最も一般的です。さらに、防御の動作がほとんどなく、一方の攻撃も動きがパターン化しているというのも特徴です。巨大な剣をバランスを崩さずに振り回して、相手に反撃の機会を与えずに押しまくる戦法を採用しているからでしょう。ただし、横になぎ払うといっても、真横に振るのではなく、下から斜め上に切り上げています。

モンタンテの攻撃法は、以下の通りに法則化できます。

1. まず、攻撃する時は、常に腰をしっかりと据えて、バランスを崩さないようにする。さもなくばモンタンテの強大な慣性に引きずられて転倒することになる。
2. タルホで右から左に切った後に、剣を返してレベツで左から右に切る。またはレベツで切った後にタルホで切る。
3. タルホで右から左に切った後に、剣を頭上で回してタルホでもう一度同方向に切る。またはレベツの後にレベツで切る。
4. 体の左側からの突きは、
    a. 右肩の上から放った突きの後に行う。
    b. 左足を踏み出しながらのレベツ（左から右への斬撃）の後に行う。
    c. 左足を下げながらのタルホ（右から左への斬撃）の後に行う。
5. 体の右側からの突きは、
    a. 左側から放った突きの後に行う。
    b. 右足を踏み出しながらのタルホ（右から左への斬撃）の後に行う。
    c. 左足を下げながらのタルホ（右から左への斬撃）の後に行う。
    d. 左足を下げながら、下から上にレベツ（左から右への斬撃）を放った後に行う。

モンタンテ技1

第三型・裏
Composite Rule 3

出典：Montante, pp. 10, 18.

この技は、前方の相手を追い込む技とされている型です。

1

モンタンテを右脇に構えます。

2

足を踏み出さずに、右から左にタルホを放ちます。

3

そして剣を頭上で回し、今度は右足を踏み出しながら、右から左にタルホを放ちます。

4

タルホを放ったら、剣を左脇に引きつけます。

5

前方に突きを入れ、剣を体の左脇に引きつけます。

6

左足を踏み込みながら左から右にレベツを放ちます。

7

左足を再び踏み込みつつ、右から左にタルホを放ちます。

8

剣を頭上で回し、右足を踏み込みつつ右から左にタルホを放ちます。この後、再び最初に戻って、型を繰り返します。

モンタンテ技2

第十四の型・表

Simple Rule 14

出典：Montante, pp. 14, 22.

この技は、飛び道具、または両手持ちの長柄武器の突きに対する型です。ここで紹介する型は、相手がこちらの左胸を狙ってきた時の対策です。裏の型で紹介されている、相手が右胸を狙ってきた場合の対策は、右足を前に出し、剣の切っ先を左前方に向けた姿勢から、レベツを放って、攻撃を打ち払います。

1

右足を前に出し、体の正面を相手に向けて立ちます。剣は、切っ先が右前方を向き、右手がベルトの前にくるように構えます。

2

槍が飛んできたら、右から左にタルホを放って、攻撃を打ち払います。

3

そのまま体を回転させながら、相手に向かって跳びかかります。

4

そして、相手に右から左にタルホを打ち込みます。

鎧の厚さと硬さ1

実際の鎧の厚さはどのようになっているのか見てみましょう。下の図は、ロンドンのウォーラス・コレクションの所蔵番号「A21」というゴシック式の鎧です。1480年代の製作とされ、対の馬鎧と共に、ウォーラス・コレクションで最も有名な鎧です（馬に跨りながら、剣を天に突き上げている姿勢で展示されています。三浦權利氏の『西洋武器甲冑事典』の表紙にも登場しています）。イラストの鎧は、1956年の修理前のもので、現在のものとは籠手などが少々違います。

参照論文には、残念ながら個々のパーツごとの重量についての記述はありませんでしたが、コレクションのデータによると、鎧の重量は合計27.161kgと、当時の標準的な重量ということです。

1.硬度

腕と脚鎧のヴィッカーズ硬さ（工業材料の硬さを表す単位）は以下の通りです（胸当てなどについてのデータはありませんでした）。

基本的に右側のパーツが硬度がかなり高い傾向にあります。原因は不明ですが、焼入れなどの担当職人が違うのかもしれません。また、硬度にバラつきがありますが、これは現代のような機械・電子制御された機器が無かった当時では当然のことです。なお、比較として、錬鉄は90～120VPH、中炭素鋼は220～250VPH、焼入れを施した鋼は300～600VPHということです。

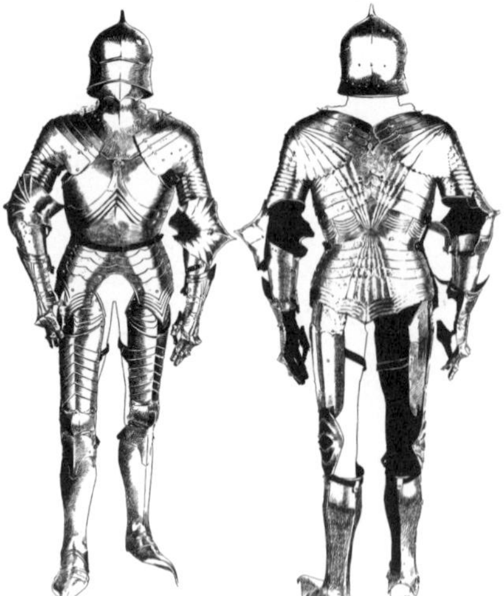

上 腕 鎧：左160VPH・右290VPH
前 腕 鎧：左256VPH・右327VPH
腿当前面：左270VPH・右380VPH
腿当後面：左355VPH・右335VPH
脛当前面：左280VPH・右385VPH
脛当後面：左232VPH・右320VPH

（P616へ続く）

第20章
鎌と大鎌

鎌と大鎌概説

鎌と大鎌の歴史

鎌（シックル）は、手持ち式の草を刈るための農機具です（後に紹介する大鎌（サイズ）と混同しないように注意してください）。マイアーのラテン語ではFalcus Frumentalia（穀物鎌）と呼ばれていることからもわかる通り、麦などの穀物の穂の部分を刈り取るための道具で、形状こそ異なりますが、機能的にも用途的にも日本の鎌と同じものです。マイアーは、鎌を使った戦闘方法を解説していますが、これは純粋な戦闘というよりは、緊急時の護身用と考えたほうがいいでしょう。

死神の持ち物としてよく知られている大鎌は、本来は牧草などの草を刈るための農機具でした。一般的な形状は、柄尻と柄の真ん中に持ち手となるハンドルがつき、柄の先端に巨大な刃があります。マイアーなどの挿絵に登場する大鎌は、農場からそのまま引っ張り出してきたかのような形状をしていますが、挿絵によってハンドルの位置が変わっていたりしているので、現実の大鎌を忠実に描写したものというよりも、挿絵画家が適当に辻褄を合わせた結果でしょう。

鎌と大鎌のスペック

ヨーロッパの鎌は、日本のものとは違い、三日月型に大きく湾曲した刃がその大きな特徴です。マイアーの挿絵もそうですが、多くの中世の絵画では、鎌の刃の部分が鋸状に表現されているものがあります。この鋸刃のついた鎌は、ヨークから発見された鎌のように、目の粗い鑢で細かい鋸刃をつけたもので、イネ科の硬い茎などを効率よく切

■鎌

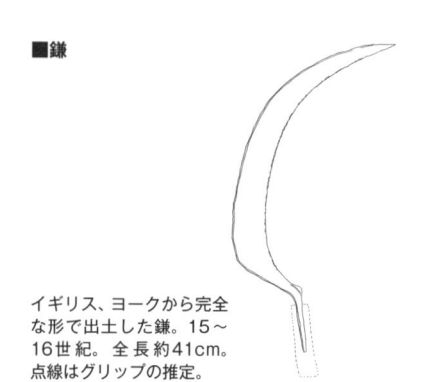

イギリス、ヨークから完全な形で出土した鎌。15～16世紀。全長約41cm。点線はグリップの推定。

断するためのものです。

■大鎌

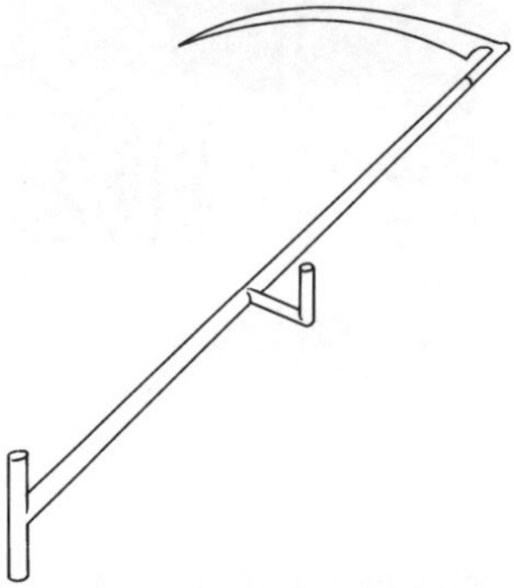

刃の形状や長さなど、大釜のスペックは時代によってかなり異なります。しかし、マイアーの挿絵によると、柄の長さは150～180cm、刃の長さは60～90cmほどと推定されます。また、マイアーの大鎌は、現在の農耕用の大鎌とはハンドルの取りつけ方が90度違っています。また、後端のハンドルはT字型、前方のハンドルはL字型になっているのも大きな特徴です。しかし、ハンドルの形状や取りつけ方は地域差があるので、マイアーの大鎌がいい加減なものであるということではありません。

鎌と大鎌の用法

鎌の用法はダガーに近いと考えられます。マイアーの挿絵を見るに、相手の攻撃は、基本的に相手の腕をつかむことで防御しています。鎌術の最大の特徴は、刃で相手の腕・脚・首などを引っ掛けて引き倒したり、投げたりする技が多いことが挙げられます。これは、武器のリーチがとてつもなく短いためで、戦闘は必然的に至近距離で行われます。だからこそ、相手の腕などをつかむ戦法が有効になるわけです。ほかには、刃で切り裂いたり、先端部で突き刺したりといった攻撃法があります。

大鎌は、右手で前方のハンドルを持ち、後端のハンドルを左手で持つのが一般的ですが、ほかにも左手で柄の部分を持つ持ち方があります。攻撃法は、刃を使っての斬撃および、刃を使って相手の体を引っ掛けて、引きずり倒したりという用法があります。しかし、そもそも戦闘用に作られていないので、重い上に非常にバランスが悪く、素早い反応が全く期待できないという欠点があります。

鎌と大鎌の構え

①鎌：『憤怒』の構え

鎌を左肩の上に掲げた構えで、相手に切りつける構えです。この構えのバリエーションとして、左手を前に突き出して、相手をつかもうとする構えもあります。

②鎌：『弓』の構え

鎌を下に捻った構えです。おそらく下から切り上げたり、相手の腕を内側から回転させるように引っ掛ける働きがあると思われます。

③ 大鎌：『上段』の構え (High Guard)

上から切りつける構えです。

④ 大鎌：『梯子』の構え (Rudder Guard)

『下段』の構えである可能性もあります。おそらく『上段』の構えから右足を踏み出しつつ下から切り上げた時の姿勢でしょう。

⑤ 大鎌：『横』構え (Side Guard)

左手を前方に、右手を真横に突き出した構えで、おそらく柄で相手の攻撃を防御しながら、横からなぎ払うように切りつける構えでしょう。

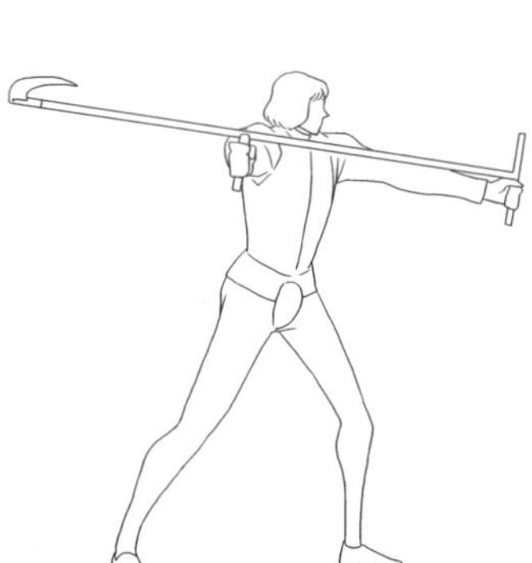

鎌技1

上段と下段への切りつけと、その防御

Supera et Infera Incisio cum suis Aversionibus

出典：Mair2, 229r.

1

師匠は上から弟子に切りつけ、弟子のほうは師匠の足に切りつけている、または師匠の足を鎌で引っ掛けています。両者とも、互いの攻撃を武器で防御しないで、相手の腕をつかむことで防御しています。

鎌技2

斬撃二本とその防御

Incisiones Duae, Adhibitus suis Aversionibus

出典：Mair2, 232r.

1

ここでは、上から切りつける師匠の肘の辺りを弟子がつかんで攻撃を止め、すかさず鎌で、師匠の手首を切り落とそうとしています。

大鎌技 1

交差切りと切りつけ

Habitus Incisionis Cancellatae contra Incisionem Apertam

出典：Mair2, 206r.

1

腕を交差させた状態での切りつけと、胴体に対しての切りつけです。

大鎌技2

受け流しとカウンター

Incisionis Habitus contra Formam Aversionis

出典：Mair2, 207r.

1

師匠が弟子の攻撃を柄の部分で受け流し、弟子の右腕に切りつけているところです。

第21章
棍棒とフレイル

棍棒とフレイル概説

◆棍棒とフレイルの歴史

棍棒は、名前に多様性のある武器で、Club, Cudgel, Keule, Kolben, Peasant’ s Staff またはPeasant's clubなどという呼び方があります。マイアーのラテン語版では「杜」を意味するFustusという単語で呼んでいますが、おそらくその形状からつけられた名前だと思われます（実際のラテン語ではStipesというそうです）。「百姓の棍棒」などという名前の通り、正式な武器とは考えられていなかった可能性があります。ただ、バイユー・タペストリーに見られるように、棍棒は権威の象徴としての意味合いをもつこともあります。

フレイルは、脱穀に使われる農機具が武器に転用されたもので、2本の棒を鎖で連結したものです。持ち手に鎖でつながれた頭部が、遠心力により打撃力を増すため、通常のスタッフよりも大きなダメージを与えることが可能になりました。また、柔軟な鎖の効果で、盾などの防御を回り込んで相手に攻撃できたり、打撃時の衝撃が持ち手に直接伝わらないので疲れにくいという利点があります。一方、頭部のコントロールに熟練を要することや、目標に命中した頭部が跳ね返ってくる方向をコントロールしにくいので、場合によっては跳ね返ってきた頭部が自分を直撃するかもしれないという欠点があります。なお、一般にフレイルといえば、棒状の頭部をもつものですが、当時では比較的長い鎖に鉄球を取り付けたものも、（少なくともスペインでは）フレイルと一緒くたに呼ばれていたようです。

マシエジョウスキー・バイブル（13世紀中頃）より、脱穀作業。

棍棒とフレイルのスペック

棍棒にはスペックというようなものは特にありませんが、マイアーの挿絵から判断して、大体全長90～150cm、重量2.5kgほどと推定されます。フィオーレの棍棒はさらに小さく、全長60～90cmほど、重量は1.5～2kgほどと思われます。なお、原本の挿絵では、木の枝を無加工で使っていますが、これはおそらく芸術的表現でしょう。実際には、持ち手の部分は、木の肌を剥いて滑らかにし、手が痛くならないように加工していたと思われます。

軍用のフレイルは、農業用のフレイルよりも頭部が短く、打撃力を増すためにトゲなどが打ちつけられているものが多いようです。なかには金属製の頭部をもつものもあり、鉄球がついているタイプのものには、複数の頭部を持つものもあります。柄は、歩兵用には150cmを超えるような比較的長い柄が使われていますが、騎兵用のフレイルは片手で扱える程度の長さになっています。また、柄の部分をスタッフとして使えるように、柄の部分にもトゲをつけたものもあります。

■フレイルの例

棍棒とフレイルの用法

マイアーの挿絵などから判断するに、ショートスタッフと両手剣を足して二で割ったような使い方をしています。前後の区別があるため、ショートスタッフのように前後を入れ替えて攻撃することはなく、頭部を使っての打撃・突きが主要な攻撃法です。フィオーレの場合は、棍棒二刀流という特殊な操法だけでなく、さらに投擲武器としても使っています。

フレイルの用法は、基本的にスタッフ術の延長と考えられています。また、打撃部を常に回転させる必要があるとよくいわれますが、実際は必要ありません。フレイルの頭部と柄をつなぐ鎖は非常に短く、持ち手のわずかな動きにも機敏に反応するからです。

棍棒とフレイルの構え

❶ 棍棒：『上段』の構え（High Guard）

上から打ち下ろす構えです。

❷ 棍棒：『防壁』の構え（Barrier Guard）

ショートスタッフと同様に、頭部を防護する構えと思われます。

3 フレイル：『上段』の構え2（High Guard 2）

上段の構えの一種で、フレイルの頭部を親指で押さえつけています。これは、頭部が勝手に動いて、自分の頭などに命中するのを防ぐための処置と思われます。

4 フレイル：『変移』の構え（Wechsel）

構えの姿勢がロングソードなどの『変移』の構えに似ているので、この名前をつけました。頭部を地面に置いて、下から振り上げる構えと思われます。しかし、原本の挿絵では、この構えをとっている人間は、頭にフレイルの一撃を喰らって、頭部がすごい角度で曲がっている状態で載っているので、ひょっとしたら、これは構えでもなんでもない可能性があります。

棍棒技 1

更なる致命打

Alia Plaga Loetalis

出典：Mair2, 215v.

技の原文のLoetalisは原文の綴り間違えで、正しくはLetalisです。

1

弟子の攻撃をはね上げ、顔面に突きを入れています。「致命打」という名前は、相手を一撃で殺傷するような威力があることからつけられたのでしょう。

棍棒技2

棍棒二刀流対槍

Two Clubs against a Spear

出典：Fiore(Getty), 31v.

棍棒二刀流（とダガー）で、槍と対決するという非常に特殊な状況での技の解説です。

1

師匠は、右手の棍棒を頭上に掲げた『貴婦人』の構えをとり、左手の棍棒は『真・鉄の門』の構えをとります。この構えはフィオーレのロングソードの構えからとられています。

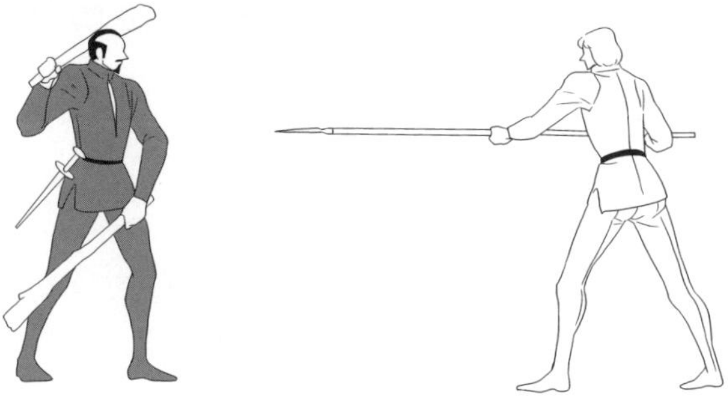

2

右手の棍棒を弟子に投げつけ、同時にダガーを抜きつつ弟子に突っ込みます。

3

左手の棍棒で弟子の槍を打ち払い、右手のダガーで弟子を刺します。

フレイル技１

足の吊り上げ
Leg Hook

出典：Meyer, imageM, p. 281.

　この技は、メイヤー唯一のフレイル技ですが、残念ながらこの技の解説が一切ありません。解説を書くのを忘れたのか、時間的な余裕がなかったのでしょうか。挿絵のフレイルの頭部が、袋の中に何か詰め物をした感じのものなので、練習用のフレイルだと思われます。面白いのは、メイヤーの本で唯一子どもの挿絵が描かれている点です。

1

おそらく、バインドの状態から、弟子が、師匠と自分両方のフレイルの柄を左手でつかみ、自分の右手に持ったフレイルの柄で、師匠の右足を吊り上げています。

フレイル技2

第一のバインドからのバインド

Contactus ex Primo Congressu, Duo per Flagella

出典：Mair2, 210r.

1

両者上段から打ち下ろした状態でのバインドです。挿絵から推測するに、まず弟子が上から打ち下ろしてきたところを、師匠がフレイルの柄の部分で、弟子のフレイルの柄の部分を叩き落とすようにして防御した状態と思われます（ロングソードの『墳撃』による防御と同じ仕組みです）。ここで師匠がフレイルの頭部ではなく、柄に打ちつけたのは、固定されていないフレイルの頭部では防御の効果が期待できないからでしょう。

鎧の厚さと硬さ2

2.厚さ

鎧の厚さに関しては、図の通りです。最も板が厚いのは、額の部分で、兜全体も他の部分よりも厚く造られています。

意外なことに、胴鎧については、背面が薄い傾向にありますが、それほどの極端な差はありません。ただし、胴鎧は胸と腹の部分が重なり合うので、それを考慮に入れると、前面の胴鎧は背面の倍はあるということになります。

モンテは背当の板を最も薄くすべきとしていますが、このデータでは背中は特に薄いということはありません。それ以外の部分でも、基本的に厚みはそれほど変わらず、当時の技術力などから見ても、0.1mm程度の厚みの差は、誤差の範囲内といってもいいのではないのでしょうか。

ちなみに、この鎧と対になる馬鎧は人間の鎧よりもはるかに薄く、大体1～1.5mmで、首の部分に至っては厚さ0.4～0.6mmとペラペラです。

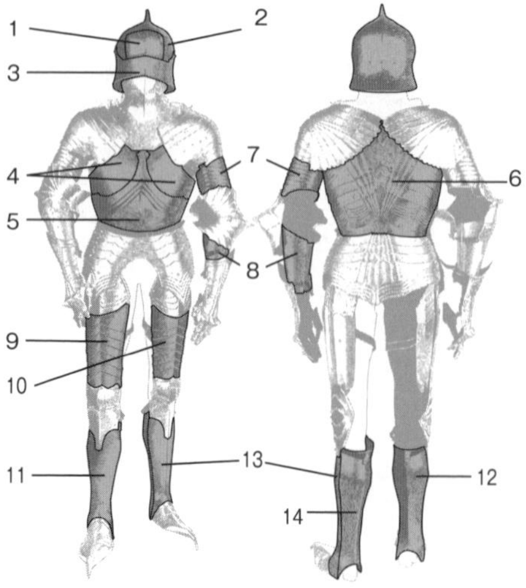

A21の鎧の厚さ。括弧なしの数字は平均値・括弧内の数字は実測値。

1	：兜前面	4.4mm (4.1～4.6)	8	：前腕鎧	1.5mm
2	：兜・鉢	2mm (1.9～2.1)	9	：右腿鎧	1.3mm
3	：眉庇	2.5mm (2.1～2.8)	10	：左腿鎧	1.2mm
4	：胸当	1.6mm (1.2～2.2)	11	：右脛当前	1.2mm
5	：腹当	1.2mm	12	：右脛当後	1.3mm
6	：背当	1.5mm (1.1～2.3)	13	：左脛当前	1.1mm
7	：上腕鎧	1.4mm	14	：左脛当後	1.2mm

第22章
異種武器戦闘

異種武器戦闘概説

◆異種武器戦闘とは

フェシトビュッフに登場する技は、同種の武器同士の戦闘法がその大部分を占めています。基本的に決闘が念頭に置かれているからですが、実は多くのフェシトビュッフが異なる種類の武器同士の戦闘も取り上げています。

当時は、複数の武器の使い方を習うため、ある程度の期間稽古していれば、大抵の武器の使い方を長所や短所、そして対処法についても、それなりの考えは持つことができました。実際に、シルバーも出来うる限り多くの武器の扱い方を練習することで、それぞれの武器の長所短所を理解し、有効に活用することが重要だと述べています。

異種武器戦闘技 1

剣対槍 1
The Sword against the Spear 1

出典：Talhoffer(1459), 75v.

1

弟子はハーフソードの『第三』の構えをとっています。

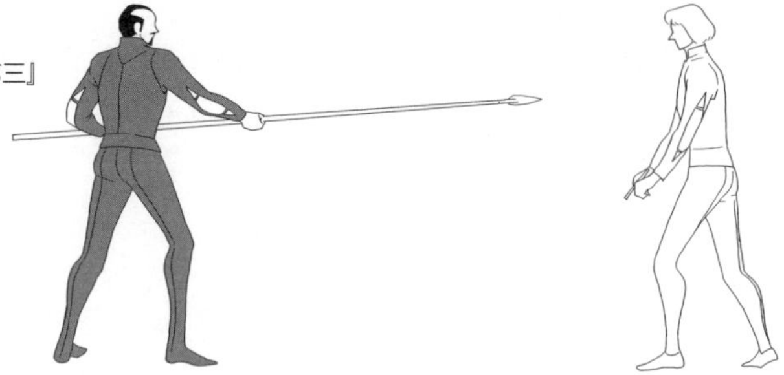

2

師匠の突きを『第一』の構えに移りながら防いで、前進します。

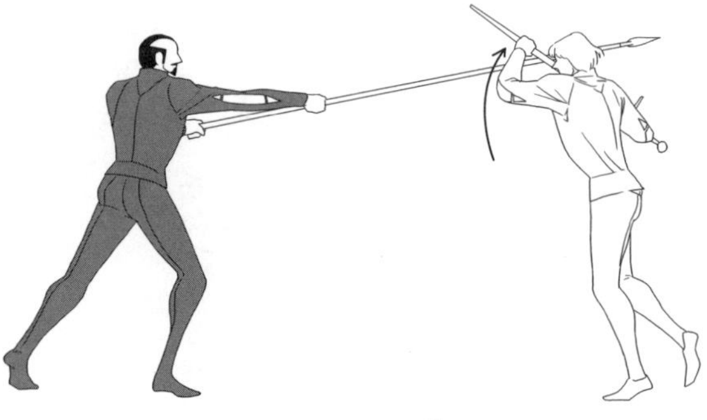

3

そのまま師匠に突きを入れます。

異種武器戦闘技２

居合い抜き
A Quick-Draw

出典：Talhoffer(1459), 79r, 79v.

ヨーロッパ剣術で唯一（といってもいいでしょう）の居合い抜きに関する技です。通常、剣はすでに抜いているか、緊急時には剣よりもダガーを使うことが多いので、このような技は非常に稀です。なお、師匠のメイスは、原本では釘をつかんだ拳の形をしていますが、これは当時のドイツ語でウォーハンマー（戦鎚）のことを指すFausthammer（拳鎚）という名前に対する洒落です。

1

師匠がハンマーで殴りかかろうとしています。

2

弟子は、斜め左前方に踏み込みながら剣を抜き放ちます。

3

師匠の手首目がけて切りつけます。メッサーの同様の技では、この後に師匠の頭部に切りつけてとどめを刺しています。

異種武器戦闘技3

スタッフとダガー対槍
A Staff and a Dagger against the Spear

出典：Fiore(Getty), 31v.

地面に立てたスタッフで槍の刺突を避ける技です。ヨーロッパ各地で一般的に使われていた技のようで、ヴァラーシュタイン写本（Wallerstein, p. 367）では槍を、グラディアトリア・フェシトビュッフ（Gladiatoria, 2r）では剣を使った同様の技が紹介されています。

1

師匠は、左手に握ったスタッフを目の前に傾けて立て、右手にダガーを握っています。

2

弟子が突いてきたら、スタッフで槍を打ち払います。

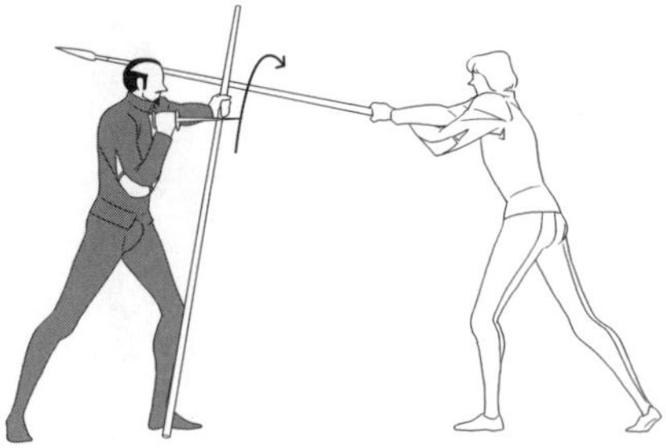

3

同時に一歩踏み込み、ダガーで弟子を刺します。

異種武器戦闘技4

剣対ハルバード1

Krumphau against the Halberd

出典：Talhoffer(1459), 76v.

ロングソードの「撓め切り」を応用した方法です。

1

弟子が、ハルバードで攻撃しようとしています。

2

師匠は、左斜め前方に踏み込みつつ、「撓め切り」で弟子のハルバードを逸らします。

3

右足を左に移動させつつ、弟子を切ります。原本では、一撃で相手の首を刎ねている様子が描かれています。

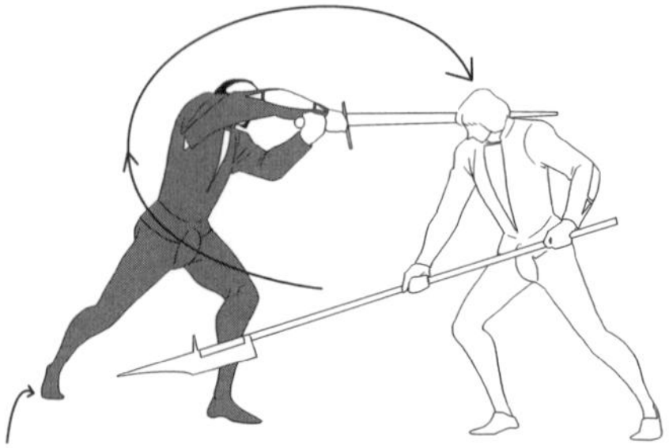

異種武器戦闘技5

ダガー投げ
Dagger Thorwing

出典：Talhoffer(1459), 77r.

帽子投げとダガー投げが登場する非常に珍しい技です。

1

師匠が散策中に、弟子が槍で襲い掛かってきました。

2

師匠は弟子の顔目がけて帽子を投げつけ、弟子の視界を防ぎます。同時にダガーを抜きます。

3

ダガーを弟子の胸目がけて投げつけます。ここでは上手投げですが、原本の挿絵の手の形から、下手投げでダガーを抜きざまに投げているという解釈をする人もいます。

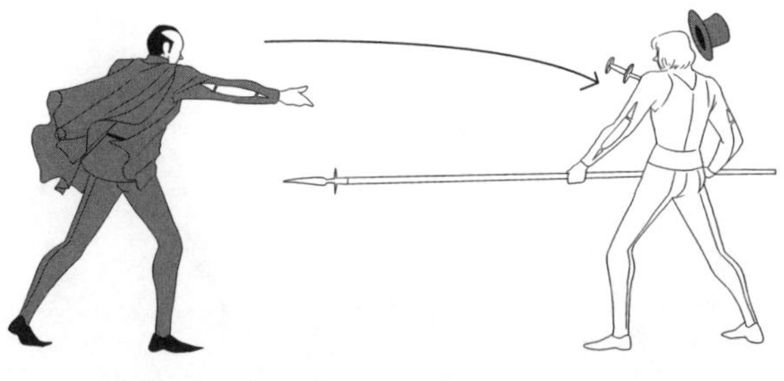

異種武器戦闘技6

剣対ハルバード2

The Halberd against the Longsword

出典：Mair, pp. 162, 163.

1

師匠は『屋根』の構えを、弟子は『憤怒』の構えの一種をとっています。

2

師匠は、弟子の頭にハルバードを打ち込みます。

3 カウンター1

弟子は「三角歩き」をしながら防御します。ここでは、右足を右に踏み込みながら、師匠のハルバードに「墳撃」で切りつけて、師匠の攻撃を受け流します。（後の〔技10〕「レイピア対ボア・スピア」でもあるように、マイアーの「三角歩き」は、ほかの剣士たちの「三角歩き」とは違うようです。なお、原文では「相手の攻撃を剣の表刃で防御する。それから三角歩きをして、相手の左即頭部に切りつける」とあります）。

4

左足を後ろに引きながら、剣を巻いて、師匠の左側頭部に切りつけます。

5 カウンター2

弟子の攻撃を後ろに引いてかわします。

6

2歩踏み込んで弟子を突きます。

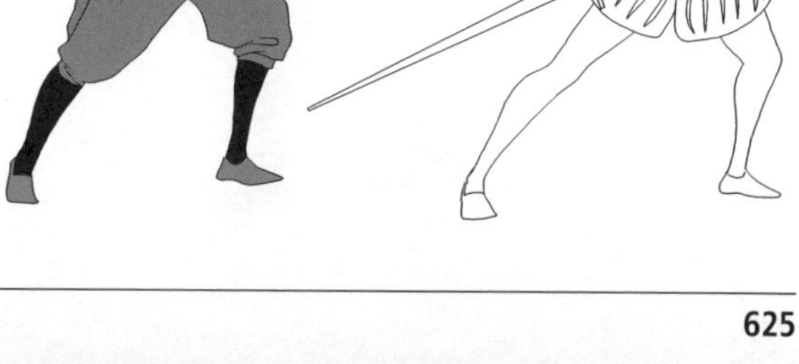

異種武器戦闘技7

剣対ハルバード3

Another Halberd against the Longsword

出典：Mair, pp. 166, 167.

1

師匠は、弟子の顔を突きます。

2 カウンター1

弟子は、右足を右斜め前方に踏み出しながら腕を交差させて『雄牛』の構えに移り、師匠の突きを受け流します。

3

そのまま剣を頭上にもっていき、師匠の頭に表刃で切りつけます。

4 カウンター2

師匠は、頭上でハルバードを回転させて弟子の剣を跳ね除け、弟子の頭にハルバードを打ち込みます。

異種武器戦闘技８

剣対槍２
The Sword and the Short Spear

出典：Mair, pp. 160, 161.

1

弟子が打ち込もうと剣を上げた隙に、弟子の腹に槍を突きを入れます。

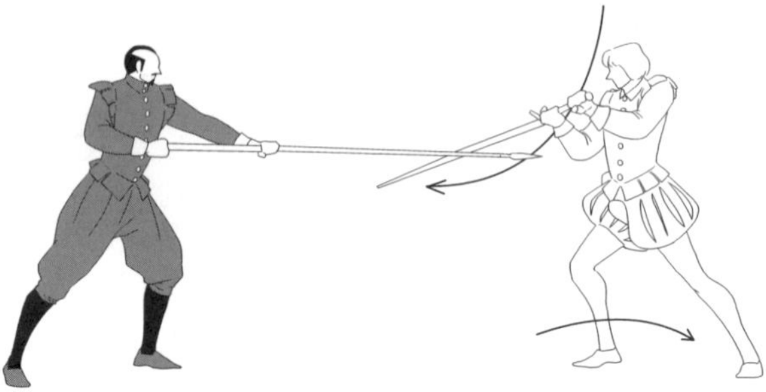

2 **カウンター１**

師匠が突いてきたら、左足を引きながら「はたき切り」で、師匠の槍を打ち払います（ここでのはたき切りは、おそらく横への切り払いのことだと思われます）。

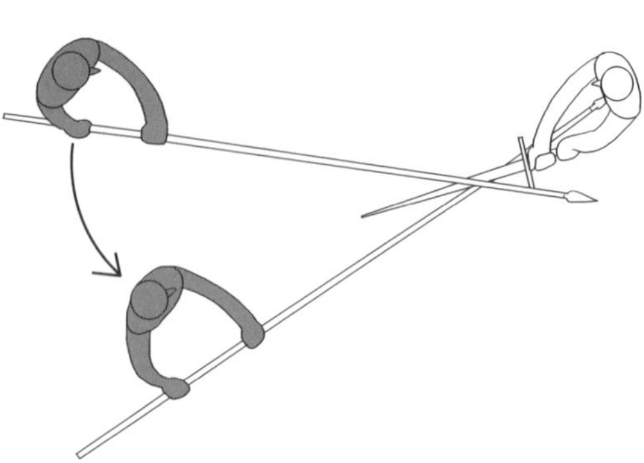

3 **カウンター２**

弟子に槍を打ち払われたら、右側に踏み出し、弟子の剣を回り込むように、弟子に突きを入れます。状況がわかるように、イラストは上から見下ろす視点にしてあります。

モンテのアドバイス1

モンテは自著『Collectanea』の中で、自身の経験から鎧に関するいくつかのアドバイスを載せています。

アドバイス1　胴鎧と鎧下の間に十分な隙間を作る

胴鎧が余りに体にぴったりくっついていると、胴鎧に加わる衝撃を体がまともに受けることになり、非常に不快であるとしています。

アドバイス2　見知らぬ夜の街を完全武装状態で歩く時は、鎧の上から皮（おそらく皮製のポンチョのようなもの）で上半身を覆う

当時は明かりがほとんどないので、月光などを反射する上半身を覆うだけで、闇に溶け込んで実質的に他人から見えなくなります。

アドバイス3　騎乗で戦闘する際には、バイザーを上げる。ただし馬上槍試合では絶対にバイザーを上げてはならない

バイザーを上げることで、視界の確保だけでなく、呼吸も楽になります。目の部分を無防備にさらすことになりますが、ほとんど危険な目にあうことはありません。ただ、馬上槍試合だけは何があろうともバイザーは下げてください。馬上槍試合の事故の一例として、フランス王アンリ2世はバイザーを下ろした状態でも、槍の破片が目に刺さって死亡しています。

アドバイス4　馬上槍試合の時は、鎧下を厳重に強化し、胴鎧の内側の空間を完全に満たすようにする

槍が命中した時に発生する凄まじい衝撃を緩和するための方法です。

アドバイス5　馬上槍試合の時は、頭に卵白か酢に浸した鉢巻を巻きつける

兜と頭部が直接に接触するのを防ぐことで、槍が兜に命中した時の衝撃を緩和して、気絶するのを防ぐ効果があります。卵白と酢は薬効を期待していると思われます（酢の薬効は不明ですが、卵白は消炎剤として使われていたようです）。

アドバイス6　兜の前面にロウを塗る

ロウを塗ることで、武器が命中した時の音を減少できるそうです。当時の兜は頭部全体を覆うものでしたから、兜に一撃を食らうと、釣鐘の中に頭を突っ込んで、鐘を鳴らされたのと同じ状態になりました。騒音をいかに減少させるかは、極めて重要な課題だったと推測できます。

（P640へ続く）

異種武器戦闘技９

ボア・スピア対ハルバード

The Boar Spear against the Halberd

出典：Mair, pp. 170, 171.

ボア・スピアは「猪槍」という意味で、猪などの狩猟用の槍です。通常の槍との相違は、穂先のすぐ下に翼と呼ばれる張り出しがついていることです。この翼は、刺された猪が、槍が体を貫通している状態のまま、手元まで突き進んでくるのを止めるためのものです。非常に人気のあった槍の種類のようで、タルホーファーのフェシトビュッフなどにも登場します。なお、原本の挿絵では、この槍は普通のボア・スピアとして描かれていますが、当時のボア・スピアという単語（Schweinspiesz）は、パルチザンのことも指しているということと、槍で切りつけるという動きがあるところから、ここで使われる槍は、パルチザンである可能性があります。

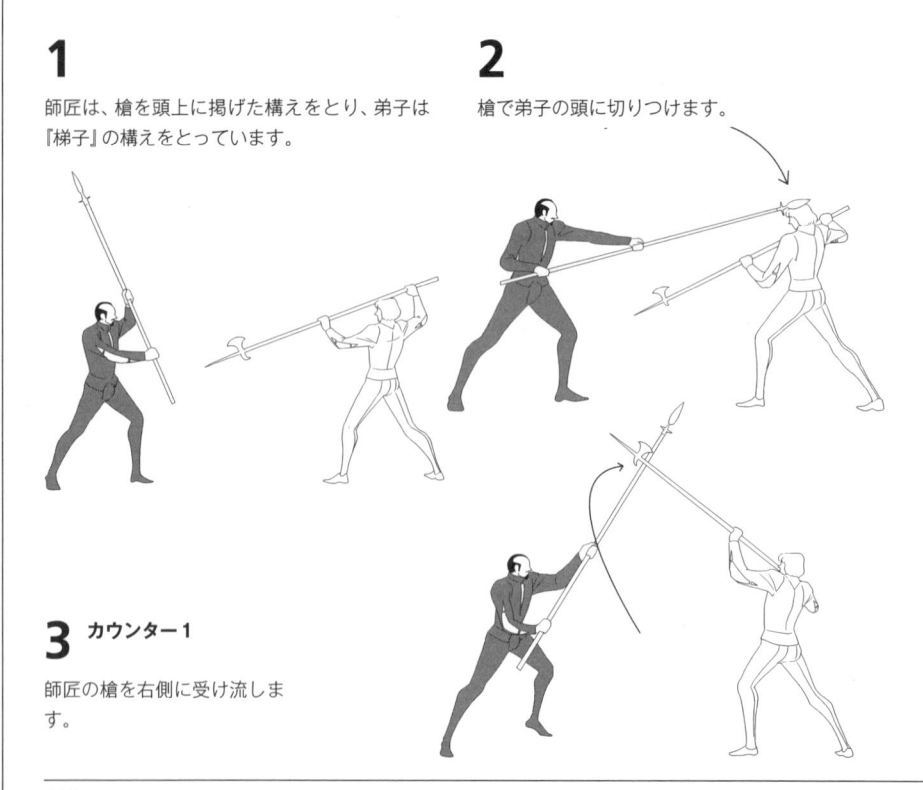

1

師匠は、槍を頭上に掲げた構えをとり、弟子は『梯子』の構えをとっています。

2

槍で弟子の頭に切りつけます。

3 カウンター１

師匠の槍を右側に受け流します。

4

受け流したら、素早く師匠の胸に突きを入れます

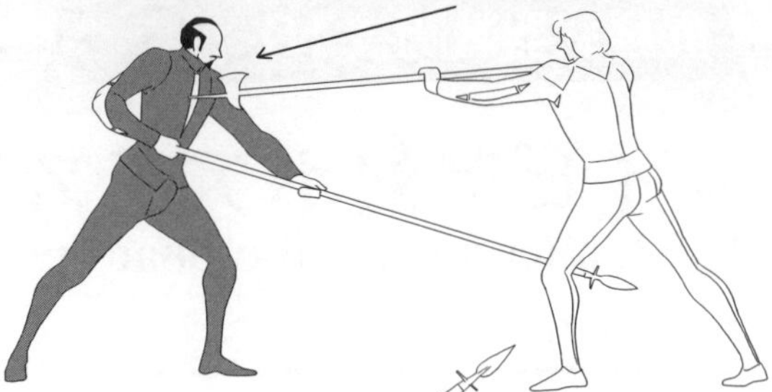

5 カウンター2

弟子の突きを右側に受け流しながら、右足を右斜め前方に踏み込みます（ここでの足の踏み込み方は、「相手の攻撃線の外に出るように進む」というヨーロッパ武術の大原則とは逆に動いているので、ひょっとしたら原文を書いた書記が左右を間違えた可能性があります）。

6

武器を捨て、左手で弟子の右肩をつかみます。同時に、右手を弟子の左手の上を通して弟子の左足を後ろからつかみます。

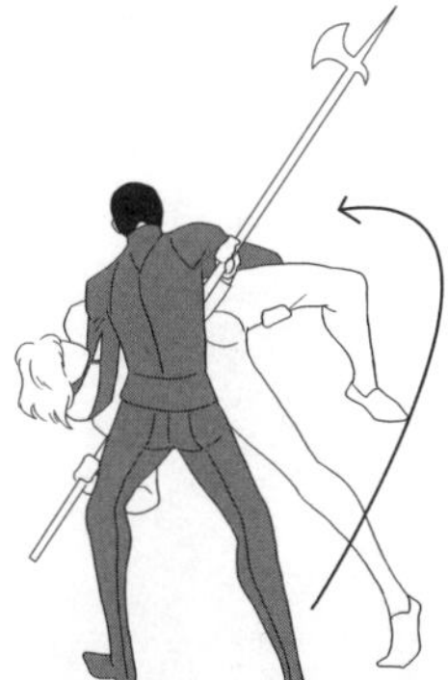

7

弟子を持ち上げ、頭から地面に叩きつけます。その後素早く槍を拾い上げて弟子にとどめを刺します。

異種武器戦闘技10

レイピア対ボア・スピア

The Rapier against the Boar Spear

出典：Mair, pp. 176, 177.

1

師匠は左足を踏み込みながら、弟子の顔に突きを入れます。

2 **カウンター1**

師匠が突いてきたら、弟子は槍の頭部付近にレイピアを打ち込んで、師匠の槍を左に逸らし、柄をつかんで槍を封じます。

3 **カウンター2**

弟子が槍をつかもうとしたら、素早く槍を引いて弟子の手をかわし、弟子の顔もしくは胸に突きを入れます。

4 カウンター3

左足を斜め左前方に踏み込みながら、師匠の突きを右側に払います。

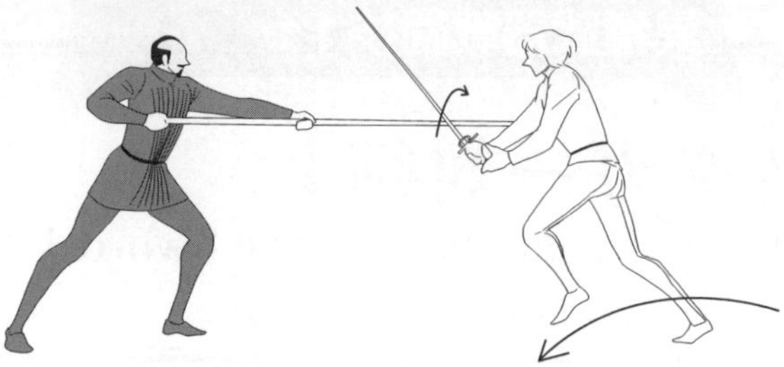

5

槍の柄の中間辺りをつかむと同時に、師匠の目に突きを入れます。

6

もしも、師匠が柄を持ち上げて突きを防いだら、弟子は、「三角歩き」をしながら、師匠の槍の下を潜り抜けて反対側に出ます。

7

反対側に出たら、師匠の頭に切りつけます。

異種武器戦闘技11

ダガー対剣1

The Dagger against the Sword 1

出典：Fiore(Getty), 19r. Vail, p. 193.

1

弟子は剣を『近間』の構え、または突きに適した構えにします。一方の師匠は『猪の牙』の構えをとります（ここで出てきた『猪の牙』の構えは、ここでのみ登場する構えです）。

2

弟子が突いてきたら、師匠は左に「全回転」（右足を後方に踏み込みつつ、体を時計回りに半回転させる歩法）しながら、弟子の剣を受け流します。

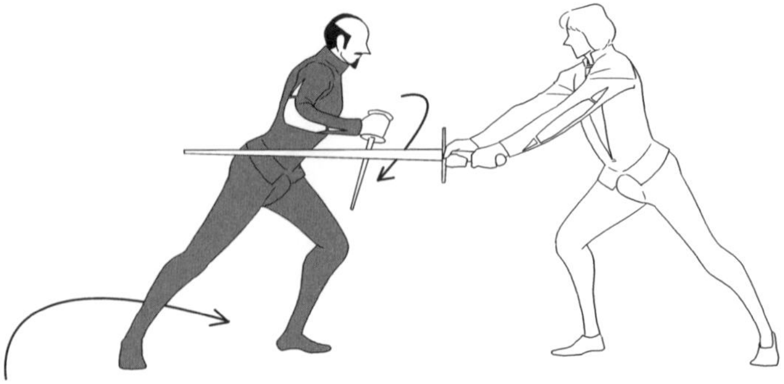

3

師匠は、左手で弟子の腕をつかんで封じ、右手のダガーで弟子を刺します。

4 カウンター

左手で、師匠の左肘の辺りをつかんで押しやります。

異種武器戦闘技12

ダガー対剣2

The Dagger against the Sword 2

出典；Fiore(Getty), 19r. Vail, pp. 188, 189.

1

弟子の攻撃をダガーで止めます。

2

左手で弟子の右肘の辺りをつかんで押さえつけ、弟子の動きを封じ、弟子の胸、または首をダガーで突き刺します。

異種武器戦闘技13

剣が鞘に入った状態での対処法

The Sword in Sheath against the Dagger

出典：Fiore(Getty), 19r.

この技は、咄嗟の時の緊急回避的な技です。

1

弟子が師匠の襟をつかんで、ダガーで突き刺そうとしています。師匠は、剣を鞘から抜く時間がありません。

2

師匠は、弟子の右肘の辺りを、剣で鞘ごと強く押さえつけて、弟子の攻撃を妨害します。

3

鞘で弟子を押さえ込んだまま、剣を抜いて弟子を攻撃します。フィオーレは、このほかに鞘を使って〔ダガー技8　対応法第一〕もしくは〔ダガー技11　対応法第一・第二応用法〕で相手のダガーを奪うことができるとしています。

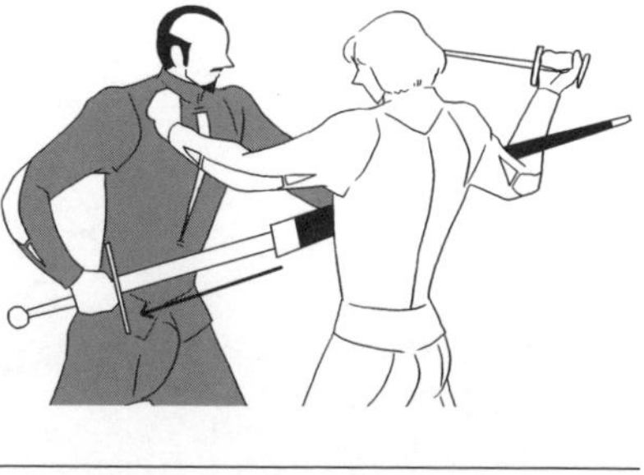

異種武器戦闘技14

手首封じ
Wrist-Hook

出典：Dürer/Messer, No. 39.

1

師匠は左手にダガー、右手にメッサーを持っています。

2

弟子の攻撃を左手のダガーで止めます。この時、弟子のメッサーではなく、弟子の手首にダガーを当てて止めます。

3

ダガーを巻いて、弟子の手首に引っ掛けるようにして押さえ込みます。

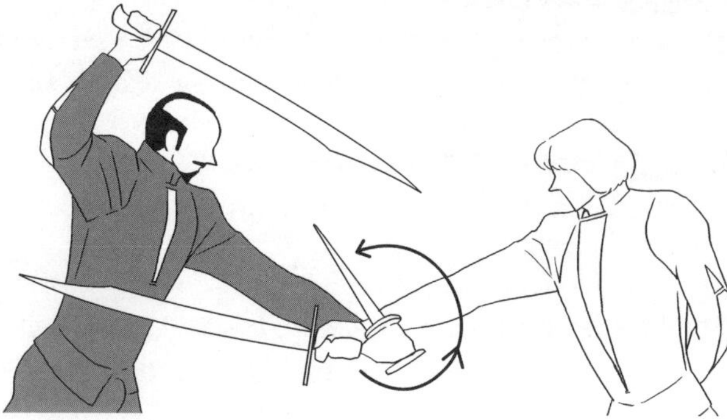

4

メッサーで弟子の顔、または胸に突きを入れます。

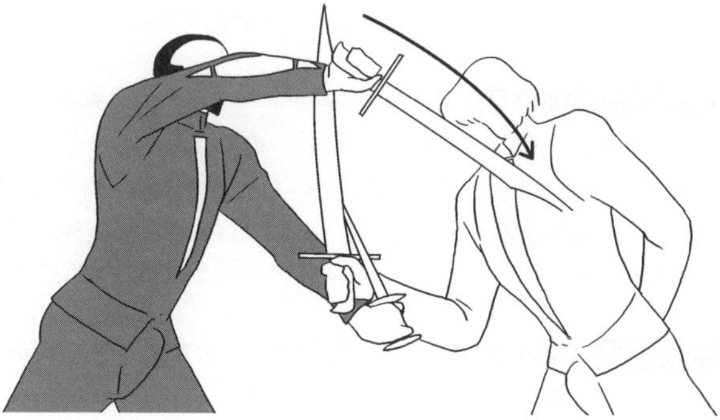

モンテのアドバイス2

アドバイス7　戦場では馬をまず狙う

戦場では、騎兵は十分に防御されているので、最も狙いやすく、最も弱体な馬を狙うことが最上だとしています。ただし馬上槍試合では馬を狙うことは反則でした。

アドバイス8　鎧は軽量で動きやすいほうがいい

モンテは、鎧は軽量で動きやすいほうがいいとしています。軽量の鎧のほうが相手の攻撃を避けたりしやすいからです。

アドバイス9　慎重に判断し、いったん決断したら即座に行動に移す

モンテは、性急な判断を強く戒め、判断は常に慎重かつ周到に下すべきであるとしています。しかし、いったん決断を下したら、即座に躊躇無く行動に移すべきであると説いています。モンテの言葉を借りれば「急がず、しかし確固たる意思を持って」堂々と行動すべきであるとしています。

アドバイス10　鞍に自分を縛りつけない

当時の人は、槍で突き落とされるのを防ぐため、しばしば自分を鞍に縛りつけていたそうです。モンテは、馬が倒れたりした時に非常に危険だと警告しています。

アドバイス11　武器は自分の体格・体力に見合ったものを選ぶ

モンテは、武器は相手の武器の長さなどを考慮に入れながらも、自分の体格・体力に見合ったものを選ぶべきであるとしています。また、彼は長い武器のほうが有利で、短く重い武器は技術が無い人が使うとしています。彼の考え方は、ある程度短いほうが有利であるとするシルバーやフィオーレと対照的な意見です。

アドバイス12　鞍は後ろに傾いていて、広く・十分なスペースがあること

前に傾いた鞍は、槍を受けた時に体が後ろにひっくり返るのを防げるように思えます。ところが武器などの重量で前方に体が落ちてしまったり、また重い槍を持った時の支えがないと批判しています。

アドバイス13　鐙は短く

当時の絵画などには、馬に乗っている人の足が真っ直ぐに、馬の腹の下まで伸びている様子が描かれています。そこからもわかる通り、当時は鐙の位置は長く取るのが普通でした。これは、当時は足を真っ直ぐに伸ばして、立つように鞍の上に座ることが、もっとも安定していると考えられていたからです。モンテは、これを否定して、現代のように鐙を短くするほうがより安定すると考えていました。

付録

Appendix

付録1

フェシトビュッフの著者

フェシトビュッフの著者について簡単な紹介をしていきます。日本の剣豪たちと異なり、ほとんどのヨーロッパの剣士の生涯は、まったくわかっていません。著者紹介は、苗字の五十音順です。

ファビアン・フォン=アウエルシュヴァルト
(Fabian von Auersward)（1462～1537）

ザクセン選帝侯ヨハン・フリードリッヒ一世の格闘術指南。1539年、77歳の時に『格闘術』という題名のフェシトビュッフ（挿絵はルーカス・クラナハ（子））を出版しました。

カミーリョ・アグリッパ
(Camillo Agrippa)（？～1595頃）

建築家・技術者・数学者・剣士と様々な顔を持つ自称ミラノ人。名前はおそらく本名ではなく、生年も不明です。数冊の本を執筆していますが、その中で、ミケランジェロと面識があると語っています。1553年に剣術に関する本を執筆し、後の世代に大きな影響を与えました。

ヘロニモ・サンチェス・デ=カランツァ
(Jerónimo Sanchez de Carranza, don)（？～1600）

スペインの貴族。アグリッパの技術を元にスペイン式剣術を創始したといわれています。

ジャコモ・ディ=グラッシ
(Giacomo Di Grassi)（16世紀）

イタリアの剣士。1570年に武術書を出版し、1594年には英訳本が出版されています。

ヴィンセンティオ・サヴィオーロ
(Vincentio Saviolo)（？～1599まで）

イタリア、パドヴァの名家出身の剣術家。1590年頃までにロンドンに移住して、以後当地で剣術を教えました。剣術のスタイルは、スペイン式剣術の影響を受けたイタリア式レイピア術です。1595年に本を出版し、シルバーが1599年に本を出版するまでの間に死亡しています。

ジョージ・シルバー
(George Silver)（1559？～1622以降）

イギリスの紳士階級の出身。サヴィオーロに決闘を申し込んだあと、1599年に『パラドックス・オブ・デフェンス』を出版しました。イタリア式のレイピア術を批判し、イギリスの伝統武術を擁護したことで知られ、また「最後の中世人」とも呼ばれています。

フィリッポ・バルトロメオ・ダルディ
(Filippo di Bartolomeo Dardi)（？～1464年頃)

1413年頃から武術を教え始め、後にボローニャ大学の算術・幾何学教授に就任しました。幾何学的思考を重視するイタリア式武術ボローニャ派の創始者とされる人物です。

ハンス・タルホーファー
(Hans Talhoffer)（1420頃～1482以降)

シュヴァーベン地方のおそらく下層階級出身の剣士で、ヴュルテンベルク伯（後に初代ヴュルテンベルク公。また、タルホーファーのパトロンのひとり）エーバーハルト髭公隷下の騎士、レウトルド・フォン＝ケーニッグセグ本人と彼の軍勢の武術指南。記録によると1435年に神聖ローマ皇帝ジギスムンドの関与する裁判に証人として登場します。後の1454年にはスイスのチューリッヒの市庁舎近くに道場の開設を許可され、同時に当市で行なわれる決闘裁判の審判を勤めました。少なくとも6つの、挿絵の非常に豊富なフェシトビュッフを著述し、現在最も重要な剣士のひとりと見なされています。

ハンコ・デブリンガー
(Hanko Döbringer)（14世紀頃～15世紀？)

Nürnberger Handschrift GNM 3227a (Cod.HS.3227a) の著者とされている人物。ハンス・「プリースト」・デブリンガーとも呼ばれます。その名から、剣士でありながらも聖職者であったと考えられています。

アルブレヒト・デューラー
(Albrecht Dürer)（1471～1528)

ニュルンベルク出身のドイツ・ルネッサンスを代表する画家。また、マルクス兄弟団に所属する剣士でもありました。

ディエゴ・ゴメス・デ・フィグエイレード
(Diego Gomez de Figueyredo, dom)（17世紀～1685)

リスボン出身の将軍で、25年も続いたポルトガル独立戦争を通して活躍し、ポルトガル王国を独立に導いた、ポルトガルの国民的英雄です。また、当時のポルトガル皇太子の武術指南でもありました。1651年にモンタンテの訓練法に関する本を著述しました。

パウルス・ヘクトル・マイアー
(Paulus Hector Mair)（1517～1579)

アウグスブルクの裕福な家庭の出身で、市の財政検査官だった人です。まだ20代の1540年頃に、4年の年月と財産のほぼすべてを費やしてフェシトビュッフを執筆します。プロの武術家ふたりをポーズモデルに、画家のイェルク・ブロイ（子）を挿絵画家として雇った、金に糸目をつけない豪勢な本でした。これまでの全フェシトビュッフを質・量ともに大きく超えるものでした。豪華な生活やフェシトビュッフコレクションの出費を賄うために市の予算を着服し、1579年に公金横領の罪で絞首刑に処せられました。享年62歳。

ホアキム・メイヤー
（Joachim Meyer）（1537？～1571）

スイスのバーゼル市出身の自由剣士兼ナイフ職人。各地を遍歴したあと、ストラスブルクに移住し、そこで結婚しました。メイヤーはマルクス兄弟団のライバル組織「羽戦士団(Federfechter)」に属していたとされ、ストラスブルク市の記録によると、1560年代に数回武術大会の開催許可を求めています。1570年に現在確認されている中で最も詳細かつ分量の多いドイツ式武術のフェシトビュッフを出版します。その数年後、マグデブルク公爵の招聘によりマグデブルク市に赴きますが、当地到着の2週間後に死亡しました。

オト・ユド
（Ott Jud）（15世紀）

「ユダヤのオト」という名前の通り、改宗ユダヤ人と伝えられる格闘術の第一人者です。後のドイツ式武術の格闘術に大きな影響を与えました。また、パウルス・カルによる「リーヒテナウアー十八傑」のひとりでもあります。

ヨハンネス・リーヒテナウアー
（Johannes Liechtenauer）（14世紀）

フランコニア地方リヒテナウ市（現バイエルン州ミッテルフランケン、アンスバッハ郡）出身と推測される剣士。ドイツ南部・東欧各地を修行し、そこで学んだ技術を取捨選択して「ドイツ式武術」を創始しました。ハンコ・デブリンガーのフェシトビュッフ執筆時（推定1389年）にはまだ生存していたとされています。後世にしばしば「高師(High Master)」「宗師（Grand Master)」と呼ばれ、著書はありませんが、ドイツ式武術の真髄を暗号のように織り込んだ韻文の作者とされています。

フィオーレ・デイ・リベーリ
（Fiore dei Liberi）（1350頃～1410以降）

現イタリアとスロヴェニアの国境付近の都市チヴィダーレ・デル・フリウーリ（当時はチヴィダーレ・ダウストリア）の貴族階級出身の剣士。各地を修行し、ドイツ人ヨハンネス・スウエノ（または「シュヴァーベンのヨハンネス」）の元で武術を学びます。1383年、故郷に程近いウディーネ市の市民戦争に、市側の部隊指揮官として登場するのが、彼に関する最初の記録です。その後多くの騎士たちの武術指南役を勤めました。

現在確認される中でも最古のイタリア式武術のフェシトビュッフ4冊を記した、ヨーロッパ武術で最も重要な人物のひとりです。なお、彼の師匠であるヨハンネス・スウエノとドイツ式武術の創始者ヨハンネス・リーヒテナウアーを同一視する人もいます（年代と場所は一致している）が、実証はされていません。

シグムント・リンゲック
（Sigmund Schining ein Ringeck）（14世紀または15世紀）

ドイツの剣士で、1420～1440年代に完成したとされるフェシトビュッフ（MS Dresden C 487）の作者とされる人物で、「リーヒテナウアー十八傑」のひとりです。

付録2

文献略称一覧

本書第2部の技紹介パートで使用されている、文献の略語を記載します。

Agrippa

カミーリョ・アグリッパ著、ケン・モンドシャイン編訳『フェンシング』(2009年)

Agrippa, Camillo. Mondschein, Ken (Trans. Ed.) Fencing: A Renaissance Treatise. Italica Press, NY. (2009)

Anglo

シドニー・アングロ著『ルネッサンス・ヨーロッパの武術』(2000年)

Anglo, Sydney. The Martial Arts of Renaissance Europe. Yale University Press. New Haven and London (2000)

Auerswald

ファビアン・フォン＝アウエルスヴァルト著『格闘術』(1539年) レイモンド・J・ロード・コレクションとマサチューセッツ・ルネッサンス研究センター

Auersward, Fabian von. Ringer kunst: funf und achtzig stücke zu ehren Kurfürstlichen gnaden zu Sachssen. (1539). http://www.umass.edu/renaissance/lord/pdfs/VonAuerswald_1539.pdf

Di Grassi

ジャコモ・ディ＝グラッシ著、I.G訳『ジャコモ・ディ＝グラッシの真の武術』レイモンド・J・ロード・コレクションとマサチューセッツ・ルネッサンス研究センター (1594年)

Di Grassi, Giacomo. I.G. gentleman (Trans.). Giacomo Di Grassi his true Arte of Defence, plainlie teaching by infallable Demonstrations, apt Figures and Perfect Rules the manner and forme how a man without other Teacher or Master may safelie handle all sortes of Weapons aswell offenciue as deffenciue; VVith a Treatise Of Disceit or Falsinge: And with a waie or meane by priuate Industrie to obtaine Strength, Judgment and Actiuude. (1594) http://www.umass.edu/renaissance/lord/pdfs/DiGrassi_1594.pdf

Döbringer

ハンコ・デブリンガー著、デビッド・リンドホルム他訳『Cod.HS.3227a、またはハンコ・デブリンガーのフェシトビュッフ、1389年』(不明)

Döbringer, Hanko. David Lindholm, and friends (Trans.) Cod.HS.3227a or Hanko Döbringer’ s fechtbuch from 1389. http://www.thearma.org/Manuals/Dobringer_A5_sidebyside.pdf

Duelling

ジェフリー・ハル編訳『騎士の決闘』(2007)

Hull, Jeffrey. with Maziarz, Monika, Zabinski, Grzegorz. Knightly Duelling – the Fighting Arts of German Chivalry. Paladin Press (US), (2007)

Dürer

アルブレヒト・デューラー著、フリードリヒ・デルンホッファー編『アルブレヒト・デューラー・フェシトビュッフ』ミシガン州立大学図書館(1910年)

Dürer, Albrecht (original). Friedrich Dörnhöffer (edit) Albrechit Dürers Fechitbuch. F. Tempski (Wien), G. Freytag (Leipzig) (1910), Michigan State University Libraries. http://archive.lib.msu.edu/DMC/fencing/albrecht.pdf

Fick

スティーブン・フィック著『初心者のロングソード』(2009年)

Fick, Steaphen. The Beginner' s Guide to the Long Sword – European Martial Arts Weaponry Techniques. Black Belt Press (US)(2009)

Fiore(Getty)

フィオーレ・デイ・リベーリ著、トム・レオーニ訳『フィオーレ・デイ・リベーリの戦いの華、M.S.Getty Ludwig XV 13』(2009年)

Liberi, Fiore dei (original). Tom Leoni (Trans.) Fiore de' Liberi' s Fior di Battaglia M.S. Getty Ludwig XV 13 – Italian Swordmanship Treatise. www.Lulu.com (2009)

Fiore(Pisani)

フィオーレ・デイ・リベーリ著、フランチェスコ・ノヴァーティ編『決闘の華』(1409年・1902年)

Liberi, Fiore dei (original). Francesco Novati (publish). Flor Duellatorum. (1409, 1902) http://mac9.ucc.nau.edu/novati/novati.pdf

Gladiatoria

ヒュー・T・ナイトJr編訳『グラディアトリア・フェシトビュッフ』(2008年)

Knight, Jr. Hugh T. Gladiatoria Fechitbuch – A Fifteenth-Century German Fight Book. www.lulu.com (2008)

Knight/Armoured

ヒュー・T・ナイトJr著『槍と剣の戦い』(2007年)

Knight, Jr, Hugh T. Fencing with Spear and Sword: Medieval Armored Combat. www.lulu.com (2007)

Knight/Buckler

ヒュー・T・ナイトJr 著『中世のソード・アンド・バックラー・コンバット』(2008年)

Knight, Jr, Hugh T. Medieval Sword and Buckler Combat. www.lulu.com (2008)

Knight/Longsword

ヒュー・T・ナイトJr 著『ナイトリー・アート・オブ・ロングソード』(2009年)

Knight, Jr, Hugh T. The Knightly Art of Longsword. www.lulu.com (2009)

Knight/Ringen-Dagger

ヒュー・T・ナイトJr 著『最後の砦』(2008年)

Knight, Jr, Hugh T. The Last Resort: Unarmed Grappling and Dagger Combat. www.lulu.com (2008)

Mair

デヴィッド・ジェームス・ナイト、ブライアン・ハント著『パウルス・ヘクトール・マイアーの長柄武器術』(2008年)

Knight, David James. Hunt, Brian. Polearms of Paulus Hector Mair. Paladin Press, US (2008)

Mair2

パウルス・ヘクトール・マイアー著『体術大全・第一巻 (Cod.Icon.393)』バイエルン国立図書館蔵 (1542年)

Mair, Paulus Hector.Opus Amplissimum de Arte Athletica (Cod.Icon.393). Bayerische Staatsbibliothek (1542)

Meyer

ホアキム・メイヤー著、ジェフリー・L・フォーゲング訳『ザ・アート・オブ・コンバット —1570年のドイツ武術指南書』(2006年)

Meyer, Joachim. Jeffrey L. Forgeng (Trans.). The Art of Combat – A German Martial Arts Treatise of 1570. Greenhill Books, London, UK (2006)

Montante

ディエゴ・ゴメス・デ・フィグエイレード著、エリック・マイヤーズ訳、スティーヴ・ヒック共著『モンタンテの訓練の回想』オーケンショット・インスティテュート (2009年)

Figueyredo, Diego Gomez de. Memorial of the Practice of the Montante. http://www.oakeshott.org/Figueiredo_Montante_Translation_Myers_and_Hick.pdf.(2009)

Paradox

ジョージ・シルバー著『パラドックス・オブ・ディフェンス』(1599年)、ポール・ワグナー著『マスター・オブ・デフェンス』(2003年) 収録

Silver, George. Paradoxes of Defence, wherein is proved the true ground of Fight to be in the short auncient weapons, and that the short Sword hath advantage of the long Sword or long Rapier. And the weakness and imperfection of the Rapier-fights displayed. Together with an Admonition to the noble, auncient, victorious, valiant, and most brave nation of Englishmen, to beware of false teachers of Defence, and how they forsake their owne naturall fights : with a briefe commendation of the noble science or exercising of Armes . London, 1599
(ページ数は『マスター・オブ・デフェンス』のものを使用)

Ringeck/Tobler

ヨハンネス・リーヒテナウアー原本/シグムント・リンゲック注解、クリスチャン・ヘンリー・トブラー編訳『中世ドイツ剣術の秘密』(2001年)
Liechtenauer, Johannes (original), Ringeck, Sigmund (Commentary), Tobler, Christian Henry (Trans. Interpret.) Secret of German Medieval Swordmanship: Sigmund Ringeck' s Commentaries on Johannes Liechtenauer' s Verse. Chivalry Bookshelf, US. (2001)

Silver/ Instruction

ジョージ・シルバー著『拙著パラドックス・オブ・ディフェンスの簡潔なる手引き』(1605年頃)、ポール・ワグナー著『マスター・オブ・デフェンス』(2003年) 収録
Silver, George. Brief Instructions upon my Paradoxes of Defence. c.1605
(ページ数は『マスター・オブ・デフェンス』のものを使用)

Spada2

スティーブン・ハンド編『スパーダ2』(2002～2005年)
Hand, Stephen (Ed.), Mele, Gregory. Hick, Steven (Assistant ed.) Spada 2 Anthology of Swordmanship. Chivalry Bookshelf, US. (2002-2005)

Swetman

ジョセフ・スウェットマン著『高貴にして価値ある武術の教本』レイモンド・J・ロード・コレクションとマサチューセッツ・ルネッサンス研究センター (1617年)
Swetman, Joseph. The Schoole of the Noble and Worthy Science of Defence. http://www.umass.edu/renaissance/lord/pdfs/Swetnam_1617.pdf

Talhoffer(1459)

ハンス・タルホーファー著、ジェフリー・ハル編訳『命を掛けた戦い』(2007年)
Talhoffer, Hans (original). Hull, Jeffrey (trans. Edit.). Fight Earnestly – the Fight-Book from 1459 AD by Hans Talfhoffer. http://www.thehaca.com/pdf/Fight-Earnestly.pdf

Talhoffer(1467)

ハンス・タルホーファー著、マーク・レクター編訳『中世の戦い』(2006年)

Talhoffer, Hans (original). Rector, Mark (Trans. Ed.). Medieval Combat – A Fifteenth-Century Manual of Swordfighting and Close-Quarter Combat. Greenhill Books, London. (2006)

Vail

ジェイソン・ヴェイル著『中世・ルネッサンスのダガー・コンバット』(2006年)

Vail, Jason. Medieval and Renaissance Dagger Combat. Paladin Press ,US. (2006)

Wallerstein

グルゼゴルズ・ザビンスキ、バルトロメイ・ワルクザック編訳『ヴァラーシュタイン写本』(2002年)

Zabinski, Grzegorz, Walczak,Bartlomiej (Trans. Ed.). Codex Wallerstein: A Medieval Fighting Book from the Fifteenth Century on the Longsword, Falchion, Dagger, and Wrestling. Paladin Press, US. (2002)

付録3

フェシトビュッフ書評

ここまで読んできて、自分でも当時のフェシトビュッフを読んでみたいと思う人もいるかもしれません。しかし、この分野は日本では存在しないに等しいものであるのに加え、どの本がいいのか、また、ある本が取り上げているフェシトビュッフはどのようなものなのか、まったくわからないというのが現状です。そこで、この項では参考文献の本についての書評と、もともとのフェシトビュッフについて簡単に紹介することで、正しい本を選ぶための手助けをしたいと思います。

Agrippa, Camillo. Mondschein, Ken (Trans. Ed.) *Fencing: A Renaissance Treatise.* Italica Press, NY. (2009)

カミーリョ・アグリッパの剣術に関する本です。本編は二部に分かれていて、第一部は主にレイピア（スパーダ・ダ・ラト）の操法について、第二部は彼のパトロンとの幾何学に関する講義が取り上げられています。ケン・モンドシャインの当時の社会情勢や思想哲学などについての解説は詳細で、訳文も非常に読みやすいです。また、本のサイズもこの手の本によくあるように大型ではなく、読みやすい本だと思います。また、海外のペーパーバックにしては紙質がいいのも高評価です。ただ、この本は原本の翻訳であって、アグリッパの技の動きを解説しているわけないので、注意してください。

Anglo, Sydney. *The Martial Arts of Renaissance Europe.* Yale University Press. New Haven and London (2000)

この本は、フェシトビュッフではなく、フェシトビュッフに関する研究本です。ただ、研究書とはいってもイラストが豊富で、引用文や考察なども他を圧倒するほどの質・量を誇ります。唯一の問題は、イラストの解説文の所々に、小粋なブリティッシュ・ジョーク（あまり面白くない類の）が光っているところでしょうか。もしもフェシトビュッフや当時の武術についての学術的な解説を読みたいのなら、この本はかなりの良著といえます。反対に、技について実用的なことを知りたい人にとってはあまり買う必要はない本でしょう。

Auersward, Fabian von. *Ringer kunst: funf und achtzig stücke zu ehren Kurfürstlichen gnaden zu Sachssen.* (1539). http://www.umass.edu/renaissance/lord/pdfs/VonAuerswald_1539.pdf

この本（というよりファイル）は、原本のスキャンですので、当時のドイツ語の知識が不可欠です。この本は木版画のイラストがメインで、解説は比較的簡潔なので、著者のようにドイツ語は少数の単語しか分からない人間でも、イラストだけでもある程度の類推は可能です（誤解しないように注意が必要ですが）。ちなみに、挿絵はドイツ・ルネッサンスを代表する画家ルーカス・クラナハの息子、ルーカス・クラナハ（子）によるもので、衣服なども詳細に書かれているので、当時のファッションの資料代わりにもなります。

Brown, Terry. *English Martial Arts.* Anglo-Saxon Books, UK. (1997)

現在ほとんどのヨーロッパ武術は、ドイツ式かイタリア式が大半を占めている中で、珍しいイギリス式武術専門に書かれている本です。最初のパートは、イギリスにおける武術（正確には武術組合と後のプライズ・ファイト）の歴史や組織の解説、後半はブロードソード（バックソード）・クォータースタッフ・剣とダガー・剣とダガー対剣とバックラー・ビル・徒手格闘（レスリングというよりは打撃技が多いです）・構えについて写真入りで詳細に紹介しています。欠点としては、イギリス式武術そのものの歴史についてあまり詳しくないこと（資料そのものが少ないこともありますが）や、技の出典がないので検証のしようがないことです。イギリス式武術の技を現代人向けに詳細に解説している数少ない本のひとつなので、イギリス式武術に興味がある人は買って損はないと思います。

Di Grassi, Giacomo. I.G. gentleman (Trans.). *Giacomo Di Grassi his true Arte of Defence, plainlie teaching by infallable Demonstrations, apt Figures and Perfect Rules the manner and forme how a man without other Teacher or Master may safelie handle all sortes of Weapons aswell offenciue as deffenciue; VVith a Treatise Of Disceit or Falsinge: And with a waie or meane by priuate Industrie to obtaine Strangth, Judgment and Actiuude.* (1594) http://www.umass.edu/renaissance/lord/pdfs/DiGrassi_1594.pdf

当時のイギリスの本はタイトルが信じられないほど長いのが特徴ですが、この本も例外ではありません。1570年にイタリアで出版された本の英語訳の原本のスキャンです。タイトルからも分かる通り、当時の英語は現在のものとやや違う（他にもsとfの違いがほとんどないなどがあります）ので混乱するかもしれません。本文では、基本理論・レイピア（スパダ・ダ・ラト）・レイピアとダガー・レイピアとケープ・剣とバックラー・剣とタージ・レイピア二刀流・両手剣・長柄武器などについて解説しています。この本がダウンロードできるサイトでは、イタリア版も手に入るので、両者を比べてみると、バックラーがイギリス版ではイギリス風に改変されていたり、ケープの巻き方がイギリス版ではいい加減に描かれているなどの変更が見られます。

Döbringer, Hanko. David Lindholm, and friends (Trans.) *Cod.HS.3227a or Hanko Döbringer's fechtbuch from 1389.* http://www.thearma.org/Manuals/Dobringer_A5_sidebyside.pdf

ハンコ・デブリンガーのフェシトビュッフの対訳本です。原文の隣に訳文が書かれているという非常に分かりやすいレイアウトで、訳文も丁寧に訳してあるためか、非常に読みやすくなっています。内容に関しては、実践的な技術の実戦についての解説というよりは、技の理論に関する解説ですので、実践的な技を知りたい人には向かないと思います。

Hull, Jeffrey. with Maziarz, Monika, Zabinski, Grzegorz. *Knightly Duelling – the Fighting Arts of German Chivalry.* Paladin Press (US), (2007)

ドイツ式武術に関する様々なフェシトビュッフからの抜粋の詰め合わせといった感じの本です。様々なトピックについて、マイナーなフェシトビュッフから著名なものまで幅広く紹介しています。特に騎乗戦闘に関しては、他の本で大きく扱っていないこともあり、重要な情報源です。ただ、レイアウトが少々雑多な感じがするうえに、この章はどのフェシトビュッフからの引用か分かりにくいのが難点です。また、本文は基本的に訳文のみを取り扱っているので、技の実際の動きは自分で解釈する必要があります。

Dürer, Albrecht (original). Friedrich Dörnhöffer (edit) *Albrechit Dürers Fechitbuch.* F. Tempski (Wien), G. Freytag (Leipzig) (1910), Michigan State University Libraries. http://archive.lib.msu.edu/DMC/fencing/albrecht.pdf

1910年出版の『アルブレヒト・デューラー・フェシトビュッフ』の研究書です。前編では、フェシトビュッフの解説および、手書き文の書き起こし、またヴァラーシュタイン写本との比較がされています。後半部は、デューラーの原本が掲載されています。ドイツを代表する画家のものだけあって、スケッチに近い絵ですが、単純な線で人体の動きを的確に捉えています。また、人物のバラエティーも豊かで、当時の人たちの髪型や服装などの資料にもなると思います。取り扱っている武器はロングソード・ダガー・メッサー・レスリングなどです。デューラーの本は、ヴァラーシュタイン写本と共通する技があったり、同一の技のイラストの構図が同じという特徴があります。そのため、デューラーは一部の技をヴァラーシュタイン写本を手本にして描いたと考えられています。なお、この本はドイツ語で書かれています。

Fick, Steaphen. *The Beginner's Guide to the Long Sword – European Martial Arts Weaponry Techniques.* Black Belt Press (US)(2009)

フィオーレの技をベースにした、ロングソード術の基本についての本です。あまり分量は多くないので、それほど時間をかけずに読むことができます。ただ、この本は本当に基本に関しての本なので、個別の技などに関しての記述はありません。

Liberi, Fiore dei (original). Tom Leoni (Trans.) *Fiore de' Liberi's Fior di Battaglia M.S. Getty Ludwig XV 13 – Italian Swordmanship Treatise.* www.Lulu.com (2009)

フィオーレのフェシトビュッフの中で、最も充実しているといわれているゲティー版の翻訳です。本そのものは非常に薄いので、簡単に読むことができ、取り扱っている分野もロングソード・レスリング・ダガー・片手剣・ポールアックス・槍・バトン・馬上戦闘など多岐に渡ります。この本の唯一にして最大の欠点は、挿絵がないということです。著作権などの関係で挿絵を掲載できなかったということなので、もしもこの本を読むのなら、ゲティー博物館のコレクションに掲載されているフェシトビュッフのページを一枚一枚コピーする必要があります。しかし、2011年の10月に、ケン・モンドシャインによる博物館公認の挿絵付き訳本が出版されているので、そちらを買った方が確実だと思われます。

Liberi, Fiore dei (original). Francesco Novati (publish). *Flor Duellatorum.* (1409, 1902) http://mac9.ucc.nau.edu/novati/novati.pdf

こちらは、ノヴァーティ版（またはピサーヌ・ドッシ版）のフェシトビュッフです。1902年に出版されたきり、原本は最近まで行方不明でした。こちらは、書き起こし文すらない原本オンリーの本なので、中世イタリア語の手書き文解読に関する知識が必要になります。

Knight, Jr. Hugh T. *Gladiatoria Fechitbuch – A Fifteenth-Century German Fight Book.* www.lulu.com (2008)

15世紀半ばに描かれた『グラディアトリア・フェシトビュッフ』（クラカウのヤギェウォ図書館蔵MS German Quarto 16）の訳本です。解説部分では、当時の武術・決闘についてなどの簡潔な説明があります。本文では、各ページごとに、挿絵・原文書き起し・英訳が記載されていて、読みやすい構成になっています。原本は、リーヒテナウアーを創始者とするドイツ式武術とは別の伝統を持つドイツの武術で、鎧を着込んだ状態での戦闘に特化しているという非常に珍しい本でもあります。取り扱っている武器は、ハーフソード・殺撃・槍・ダガーとレスリングが主で、他に非常に短い決闘用の盾とメッサーとバックラー、剣とバックラー、ショートスタッフの解説があります。

Knight, Jr, Hugh T. *Fencing with Spear and Sword*: Medieval Armored Combat. www.lulu.com (2007)

Luluというサイトは、自己出版本の制作・販売のためのサイトです。この本も、彼による自己出版本で、鎧を着た状態での戦闘（ハーフソード・殺撃・槍）に関する技を載せています。彼は、基本的にドイツ式武術をメインに研究していますが、この本では『グラディアトリア・フェシトビュッフ』の技も多く取り入れてあります。現代の本なので、多くの写真を載せているために技の動きが分かりやすく、解説文も現代人にとって非常に分かりやすく書かれています。また、多くの技では出典箇所についても書かれているので、彼の技の検証にも非常に便利です。唯一の欠点は、自己出版なので、写真や製本の質があまり良くないということです。

Knight, Jr, Hugh T. *Medieval Sword and Buckler Combat.* www.lulu.com (2008)

こちらの本は剣とバックラーに関する本です。ドイツ式武術のフェシトビュッフから取り上げた技を写真と文章で解説しています。当然ながら、ドイツ式武術の研究者の本なので、イタリア式武術などに興味のある人には、あまり役に立たないかと思います。

Knight, Jr, Hugh T. *The Knightly Art of Longsword.* www.lulu.com (2009)

かなり分厚い本で、ドイツ式のロングソード術の技を、基本から応用まで、非常に多くの写真入りで解説しています。

Knight, Jr, Hugh T. *The Last Resort: Unarmed Grappling and Dagger Combat.* www.lulu.com (2008)

ドイツ式レスリング術とダガー術を写真入りで解説しています。

Knight, David James. Hunt, Brian. *Polearms of Paulus Hector Mair.* Paladin Press, US (2008)

マイアーのフェシトビュッフから長柄武器（ポールアックス・ハルバード・ショートスタッフ・ロングスタッフ・異種武器）に関する技の紹介を抜き出して翻訳・解説した本です。本文はメイン部分に技一つごとに見開きで、左ページにドイツ語とラテン語の原文、右ページに挿絵とドイツ・ラテン語の翻訳を合わせた解釈版の訳文を載せています。本文の後には、ラテン語・ドイツ語両方の逐語訳および、ドイツ語・ラテン語の単語集などまであるという非常に気合の入った本です。

Mair, Paulus Hector.Opus Amplissimum de Arte Athletica (Cod.Icon.393). Bayerische Staatsbibliothek

この本は、第二部（Cod.Icon.393）と共に、最もボリュームの多いマイアーのフェシトビュッフです。バイエルン公爵アルブレヒト五世が800フローリンの高額（メイヤーの場合は合計で30フローリンでした）で購入したこの本は、第一部309枚、第二部303枚という大部の書です。全編非常に流麗な人文書体のラテン語で本文が書かれ、挿絵は精密な彩色画で、全編を通じて400人を超える登場人物の一人として同じ人物、同じ衣服を着ている者がいないという凄まじい出来の本です。

Meyer, Joachim. Jeffrey L. Forgeng (Trans.). *The Art of Combat – A German Martial Arts Treatise of 1570.* Greenhill Books, London, UK (2006)

1570年出版のフェシトビュッフの翻訳です。ロングソード・ドュサック・レイピア・レスリング・ダガー・ショートスタッフ（本文ではクォータースタッフ）・パイク（ロングスタッフ）・ハルバードに関する技を解説しています。メイヤーの本は当時としては非常に特殊で、素振りなどの訓練用の型や、歩法などの基本技術について詳しく書かれています。さらに各章の構成も、基本原理・構え・基本技・応用という風に順を追って解説してあります。特筆すべきはその技の豊富さで、数百を超える空前絶後の数の技が収録されています。最後の解説部分は、本文に登場した技などについてかなり詳細に解説してあり、技についてのドイツ語・英語対照表なども載っていてかなり使いやすいと思います。

唯一の欠点は、なぜか挿絵を各章の最後にまとめてしまったことです。このために一々本の中を行ったり来たりしなければならず、かなり面倒です。彼が本を執筆した当時は、ドイツ式武術はその実用性を失いつつあった時期でもあります。特にロングソードは完全にスポーツ化しているので、もっと古いタイプの、戦場用の技を知りたいという人には期待はずれの本になるかもしれません（ただ、ダガー・レイピア・スタッフなどの技の多くは実戦にも使える技です）。

Figueyredo, Diego Gomez de. *Memorial of the Practice of the Montante.* http://www.oakeshott.org/Figueiredo_Montante_Translation_Myers_and_Hick.pdf.(2009)

モンタンテの翻訳本です。モンタンテと著者、そしてスペインの伝統武術に関する短いですが詳細な解説が述べられています。本文は、最初に訳文、次に原文が掲載されています。

Liechtenauer, Johannes (original), Ringeck, Sigmund (Commentary), Tobler, Christian Henry (Trans. Interpret.) *Secret of German Medieval Swordmanship: Sigmund Ringeck's Commentaries on Johannes Liechtenauer's Verse.* Chivalry Bookshelf, US. (2001)

リンゲックのリーヒテナウアーの韻文の注解書（15世紀中頃）を翻訳・解説した文です。リンゲックのレイアウトに沿って翻訳されていて、ロングソード・レスリング・ハーフソード・殺撃・鎧を着てのレスリング・馬上戦闘について解説しています。本文はリーヒテナウアーの韻文・リンゲックの注解・トブラーの解説と写真で構成されています。特に写真は、どの写真がリンゲックの注解のどの部分に当たるのかまで書かれています。レイアウトも非常に見やすく構成されています。短所といえば、馬上先頭は構え以外の写真がなく、文章だけで解説されていること、所々に編集間違いがあること、変な臭いのする紙を使っていること、本が妙に重いことと、出版社が色々あったため、本が現在絶版状態で再版の見込みがないことです。

Hand, Stephen (Ed.), Mele, Gregory. Hick, Steven (Assistant ed.) *Spada 2 Anthology of Swordmanship.* Chivalry Bookshelf, US. (2002-2005)

ヨーロッパの伝統武術に関する雑誌として創刊されましたが、第二号目の本書を出したところで出版社にトラブルがあって現在休刊中です。この号では負傷に関する記事、盾の使用法に関する記事、パルチザンの操法に関する記事などがあります。とにかく技を知りたいという人には向きませんが、様々な情報を深く知りたいという人には向いている本だと思います。

Swetman, Joseph. *The Schoole of the Noble and Worthy Science of Defence.* http://www.umass.edu/renaissance/lord/pdfs/Swetnam_1617.pdf

レイピア・レイピアとダガー・バックソード・剣とダガー・スタッフなどを取り扱っている本です。彼のレイピア術などはイタリア式を基にしていますが、基本原理はイギリス式の影響が強く見られます。当時の本のスキャンイメージですので、読むのにかなり苦労します。

Talhoffer, Hans (original). Hull, Jeffrey (trans. Edit.). *Fight Earnestly – the Fight-Book from 1459 AD by Hans Talfhoffer.* http://www.thehaca.com/pdf/Fight-Earnestly.pdf

1459年版のタルホーファーのフェシトビュッフの編訳です。タルホーファーのフェシトビュッフは文章が短い代わりに挿絵が充実しているのが特徴です。この本は、タルホーファー本人の所蔵とされているもので、ロングソード・メッサー・レスリング・剣とバックラー・鎧での戦闘（剣・槍など）・馬上戦闘・決闘用の大盾などの多種多様の武器術だけでなく、攻城用兵器・軍用機械・特殊武器などが紹介されています。なかでも潜水服なダヴィンチに先立つ事数十年前のものです。解説や解釈は非常に詳細で、明快です。唯一の欠点は、ページ数が参照しにくいことと、構えなどが特に説明もなく頭文字で省略されているのでわかりにくいということです。

Talhoffer, Hans (original). Rector, Mark (Trans. Ed.). *Medieval Combat – A Fifteenth-Century Manual of Swordfighting and Close-Quarter Combat.* Greenhill Books, London. (2006)

こちらはタルホーファーの1467年版のフェシトビュッフの編約です。冒頭にドイツ式武術の簡単な解説・本編の後には原本のテキストの書き起しが載っています。紹介している武器はロングソード・ハーフソード・殺撃・鎧を着ての戦闘（槍・ロングソード）・レスリング・ダガー・ポールアックス・決闘用の盾・メッサー・剣とバックラー・男女の決闘・馬上戦闘が紹介されています。欠点は、技についての技術的な解説がないことと、挿絵の解説文が、原文の訳文と著者の解釈がごっちゃになっているために混乱しやすいということです。

Vail, Jason. *Medieval and Renaissance Dagger Combat.* Paladin Press ,US. (2006)

イタリア式およびドイツ式武術からダガーによる戦闘法を収録した本です。ダガーの種類・基本の攻撃法や歩法を解説した後に本編に入り、最後は訓練の安全性の確保などについてを論じています。本編は、素手でのダガーに対する対処法・ダガー対ダガー・ダガー対剣の三部に分かれ、写真も豊富で分かりやすいと思います。欠点は、ある写真が解説文のどの部分に該当しているのか分からないので時折混乱することと、出典が名前だけでページ数などの詳細がないので、検証に非常に時間がかかるということです。この本は鎧を着ていない状態でのダガー術を知りたい人にとっては非常に役に立つ本ですが、ダガー術に興味がない人にとっては何の価値もない本です。

Wagner, Paul. *Master of Defence: the Works of George Silver.* Paladin Press, US. (2003)

ジョージ・シルバーの理論や当時の武器、そしてなぜ彼がレイピア術を嫌ったのかについて詳細に解説・考察している本です。解説パートのそれぞれの章は三人の著者によるエッセイ形式をとっていて、非常に読み応えのある本です。各章は、シルバーの作品の時代背景・シルバーの時代の武器について・シルバーの戦闘理論と実践・レイピア術の欠陥について・シェークスピア劇における武術と当時のイギリス式・イタリア式武術との関係・シルバーの著作と『五輪の書』の共通点・語彙について解説しています。第二部ではシルバーの著作3作品を掲載しています。『パラドックス・オブ・ディフェンス』(1599年）は、当時出版された唯一の作品で、理論的考察によってイギリスの伝統武術のイタリア式レイピア術に対する優位を証明しています。『拙著パラドックス・オブ・ディフェンスの簡潔なる手引き』（1605年頃）は、前作の理論パートに対する実践パートといえる本で、様々な武器の実際の戦い方が書かれています。最後のSandry kinds of play or fight.は、本ではなく、執筆準備用のメモです。この本はイギリス式武術に興味があるのならば買って損はない本でしょう。また、各種の武器についての解説や武術理論についても他の本よりも詳細に書いてあるので、それらのことに興味がある人にも向いている本だと思います。

Zabinski, Grzegorz, Walczak,Bartlomiej (Trans. Ed.). *Codex Wallerstein: A Medieval Fighting Book from the Fifteenth Century on the Longsword, Falchion, Dagger, and Wrestling.* Paladin Press, US. (2002)

15世紀のフェシトビュッフの翻訳本です。この本はかつてマイアーの蔵書だった本で、余白に彼直筆の注釈が入っています。原本はふたつのフェシトビュッフをつなぎ合わせたものです（当時このような複数の文書を一つにまとめることは良くあったようです)。前半部はロングソード・メッサー・ダガー・レスリングを挿絵と解説付きで紹介しています。後半は、前半とは別のフェシトビュッフ（おそらく前半より古い）で、ロングソード・鎧を着ての戦闘（ハーフソード・ダガー・レスリング）・決闘用の盾が紹介されています。原本で紹介されている流派は、前半がドイツ式、後半は『グラディアトリア・フェシトビュッフ』のグループに属していると考えられています。解説では、使用されている武器の解説のほかに、原本で紹介されている技と他のフェシトビュッフに登場する技との比較など、短いながらも興味深い内容になっています。

付録4

参考文献

本書を執筆するのに参考にした主要な本を掲載しました。このほかにも多くの資料を参照しましたが、分量の関係などから省いています。また、インターネット上の記述も参考になりました。ウェブサイトのなかには、フェシトビュッフの翻訳や解説、さらには小論文をダウンロードできるものもあります。

Agrippa, Camillo. Mondschein, Ken (Trans. Ed.) *Fencing: A Renaissance Treatise.* Italica Press, NY. (2009)

Anglo, Sydney. *The Martial Arts of Renaissance Europe.* Yale University Press. New Haven and London (2000)

Auersward, Fabian von. *Ringer kunst: funf und achtzig stücke zu ehren Kurfürstlichen gnaden zu Sachssen. (1539).* http://www.umass.edu/renaissance/lord/pdfs/VonAuerswald_1539.pdf

Ayton, Andrew Charles. '*The Warhorse and Military* Service under Edward III' . The University of Hull. (1990)

Biborski, Marcin. Stępiński, Janusz. Grzegorz, Żabiński. 'A Renaissance Sword from Racibórz' *Gladius XXIV.* (2004)

Brown, Terry. English Martial Arts. Anglo-Saxon Books, UK. (1997)

Di Grassi, Giacomo. I.G. gentleman (Trans.). *Giacomo Di Grassi his true Arte of Defence, plainlie teaching by infallable Demonstrations, apt Figures and Perfect Rules the manner and forme how a man without other Teacher or Master may safelie handle all sortes of Weapons aswell offenciue as deffenciue; VVith a Treatise Of Disceit or Falsinge: And with a waie or meane by priuate Industrie to obtaine Strangth, Judgment and Actiuude.* (1594) http://www.umass.edu/renaissance/lord/pdfs/DiGrassi_1594.pdf

Döbringer, Hanko. David Lindholm, and friends (Trans.) *Cod.HS.3227a or Hanko Döbringer's fechtbuch from 1389.* http://www.thearma.org/Manuals/Dobringer_A5_sidebyside.pdf

Hull, Jeffrey. with Maziarz, Monika, Zabinski, Grzegorz. *Knightly Duelling – the Fighting Arts of German Chivalry.* Paladin Press (US), (2007)

Dürer, Albrecht (original). Friedrich Dörnhöffer (edit) *Albrechit Dürers Fechtbuch.* F. Tempski (Wien), G. Freytag (Leipzig) (1910), Michigan State University Libraries. http://archive.lib.msu.edu/DMC/fencing/albrecht.pdf

Edge, David. Williams, Alan. 'A Study of the German "Gothic" 15th-Century Equestrian Armour (A21) in the Wallace Correction, London.' *Gladius XXI.* (2001)

Edge, David. Williams, Alan. 'Some Early Medieval Swords in the Wallace Collection and Elsewhere.' *Gladius XXIII.* (2003)

Edge, David. Williams, Alan. 'Great Helms and their Development into Helmets.' *Gladius XXIV.*

(2004)

Fick, Steaphen. *The Beginner's Guide to the Long Sword – European Martial Arts Weaponry Techniques.* Black Belt Press (US)(2009)

Figueyredo, Diego Gomez de (original). Myers, Eric (Trans). Hick Steve. *Memorial of the Practice of the Montante.* http://www.oakeshott.org/Figueiredo_Montante_Translation_Myers_and_Hick.pdf. (2009)

Godfrey, John. *Treatise upon the Useful Science of Defence, Connecting the Small and Back-Sword, and Shewing the Affinity between them. Likewise Endeavouring to weed the Art of those Superfuluous, unmeaning Practices which over-run it, and choke the True Principles, by reducing it to a narrow compass, and supporting it with Mathematical Proofs. Also an Examination into the performances of the most noted Masters of the Back-Sword, who have fought upon the Stage, pointing out their Faults, and allowing their abilities. With some Observations upon Boxing, and the Characters of the Most able Boxers in the Author's Time.* (1747) http://www.umass.edu/renaissance/lord/pdfs/Godfrey_1747.pdf

ホイス・グレーシー、シャールズ・グレーシー著、黒田由美訳、中井祐樹監修『ブラジリアン柔術セルフディフェンステクニック』新紀元社（2003）

Gravett, Christopher. Turner, Graham (illustration). *English Medieval Knight 1400-1500.* Osprey Publishing. UK (2001)

Gravett, Christopher. Turner, Graham (illustration). *English Medieval Knight 1300-1400.* Osprey Publishing. UK (2002)

Gravett, Christopher. Turner, Graham (illustration). *English Medieval Knight 1200-1300.* Osprey Publishing. UK (2002)

Hand, Stephen (Ed.), Mele, Gregory. Hick, Steven (Assistant ed.) *Spada 2 Anthology of Swordmanship.* Chivalry Bookshelf, US. (2002-2005)

Lang, Janet. 'The Rise and Fall of Pattern Welding: an investigation into the construction of pre-medieval sword blades.' University of Reading (2007)

Liberi, Fiore dei (original). Tom Leoni (Trans.) *Fiore de' Liberi's Fior di Battaglia M.S. Getty Ludwig XV 13 – Italian Swordmanship Treatise.* www.Lulu.com (2009)

Liberi, Fiore dei (original). Francesco Novati (publish). *Flor Duellatorum.* (1409, 1902) http://mac9.ucc.nau.edu/novati/novati.pdf

Liechtenauer, Johannes (original), Ringeck, Sigmund (Commentary), Tobler, Christian Henry (Trans. Interpret.) *Secret of German Medieval Swordmanship: Sigmund Ringeck's Commentaries on Johannes Liechtenauer's Verse.* Chivalry Bookshelf, US. (2001)

Knight, Jr. Hugh T. *Gladiatoria Fechitbuch – A Fifteenth-Century German Fight Book.* www.lulu.com (2008)

Knight, Jr, Hugh T. *Fencing with Spear and Sword: Medieval Armored Combat.* www.lulu.com (2007)

Knight, Jr, Hugh T. *Medieval Sword and Buckler Combat.* www.lulu.com (2008)

Knight, Jr, Hugh T. *The Knightly Art of Longsword.* www.lulu.com (2009)

Knight, Jr, Hugh T. *The Last Resort: Unarmed Grappling and Dagger Combat.* www.lulu.com (2008)

Knight, David James. Hunt, Brian. *Polearms of Paulus Hector Mair.* Paladin Press, US (2008)

Mair, Paulus Hector.*Opus Amplissimum de Arte Athletica (Cod.Icon.393).* Bayerische Staatsbibliothek

牧秀彦『図説剣技・剣術』新紀元社（1999）

Meyer, Joachim (original). Jeffrey L. Forgeng (Trans.). *The Art of Combat – A German Martial Arts Treatise of 1570.* Greenhill Books, London, UK (2006)

Mapelli, Carlo. Niodemi, Walter. Riva, Riccardo F. 'Microstructural Investigation on a Medieval Sword Produced in 12th Century A.D.' *ISIJ International, Vol. 47.* (2007) http://www.jstage.jst.go.jp/article/isijinternational/47/7/1050/_pdf

三浦權利『図説西洋甲冑武器事典』柏書房（2000）

Murphy, David. Turner, Graham (Illustration). *Condottiere 1300-1500.* Osprey, UK (2007)

Nickel, Helmut. 'A Kightly Sword with Presentation Inscription.' *Metropolitan Museum Journal, Vol. 2.* (1969)

Nickel, Helmut. 'Some Heraldic Fragments Found at Castle Montfort/Starkenberg in 1926, and the Arms of Grand Master of Teutonic Knights.' *Metropolitan Museum Journal, Vol. 24.* (1989)

Nickel, Helmut. 'The Seven Shields of Behaim: New Evidence.' *Metropolitan Museum Journal, Vol. 30.* (1995)

Nicolle, David. 'Two Swords from the Foundation of Gibraltar.' *Gladius XXII.* (2002)

Oakeshott, Ewart. *The Sword in the Age of Chivalry.* Boydell Press, UK (1997)

Oakeshott, Ewart. *Records of the Medieval Sword.* Boydell Press, UK (1991)

Oakeshott, Ewart. *A Kight and his Weapon.* Dufour Editions Inc. US (1997)

Ottaway, Patrick. Rogers, Nicola. Craft, Industry and Everyday Life: Finds from Medieval York. for the York Archaeological Trust by the Council for British Archaeology. (2002)

Swetman, Joseph. *The Schoole of the Noble and Worthy Science of Defence.* http://www.umass.edu/renaissance/lord/pdfs/Swetnam_1617.pdf

Talhoffer, Hans (original). Hull, Jeffrey (trans. Edit.). *Fight Earnestly – the Fight-Book from 1459 AD by Hans Talfhoffer.* http://www.thehaca.com/pdf/Fight-Earnestly.pdf

Talhoffer, Hans (original). Rector, Mark (Trans. Ed.). *Medieval Combat – A Fifteenth-Century Manual of Swordfighting and Close-Quarter Combat.* Greenhill Books, London. (2006)

Tarassuk, Leonid. 'Some Notes on Parrying Daggers and Poniards.' *Metropolitan Museum Journal, Vol. 12.* (1978)

Vail, Jason. *Medieval and Renaissance Dagger Combat.* Paladin Press ,US. (2006)

Wagner, Paul. *Master of Defence: the Works of George Silver.* Paladin Press, US. (2003)

Williams, A. R. 'On the Manufacture of Armour in Fifteenth-Century Italy, Illustrated by Six Helmets in the Metropolitan Museum of Art.' *Metropolitan Museum Journal. Vol. 13.* (1979)

Williams, Alan. R. 'The Steel of the Negroli' *Metropolitan Museum Journal. Vol. 34.* (1999)

Zabinski, Grzegorz, Walczak,Bartlomiej (Trans. Ed.). *Codex Wallerstein: A Medieval Fighting Book from the Fifteenth Century on the Longsword, Falchion, Dagger, and Wrestling.* Paladin Press, US. (2002)

付録5

語句紹介

外国語

■Abrazare（伊）
レスリング。

■Ahlspiess（独・英）
アウルスピス。Awl Pikeとも。巨大な針のような形状の頭部もつ長柄武器。おそらくキャンデリエールから発達した。

■Arming sword（英）
直訳すると「武装剣」といい、中世において戦場で使用する剣を指す言葉。平時用の剣は、ライディングソードという。

■Art（英）
術、技。「科学」（Science）の反語で、「主観的に得られた事象から感覚的に導き出された、必ずしも再現可能ではない法則」のことで、「勘」ともいえる。

■Art of Science（英）
「防御術」。イギリス、イングランド地方の伝統武術。攻撃・防御時の安全の確保を至上とする武術。Science of Defenceともいう。

■Back Sword（英）
バックソード。イギリス・ルネッサンスの片刃の片手剣。

■Ballock Dagger（英）
ボロック・ダガー。直訳すると「金玉ダガー」。柄の鍔元に陰嚢を象った膨らみがある。

■Baselard（英）
バセラード。スイス発祥とされているダガーの一種。「工」型の柄が最大の特徴。Basilard、Basslarとも。

■Basket Hilt（英）
バスケット・ヒルト、または籠鍔。ルネッサンス期に発展した鍔の一種で、拳を包み込むような籠状の護拳のこと。

■Bec de Faucon（仏）
ベク・ド・フォーコン。直訳すると「隼の嘴」。緩やかにカーブしたスパイク、またはこのスパイクを装着した長柄武器。

■Bill（英）
イギリスで特に人気のあった一般歩兵用の武器。元々は立木の枝払いなどに使用されていた農具を兵器に転用したもの。イタリアでは刺突能力を重視した形状に発展し、イングランドでは斬撃性能に重点を置く形に発展していった。一般的に全長1.5～2m、重量2～3kgほど。

■Bloßfechten（独）
鎧なしでの戦闘。ドイツ式武術の戦闘形態のひとつ。英語ではUnarmoured Combat。

■Boar Spear（英）
ボア・スピア。狩猟用の槍。

■Bolognese swordsmanship（英）
イタリア式ボローニャ派。イタリア式剣術の一派。イタリアの都市ボローニャを中心に栄えた。Italian style of fencingを参照。

■Boss（英）
ボス。盾のグリップを握る手を守るための半球状の金具。

■Buckler（英）
バックラー。手でグリップを握るタイプの小型の盾。様々な形のものがある。一般的に下層階級の装備とされている。

■Chappe（英）
雨覆い。グリップの下端に、鍔の上部に覆いかぶさるように取り付けられる、皮製または金属製のパーツ。鞘の口に被さって、雨や埃が鞘の中に侵入するのを防ぐ役割がある。

■Club（英）
棍棒。太目の木の枝を適当な長さに切ったもの。権威の象徴としても用いられた。

■Codpiece（英）
コッドピース。本来は、両足のホーズ（タイツ）の合わせ目を塞ぐために股間部分についていた布。後に誇張され、最終的に詰め物などを入れて、勃起した男性器の形を模したものになった。

■Cote of Plate（英）
コート・オブ・プレート。14世紀前半に使われたタイプの鎧。最初期のプレートを使った鎧の一つで、丈夫な布の内側に複数の鋼板をリベットで固定したもの。

■Creutz（独）
Crossを参照。

■Cross（英）
棒鍔。大体16世紀頃まで使われていた名称。現在ではCross guardとも言う。

■Cup Hilt（英）
椀型鍔。スペインで発達したレイピアの柄のタイプで、椀型の鍔が手を防護する。スペイン式剣術の構えに対応した鍔の形。

■Dardi school（伊）
ダルディ流。イタリア式武術ボローニャ派の別名。Italian style of fencingを参照。

■Duelling Shield（英）
決闘用の大盾。現代の用語。パヴィーズとも呼ばれている。

■Dussack（独）
デュサック。練習用ファルシオンから発展した練習・スポーツ用武器。

■Edge、Edge of blade（英）
剣などの「刃」。敵を切断する部位。ドイツ語ではEcke。

■English Style of fencing（英）
Art of Defenceを参照。

■Espada Ropera（西）
ローブ・ソード。直訳すると「平服の剣」で、戦場での使用を考慮されていない純粋な平時用の片手剣（または「市民剣」）。レイピア（Rapier）の原型と言われている。イタリアのスパダ（Spada）またはスパダ・ダ・フィロ（Spada da filo）に相当する。

■Estoc（英）
エストック。Tackとも。刺突専用のロングソード。後の時代にはTackは大型のレイピアと混同されるが、本来は別のもの。

■Falchion（英）
ファルシオン。片刃の剣の一種。ドイツではメッサー、またはグロス・メッサーと呼ばれた。

■Fechtbuch（独）
直訳すると「戦いの本」。戦闘技術の解説・参照を目的に書かれた書物。

■Fencing（英）
フェンシング。現代日本語の意味合いとは別に、武術全般（特に武器、剣を使用するもの）を指す。「打ち払う」、「防ぐ」と言う意味の英語の動詞「Fence」から来ていて「自分の身を危険から守る」「護身」というニュアンスのある言葉。

■Finger Ring（英）
フィンガーリング。鍔の前にある輪状の金具で、指を守る。

■Flail（英）
フレイル。柄と頭部を鎖などで連結した脱穀用の農具および、そこから派生した武器。

■Flat、Flat of Blade（英）
剣の「平」。剣の刃の側面部分。当時のドイツ語ではFläche。

■Fuller（英）
樋。当時のドイツ語ではValz。剣の刃につけられた溝で、剣の重量の軽減、切断性能の増大および柔軟性の増大による耐久力の向上に寄与している。

■German school of fencing（英）
ドイツ式武術のこと。Kunst des Fechtensを参照。

■Gladius（羅）
グラディウス。古代ローマ軍の軍用剣で、ローマ軍の象徴とも言える剣。平均して大体全長80〜60cm、重量0.8〜1kgほど。

■Grip（英）
握り、グリップ。HaftやHandleとも言う。剣やダガーを握るための部位で、木製の基部に皮や鋼のワイヤーを巻き付けたものが一般的だが、鮫皮などの魚の皮で覆ったものもある。当時のドイツ語ではHeft、Bindt、Pindt、Gepintといった。

■ Gross Messer（独）
グロス・メッサー。ファルシオンのドイツでの名前。単純にメッサーとも。

■ Harnischfechten（独）
鎧を着た状態での戦闘。ドイツ式武術の戦闘形態の一つ。英語ではArmoured Combat。

■ Hilt（英）
柄。剣の刃（剣身）以外の部分を指す。柄頭（Pommel）、グリップ（Grip, Haft）、鍔（Cross, Quillon）などからなる。当時のドイツ語ではGefeß, Gehiltz, Gehültz,Gehilezeなどといった。

■ Heater Shield（英）
下端が尖っている盾の一種。現代の造語。

■ Imbracciatura（伊）
ルネッサンス期に使われていた盾の一種。水滴型のような形状の盾。

■ Italian style of fencing（伊）
Italian schoolとも言う。イタリア半島に起源を置く武術の総称。ボローニャの武術家・数学者フィリッポ・ダルディにより1413年に創始されたといわれるボローニャ派が有名。時間（テンポ：Tempo）の概念、科学、特に幾何学を中心にした科学的なアプローチを特徴とする。レイピアが流行するに伴って爆発的に流行した。

■ Judicial Combat（英）
決闘裁判。Trial by Combatとも。中世の裁判の一種。

■ Kampfringen（独）
戦場での格闘技術のこと。

■ Knuckle Guard（英）
護拳。鍔の部分から柄頭へと伸びる棒。拳を守る。

■ Kreutz（独）
Crossを参照。

■ Kunst des Fechtens, der（独）
戦闘術。英語の直訳はThe Art of Combat。ヨハンネス・リーヒテナウアーによって14世紀半ばに創始された武術の現代名。主導権の奪取と維持を極意とする武術。イタリア式武術の隆盛により17世紀頃に失伝したと思われる。

■ Langen Schwert（独）
ロングソード。現在一般的にはバスタードソード、又はハンド・アンド・ハーフ・ソードなどと呼ばれる剣。大体全長1～1.3m、重さ1～1.5kgほどの剣で、両手でも片手でも使用できる。ドイツ式武術の根幹をなす武器。

■ Langet（英）
ランゲット。長柄武器の柄が切り落とされるのを防ぐために柄につける金属製の板。

■ La Verdadera Destreza（西）
至高の術。英訳はThe True Skill。スペイン式武術のスペイン名。16世紀中頃にスペインの剣士ヘローニモ・サンチェス・デ・カラッツァによって創始された、正に「科学剣法」ともいえる剣術。当時ヨーロッパ最強といわれた。

■ Liechtenauer School（英）
リーヒテナウアー流。ドイツ式武術の別名。Kunst des Fechtensを参照。

■ Longbow（英）
イングランドを代表する武器。本来はウェールズとその周辺の土着武器で、イチイの木から削りだした単一弓といわれる最も原始的な構造の弓。全長は1.8m前後、弓を引くのに必要な重量（Draw weight）は約50kgほど。

■ Long Staff（英）
ロングスタッフ。長さ3～5.4mの棒。

■ Long sword（英）
Langen Schwertを参照。

■ Mail、Maille（英・仏）
鎖鎧。現在一般的にはチェインメイルとも呼ばれる、リング状にした針金を多数連結して編み上げて作る鎧の一種。中世期には様々な防護性能を持つメイルのタイプが記録されているが、その違いは現在では不明になっている。

■ Messer（独）
Gross Messerの別名。

■ Montante（西・葡）
モンタンテ。イベリア半島起源の両手剣。ドイツの両手剣と比べてやや軽量。全長150cm、重量2.5kgほど。

■Oakeshott Typology（英）
オークショット分類法。ユーワート・オークショット（Ewart Oakeshott）によって確立された剣の分類法で、現在最も一般的に使われている中世の剣の分類法。中世期の剣を、剣身・グリップ・柄頭の形状を元に分類するが、一般的には剣身の分類法として用いられている。

■Partisan（英・伊）
剣に似た巨大な穂先を持つ槍の一種。

■Pavise（英）
パヴィーズ。一般的に中世の弩弓兵の盾を指すが、決闘用の盾や四角形のバックラーや盾などを指すこともある。

■Pike（英）
長槍。長さ3m以上の槍。中世後期以降の歩兵の主武器。

■Poleaxe（英）
Pollaxeの別つづり。元々はつづり間違いだが、現在では一般的に受け入れられている。

■Pollaxe（英）
ポールアックス。ドイツ語ではMortagst（モルトアグスト、殺斧）。イタリア語（Azza）とフランス語（Hache）の言葉は単純に「斧」という意味。元々は両手用の斧から発展した武器。中世後期の騎士たちに非常に人気のあった武器で、様々な形状・大きさのものがある。

■Pommel（英）
柄頭。剣やダガーの柄の最後端にある部品で、重量バランスの調整・剣が手からすっぽ抜けてしまうのを防ぐ・茎（なかご）を固定するという役割がある。ローマ時代は球形、バイキング時代には潰れたオニギリ形が一般的で、中世では円盤・楕円形が最も人気があった。当時のドイツ語ではKnopf、Klôß、Schlachent Ortと言う。

■Poniard（英）
ポニャード。ルネッサンス期の補助用のダガー。Parrying Daggerとも。フランス語ではPoignard。

■Prize（英）
本来はイングランドの武術組合での昇段試験で、後に興行化した見世物の一種となった。興行化してからは、特定の相手と、素手・棒・剣の三種のうちどれかを選んで戦った。

■Quarterstaff（英）
クォータースタッフ。ロングボウ（Longbow）と共にイングランドの代名詞とされる武器。戦闘用のものは両端が尖らせてあり、柄尻部分に鉄製のキャップをかぶせて威力を増したものもある。全長2.1～2.7m、直径2.5～3.8cm、重量約2kg。

■Quillon（英・仏）
棒鍔。剣の刃とグリップの間から横に張り出した部分を指す。16世紀頃から使われだされた単語。それ以前にはCrossと呼んだ。

■Quillon Dagger（英）
棒鍔のついたダガーの総称。ペアとなる剣のミニチュア版のものが多い。

■Rapier（英）
レイピア。ルネッサンスを代表する武器。スペインのエスパーダ・ロペーラ（Espada Ropera）から発展したといわれる。形状は様々であるが、一般的には刺突を主にした長い剣身を持つ片手用の剣。一般的な印象とは別に、戦場での使用はまったく考慮されていない。平均して全長1～1.2m、重量1～1.5kgほど。当時流行の最先端を行くファッションアイテムとして圧倒的な人気を博した。

■Riding sword（英）
乗馬剣。中世期に、平時に持ち歩くための剣。形状自体は戦場用の剣とあまり変わらない。

■Ringen（独）
レスリング。当時のレスリングは、どちらかというと、格闘術に近い。

■Roßfechten（独）
馬上での戦闘。ドイツ式武術の戦闘形態のひとつ。英語ではHorseback Combat。

■Rottella（伊）
ロッテラ。腕にくくり付ける円形または楕円形の盾。

■Roundel Dagger（英）
ラウンデル・ダガー。中世期に人気のあったダガーの一種。グリップを挟むように円盤状の鍔がついている。

■Saex（英）
サクス。片刃のナイフの一種で、ゲルマン民族のサクソン族の名前の由来でもある。イングランドでは、15世紀頃まで使われていた。

■ Schiavona（伊）
スキアヴォーナ。イタリアの片手剣の一種。全長1m、重量1～1.5kgほど。

■ Schweinspiesz（独）
ボア・スピア、またはパルチザン。

■ Science（英）
科学。当時の定義では「客観的に観察された事象から、論理的かつ再現可能な法則を導き出す」こと。フィリッポ・ヴァーディは、「アート」の反語としている。武術では「幾何学」が最も重要視されている。

■ Science of Defence（英）
Art of Defenceを参照。

■ Scythe（英）
大鎌。牧草などの伐採につかう両手持ちの鎌。

■ Short Staff（英）
ショートスタッフ。全長約180cmほどが一般的。

■ Sickle（英）
鎌。麦などの刈り取りに使う片手持ちの鎌。

■ Side Ring（英）
剣やダガーのつばの部分についた輪状の金具。手の甲を守る役割がある。

■ Side sword（英）
主にルネッサンス期の平時用の剣を指す現代の総称。レイピアの出現以前の形態の剣を指す。

■ Single-handed sword（英）
片手剣。古代から近代にかけて最も一般的なタイプの剣。様々な種類・タイプがあるが、大体全長90cm、重量1kgほどが平均サイズ。

■ Small Sword（英）
スモールソード。レイピアを小型軽量化した剣。現在のフェンシングの技術はスモール・ソードの技法をもとにしている。全長約80cm、重量0.5～1kgほど。

■ Spada（伊）
「剣」を意味する語句。スパダ・ダ・フィロの別名。ローマ軍の剣スパタに由来する。

■ Spada da filo（伊）
刃のある剣。スペインのエスパダ・ロペーラに対応する平時用の剣。切りと突き両用の剣。Spada da latoとも。

■ Spada da lato（伊）
直訳では、サイドソード。Spada da filoの別名。

■ Spadona（伊）
両手剣。Langen schwertを参照。

■ Spanish style of fencing（英）
スペイン式剣術。La Verdadera Destrezaを参照。

■ Spatha（羅）
ローマ軍の剣。グラディウスよりも細身で長い剣身を持つ。全長は大体80～90cmほどで重量は約1kg。元々は補助部隊および騎兵の剣であったが紀元後2世紀頃には軍団兵にも採用された。ラテン語族の各国語で「剣」を表す単語（フランス語:Épée、イタリア語:Spada、スペイン語:Espada）の語源となった。

■ Swashbuckler（英）
スワシュバックラー。「暴れん坊」という意味合いのある言葉で、町を練り歩いて乱闘や乱暴を働いていた若者を指す16世紀頃の言葉。剣の柄からぶら下げたバックラーが、歩くたびに剣にぶつかって立てる音から来た言葉。現在では物語に登場する剣士タイプのキャラクターを指す言葉として使われている。

■ Targe（英）
タージ。騎士たちの使った盾の一種。

■ Two-handed sword（英）
両手剣。両方の手で持って使用する剣を指す単語。現在では、両手専用剣を指すのが一般的だが、当時ではロングソードも含む。Twahandswerd、Grete swerde（Great sword）、War sword（またはSword of War）、Espée de Guerre、Grant espées、Grans espées d'Allemagne、Zweihander、Montanteなど様々な名前で呼ばれていた。初期のものは片手剣を大型化したような形状をしていたが、後には棒鍔が大型化し、グリップが延長され、リカッソ（Ricasso）と呼ばれる第二の握りが発達した。一般的に全長1.2～1.8m、重量1.5～3kgほど。

■Valz（独）
樋。Fullerを参照。

■Verdadera Destreza, la（西）
La Verdadera Destrezaを参照。

■Welsh hook（英）
イギリス独自の武器で、その名の通り、ウェールズが起源の武器。Forest bill、Welsh bill、Welsh glaive、Bush scythe、Wood bill、Hedging billなどと様々な名で呼ばれている。全長2.1～2.7m、重量約2kg。

日本語

■アーミングソード（Arming swrd）
直訳は「武装剣」。中世において戦場で使用するための剣を指す言葉。平時用の剣はライディングソードという。

■アウルスピス（Ahlspiess）
巨大な針状の頭部を持つ長柄武器の一種。

■雨覆い（Chappe）
チャップ。グリップの下端に取り付けられるパーツで、剣を鞘に収めた時に鞘の中に雨水や埃が浸入するのを防ぐ働きがある。

■イギリス式武術（English style of fencing）
防御術を参照。

■イタリア式剣術（Italian style of fencing）
イタリア半島に由来する武術の総称。中でも、ボローニャの数学者にして武術家、フィリッポ・ダルディによって1413年に創始されたといわれるボローニャ派が有名。レイピアの普及に従い全ヨーロッパに広まった。

■インブラッキアトゥーラ（Imbracciatura）
ルネッサンス期に使われていた盾の一種。

■ウェルシュフック（Welsh hook）
イギリス独自の武器のひとつで、ウェールズ地方起源の武器。Forest bill、Welsh bill、Welsh glaive、Bush scythe、Wood bill、Hedging billなどと様々な名で呼ばれている。

■柄　（Hilt）
ヒルト。剣の部位を示す単語で、刃以外の部分を指す。

■エストック（Estoc）
Tackとも。刺突専用のロングソード。

■エスパーダ・ロペーラ（Espada Ropera）
直訳は「平服の剣」。15世紀後半に現れた、戦場での使用を考慮されていない平時専用の剣で、切り・突き両用の片手剣。イタリアでは、Spada、またはSpada da filoといった。

■大鎌　サイズ（Scythe）
牧草などの伐採用の鎌。

■オークショット分類法（Oakeshott Typology）
ユーワート・オークショットによって確立された剣の分類法で、現在最も一般的に使われている分類法でもある。中世期の剣を、主に剣身の形状を元に分類する。

■科学（Science）
現代の科学とは違い、「事象を客観的に観察し、論理的な結論を導き出す」こと。アートの反語。

■片手剣（Single-handed sword）
片手で持って使用するタイプの剣で、最も一般的な形式の剣。

■カップ・ヒルト（Cup Hilt）
椀型鍔。スペインで発達したレイピアの鍔のタイプで、スペイン式剣術の構えに対応した鍔の形状。

■鎌　シックル（Sickle）
片手持ちの刈り取り用の鎌。

■クウィヨン（Quillon）
棒鍔。本来フランス語で、16世紀頃から使われだした。

■クウィヨン・ダガー（Quillon Dagger）
鍔のついたダガーの総称。

■クォータースタッフ（Quarterstaff）
イングランドを代表する武器。全長2.1～2.7m、直径2.5～3.8cm、重量約2kg。

■グラディウス（Gladius）
ローマ軍の剣で、ローマ軍の象徴ともいえる剣。イベリア半島で使われていた剣を元にしたものといわれる。2世紀末頃までにスパタに取って代わられた。全長60～80cm、重量約0.8～1kgが大体の平均。

■クロス（Cross）
棒鍔。クロス・ガードとも言う。大体16世紀頃まで使われた。

■グロス・メッサー（Gross Messer）
「大きいナイフ」を意味する剣の一種。ファルシオンのドイツでの名称。単純にメッサーともいう。

■クンスト・デス・フェヒテン（Kunst des Fechtens）
戦闘術。ドイツ式武術の現代名。14世紀半ばに創始された。

■決闘裁判（Trial by Combat, Judicial Combat）
中世において行なわれた裁判の一種。

■決闘用の大盾（Duelling Shield）
決闘裁判で使われる大型の盾。

■コート・オブ・プレート（Cote of Plate）
14世紀前半に使われた最初期のプレートを使った鎧。鉄板を複数、布の内側にリベット止めしたもの。

■護拳　ナックル・ガード（Knuckle Guard）
剣の鍔から柄頭に延びる棒のことで、拳を守る。

■コッドピース（Codpiece）
本来は、男性服で、股間部を覆うチャックの役割をしていた布。中世後期からルネッサンス期にかけて誇張され、勃起した男性器の形状を模したものになる。

■棍棒　クラブ（Club）
太目の木の枝を適当な長さに切った武器。権威の象徴としても使われた。

■サイドソード（Side sword）
主にレイピア登場以前の平時用の剣の総称。

サイドリング（Side Ring）
剣やダガーの鍔の部分についた輪状の金具。

■サクス（Saex）
片刃のナイフ。主に中世初期に広く使われた。

■術（Art）
科学の反語。「勘」

■ショートスタッフ（Short Staff）
長さ約1.8mほどの棒。

■スキアヴォーナ（Schiavona）
イタリアの片手剣の一種。

■スパタ（Spatha）
ローマ軍の軍用剣。グラディウスよりも細身で長い。全長90cm、重量約1kgが平均的サイズ。

■スパダ（Spada）
イタリア語で剣の意味。スパダ・ダ・フィロの別名でもある。ローマ軍の剣スパタに由来する。

■スパダ・ダ・フィロ（Spada da filo）
「刃のある剣」。単純にSpada（剣）ともいった。15世紀後半に現れた平時用の剣で、切りと突きの両方に対応している。

■スパダ・ダ・ラト（Spada da lato）
直訳すると「サイドソード」。スパダ・ダ・フィロの別名。

■スパドーナ（Spadona）
両手剣、またはロングソード。

■スペイン式剣術（Spanish style of fencing）
正式には、ラ・ベルダデーラ・デストレッツァ、意訳すると「至高の術」16世紀半ばにイェロニモ・デ・カラッツァによって創始された。

■スモールソード（Small sword）
レイピアを軽量小型化した剣で、現代フェンシングの技法は、スモールソードの技法を原型にしている。全長約80cm、重量0.5～1kgほど。

■スワシュバックラー（Swashbuckler）
「乱暴者」という意味合いのある言葉で、剣とバックラーが、ぶつかってたてる音が語源。現在では、剣士タイプのキャラクターを指す言葉としても使われている。

■タージ（Targe）
騎士たちが使う盾の一種。ターゲット（Target）とも言う。

■柄頭（Pommel）
ポメル。柄の最後端にあるパーツで、重量バランスの調整・茎の固定などの役目がある。

■デュサック（Dussack）
練習用のメッサーから発展した武器。木製または鉄製の練習・スポーツ用武器。

■握り（Grip, Haft, Handle）
剣やダガーを持つための部分。木製の基部を皮や鋼線で覆ったものが一般的。

■刃　エッジ（Edge、Edge of blade）
武器が相手を切り裂く部分。ドイツ語ではEcke.

■パイク（Pike）
長槍。中世後期以降の主要な歩兵用武器。

■馬上での戦闘　ロッスフェシテン（Roßfechten）
ドイツ式武術の用語で、馬上での戦闘をさす。

■バスケット・ヒルト（Basket Hilt）
ルネッサンス期に発展した鍔の一種で、拳を包み込むような籠状の護拳のこと。

■バセラード（Baselard）
Basilard・Basslarともいう、スイス起源とされるダガー。「工」の形をした柄を持つ。

■バックソード（Back Sword）
イギリス・ルネッサンス期のの片刃の片手剣。

■バックラー（Buckler）
グリップを握って保持する小型の盾。下層階級に非常に人気があった。

■パルチザン（Partisan）
槍の一種。

■パヴィーズ（Pavise）
盾の一種。一般的には弩弓兵が装備していた盾を指す。

■樋（Fuller）
剣につけられた溝。剣重量の軽減・切断能力の増大・柔軟性の向上に寄与している。

■ヒーター・シールド（Heater Shield）
三角形状の盾を表す現代の造語。

■平　フラット（Flat、Flat of blade）
剣などの刃の側面。ドイツ語ではFläche。

■ビル（Bill）
歩兵用の長柄武器。本来は枝払いなどに使われた農具。イングランドで非常に人気があった。全長1.5～2m、重量2～3kgほどが一般的。

■ファルシオン（Falchion）
片刃の剣の一種。全長約90cm、重量1～1.5kgほど。

■フィンガーリング（Finger Ring）
剣の鍔の前にある金具で、指を守る。

■フェシトビュッフ（Fechtbuch）
戦闘技術の詳細を記した書物のこと。

■フェンシング（Fencing）
武術、特に剣を使用する武術を指す言葉。「護身」という意味合いのある言葉。

■プライズ（Prize）
本来はイングランドの武術組合の昇段試験で、後には興行の武術試合を指す。

■フレイル（Flail）
柄と頭部を鎖などで連結した脱穀用の道具。

■ベク・ド・フォーコン（Bec de Faucon）
「隼の嘴」という意味の緩やかにカーブしたスパイク。またはそのスパイクをつけた武器。

■ボア・スピア（Boar Spear）
狩猟用の槍。

■防御術　アート・オブ・ディフェンス（Art of Defence）
イギリスの伝統武術。攻撃・防御時の安全確保を最重視する武術。Science of Defenceともいう。

■ポールアックス（Pollaxe）
中世後期に、重武装化する鎧を打ち破るために、歩兵用の両手斧から開発された武器。騎士階級に非常に人気があった。

■ポニャード（Poniard）
ルネッサンス期の補助用のダガー。フランス語ではPoignard。

■ボス（Boss）
盾のグリップを握る手を保護する半球状の金具。

■ボロック・ダガー（Ballock Dagger）
「金玉ダガー」。柄の鍔元に陰嚢を象った膨らみがある。

■メイル（Mail, Maille）
鎖鎧。リング状の針金を連結して作られる鎧。

■モンタンテ（Montante）
イベリア半島起源の両手剣。全長150cm、重量2.5kgほど。

■鎧なしでの戦闘　ブロッスフェシテン（Bloßfechten）
鎧をつけていない状態での戦闘をさすドイツ式武術の用語。

■鎧を着た状態での戦闘　ハーニッシュフェシテン（Harnischfechten）
鎧を着た状態での戦闘を指すドイツ式武術の用語。

■ライディングソード（Riding sword）
直訳すると「乗馬剣」。中世期に、戦場用の剣であるアーミングソード（Arming sword）とは別に、平時に使用する剣を指す。

■ラウンデル・ダガー（Roundel Dagger）
中世のダガーの一種。グリップの両端に円盤状の鍔がついている。

■ランゲット（Langet）
長柄武器の柄につける金属の板。柄が切り落とされるのを防ぐ。

■両手剣　トゥーハンドソード（Two-handed sword）
一般的には両手専用剣だが、当時ではロングソードも含む言葉。地域・時代によって非常に多くのバリエーションがある。全長1.2～1.8m、重量1.5～3kgほどが一般的なサイズ。

■レイピア（Rapier）
ルネッサンスを代表する剣。スペインで、エスパーダ・ロペーラ（Espada Ropera）から発達したと推測されている。戦場での使用をまったく考慮されていない純粋な平時の剣。様々な形状・大きさがあるが、平均して全長1～1.2m、重量1～1.5kgほど。

■レスリング（Wrestling, Ringen, Abrazare）
武器を持たない状態、または至近距離での格闘技術。

■ロッテラ（Rottella）
腕にくくり付ける円形または楕円形の盾。

■ロングスタッフ（Long Staff）
長さ3～5.4mほどの棒。

■ロングソード（Long Sword）
バスタードソード、又はハンド・アンド・ハーフ・ソードなどと呼ばれる剣。大体全長1～1.3m、重さ1～1.5kgほどの剣で、両手でも片手でも使用できる。ドイツ式武術の根幹をなす武器。

おわりに

「他山の石を持って玉を攻む」という言い回しがあります。他人のよくない言動、間違いなどを見て自分の反面教師にするという意味の言葉ですが、本書の執筆に当たって、著者の頭に何度と無く浮かんできたのが、この言葉でした。本文でも触れたとおり、中世ヨーロッパの武術や武具製作技術は、ある時点で失伝してしまっています。

それから数世紀の時を経て、欧米人たちが彼らの祖先たちの技術を復活させようとした時に、それまで「原始的」と考えられていた中世人の独創的・合理的思考に何度も驚愕し、畏敬の念に打たれたことはいうまでもありません。

剣一本とって見ても、切っ先から柄頭に至るまで、材質・デザイン・製法すべてにおいて徹底的に考え抜かれており、現代科学による1世紀以上に渡る研究をもってしても、その製法さえ、未だに完全には解明されていません。

技術というものは、数千年に及ぶ無数の職人達の生涯を通じた試行錯誤の結果なのです。そして、その技術が一度失伝してしまえば、それら無数の職人達の血と汗と涙の歴史もまた失われてしまうということを意味しているのです。

それら失われた技術を復活させるのに必要な労力がいかに莫大なものであるか、そしてどれほどの労力をつぎ込んでも、失われた技術を完全に復活させることは不可能であるという厳しい事実、これが本書を執筆する時に一番印象に残ったことでした。

翻って日本を見てみると、我々の国が伝統文化という点でいかに恵まれていることか。西洋史を学んできた筆者からすると、奇跡といっても過言ではありません。武術だけではなく、現在日本に残る伝統文化すべてが、一度失われたら取り戻すことのできない、いわば先人達の生きてきた証なのです。

ヨーロッパの武術や武具製作術のたどった歴史は、日本の伝統文化の継承がいかに大事かを教えてくれる「他山の石」なのではないのでしょうか。

最後に、好き勝手に書きまくった原稿を形にしてくださった新紀元社の皆様に感謝申し上げます。

中世ヨーロッパの武術

2012年 3月14日　初 版 発 行
2024年 4月29日　 8 刷 発 行

著　者　長田龍太
編　集　新紀元社編集部
発行者　福本皇祐
発行所　株式会社新紀元社
〒101-0054
東京都千代田区神田錦町 1-7　錦町一丁目ビル 2F
TEL 03-3219-0921　FAX　03-3219-0922
http://www.shinkigensha.co.jp/

郵便振替 00110-4-27618

カバーイラスト　鈴木康士
装丁　久留一郎デザイン室
装丁協力　佐呂間天
本文デザイン・DTP　スペースワイ
印刷・製本　株式会社リーブルテック

ISBN978-4-7753-0946-9

定価はカバーに表示してあります。
Printed in Japan